12 HERÓIS

DOUG STANTON

12 HERÓIS

AS FORÇAS ESPECIAIS QUE FIZERAM HISTÓRIA

Tradução de
BRUNO CASOTTI

1ª edição

EDITORA RECORD
RIO DE JANEIRO • SÃO PAULO
2018

CIP-BRASIL. CATALOGAÇÃO NA PUBLICAÇÃO
SINDICATO NACIONAL DOS EDITORES DE LIVROS, RJ

S729d   Stanton, Doug
         12 heróis: as forças especiais que fizeram história / Doug Stanton; tradução
Bruno Casotti. – 1ª ed. – Rio de Janeiro: Record, 2018.
         il.

         Tradução de: Horse Soldiers
         Inclui bibliografia
         ISBN: 978-85-01-08894-9

         1. Estados Unidos – História. 2. Guerra Afegã, 2001 – Campanhas – Afeganistão
I. Casotti, Bruno. II. Título: 12 heróis: as forças especiais que fizeram história.

CDD: 958.1
18-47056   CDU: 94(581)

Copyright © 2009 Reed City Productions, LLC
Publicado em acordo com Scribner, uma divisão da Simon & Schuster, Inc.

Título original em inglês: Horse Soldiers

Todos os direitos reservados. Proibida a reprodução, armazenamento ou transmissão
de partes deste livro através de quaisquer meios, sem prévia autorização por escrito.

Texto revisado segundo o novo Acordo Ortográfico da Língua Portuguesa.

Direitos exclusivos de publicação em língua portuguesa para o Brasil
adquiridos pela
EDITORA RECORD LTDA.
Rua Argentina, 171 – 20921-380 – Rio de Janeiro, RJ – Tel.: (21) 2585-2000,
que se reserva a propriedade literária desta tradução.

Impresso no Brasil

ISBN 978-85-01-08894-9

Seja um leitor preferencial Record.
Cadastre-se em www.record.com.br e receba informações
sobre nossos lançamentos e nossas promoções.

EDITORA AFILIADA

Atendimento direto ao leitor:
mdireto@record.com.br ou (21) 2585-2002.

Este livro é dedicado aos homens e mulheres do Quinto Grupo
de Forças Especiais e às suas famílias.

E à minha família,
Anne, John, Kate e Will;
meus pais,
Bonnie e Derald Stanton;
e Deb, Tony, Genessa e Wylie Demin.

E, finalmente, a Grant e Paulette Parsons.

Gostaria também de reconhecer uma profunda dívida de
gratidão com Sloan Harris, Colin Harrison e Blake Ringsmuth.
Ninguém poderia ter sido melhor que eles.

Sem seu apoio inabalável,
este livro não teria sido escrito.

Sou uma raposa,
Vivo na incerteza.
Se há alguma coisa difícil,
Se há alguma coisa perigosa a fazer,
É para mim.

— Canção de guerra sioux

SUMÁRIO

Nota do autor	11
Personagens-chave	13
Prólogo: Rebelião	19
Parte Um: Indo para a guerra	35
Parte Dois: Cavaleiros, em frente	81
Parte Três: Perigo próximo	173
Parte Quatro: Os portões de Mazar	315
Parte Cinco: Emboscada	365
Epílogo	431
Agradecimentos e fontes	453
Bibliografia	475

NOTA DO AUTOR

Os acontecimentos relatados neste livro se baseiam em mais de uma centena de entrevistas com soldados e civis afegãos e com soldados e civis americanos. Essas entrevistas — algumas das quais foram minuciosas e se estenderam por muitos dias — foram realizadas no Afeganistão e nos Estados Unidos. A maioria delas abordou as recordações dos entrevistados sobre os acontecimentos narrados neste livro. Além disso, o autor viajou pela região descrita nestas páginas e, em particular, examinou a fortaleza de Qala-i-Janghi. Sua pesquisa incluiu também a análise de diários pessoais, relatos previamente publicados na mídia, fotografias contemporâneas e volumosos registros e históricos militares oficiais americanos.

Muitos dos acontecimentos descritos em *12 heróis* ocorreram em circunstâncias extremas, alguns deles traumáticos para aqueles que os viveram. Por esse motivo, e talvez porque a lembrança muitas vezes seja imperfeita, as recordações de alguns dos participantes divergiram. Embora tenha se esforçado para apresentar um retrato preciso dos acontecimentos, o autor relata a versão que pareceu mais coerente com outros relatos.

PERSONAGENS-CHAVE

GENERAIS AFEGÃOS

Abdul Rashid Dostum
Atta Mohammed Noor
Naji Mohammed Mohaqeq

OFICIAIS PARAMILITARES DA CIA

Mike Spann
Dave Olson
J. J. Sawyer
Garth Rogers

COMANDANTES DAS FORÇAS ESPECIAIS
DOS ESTADOS UNIDOS

General de divisão Geoffrey Lambert, Comando das Forças Especiais dos Estados Unidos, Fort Bragg
Coronel John Mulholland, Quinto Grupo de Forças Especiais, Fort Campbell e K2, Uzbequistão
Tenente-coronel Max Bowers, Terceiro Batalhão, Quinto Grupo de Forças Especiais, Fort Campbell e Mazar-i-Sharif, Afeganistão

EQUIPE DO CAPITÃO MITCH NELSON
(EM AÇÃO COM DOSTUM)

Capitão Mitch Nelson, líder da equipe
Aspirante Cal Spencer, líder-assistente da equipe
Primeiro-sargento Sam Diller, operações de inteligência
Primeiro-sargento Bill Bennett
Primeiro-sargento Scott Black
Primeiro-sargento Sean Coffers
Primeiro-sargento Ben Milo
Primeiro-sargento Pat Essex
Segundo-sargento Charles Jones
Segundo-sargento Patrick Remington
Primeiro-sargento Vern Michael
Segundo-sargento Fred Falls
Segundo-sargento Sonny Tatum, controlador de combate da Força Aérea
Segundo-sargento Mick Winehouse, controlador de combate da Força Aérea

ESCOLA TURCA, MAZAR-I-SHARIF, AFEGANISTÃO

Almirante Bert Calland III Central de Comando de Operações Especiais
Tenente-coronel Max Bowers
Major Kurt Sonntag, subcomandante
Major Mark Mitchell, comandante em terra
Major Steve Billings
Capitão Paul Syverson
Capitão Kevin Leahy
Capitão Craig McFarland
Capitão Andrew Johnson
Capitão Gus Forrest
Subtenente Martin Homer
Primeiro-sargento Roger Palmer
Primeiro-sargento Dave Betz

PERSONAGENS-CHAVE

Primeiro-sargento Pete Bach
Primeiro-sargento Bob Roberts
Primeiro-sargento Chuck Roberts
Segundo-sargento Jerome Carl
Segundo-sargento Jason Kubanek
Primeiro-sargento Ted Barrow
Primeiro-sargento Ernest Bates
Segundo-sargento Malcolm Victors, controlador de combate da Força Aérea
Primeiro-sargento Burt Docks, controlador de combate da Força Aérea
Capitão Don Winslow

EQUIPE DO CAPITÃO DEAN NOSOROG
(EM AÇÃO COM ATTA)

Capitão Dean Nosorog, líder da equipe
Aspirante Stu Mansfield, líder-assistente da equipe
Primeiro-sargento Darrin Clous, operações de inteligência
Primeiro-sargento Brad Highland
Segundo-sargento Jerry Booker
Primeiro-sargento James Gold
Primeiro-sargento Mark House
Segundo-sargento Brett Walden
Primeiro-sargento Martin Graves
Segundo-sargento Evan Colt
Segundo-sargento Francis McCourt
Primeiro-sargento Brian Lyle
Segundo-sargento Donny Boyle, controlador de combate da Força Aérea

SBS (SERVIÇO DE BARCO ESPECIAL)

Primeiro-sargento Steph Bass, Marinha dos EUA (em formação de combate no SBS)

MEMBROS DA DÉCIMA DIVISÃO DE MONTANHA DO EXÉRCITO DOS EUA QUE PARTICIPARAM DO RESGATE NO BOMBARDEIO EM QALA-I-JANGHI

Segundo-sargento Thomas Abbott
Taifeiro de primeira classe Eric Andreason
Taifeiro de primeira classe Thomas Beers
Sargento Jerry Higley
Taifeiro de primeira classe Michael Hoke
Primeiro-tenente Bradley Maroyka
Especialista Roland Miskimon
Sargento William Sakisat
Especialista Andrew Scott

PILOTOS E OUTROS TRIPULANTES DE HELICÓPTERO, 160° REGIMENTO DE OPERAÇÕES ESPECIAIS DA AVIAÇÃO (SOAR), K2, UZBEQUISTÃO

Aaron Smith
Greg Gibson
John Garfield
Larry Canfield
Dewey Donner
Carl Macy
Tom Dingman
Jerry Edwards
Steve Porter
Vic Boswell
Alex McGee
Jim Zeeland

Carson Millhouse
Ron White
Donald Pleasant
Will Ferguson
Kyle Johnson
Bill Ricks
Ron Mason
Barry Oberlin
Ross Peters

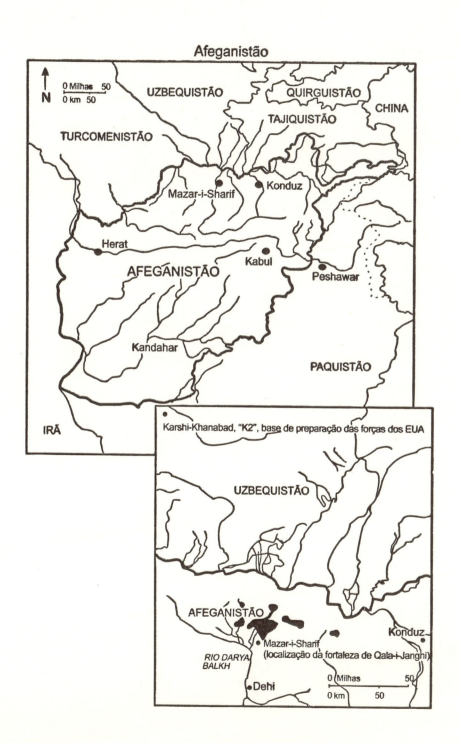

PRÓLOGO

REBELIÃO

**Fortaleza de Qala-i-Janghi
Mazar-i-Sharif, Afeganistão**

24 e 25 de novembro de 2001

O problema surgiu à noite, da poeira e da escuridão. Passou pelo campo de refugiados, pelas barracas rasgadas que tremiam ao luar, o grito solitário de um bebê penetrando o céu. O amanhecer não adiantou. Ao amanhecer, o problema ainda estava ali, cercando-se de AK e lança-granadas antitanques, motores em marcha lenta, esperando para entrar na cidade. Esperando.

Eram os piores dos piores, os verdadeiros mestres da destruição, os mercadores da morte com Deus impresso em suas mentes. A cidade gemeu e se agitou. Logo, todos souberam que o problema havia chegado aos portões da cidade.

O major Mark Mitchell ouviu a notícia no quartel-general, a 14 quilômetros de distância, e pensou: *Você está brincando. O inimigo chegou?*

Ele correu escada abaixo, procurando o primeiro-sargento Dave Betz. Talvez ele soubesse o que estava acontecendo.

Mas Betz não sabia de nada. Ele vociferou: "Um dos caras da agência veio e disse que há seiscentos talibás se rendendo. Dá para acreditar nisso?"

Rendendo-se? Mitchell não conseguia entender por quê. Achava que os talibãs haviam fugido das forças da Aliança do Norte que se aproximavam, indo para Konduz, a quilômetros de distância. As Forças Especiais americanas e a Aliança do Norte vinham castigando-os e obrigando-os a recuar havia semanas, batalha após batalha, conquistando territórios por meio de ataques aéreos coordenados com a ação de milhares de soldados da Aliança do Norte em terra. Estavam agora à beira da vitória completa. O próximo campo de batalha seria Konduz, e não ali. Não em Mazar. Não em Club Mez.

Além disso, aqueles caras não se *rendiam*. Lutavam até a morte.

Morra lutando e você vai para o paraíso.

Mitchell ficou em frente às janelas sujas, observando. Ali vêm eles, um grupo heterogêneo de condenados, amontoados em seis caminhões grandes, olhando por entre seus lenços rançosos. Mitchell podia ver suas cabeças sobre a barricada que circundava seu centro de comando, uma antiga escola na extremidade da cidade, uma área cheia de ferro-velho. Os prisioneiros — entre os quais certamente havia alguns membros da al-Qaeda — ainda estavam literalmente nos bancos do motorista, com soldados da Aliança do Norte sentados ao lado deles, apontando seus AKs para suas cabeças. Os prisioneiros se viraram e o encararam, e Mitchell pensou que era como olhar para centenas de buracos perfurados numa parede.

— Afastem-se todos das janelas! — disse Betz.

O major Kurt Sonntag, o capitão Kevin Leahy, o capitão Paul Syverson e uma dúzia de outros soldados das Forças Especiais se ajoelharam atrás das colunas em preto e branco axadrezado da sala, com seus fuzis M-4 apontados para a rua. Por trás deles, na cozinha, o cozinheiro local trabalhava indolentemente — o ar cheirava a arroz cozido e pepino — e um rádio tocava aquela música afegã terrível, que aos ouvidos de Mitchell soava como se alguém estivesse estrangulando um ganso.

Naquela manhã, ele esperava inspecionar a construção da unidade de atendimento médico na cidade, além das subsequentes explosões de minas e bombas que sujavam a área como confetes. A cada dia parecia que a guerra acabava um pouco mais. Mitchell até começara a imaginar quando voltaria para casa. Ele e sua equipe de aproximadamente uma dúzia de soldados das Forças Especiais haviam se mudado para o prédio da escola apenas 48 horas antes. O centro de comando anterior, dentro da fortaleza de Qala-i-Janghi, a 14 quilômetros de distância, na região oeste de Mazar, deixara-os com diarreia, crupe e gripe, e Mitchell estava feliz com a mudança. Parecia um lugar assombrado. Conhecida como Casa da Guerra, a fortaleza se erguia no deserto como um golem de barro, cercada de castigados milharais açoitados pelo vento e plantações de pepinos. Seus muros se elevavam a 1,80 metro e tinham 9 metros de espessura sob o sol forte e indiferente.

Os talibás haviam ocupado a fortaleza durante sete anos, enchendo-a de armas — granadas, foguetes e armas de fogo, qualquer coisa feita para matar. Até mesmo fuzis Enfield com a data estampada na baioneta — 1913 — dos tempos em que os britânicos haviam ocupado a área. Ao fugirem às pressas da cidade, duas semanas antes, os talibás haviam deixado as armas e espalhado fezes em muros e janelas. Cada fotografia, cada pintura, cada roseira haviam sido rasgadas, amassadas, pisadas, destruídas. Nada de belo fora deixado para trás.

Depois de três anos de domínio talibá em Mazar, havia homens idosos com mãos mutiladas. Havia mulheres que tinham sido rotineiramente apedrejadas e chutadas nas esquinas. Jovens que haviam sido presos por não cultivarem barbas. Pais que haviam sido espancados diante de seus filhos para o aparente prazer daqueles que brandiam suas armas.

A chegada de Mitchell e seus Soldados a Cavalo pusera um fim àquilo. O povo de Mazar-i-Sharif — tapeceiros, açougueiros, mecânicos de carro, professores, caixas de banco, pedreiros e fazendeiros — jogara flores e beijos, acenara para os americanos a cavalo e puxara afetuosamente a bainha suja de suas calças camufladas. Os moradores haviam saudado a chegada de Mitchell, com sua calvície e seus olhos azuis, e de mais duas dúzias de soldados das Forças Especiais num desfile de mais de um quilômetro ao longo da estrada que dava na cidade, vinda das montanhas cobertas de neve. Mitchell se sentira como se estivesse na Segunda Guerra Mundial, a guerra de seu avô, entrando em Paris depois da fuga dos nazistas.

Aos 36 anos, Mitchell era agora o comandante em terra do Quinto Grupo da Forças Especiais/Base de Operações Avançadas (na sigla em inglês FOB) do Terceiro Batalhão. Tinha uma carreira com distinção de quase 15 anos que apontava para o topo da cadeia alimentar militar. Seu melhor amigo, o major Kurt Sonntag, um ex-surfista de fim de semana de 37 anos, de Los Angeles, era o subcomandante da FOB, o que tecnicamente significava que era o chefe de Mitchell. Na tradição das Forças Especiais, eles tratavam um ao outro como iguais. Ninguém batia continência — inclusive oficiais menos graduados, como os capitães Kevin Leahy e Paul Syverson, membros da companhia de apoio cujo trabalho era implementar as operações do pós-guerra, o que incluía o fornecimento de água potável, eletricidade e assistência médica aos moradores locais.

Olhando agora para a rua, Mitchell tentava imaginar por que o comboio talibã estava parando. Se alguma coisa desse errado, Mitchell sabia que estava desgraçadamente em desvantagem numérica. Tinha talvez uma dúzia de homens com os quais poderia contar. E homens como Leahy e Syverson não eram exatamente matadores implacáveis. Assim como ele, eram membros da equipe na casa dos 30 anos, soldados até então com quase nenhuma experiência em guerra. Ele tinha, é verdade, um punhado de agentes da CIA morando no andar de cima da escola e oito britânicos — parte da unidade do Serviço de Barco Especial que na noite anterior desembarcara de um helicóptero Chinook. Mas eles eram tão novos que não tinham ordens para regras de combate — ou seja, para eles não estava claro quando podiam ou não reagir a fogo. Pelos seus cálculos, Mitchell imaginou que tinha, *grosso modo*, uma dúzia de homens disponíveis para a luta. Os combatentes bem-treinados — as duas equipes da Força Especial com as quais

REBELIÃO

Mitchell entrara na cidade — haviam partido mais cedo, naquele dia, para Konduz, para a batalha que esperavam que acontecesse ali. Mitchell os observara ir embora e se sentira como se estivesse perdendo uma chance de fazer história. Fora deixado para trás para dirigir o escritório do quartel-general e manter a paz. Agora, depois de saber que seiscentos talibãs estavam concentrados à sua porta, achou que estava terrivelmente errado.

A rua estava agitada, com táxis buzinando, burros carregando tijolos artesanais para o mercado central, homens idosos circulando em bicicletas bamboleantes e mulheres se movendo como fantasmas em meio à poeira que levantavam dentro de suas burcas azuis. *O Afeganistão*. Nunca deixava de impressioná-lo.

O comboio ainda não tinha se movido. Dez minutos haviam se passado.

Sem aviso, um grupo de moradores investiu contra os caminhões, agarrando com raiva os prisioneiros. Pegaram um homem e o puxaram para baixo — por um momento ele estava ali, agarrando-se à lateral de madeira curtida do caminhão, e em seguida desapareceu, puxado para fora do campo de visão. Atrás do caminhão, sem serem vistos, os moradores espancaram o homem até a morte.

Cada gota de raiva, cada estupro, cada execução pública, cada amputação, cada humilhação, cada gota de vingança fora derramada de volta sobre aquele homem e espalhada com punhos, pés e varas de madeira retorcidas. Os caminhões se moveram para a frente, e, quando isso aconteceu, não restava nada do homem. Foi como se ele tivesse sido comido.

O rádio deu sinal de vida. Mitchell ouviu quando um comandante da Aliança do Norte — que estava estacionado na estrada — anunciou num inglês capenga: *Todos os prisioneiros estão indo para Qala-i-Janghi.*

Lembrando-se da enorme pilha de armas escondidas na fortaleza, Mitchell desejou não ter ouvido aquilo. Mas estava de mãos atadas. Os comandantes afegãos da Aliança do Norte estavam, por uma questão de estratégia americana, dando as ordens. Não importava a força dos Estados Unidos, aquele show era dos afegãos. Mitchell estava em Mazar para "ajudar" os moradores a derrubar o Talibã. Pensou que podia pegar o rádio e sugerir ao comandante afegão que liderava a rendição que a enorme fortaleza não seria o lugar ideal para abrigar seiscentos soldados talibãs e da al-Qaeda furiosos. Mas talvez houvesse um bom motivo para enviá-los para lá. Contanto que fossem revistados e vigiados de perto, talvez os prisioneiros pudessem ser mantidos com segurança entre os altos muros de barro do forte.

E então Mitchell pensou novamente nas armas estocadas em Qala-i-Janghi, pilhas e pilhas de foguetes, fuzis, caixas de munição — toneladas de violência prontas para serem usadas.

O forte não, pensou ele. *O maldito forte não!*

Expelindo fumaça e rangendo, o comboio de prisioneiros atravessou barulhento o fosso seco da fortaleza e cruzou o arco alto da entrada. Os prisioneiros se penduravam nos caminhões como melros num fio, examinando os muros, procurando guardas, procurando uma saída fácil.

Em respeito à proibição muçulmana de que homens se toquem intimamente, poucos prisioneiros haviam sido devidamente revistados. Não houve mãos vasculhando a fundo as dobras de suas finas túnicas cinzentas, os paletós de terno destoantes, os sujos coletes cáqui à procura de uma faca, uma granada, um garrote. O matador sorrira para o captor e o captor o cumprimentara: *Tashakur. Obrigado. Tashakur.*

A fila de seis caminhões estacionou dentro do forte e os prisioneiros saltaram sob os olhares atentos de mais ou menos uma dúzia de guardas da Aliança do Norte. De repente, um prisioneiro puxou uma granada da faixa na cintura de sua blusa e explodiu a si próprio, levando consigo um oficial da Aliança. Os guardas dispararam tiros de fuzil para o alto e retomaram o controle da situação. Imediatamente, conduziram os prisioneiros para um prédio rosado com laterais de gesso, apropriadamente apelidado de "Casa Rosa", e situado ali perto, em meio a pedras e espinhos. Fora construído pelos soviéticos nos anos 1980 como um hospital cercado pelos muros da fortaleza resistentes a bombas.

REBELIÃO

O forte era imenso, uma cidade murada dividida igualmente entre os pátios sul e norte. Ali dentro havia uma mesquita de domo dourado, algumas estrebarias de cavalos, canais de irrigação em torno de plantações de milho e trigo e bosques sombreados por pinheiros altos e destacados, que sacudiam sob o vento forte. Paredes espessas guardavam corredores e compartimentos secretos, e levavam a inúmeros depósitos de grãos e outras preciosidades. Os talibás haviam escondido uma enorme pilha de armas no lado sul, em uma dúzia de estrebarias com paredes de barro, cada uma delas do tamanho de uma garagem para um carro e com o telhado em forma de domo. As estrebarias estavam abarrotadas até o teto de foguetes, lança-granadas, metralhadoras e morteiros. Mas havia mais armas. Seis *trailers* de metal Conex — como aqueles puxados por que circulam pelas estradas interestaduais dos Estados Unidos — também estavam ali perto, recheados com ainda mais armas e explosivos.

A fortaleza fora erguida em 1889 pelos afegãos. Foram necessários doze anos para que cerca de 18 mil operários a concluíssem, numa era de incursões britânicas. Foi construída para ser facilmente defendida, como um lugar para resistir a um cerco.

Em cada um de seus cantos se erguia um parapeito de barro, uma estrutura semelhante a uma torre, com aproximadamente 24 metros de altura e 45 metros de extensão, forte o suficiente para suportar o peso de tanques de dez toneladas. Esses podiam ser conduzidos até o parapeito por rampas de barro compridas e graduais que se erguiam a partir do chão da fortaleza. Ao longo das paredes do parapeito, aberturas retangulares para armas, com mais ou menos 30 centímetros de altura, haviam sido feitas no barro de quase um metro de espessura — grandes o suficiente para acomodar o movimento de um cano de fuzil, caso alguma horda avançasse por baixo.

Ao todo, o forte tinha quase 550 metros de comprimento e mais de 250 metros de largura.

Na extremidade norte, uma varanda com tapete vermelho se estendia acima do pátio. Ampla e iluminada pelo sol, parecia um calçadão com vista para um riacho margeado por uma cerca de ferro batido preto e jardins de rosas que haviam sido destruídos pelos talibãs. Atrás da varanda, portas duplas se abriam para longos corredores, escritórios e alojamentos.

Em cada extremidade do muro central do forte — que dividia seu interior em dois grandes pátios — havia mais dois parapeitos altos, igualmente adaptados para observação e defesa, com orifícios para armas. Um caminho estreito, com menos de um metro de largura, corria ao longo de toda a beira do muro de proteção externo. Em alguns pontos, uma parede espessa de barro, da altura da cintura, protegia parcialmente quem passava ali do interior do pátio, permitindo a essa pessoa mover-se ao longo do alto do muro, emergir e atirar para dentro ou para fora do forte contra atacantes vindos de fora.

No meio do pátio sul, que era idêntico ao pátio norte (exceto pela varanda e seus escritórios adjacentes), ficava a Casa Rosa, quadrada. Era pequena, com 23 metros de extensão em cada lado. Pequena demais para seiscentos prisioneiros obrigados pelos soldados da Aliança do Norte a descer a escada até seu porão escuro, onde ficaram comprimidos uns contra os outros, como palitos de fósforo numa caixa.

Ali, num canto úmido, sobre um chão sujo que cheirava a vermes e suor, um jovem americano se mantinha calado. Seus amigos o conheciam pelo nome de Abdul Hamid. Ele caminhara vários dias para chegar àquele momento de rendição, esperando que ela o levasse finalmente para casa, na Califórnia. Estava cansado, faminto, o peito esmagado batendo fraco, como uma máquina de lavar desregulada. Ele temia ter um ataque cardíaco, um pensamento assustador aos 21 anos.

À sua volta, ele podia ouvir homens rezando enquanto retiravam armas escondidas em suas roupas longas e úmidas.

Na manhã seguinte, 25 de novembro, dois oficiais paramilitares da CIA, Dave Olson e Mike Spann, equiparam-se no quartel-general em Mazar e se prepararam para atravessar de carro a cidade até o forte. Ambos esperavam interrogar tantos prisioneiros quanto possível.

Mitchell estava no refeitório da escola tomando *chai* e comendo *nan*, um pão delicioso, chato e borrachento, quando Spann e Olson chegaram. Ele conhecia Olson melhor do que Spann. Ex-oficial da artilharia naval, Spann ingressara na agência três anos antes. Usava calça jeans e um suéter preto, tinha um peso mediano, malares pronunciados, um sorriso torto e o cabelo louro cortado rente. Olson era alto, forte, bem-humorado e com uma barba grisalha fina que encobria um antigo problema de acne. Falava muito bem dari, o idioma glótico e sibilante dos combatentes da Aliança do Norte locais, e usava sobre a calça bege uma blusa preta que chegava aos joelhos, chamada *shalwar kameez*.

Mitchell notou imediatamente que os dois caras da CIA não estavam levando munição suficiente. Para qualquer situação com que se defrontassem, tinham mais ou menos quatro pentes de munição para ambos. Mitchell preferia o procedimento operacional padrão de levar quatro pentes por pessoa numa missão. Olson e Spann carregavam fuzis AK-47 pendurados nos ombros e pistolas 9mm em coldres amarrados às pernas. Spann carregava mais uma pistola enfiada na cintura, na parte de trás da calça. Nenhum dos dois tinha um rádio, o que Mitchell também achou estranho. Mas os caras da CIA sempre levavam suas próprias coisas consigo. Ele imaginou que, o que quer que Olson e Spann fossem fazer naquela manhã, era algo para o qual haviam sido instruídos.

Olson anunciou: "Estamos indo até Qala para conversar com uns caras, ver o que conseguimos descobrir."

Na noite anterior, houvera um breve tiroteio em frente à escola, e Mitchell, percebendo que a situação na cidade estava cada vez mais tensa, perguntara a Olson se ele próprio e alguns de seus homens poderiam cuidar da segurança enquanto os dois oficiais da CIA realizavam seus interrogatórios em Qala. Mitchell sabia que interrogar prisioneiros era oficialmente um trabalho da CIA, mas estava preocupado com a segurança

12 HERÓIS

de seus amigos. Não, disse Olson, vocês precisam se manter afastados. Para Mitchell, Olson estava agindo com certa indiferença.

Os três homens sabiam que entre os prisioneiros havia muitos casos difíceis: chechenos, paquistaneses, sauditas — o epicentro da al-Qaeda. Os homens que haviam se rendido eram o coração do mais qualificado Exército de Osama bin Laden. Talvez — apenas talvez — um deles soubesse onde estava Bin Laden.

Fiquem atentos, pensou Mitchell.

Olson e Spann saíram pela porta da frente do saguão em direção a um caminhão estacionado na pista circular. Lá fora, o trânsito movimentado do meio da manhã zumbia. O veículo deslizou e se juntou ao fluxo de carros, caminhões e carroças, desaparecendo.

O sargento Betz se aproximou e ficou ao lado de Mitchell, observando os dois partirem.

— Não estou gostando do que estou vendo — disse ele.

Mitchell perguntou por quê.

— Não sei — disse Betz. — Gosto que o cara leve muita munição ao partir.

Mais ou menos meia hora depois, Olson e Spann entraram em Qala.

No forte, Abdul Hamid subiu os degraus do porão da Casa Rosa e piscou os olhos diante do sol matinal, os braços amarrados para trás com um turbante. A escada parecia uma chaminé de tijolos desabada surgindo do buraco negro que fedia a urina e fezes.

Abdul foi conduzido para além da Casa Rosa, os muros do forte se elevando ao seu redor. Cerca de outros cem prisioneiros já haviam sido levados para o pátio, também amarrados com suas próprias roupas, braços para trás, sentados de pernas cruzadas sobre o capim pisoteado e trançado sobre a terra enlameada.

Mike Spann se inclinou e observou Abdul.

De maneira alguma ele conseguia imaginar de onde aquele garoto vinha ou quem ele era. Árabe? Paquistanês? *Canadense?* Ele examinou o suéter esfarrapado do comando britânico que o prisioneiro usava, percebendo que ele — *que idade teria? Vinte? Vinte e três?* — podia falar um inglês pelo menos passável.

— De onde você é? — perguntou Spann. — Você acredita tanto assim no que está fazendo aqui, a ponto de querer ser morto?

Nenhuma resposta.

— Qual é o seu nome? Quem o trouxe aqui para o Afeganistão?

O garoto sobre o tapete baixou a cabeça e olhou para a *shalwar kameez* dobrada sobre seus joelhos.

— Levante a cabeça! — gritou Spann.

O rosto do jovem estava queimado de sol, seus olhos da cor de chá gelado.

Spann manteve o olhar fixo nele. Em seguida, ergueu uma câmera digital e o enquadrou. A foto seria enviada por satélite, codificada para o quartel-general, onde a imagem seria cruzada com uma lista digital de terroristas e soldados da al-Qaeda conhecidos.

— Mike!

Era Olson caminhando pesadamente sobre o pátio poeirento. Ele passara os cinco minutos anteriores falando com outro grupo de prisioneiros. Olson se pôs diante do jovem sentado no chão.

— É — disse Spann —, ele não vai falar comigo... Eu estava explicando para esse cara que só queremos falar com ele, descobrir a sua história.

— Bem, ele é muçulmano, você sabe — ponderou Olson. — O problema é que ele tem que decidir se quer viver ou morrer... Só podemos ajudar os caras que querem falar conosco.

Foi a vez de Spann:

— Você sabe que as pessoas com as quais está trabalhando aqui são terroristas e mataram outros muçulmanos? Centenas de muçulmanos foram mortos nos atentados em Nova York. É isso que o Alcorão ensina? Você vai falar conosco?

A conversa voltou para Olson:

— Tudo bem, cara. Precisávamos lhe dar uma chance. Ele teve a sua chance.

Olson arrastou sua bota sobre a poeira. Spann, exasperado, mãos na cintura, olhou para o prisioneiro.

Por fim, Spann disse: — Você teve uma chance de olhar algum dos passaportes?

— Há alguns sauditas, eu não vi os outros.

Eles concordaram que o jovem não falaria nada e começaram a andar por um caminho de cascalho cercado de pinheiros, na direção do portão no meio de um alto muro de barro que dividia o forte em dois pátios. Seguiam para o antigo quartel-general para se reagrupar.

Em determinado momento, Olson se virou e viu Spann parado no caminho, brincando com um grupo de soldados da Aliança do Norte. Ele se virou de volta e continuou a caminhar.

Ao chegar ao portão, Olson ouviu uma explosão de granada seguida de uma rajada de tiros. Ele se virou.

Spann estava tentando desesperadamente se livrar de uma gangue de prisioneiros que o espancava com seus punhos e gritava: — *Allah Akbar!* — Deus é grande!

Olson começou a correr na direção de Spann, e, enquanto fazia isso, Spann descarregou sua pistola na multidão, para em seguida apanhar a outra arma, escondida no cinto. Ele a disparou e caiu no chão sob uma chuva de corpos.

Ao ver que Spann estava caído e pensando que ele já estava morto, Olson se virou e viu um soldado talibã correndo na sua própria direção e disparando de um AK-47 apoiado no quadril.

Olson ouviu o barulho dos tiros passando por ele e ficou impressionado por não ter sido atingido. O sujeito continuava a se aproximar. Finalmente Olson, momentaneamente paralisado, ergueu sua pistola e atirou nele.

O homem derrapou e parou aos seus pés, tão perto que Olson quase podia tocá-lo com suas botas.

Em seguida ele se virou e disparou contra a multidão que espancava Spann. Teve certeza de que matara alguns deles. Percebeu que estava sendo perseguido novamente e se virou para atirar em outro homem que corria em sua direção. A essa altura, não tinha mais balas.

E portanto correu. Correu pelo caminho, entrou no pátio norte e passou pelo jardim de rosas destruído, em frente à grande varanda. Subiu os degraus e entrou no pátio interno, onde deu um telefonema, alertando Mitchell e Sonntag na escola.

— Acho que Mike está morto — disse Olson ao telefone. — Acho que ele está morto! Estamos sendo atacados. Repito, estou recebendo fogo pesado! — Rojões atingiam o muro da varanda, sacudindo o lugar.

No pátio sul, Abdul Hamid havia sido baleado na perna e estava estendido no chão. Tentou se arrastar até os degraus do porão, mas estava longe demais. Imaginou se veria novamente sua mãe, na Califórnia. Imaginou quem eram aqueles homens estranhos que lhe haviam feito perguntas. Imaginou se eles sabiam seu nome verdadeiro: John Walker Lindh.

Enquanto isso, um dos prisioneiros se aproximou e disparou duas vezes — à queima-roupa — em Mike Spann.

Às centenas, os prisioneiros talibás se ergueram do chão onde haviam recebido ordem de Spann e Olson para se sentar.

Eles se livraram dos turbantes que amarravam seus punhos e olharam ao redor freneticamente, sem saber ao certo o que fazer em seguida.

Sobre os muros da fortaleza, mais ou menos uma dúzia de guardas da Aliança do Norte estava disparando contra o pátio, raspando o chão duro, erguendo pedaços de barro, ceifando homens.

Vários minutos depois, os prisioneiros encontraram o esconderijo de armas.

Eles balançaram as portas de metal dos *trailers* Conex até abri-las e se depararam com centenas de fuzis, granadas e morteiros derramados aos seus pés.

Apanharam as armas e se espalharam pelo pátio, agachando-se atrás de prédios de barro, arbustos e dentro de depósitos construídos dentro dos muros. Começaram a reagir ao fogo. O ar rugia.

Logo, cavalos feridos se espalhavam pelo pátio, debatendo-se e relinchando em meio à poeira, enquanto o sol forte castigava.

Mitchell chegou com uma tropa terrestre meia hora depois do telefonema de Olson. Ele parou diante do portão da fortaleza, saltou do caminhão e observou os muros. Não podia acreditar na intensidade do combate. Várias centenas de armas deviam estar sendo disparadas ao mesmo tempo. Morteiros começaram a descer em arco sobre os muros e a explodir em volta de seu caminhão.

Ele e seus homens correram para a base do forte e começaram a subir o muro.

O muro se elevava a um ângulo de mais ou menos 45 graus. Eles o escalaram palmo a palmo. Do alto, sem fôlego, Mitchell observou o caos abaixo.

Homens mortos estavam espalhados pelo bosque de pinheiros, derrubados por explosões de granadas. Pendiam dos troncos das árvores, pesados e imóveis, como enfeites enegrecidos.

Ele viu prisioneiros correndo entre as árvores e virando-se para disparar contra os muros. Havia seiscentos deles ali embaixo, Mitchell sabia. E queriam sair.

Ele contou novamente o número de integrantes de sua força: 15 homens. *Quinze.*

Antes de Mitchell partir para o Afeganistão, seu comandante lhe perguntara: *"Como você vai morrer?"* Era uma maneira dura de perguntar como ele planejava continuar vivo. Até agora, ele não pensara muito na resposta.

Explosões poderosas perfuraram o céu. Ele calculou que os prisioneiros haviam finalmente encontrado os morteiros. Era apenas uma questão de tempo até que eles os apontassem para os guardas sobre os muros.

O tiroteio era repleto de estouros, chiados e estalos, como se ossos enormes estivessem se quebrando. Mitchell temeu que os combatentes ali dentro estivessem fugindo. Esperava que subissem o muro a qualquer momento.

Em questão de minutos, algo dera terrivelmente errado. *Lutamos tão duro. E vencemos. Mas agora estamos perdendo tão rapidamente...*

Ele pensou em sua mulher e suas duas filhas. Temia que as meninas crescessem sem ele. E agora pensava: *Elas nunca vão sequer me conhecer.*

Mitchell pegou sua pistola e se preparou para ser derrotado.

PARTE UM

INDO PARA A GUERRA

**Comfort Inn Airport Motel
South Portland, Maine**

11 de setembro de 2001

Passarinho acordou.

Ao lado da cama do hotel havia uma pequena mesa de cabeceira, um despertador e uma Bíblia. Mais adiante, além das cortinas sujas, um estacionamento cheio de carros de trabalhadores, de pessoas de férias, indo para o trabalho, para suas famílias, para o resto de suas vidas. Havia sido uma noite tranquila para Passarinho, ao fim de um ano longo e agitado. Naquela manhã, ele iria para o paraíso.

Não há outra divindade a não ser Deus, e Maomé é seu mensageiro.

Seu nome verdadeiro era Mohammed Atta. O apelido lhe fora dado por seu pai, um advogado sério e severo que o achava suave e demasiadamente sensível, além de frágil demais, preguiçoso demais e impaciente demais. Não havia até cronometrado as caminhadas de três minutos para casa, pelas ruas do Cairo, depois da escola, considerando uma falha se o filho se atrasasse alguns segundos? *Passarinho, você demorou muito! Por quê?*

Chegadas, partidas. *Não há outra divindade a não ser Deus, e Maomé é seu mensageiro...*

Ele se levantou.

Usando jeans e uma camisa polo azul, com a colcha floral, macia e reluzente sob suas mãos delicadas, ele parecia mais um turista estressado, ansioso para começar o dia. No alto, aviões a jato rugiam, decolando.

Dez minutos depois, Atta estava no aeroporto de South Portland, no Maine, segurando uma passagem que comprara na internet duas semanas antes, em Las Vegas. Estivera lá para um encontro organizacional final. Quatro dias antes, comemorara seu aniversário num lugar chamado Shuckum's Oyster House, em Hollywood, na Flórida. Naquela noite, jogou fliperama, bebeu suco de amora e observou seu companheiro assassino, Marwan al-Shehli, beber álcool, observar as mulheres e mexer a cabeça ao ouvir a música. Odiava o toque delas, as mulheres. O cheiro delas. O sexo delas. Tinha cinco dias para viver. Tinha 33 anos e acabara de planejar o maior ataque em solo americano da história do mundo. Ainda assim, tudo o entediava. Comer o entediava. Dormir. Respirar. A única coisa pela qual valia a pena viver era morrer.

Ao passar pelo detector de metal no aeroporto de Portland, Atta levava no bolso um bilhete de quatro páginas que dizia:

"Quando você embarcar no avião [...] pense nisso [em sua missão] como uma batalha em nome de Deus [...]. Não se esqueça [...] a verdadeira promessa está próxima e a hora decisiva chegou. Lembre-se sempre de rezar se possível antes de atingir o alvo ou de dizer algo como *Não há outra divindade a não ser Deus, e Maomé é seu mensageiro.*"

Às 5h45, ele passou pela segurança, juntamente com outro assassino, Abdul Aziz al-Omari. Quinze minutos depois, o avião de Atta decolava e sobrevoava o Atlântico em direção a Boston. Ali, Atta trocaria de avião e seguiria para Los Angeles no voo 11 da American Airlines.

Às 6h52, no Aeroporto Internacional de Logan, em Boston, sete minutos depois de aterrissar, seu telefone celular tocou. Era Marwan, que também estava no aeroporto e ligava de um terminal próximo. Os dois devem ter

INDO PARA A GUERRA

conversado rapidamente — *Está tudo pronto? Sim, irmão, está tudo pronto. Não há outra divindade a não ser Deus, e nós somos seus mensageiros.*

E em seguida eles desligaram.

Às 7h40, Atta e sua equipe de quatro integrantes estavam sentados confortavelmente, o jato se afastando do portão. Trinta e quatro minutos depois, o voo 175 da United, com Marwan al-Shehhi e seus quatro companheiros a bordo, também decolava do Aeroporto de Logan, em Boston.

Ao mesmo tempo — às 8h14 — Atta agia para tomar o controle do voo 11 da American Airlines. Para levar os passageiros para a parte de trás do avião, ele e seus compatriotas borrifaram spray de pimenta e gritaram que havia uma bomba a bordo. Às 8h25, o controle do tráfego aéreo em Boston ouviu uma voz dizendo: "Ninguém se mexa. Tudo vai ficar bem. Se vocês tentarem fazer qualquer movimento, vão pôr em risco a si próprios e o avião. Simplesmente fiquem quietos."

Na primeira classe, onde os sequestradores estavam sentados, um homem caiu com sua garganta cortada. Duas aeromoças haviam sido esfaqueadas. Ainda estavam vivas, uma delas com uma máscara de oxigênio pressionada contra o rosto e a outra com ferimentos menores.

Às 8h44, o avião mergulhou sobre Nova York.

Uma aeromoça a bordo, Madeline "Amy" Sweeney, estava falando ao telefone celular com um controlador de tráfego aéreo quando olhou pela janela e disse: "Há alguma coisa errada. Estamos numa descida rápida... Estamos indo muito rápido." E então, antes que a ligação caísse: "Estamos voando baixo... *Estamos voando baixo demais!*" Alguns segundos se passaram. "Oh, meu Deus, estamos baixo demais!"

Às 8h46, o voo 11 da American, à velocidade de quase 800 quilômetros por hora, atingiu a torre norte do World Trade Center. Quarenta e cinco milhões de litros de combustível explodiram com a força de sete milhões de bananas de dinamite.

Quatorze minutos depois, a bordo do voo 175 da United, agora sob o controle de Marwan, um jovem chamado Peter Hanson telefonava para seu pai, Lee, que estava em Easton, Connecticut.

— A coisa está ficando feia, pai — disse ele. — Uma aeromoça foi esfaqueada. Parece que eles têm facas e spray de pimenta. Eles disseram que têm uma bomba. A coisa está ficando muito feia no avião. Passageiros estão ficando enjoados e vomitando. O avião está fazendo movimentos bruscos. Acho que o piloto não está dirigindo o avião. Creio que vamos descer. Acho que eles querem ir para Chicago ou algum outro lugar e voar de encontro a um edifício. Não se preocupe, pai. Se isso acontecer, será muito rápido. Meu Deus, meu Deus.

Às 9h03, o voo 175 da United atingiu a torre sul.

Trinta e quatro minutos depois, o voo 77 da American mergulhou no Pentágono.

Às 10h03, o voo 93 da United explodiu num campo próximo a Shanksville, na Pensilvânia.

Cal Spencer acabara de sair do rio Cumberland e estava puxando os barcos infláveis para os reboques quando alguém no caminhão disse: "Jesus, será que alguém pode ligar o aquecedor?" Spencer sacudiu o frio da manhã, resmungou, esticou-se e apertou alguns botões no painel. Em seguida, dirigiu o caminhão para casa, passando pelo interior exuberante do Tennessee, as árvores ao longo da estrada interestadual tingidas com os primeiros tons suaves do outono.

Spencer listou as tarefas do dia: voltar correndo para a sala da equipe, dar cabo da avalanche de papéis que sempre caía sobre sua mesa quando ele encerrava uma missão de treinamento, ir para casa, ajudar Marcha a fazer o jantar, checar se Jake fez o dever de casa, ir para a cama. Acordar. Repetir.

Ruivo, gozador e com um físico esguio de jogador de beisebol, Spencer geralmente tinha uma observação irônica para quebrar qualquer momento triste. Mas não naquela manhã. A noite havia sido terrível. Ele conduzira oito soldados das Forças Especiais pelo rio Cumberland no escuro, usando óculos de visão infravermelha e um GPS. O trabalho não era difícil — Spencer já fizera esse tipo de coisa centenas de vezes, e estava cansado daquilo. Eles haviam entregado seu "pacote" — uma segunda equipe das Forças Especiais que viajava com eles — ao ponto de infiltração predeterminado no rio, desligado os motores externos e esperado.

Não esperaram muito tempo. Segundos depois, a grande sombra do helicóptero Chinook apareceu sobre as árvores, desceu um pouco e pairou rente à água, como um inseto de metal vindo do céu, com um barulho ensurdecedor, os rotores gêmeos espalhando montanhas de spray gelado pelo ar. O helicóptero era conduzido pelos melhores pilotos do 160º Regimento de Operações Especiais da Aviação (SOAR, na sigla em inglês). A garantia do SOAR era de que eles chegariam trinta segundos antes ou depois da hora marcada, de qualquer maneira. E eles haviam cumprido a promessa. Criados na esteira da tentativa de resgate de funcionários da embaixada americana no Irã em 1980 (o Exército concluíra que o apoio aéreo ruim fora responsável pelo fracasso da missão), os pilotos do SOAR tinham uma vida sigilosa. Voavam em missões perfeitamente planejadas nos lugares mais assustadores do mundo. Atuavam a partir de uma base situada por trás de hectares de arame farpado num canto remoto de Fort Campbell, a vinte minutos de distância — de carro, por uma estrada de pista dupla esburacada — da sala da equipe de Spencer. Spencer nunca sabia o nome de nenhum piloto e eles não sabiam o seu. Era melhor assim: caso algo de verdade acontecesse — se eles fossem para a guerra —, ninguém poderia comprometer a identidade de ninguém. A equipe de Spencer concluiu a conexão, e ele e seus homens ligaram os motores e voltaram rio acima. O trabalho havia terminado. Hora de voltar para o ancoradouro.

E então eles se depararam com uma neblina. Tiveram que parar os barcos porque alguns membros do grupo estavam batendo cegamente na margem do rio. De repente, uma barca surgiu no meio da escuridão, soltando vapor — o barco enorme estava seguindo diretamente de encontro a eles.

Todos correram para a margem, onde — seguro morreu de velho — amarraram os barcos em alguns galhos de árvores que pendiam e se prepararam para passar a noite ali.

Spencer não estava vestido para enfrentar o frio. Sentou-se no fundo do barco, embrulhado num poncho, trincando os dentes e tentando fingir que não se importava com a temperatura. O primeiro-sargento Sam Diller encontrou alguns coletes salva-vidas e os colocou sobre si, oito ao todo, mas ainda assim ficou deitado no fundo do barco, tremendo.

Na manhã seguinte, quando eles tiravam os barcos da água, Cal Spencer não queria mais nada além de se enroscar dentro de casa com um martíni na mão, assistindo à TV.

Achou que talvez aos 40 anos já estava velho demais para aquele tipo de trabalho. Como aspirante, era o veterano da equipe. Era uma figura paterna para os mais jovens, e um irmão para Diller e o primeiro-sargento Pat Essex, que servira com ele na operação Tempestade no Deserto. Essex era magro e sério, de uma boa linhagem de Minnesota (crescera na Califórnia), e queria passar os anos de sua aposentadoria observando pássaros. Sam Diller era de um buraco na Virgínia Ocidental que Cal achava que provavelmente nem existia mais. Era também um dos caras mais espertos da equipe, pensava Cal.

Eram todos homens bons, e algum dia, pensou Spencer, poderiam participar de uma missão de verdade. Enquanto refletia sobre isso, a notícia sobre o choque do primeiro avião no World Trade Center estourou no rádio do caminhão.

Marcha Spencer ainda estava em casa, na cama, em Fort Campbell, quando o telefone tocou. Era sua melhor amiga, Lisa, mulher de Diller.

— Ligue a TV! — disse ela. Lisa parecia agitada, e ela não era assim. Era uma das pessoas mais equilibradas que Marcha conhecia, firme feito um prego.

Marcha ligou o aparelho e não pôde acreditar no que via. O primeiro avião havia atingido a torre norte, e o edifício estava em chamas. Marcha fitou a tela, sem compreender a imagem.

— Aquelas pessoas — murmurou. E em seguida pensou: *"Cal. Ele vai partir em breve."*

INDO PARA A GUERRA

— Eles vão — disse Lisa do outro lado da linha, lendo seu pensamento.

As duas mulheres imediatamente tentaram imaginar para onde seus maridos seriam enviados. Que país? Quem havia feito aquilo? Cal tinha uma viagem à Jordânia marcada para algumas semanas depois, uma missão de treinamento com o Exército jordaniano. Marcha sabia que agora isso seria cancelado.

Enquanto elas conversavam, o segundo avião bateu na torre sul.

— Ah, meu Deus! — As duas amigas gritaram uma com a outra ao telefone. — Ah, meu Deus!

Olhando para a TV, Marcha disse à amiga:

— Isso realmente me assusta, Lisa. Isso parece diferente. — Alguma coisa acabara de terminar, elas sabiam, e alguma coisa acabara de começar.

Ao ouvir a notícia sobre os ataques, Spencer pisou fundo no acelerador do caminhão de cinco toneladas, seguindo a toda velocidade para Fort Campbell, quartel-general do Quinto Grupo de Forças Especiais do Exército. O imenso posto consiste em mais de 400 mil quilômetros quadrados de morros com vegetação baixa, campos de tiro queimados e úmidos emaranhados de *kudzu*,* 98 quilômetros a noroeste de Nashville. Terceiro maior posto dos Estados Unidos, estende-se na verdade por dois estados, sendo sua maior parte localizada no Tennessee, perto de Clarksville. O posto de correios de Fort Campbell fica em Kentucky, na periferia de Hopkinsville, município de fazendas. Toda a área é cercada e costurada por shoppings de beira de estrada, restaurantes especializados em carne, lojas de móveis em promoção e milharais. Spencer imaginou Marcha em casa vendo as notícias na TV. Sabia que ela era forte, mas não sabia como reagiria àquelas imagens terríveis.

Enquanto dirigia, sentiu um enjoo no estômago, um embrulho. Estava certo de que logo que voltasse para a base eles começariam a arrumar a bagagem para partir. Fora isso, tudo era um ponto de interrogação.

---

*Tipo de trepadeira. (*N. do T.*)

A conversa no caminhão não parava:

Você consegue acreditar nisso?

Quem, diabos, fez isso?

Vamos para a guerra, certo?

Spencer só ficava imaginando o que havia acontecido dentro daqueles aviões. Ele participara de combates, vira pessoas sendo mortas, estraçalhadas, explodindo, mas aquilo era diferente. Eram civis.

Em 11 de setembro de 2001, Dean Nosorog era um homem casado há exatamente quatro dias, o que continuava a surpreendê-lo. Ele, Dean Nosorog, vindo de uma fazenda pobre em Minnesota, casado com a garota mais bonita do planeta!

Quando os aviões atingiram as torres, ele e Kelly estavam no Taiti, dormindo num quarto de hotel com vista para uma praia repleta de palmeiras. Eles acordaram, tomaram o café da manhã na varanda e resolveram fazer mountain bike. Loucamente apaixonado, Dean se sentia num mundo distante de sua vida real. O melhor de tudo era que tinha mais duas semanas para viver aquela vida tranquila. Eles saíram do hotel de mãos dadas, sem prestar atenção nas primeiras notícias dos ataques mostradas na TV num canto do saguão.

Enquanto pedalavam por uma estrada nas montanhas, ninguém que passava por ali podia imaginar que Dean era um soldado secreto de uma parte do Exército sobre a qual a maioria dos americanos sabia pouco: as Forças Especiais do Exército dos Estados Unidos. Bronzeado, sardento, o cabelo ruivo desgrenhado, bermuda cargo e camiseta, Dean parecia um jovem farmacêutico de férias. Ele apertou o pedal e aumentou a velocidade em direção à cidade, gritando para Kelly alcançá-lo.

Ao pé da colina, eles entraram numa pequena pizzaria francesa e fizeram o pedido. Uma americana se aproximou rapidamente, ofegante, e perguntou:

— Vocês souberam? — Estava às lágrimas. — Um avião — disse ela, chorando. — Um avião simplesmente bateu num edifício em Nova York.

Dean olhou para Kelly, erguendo uma sobrancelha. *O quê?*

— E houve um segundo avião — prosseguiu ela. — Um segundo avião bateu em outro edifício.

O rosto de Dean caiu.

— Rápido — disse ele a Kelly. Os dois correram de volta ao hotel.

O saguão agora estava cheio de americanos, todos eles, ao que parecia, também em lua de mel. Dean se aproximou da TV: estavam todos juntos, em choque. Dean se concentrou na tela durante vários minutos e em seguida se voltou para Kelly.

— Tenho que dar um telefonema — disse ele.

Ele seguiu para o quarto e no meio do caminho parou na recepção, apanhando um exemplar do *International Herald Tribune*.

A manchete do jornal o fez gelar.

Massoud estava morto. O líder do povo afegão em luta contra o Talibã. O grande homem estivera em guerra por mais de vinte anos — era o último sobrevivente. Agora, estava morto.

Massoud não. Assassinado: 9 de setembro de 2001. No Afeganistão. Dean achou que o sincronismo não podia ser uma coincidência.

Durante toda a semana, o Leão estivera à beira da morte — ele apenas não sabia disso.

Bonito, grisalho, com um sorriso radiante e olhos que pareciam de esmalte preto, o Leão era um homem incansável. Decidira atacar os talibãs naquela noite, 9 de setembro. Em campo, homens haviam carregado seus pentes de AK-47, separado e contado os lança-granadas e alimentado seus cavalos exaustos e descuidados, cujos relinchos e roncos ricocheteavam nos paredões de pedra escovados pelo vento gelado das montanhas.

Massoud combatia os talibãs havia sete anos, *e* — ele tinha que admitir — eles estavam prestes a vencer. Ele estava restrito a uma pequena fatia do vale de Panjshir, onde vivera na infância — uma faixa de morros e escarpas verdejantes —, enfrentando a morte. Com a ajuda de árabes estrangeiros, combatentes do Talibã e da al-Qaeda estavam castigando duramente suas forças de resistência, o último obstáculo para assumirem o controle total. Mas ele prometia continuar. Nunca desistiria da luta. Morderia e arranharia o inimigo. Mataria, feriria, perturbaria. Ahmed Shah Massoud, o Leão de Panjshir, aliado dos Estados Unidos e da CIA durante a invasão soviética de 1979-89, era a última chance dos cidadãos afegãos de derrotar o Talibã.

Ele lutara contra os soviéticos durante dez anos, até eles recuarem, derrotados. Em seguida combatera os homens com os quais lutara contra os soviéticos. Milhares e milhares haviam morrido em todos os lados. E Massoud, embora reverenciado, tinha muitos segredos. Estava em guerra há 22 anos.

Em abril de 2001, Massoud viajara a Estrasburgo para pedir ajuda internacional. Ali, dissera à imprensa: "Se o presidente Bush não nos ajudar, esses terroristas vão prejudicar os Estados Unidos e a Europa muito em breve, e será tarde demais." Massoud vinha apontando o Talibã e um homem chamado Osama bin Laden, filho bilionário de um magnata da construção saudita. Ninguém o ouvia.

Essa negligência dera a Bin Laden o verão para organizar o plano secreto para matar Massoud. O arquiteto do plano era um homem chamado Ayman al-Zawahiri, um comandante da al-Qaeda. Com cerca de 3 mil soldados treinados, o exército de Bin Laden se unira ao Talibã, formado por 15 mil fazendeiros, açougueiros, professores e advogados. Juntos, eles queriam levar o Oriente Médio de volta ao século XIV, à era de ouro governada pela lei islâmica. Um grande passo para esse grande retrocesso seria a eliminação de Ahmed Shah Massoud.

Em seu quarto de hotel, Dean telefonou para o quartel-general do Quinto Grupo de Forças Especiais, em Fort Campbell. Foi atendido pela secretária eletrônica do comandante de seu batalhão. Nervoso, deixou uma mensagem. "Senhor", disse ele, "estou no Taiti e acabei de ver na TV o que

INDO PARA A GUERRA

aconteceu". Ele se viu falando rápido demais: "Quero falar com o senhor, quero saber o que está acontecendo. O que o senhor precisa de mim?"

Dean bateu os olhos novamente no jornal em sua mão. "Estou olhando para o *International Herald Tribune*. O líder da Aliança do Norte foi assassinado, de acordo com o artigo, por Bin Laden."

Dean conhecia Bin Laden e conhecia Massoud. O famoso guerrilheiro havia sido líder de algo chamado Aliança do Norte, uma instável reunião de três tribos afegás que combatia o Talibã. Com a morte de Massoud, Dean sabia que a Aliança corria o risco de se desintegrar. O assassinato de Massoud e os ataques que ele vira na TV naquela manhã só podiam ter sido coordenados, pensou Dean. Ele desligou o telefone e ligou novamente, começando a procurar voos para Fort Campbell.

Em sua base no vale de Panjshir, Massoud estava ao telefone quando os assassinos chegaram: dois árabes que viajavam com passaportes belgas roubados e fingiam ser repórteres de televisão que tentavam encontrá-lo havia várias semanas.

Ele recebeu os visitantes, e estes se sentaram à sua frente. Massoud pediu chá para seus convidados. Pedira para ver a lista de perguntas da entrevista enquanto conversava com o cinegrafista, que montava seu equipamento. Disse a eles que podiam iniciar a entrevista.

O árabe mirou a lente da câmera na cintura de Massoud e a ligou. Inexplicavelmente, a câmera emitiu um fogo azul, enchendo a sala de fumaça. O fogo atingiu Massoud diretamente.

Quando a fumaça se dissipou, Massoud estava sangrando sobre a carcaça queimada de sua cadeira. Uma explosão abrira um buraco no encosto da cadeira.

O cinegrafista estava morto, cortado ao meio pela força da bomba que estava amarrada à bateria presa em sua cintura.

Massoud sussurrou para um guarda-costas: "Levante-me." Dedos de sua mão direita haviam sumido, seu rosto era uma massa de sangue. Alguém rapidamente enfiou algodão nas órbitas de seus olhos. Ele fora atingido no coração por estilhaços. Não havia esperança alguma de salvá-lo.

Seus assistentes o puseram num refrigerador num necrotério no Tadjiquistão e prometeram ficar calados. Temiam que combatentes da resistência desanimassem e fugissem.

Um dia depois da morte de Massoud, as encostas em torno de Konduz ecoaram rumores sobre seu falecimento, espalhados por cânions e correntezas por meio de rádios Motorola portáteis. Numa trincheira no extremo norte da cidade, um jovem da Califórnia se acomodou sobre a terra bege, que parecia talco, e clamou que aquele era o último campo de batalha de Alá.

Abdul Hamid sabia que a batalha final estava próxima. Acabara de marchar para o norte com outros 130 combatentes. Percorrera 160 quilômetros a partir da cidade de Konduz, pisando sobre pedras e espinhos com suas sandálias finas, ficando sem água e comida, com um cinto de munição pendurado no ombro e duas granadas enfiadas numa bolsa presa à cintura, para chegar àquele lugar de guerra, a desolada vila de Chichkeh. Com os rumores sobre a morte de Massoud, eles acabariam com o que restava dos inimigos corruptos do Islã.

Abdul era membro de uma unidade de elite de Bin Laden chamada Brigada 055, parte de um exército da al-Qaeda maior. Conhecera o grande homem um mês antes, perto de Kandahar, berço do Talibã e seu lar espiritual de estudos — a palavra *talib* significa "estudante" em árabe. O campo de treinamento, al-Farooq, era frequentado por sauditas, chechenos e paquistaneses — os melhores entre os mártires mais sérios, atraídos pela luz abrasadora da mensagem de Bin Laden. Alguns seguidores haviam se tornado mártires em anos anteriores, nos atentados a bomba às embaixadas em Nairóbi e na Arábia Saudita e até mesmo ao navio de guerra americano USS *Cole*, no Iêmen. Esses ataques justiceiros mataram muitas pessoas, entre elas americanos.

Seus companheiros, Abdul sabia, haviam morrido para afastar os infiéis sujos — os judeus, os cristãos, os budistas, os ateus — da terra de Maomé, a Arábia Saudita, o berço pedregoso do Islã, as cidades sagradas de Meca e Medina. Depois do atentado ao USS *Cole*, que matou 17 marinheiros e feriu 39, Abdul enviara um e-mail a seu pai e a sua mãe na Califórnia afirmando que a presença do navio no porto iemenita havia sido um "ato de guerra". O pai de Abdul ficou profundamente decepcionado por seu filho pensar assim. Mas sabia também que nada podia fazer para mudar a opinião dele. Achou que o filho já passara havia muito tempo da fase de ser influenciado por suas opiniões.

Bin Laden deixara claro em seus *fatwas* — decretos — que era um insulto os infiéis terem bases de soldados na terra de Maomé depois da primeira Guerra do Golfo, que os americanos chamavam de Tempestade no Deserto. Como resultado disso, todo americano deveria ser morto onde quer que fosse encontrado, proclamara Bin Laden.

Abdul Hamid sabia que Bin Laden sonhava em ressuscitar o antigo mundo do Islã. A violenta jihad seria sua máquina do tempo. Abdul Hamid viera para o Afeganistão onze meses antes para ajudar os talibãs em sua luta.

Em al-Farooq, soldados em treinamento aprenderam a disparar fuzis, lançar granadas, usar bússola e envenenar água, comida e pessoas. Abdul ouvira Bin Laden falar no acampamento. Um dos homens em al-Farooq se aproximara de Abdul e lhe perguntara se ele queria participar da luta contra Israel ou os Estados Unidos. Seria mais fácil para ele atuar como agente "dormente" nesses lugares do que seria para um saudita ou paquistanês de pele escura. Em parte, Abdul Hamid ainda era um menino do condado de Marin, um jovem que vendera sua coleção de CDs de *rap* para pagar sua passagem para a terra da jihad. Parte dele queria ir para casa ver seu pai — um advogado que lhe dera o nome de John em homenagem a John Lennon — e sua mãe, que lhe dera aulas em casa e o amava, enquanto outros meninos debochavam dele. O que ele ouviu naquele dia, porém, o perturbou. Tinha havido um ataque nos Estados Unidos, um grande ataque. Mártires haviam lançado aviões contra alguns edifícios. Haviam matado milhares e milhares de americanos. Ele dissera não ao homem de barba. Sua luta era ali, no Afeganistão, com o Talibã. Não queria matar americanos.

Os pequenos alto-falantes dos rádios Motorola nas trincheiras em torno de Abdul transmitiram a notícia em meio a chiados: *O mundo em chamas, os Estados Unidos desabando.*

O major Mark Mitchell entrou no refeitório lotado de Fort Campbell quando as primeiras cenas do ataque estavam sendo exibidas numa TV instalada no grande salão. Mitchell quase deixou o garfo cair quando assimilou a notícia. Havia 75 homens ali, e todos eles haviam mergulhado em silêncio enquanto olhavam para a tela. Mitchell acabara de chegar do treinamento físico matinal no campo de desfiles, onde jogara Ultimate Frisbee* com os homens da companhia de apoio. Estava ali segurando sua bandeja com um omelete, um pão e molho picante por cima quando ouviu o repórter da TV explicar que um Cessna, ou algum outro tipo de avião pequeno, batera no World Trade Center.

— Não foi um Cessna — disse Mitchell. — E nenhum piloto comercial do mundo voaria de encontro a um edifício. Teria feito um pouso forçado no rio Hudson.

Em uma das mesas, alguns dos caras mais jovens começaram a rir, dizendo que aquela cena só podia ser uma brincadeira.

— O dia está claro, com céu azul — prosseguiu Mitchell. — Não há uma nuvem no céu.

— É um acidente — disse alguém.

Mitchell se virou e gritou:

— Calem a boca! Isso não é piada. Isso não é motivo para rir! — A intensidade de sua emoção surpreendeu ele próprio.

Os soldados mais jovens se calaram. Segundos depois, o outro avião bateu na torre.

Mitchell saiu correndo pela porta, atravessou o estacionamento, passando sob os carvalhos desordenados e sobre a grama queimada, e subiu os degraus de concreto, entrando em seu gabinete.

---

*Jogo de frisbee com dois times, com elementos de futebol americano e rúgbi. (*N. do T.*)

INDO PARA A GUERRA

Como oficial de operações do Terceiro Batalhão do Quinto Grupo de Forças Especiais, seu trabalho era assegurar que o grupo estivesse pronto para se mobilizar e ir para qualquer lugar do mundo em 96 horas. O principal teatro de operações do grupo era o Oriente Médio, sob a direção do Comando Central (Centcom, na sigla em inglês) e do general Tommy Franks, em Tampa, na Base MacDill da Força Aérea. E ele sabia que os colegas na Flórida já estariam fazendo planos.

Quando Mitchell entrou na sala, viu os oficiais de sua equipe ali. Pareciam em choque. Notou até que todos já estavam prontos para agir, mas sem saber aonde ir. Ele imaginou como estariam no fim do dia.

Mitchell encontrou outro grupo de oficiais em volta da TV na sala de reunião, no andar de cima, vendo as torres em chamas. Um oficial se aproximou e lhe disse que o Pentágono acabara de ser atingido.

Mitchell não podia acreditar. Os ataques às torres eram combinados, mas o ataque ao Pentágono, em outra cidade e quase simultaneamente... isso elevava o jogo a um nível diferente.

Quando passou pelo portão de guarda do centro de comando do 160º SOAR, o piloto de helicóptero Greg Gibson já ouvira o suficiente no rádio para perceber que a colisão não havia sido um acidente. Ao chegar ao hangar, ele disse à sua tripulação que estivesse pronta para pôr os Black Hawk e os Chinooks de dois rotores para partir.

Gibson sabia que eles iriam para a guerra.

Mitchell desceu correndo a escada e seguiu para o gabinete de seu chefe, o comandante do Terceiro Batalhão, tenente-coronel Max Bowers, para atualizá-lo sobre o que sabia.

Bowers estava em casa, acabando de tomar banho, quando soubera dos ataques por seu filho de 5 anos, que entrara no banheiro.

— Pai — disse o menino —, um avião entrou num edifício grande em Nova York! É verdade! — Seu filho estivera assistindo à TV em outra parte da casa e Bowers não ouvira notícia alguma.

Enrolado na toalha, Bowers sorriu, passou a mão no cabelo do filho e lhe disse para não brincar com coisas assim. Em seguida, apressou-se a se vestir para ir trabalhar. No caminho, ligou o rádio do carro.

O cabelo grisalho de Bowers ainda estava molhado do banho quando ele, sério, ouviu o relato de Mitchell sobre o ataque ao Pentágono. Mitchell pôde perceber que Bowers estava preocupado, e sabia que ele não era do tipo que se assustava facilmente. Aos 42 anos, com um físico forte, ele era um oficial de carreira inteligente e bem-articulado. Em 1999, enfiara-se na Bósnia, um país dilacerado, num voo comercial, uma atitude arriscada que violava a política americana na época (o Congresso acabaria autorizando a presença de tropas americanas em terra). Ao chegar lá, Bowers telefonara para Fort Bragg de um telefone público do aeroporto para dizer "Estou dentro" e em seguida desligar. Ele começou a ajudar a orientar a guerra aérea localizando alvos em terra. A missão foi um sucesso: ninguém fora ferido, a não ser o inimigo. Ao voltar, em vez de ser rebaixado, Bowers foi secretamente aplaudido.

Bowers disse a Mitchell que relatos do Departamento de Defesa em Washington estavam chegando no "lado vermelho" — e-mails secretos — e que, por enquanto, o plano era: não há plano algum.

Mitchell saiu às pressas do gabinete de Bowers para telefonar para Maggie.

— Onde você está? — perguntou.

— Estou dirigindo — disse Maggie. — Saí do posto.

— Volte para cá. Agora!

Ela notou que Mark estava preocupado, e isso a inquietou.

Com dois filhos, Maggie saíra para resolver algumas coisas em Target, no shopping. Deixara a filha mais velha, de 3 anos, com a babá e levara consigo a mais nova, de 2 anos.

— Você soube o que aconteceu? — perguntou Mark.

— Nossa, Mark, eu estava ouvindo no rádio...

— Você precisa ir para casa e ficar lá.

Sem pensar duas vezes, ela virou o volante do Ford Explorer e voltou pela outra pista. Eram 9h30 da manhã.

INDO PARA A GUERRA

Como a segurança havia sido reforçada em Fort Campbell, todos agora estavam sendo cuidadosamente revistados no portão da frente. Normalmente, Maggie não precisaria apresentar sua carteira de motorista a um soldado armado no portão para seguir adiante. Agora, o trânsito estava parado numa extensão de mais de um quilômetro e meio ao longo da Rodovia 41A: desde um lugar chamado Sho-West — uma boate de striptease — até a loja de artigos militares e as casas de penhores situadas em frente ao Portão 4, a principal entrada do posto. Quase 4 mil famílias moravam na base, e parecia que todas elas estavam tentando voltar para casa.

Cal Spencer e sua equipe voltaram do rio Cumberland no meio da manhã e seguiram imediatamente para o mesmo engarrafamento onde Maggie Mitchell estava presa. Sam Diller saltou do caminhão, foi para o meio da estrada e observou a longa fila de carros que iam e vinham do forte. O congestionamento era particularmente ruim por causa de uma barreira de concreto que fechava uma das pistas.

— Podemos passar — disse Sam. — Só precisamos afastar uma dessas barricadas.

Spencer concordou. Ele, Sam e mais dois homens da equipe se inclinaram e começaram a empurrar a barreira.

— Acho que vocês não deviam fazer isso — disse, aproximando-se, um guarda da 101ª Divisão Aerotransportada, do Exército comum. Ele tinha um M-16 cruzado diante do peito. Parecia assustado com os acontecimentos daquela manhã.

Homens como Spencer e Sam haviam evitado o Exército comum ao longo de suas carreiras nas Forças Especiais. E agora ali estava aquele garoto, com medo de violar as regras quando fazia sentido violá-las.

Eles o ignoraram e continuaram fazendo força até afastarem a divisória de cimento.

Spencer correu de volta ao caminhão, passou com o veículo e depois ajudou os outros homens a pôr o grande bloco de volta no lugar. Em seguida, eles passaram em velocidade pelo banco de Fort Campbell, pelo PX, o Kentucky Fried Chicken e a Taco Bell até chegarem ao Centro de Comando do Terceiro Batalhão. Spencer sentiu como se estivesse vendo aqueles lugares conhecidos pela primeira vez.

Enquanto a manhã passava, o general de divisão Geoffrey Lambert estava analisando as possibilidades em seu gabinete em Fort Bragg, na Carolina do Norte.

Filho de fazendeiros protestantes do Kansas, Lambert, aos 54 anos, era o general encarregado do Comando de Forças Especiais do Exército dos Estados Unidos (UNASFC, na sigla em inglês), composto por 9.500 homens espalhados pelo mundo, em diferentes regiões. O Quinto Grupo cuidava do Oriente Médio e da África. O Sétimo e o Terceiro, baseados em Bragg, atuavam na América Latina, reprimindo traficantes de drogas e insurgentes. O Décimo Grupo tinha sua base no Colorado e atuava na Europa. (O tenente-coronel Bowers o integrara quando estivera em Kosovo.) Os países da costa do Pacífico, a Indonésia e as Filipinas eram supervisionados pelo Primeiro Grupo, baseado em Fort Lewis, no estado de Washington. Os outros grupos — Décimo Nono e Vigésimo, formados por soldados da Guarda Nacional — iam onde quer que fossem necessários. Esses grupos formavam uma ampla rede integrada por homens altamente reservados.

Lambert sabia que o alarme do Quinto Grupo acabara de soar.

Ele demorara aproximadamente dez segundos para descobrir quem planejara os ataques e quem os executara. Durante os últimos anos, observara um programa de inteligência ultrassecreto, chamado *date mining*, que identificara um homem, um egípcio de nome Mohammed Atta, como um terrorista perigoso com ligações com um saudita chamado Bin Laden, que financiava campos de treinamento terroristas para homens como aquele egípcio. Meses antes, as pessoas envolvidas no programa tentaram dizer ao FBI o que haviam descoberto, mas advogados do Exército desencorajaram a revelação, embora o projeto tivesse identificado os sequestradores. Lambert

INDO PARA A GUERRA

calculou que eles sabiam tudo o que era preciso saber sobre Osama bin Laden e seus campos de treinamento militar no Afeganistão, mas nenhum dos advogados conseguiu determinar se a vigilância era legal. Agora, Lambert se sentia mal pelo fato de não ter havido um esforço maior para advertir alguém. (Lambert, extremamente chateado, concordou mais tarde com advogados que a informação não fosse compartilhada com o FBI.)

Geralmente havia um plano de contingência na gaveta do Departamento de Defesa para invadir algum país. Mas no caso do Afeganistão Lambert sabia que não havia um plano desses — nada, nem um pedaço de papel explicando como mobilizar homens e armas para derrubar o governo. Desde o fim da Guerra Fria, estrategistas militares americanos vinham se debatendo nas águas de antigos conflitos, sem saber ao certo como se preparar para ameaças imaginadas de inimigos desconhecidos.

Na cabeça de Lambert, os ataques eram exemplos perfeitos do tipo de violência que o futuro reservava aos americanos. Os ataques haviam sido executados de maneira rápida e barata por um pequeno número de homens que se comunicavam por telefones celulares e pela internet. Os danos eram comparáveis aos que seriam causados por um exército inteiro, mas o custo da ação era de apenas meio milhão de dólares — uma bagatela, considerando tudo o que acontecera.

Lambert havia sido um soldado da tropa de choque do Exército americano com excelente atuação. Durante dez anos, estivera nas florestas da América Latina combatendo todos os tipos de insurgência, grandes e pequenas, secretas e públicas, para depois sair e se tornar oficial das Forças Especiais. Ser um soldado da tropa de choque era bom, disse ele, mas ser um SF* era muito melhor.

Lambert estava decidido a levar seus homens para aquela nova luta, embora achasse que o general Tommy Franks, comandante do Centcom, nunca os consideraria uma opção viável. Franks não entendia os soldados

---

*Special Forces. (*N. do T.*)

das Forças Especiais, e nem gostava realmente deles. Poucos oficiais do Exército grande e comum apreciavam esse braço secreto de guerreiros que tendia a atuar de maneira independente. Nos últimos anos, as verbas das Forças Especiais haviam sido cortadas, e poucas pessoas fora da comunidade perceberam que faltavam a muitas equipes os equipamentos necessários. Muitas equipes não tinham um contingente de homens completo — faltavam um médico ali, um especialista em armas acolá.

O Vietnã acabara com eles. Durante aquela guerra, os homens do Quinto Grupo deixaram o cabelo crescer, dormiam em redes, faziam de nativas suas namoradas e viviam e lutavam na selva, bem longe do alcance de qualquer controle oficial. Cometeram também algumas das maiores atrocidades do conflito.

No fim dos anos 1980, a unidade entrou numa decadência ainda maior, fornecendo o que era chamado de Defesa Interna Exterior (FID, na sigla em inglês) — um eufemismo para o treinamento de Exércitos de governos estrangeiros. Outras missões eram mais rotineiras, como atuar como policiais em reservas nativas americanas. A Tempestade no Deserto proporcionara o primeiro uso das Forças Especiais em combate desde o Vietnã, para a decepção inicial do general Norman Schwarzkopf, que vira o trabalho sujo daquela força quando era comandante no Sudeste da Ásia. Os rapazes das SF não ficaram particularmente felizes com sua missão. Para eles, caçar áreas de Scud era um tipo de serviço mais adequado para os entusiasmados fuzileiros navais — experientes com publicidade — ou para a Força Delta, sigilosa unidade de contraterrorismo do Exército. Eles eram mestres em sequestrar e apanhar pessoas — em "chutar a porta", como dizia Lambert. Que deixassem esses outros soldados lidar com as caçadas de equipamentos e as incursões para limpar áreas.

As Forças Especiais treinavam para fazer algo diferente do que todos os outros faziam. Faziam guerra de guerrilha. Esse tipo de luta era dividido em fases: combate, diplomacia e construção de nação. Seus integrantes eram treinados para fazer a guerra e fornecer ajuda humanitária depois da contagem de mortos. Eles eram tanto soldados quanto diplomatas. Os médicos trabalhavam como dentistas, consertando os dentes de moradores das vilas. Os engenheiros — especialistas no caos orquestrado de explosivos e demolições — eram treinados para reconstruir pontes de vilas e escritórios do governo. Falavam a língua local e estudavam assiduamente os costumes locais de religião, sexo, saúde e política. Suas mentes viviam em cantos obscuros do mundo. Muitas vezes, eles eram os funcionários americanos mais graduados em um país, envolvidos na elaboração de um plano de tratamento de água com alguns senhores da guerra e agindo, na prática, como o Departamento de Estado americano.

Os fuzileiros navais e o Exército comum em geral não estudavam a língua de nenhum país, nem os costumes ou particularidades. As Forças Especiais pensavam antes e atiravam depois. Batiam de leve. Lambert sabia que, na história dos Estados Unidos, as Forças Especiais nunca haviam tido a chance de lutar na liderança.

Tirá-las do banco e colocá-las em campo era algo que exigiria consideráveis manobras sigilosas. O Exército americano não tinha interesse nenhum em enviar ao Afeganistão um punhado de caubóis que serviria de inspiração para as melhores cenas de *Apocalypse Now.*

Lambert estava se fiando na cooperação da CIA e nas ligações secretas da agência no país. Durante a ocupação soviética no Afeganistão, de 1979 a 1989, a agência financiara os *mujahedin* — os "combatentes da paz". De todos os braços diplomáticos e militares do governo americano, era a CIA que continuara vigiando de perto o Afeganistão. Era a autoridade que agia ali. Era também a progenitora das Forças Especiais.

Depois da Segunda Guerra Mundial, o Escritório de Serviços Estratégicos (OSS, na sigla em inglês) se dissolveu e seus membros migraram para o que acabaria se tornando a Agência Central de Inteligência ou para as Forças Especiais. A unidade em si só foi criada oficialmente em 1952, como Primeiro Grupo de Forças Especiais, adotando como emblema uma ponta de flecha vermelha com uma adaga no meio. O símbolo não foi uma escolha casual. Os soldados do Exército que lutaram como guerrilheiros na Segunda Guerra Mundial se inspiraram nos escoteiros apaches do século

XIX. Sobreviveram por trás das linhas alemãs e japonesas apoiando-se na boa vontade de pessoas amigáveis que encontraram. Muitas vezes com poucas armas e em número inferior, faziam emboscadas em vez de partir para ataques frontais. Atormentavam trens de suprimento. Atacavam em vários lugares de uma vez só e desapareciam no mato. Não seguiam nenhuma das regras da luta armada. Aproveitando-se de sua habilidade letal para se esconder e surpreender, esses soldados da Segunda Guerra Mundial chegaram a apelidar a si próprios de "Brigada do Demônio". Esgueiravam-se em trincheiras alemãs à noite e cortavam a garganta de inimigos surpreendidos. A luz do dia revelava uma cena assustadora: pontas de flechas de papel deixadas na testa dos homens mortos.

Antes, durante a Revolução Americana, esse tipo de guerra cultivado no país havia sido praticado por Ethan Allen nos estados do nordeste e por Francis Marion, vulgo Raposa do Pântano, no sul. Um grupo particularmente rude de saqueadores chamado Roger's Rangers havia aterrorizado os britânicos com seus ataques relâmpagos. O credo do bando era simples: "Deixe o inimigo chegar perto o suficiente para tocá-lo e em seguida parta para cima e acabe com ele com sua machadinha."

Lambert adorou a perspectiva de seus soldados serem convocados para lutar esse tipo de guerra. Estava também preocupado. Os homens não haviam sido testados. Uma vez lançados, um resgate rápido seria impossível.

Ao meio-dia, quando Mitchell consultou Bowers, ainda não havia plano algum. A ordem permanecia a mesma: *Esteja pronto para partir a qualquer momento.* Enquanto caminhava pelos corredores, Mitchell ouvia os estalidos e ruídos da mesma notícia sendo mostrada em rádios e TVs. Cada minuto parecia preso na interminável espiral de um momento: as torres caindo, as torres caindo. No fim da tarde, parecia que o dia havia durado um ano.

Quando ficou claro que mais nada aconteceria e que nenhum plano de ação estava vindo de Washington, Mitchell decidiu ir para casa. Entrou em sua garagem bem depois de escurecer, observando as luzes brilhando nas janelas de sua casa bem-arrumada. Ele e Maggie moravam numa área distante de Fort Campbell, num lugar chamado Werner Park, repleto de veados, cercado de bosques e habitado por oficiais e suas esposas. No dia anterior, 10 de setembro, ele voltara de uma viagem ao oeste: dez dias num carro alugado, batendo à porta de rancheiros e perguntando se o Exército americano poderia usar a propriedade deles para um jogo de guerra. Um *jogo*. Ele balançou a cabeça pensando no quanto as coisas haviam mudado em uma manhã.

Mitchel saiu da garagem e caminhou pelo gramado repetindo para si mesmo que todos os homens que não são violentos, mas que vivem num mundo violento, têm algo a desempenhar.

Guerreiro/Pai.

Guerreiro/Pai.

Pai.

Ele abriu a porta e beijou Maggie. *Farei qualquer coisa para proteger este lugar*, pensou.

Cal Spencer chegou em casa no fim do dia em seu Mercedes de segunda mão caindo aos pedaços e puxou Marcha para um abraço ao cruzar a porta.

— Não consigo acreditar — disse ele, em voz baixa.

Ela o sentiu tenso ao dizer aquilo. Recuou e olhou para ele.

— Você vai embora — disse.

Ele assentiu.

— Sim.

— Quando?

— Não tenho a menor ideia.

Marcha sabia que logo Cal estaria andando pela casa à procura de coisas que normalmente não tinha dificuldade alguma de achar, como sua apólice de seguro de vida. Ele ficaria irritadiço e falaria sobre o que aconteceria com ela e os meninos se não voltasse, se morresse em sua missão. Ela nunca gostou de conversar sobre isso, e sua recusa sempre resultava numa briga, geralmente uma briga feia.

Cal a beijou, foi até a garagem e começou a arrumar a bagagem, tirando coisas das prateleiras de metal — seu saco de dormir, seu CamelBak para beber água, sua lanterna de cabeça. Estava preocupado com a maneira como seus filhos reagiriam ao ataque do dia. O mais velho estava no Mississippi, trabalhando em algo de que gostava. Ficaria bem. Luke, o filho do meio e estudante do Ensino Médio, guardava seus sentimentos, assim como Cal. Jake, o mais novo, estava no segundo ano e era tranquilo. Queria ser ator ou comediante. Cal e Marcha se preocupavam menos com ele.

Portanto, quando Jake cruzou a porta ao chegar da escola e Cal viu aquela expressão estranha, triste, em seu rosto, percebeu que a despedida seria difícil. Sabia que Jake passara o dia na escola ouvindo coisas sobre os ataques em Nova York, e que havia imaginado o pior para o seu pai.

— Você está indo, pai?

— Sim, estou.

Jake balançou a cabeça e continuou andando pelo corredor até seu quarto.

Cal começou a segui-lo, mas parou. Iria deixá-lo sozinho por enquanto.

Imaginou Jake em seu quarto, diante de seu Nintendo. Estava quase certo de que ele não escolheria um jogo de guerra, em que as balas raramente acabam e um ferimento no peito é apenas uma inconveniência momentânea. O menino já estava farto de guerras, seu pai estivera distante durante quase a metade de sua vida. *Um homem pode amar sua família e ao mesmo tempo querer ir para a guerra?*, pensou Cal.

O presidente George W. Bush apareceu na TV no dia seguinte, 12 de setembro, e declarou guerra à al-Qaeda. Ao longo das 24 horas seguintes, começou a surgir uma resposta militar. Tommy Franks propôs ao secretário de Defesa, Donald Rumsfeld, e ao presidente Bush que os Estados Unidos invadissem o Afeganistão com 60 mil soldados. Explicou que essa migração maciça demoraria seis meses.

Donald Rumsfeld odiou o plano.

— Quero homens em terra agora! — disse.

Em resposta, o diretor da CIA, George Tenet, propôs enviar agentes da CIA com soldados das Forças Especiais. No Comando de Operações Especiais, esse plano alternativo foi aperfeiçoado e enviado de volta a Rumsfeld. Em Fort Campbell, Mitchell e Spencer acompanharam os desdobramentos atentamente — nos noticiários e nos corredores do batalhão. Dean, ainda em seu hotel no Taiti, sentia-se isolado. Papeava boa parte dos dias ao telefone, tentando reservar uma passagem de volta aos Estados Unidos. Em 14 de setembro, ele e Kelly finalmente chegaram a Clarksville. Quando ele a levou a um piquenique da equipe para se encontrar com todos, o comandante de seu batalhão se aproximou de Kelly, apertou a mão dela e disse: "Bem-vinda às Forças Especiais. Seu marido vai partir em breve."

Vários dias depois, pela primeira vez na história dos Estados Unidos, o presidente Bush aprovou um plano que usava as Forças Especiais como principal elemento na guerra no Afeganistão.

O plano envolvia o uso maciço de poder aéreo americano — mísseis de cruzeiro e bombas guiadas a laser — para arrancar os talibás do país. Em terra, as Forças Especiais dos EUA localizariam alvos, fariam alianças com pessoas locais e as reuniriam para prepará-las para o combate. A Aliança do Norte afegã — a antiga força de combate de Massoud, formada por várias tribos lideradas por diferentes senhores da guerra — constituiria o grosso do poder terrestre. A CIA lubrificaria as engrenagens — muitas delas não acionadas há anos — com dinheiro, informações secretas e a ajuda da ligação dos soldados das SF com os afegãos.

O general Franks passara parte da semana enfiado numa sala no Sheraton Hotel em Tashkent, no Uzbequistão, convencendo o presidente do país a deixar os Estados Unidos basear seus soldados na ex-república soviética. Os uzbeques eram importunados por seus próprios terroristas islâmicos, do IMU, e não foi uma negociação fácil. Mas Franks acabou conseguindo.

Em 18 de setembro, o presidente Bush anunciou na Sala do Gabinete lotada, na Casa Branca: "A guerra começa hoje."

Naturalmente, o plano era secreto, ultrassecreto.

Mitchell, Spencer e Dean passaram a chegar ao trabalho às 4h e ficar até a meia-noite. Festas de aniversário, comemorações, a vida normal, tudo foi cancelado. Nada importava, a não ser a guerra: preparar-se para a guerra, planejar sobreviver à guerra e voltar para casa vivo. Todos os homens achavam que o Quinto Grupo poderia ser enviado a qualquer *hora*. Ninguém ia a lugar nenhum — shopping, dentista, cinema — sem deixar um número de telefone celular com a pessoa da equipe que estava no comando. Equipes iam para o campo de tiro e disparavam milhares de balas em alvos que apareciam subitamente. Treinavam patrulhas, emboscadas, técnicas de sobrevivência no inverno. Marchavam, levantavam pesos e, na ausência de informações secretas verdadeiras (foram informados de que analistas da CIA em Langley estavam cuidando disso), liam tudo o que encontravam na internet sobre o Afeganistão. Limpavam armas, inventariavam equipamentos quebrados e faziam listas de objetos necessários.

Precisavam de muita coisa. Tanto que chegava a ser constrangedor. O comandante do grupo, o coronel John Mulholland, de 45 anos, assumira o cargo apenas dois meses antes, depois de ocupar um cargo em Washington e passar um período como estudante no National War College. Trabalhava 24 horas por dia para suprir as necessidades de seus homens. Alto, corpulento, com um olhar sério e penetrante de quem não tolerava brincadeiras, Mulholland servira como tenente das Forças Especiais na América Latina nos anos 1980, sob o comando do general Lambert, e trabalhara como agente da Força Delta em meados dos anos 1990. Assegurou a cada equipe que elas poderiam ter qualquer equipamento novo de que precisassem. Depois de muita persuasão e pressão dele e de Lambert, o Pentágono concordara em sacar o cartão de crédito *golden*.

Não havia tempo para requisitar suprimentos à maneira antiga, portanto novos métodos foram criados. O sargento Dave Betz e sua equipe telefonaram para lojas de camping, como a REI e a Campmor, e compraram todas as meias e barracas que havia nas prateleiras — literalmente todo o estoque. O mesmo aconteceu com as roupas, e, quando os negociantes não tinham o artigo — como foi o caso de um casaco de lã preto que todo mundo queria —, os homens telefonavam para a sede da North Face e compravam diretamente. Soldados liam atentamente edições antigas da revista *Shotgun News* e encomendavam coldres de pistolas e pentes de munição para os AK-47. Compraram sistemas de hidratação CamelBak, garrafas térmicas, filtros de água, botas de inverno de couro cor de bronze, feitas por uma empresa chamada Rocky's, mochilas, telefones por satélite Iridium, geradores, kits ferramentas, compressores, kits para converter correntes de 12 volts em correntes de 110 volts, fogareiros, combustível e lanternas de cabeça. Funcionários levaram novos rádios, laptops e palmtops para as salas de equipe, aparelhos que os homens nunca haviam visto antes. Os rapazes gostaram do GPS leve Garmin Etrex — o GPS militar era pesado e do tamanho de uma mesa digitalizadora — e não conseguiram comprá-lo em quantidade suficiente, encomendando-o em todo o país, de trezentos a quatrocentos de uma só vez. Um sargento responsável por suprimentos enviava um e-mail para um fornecedor: "Quero todos os seus GPSs. *Guarde-os*." E eles compraram baterias. Um dos homens de Betz foi pessoalmente a uma loja enorme perto de Fort Campbell chamada Batteries Plus, comprou todas as baterias AA que encontrou e as levou no bagageiro de seu carro. Quando foi embora, os vendedores olharam de queixo caído para as prateleiras vazias.

Tudo o que não ia para o bagageiro e para o banco de trás era enviado da noite para o dia pelos Correios. Os caminhões de entrega chegavam a um prédio cinza de dois andares que parecia um silo equilibrado no alto de um armazém. O lugar era chamado de Prédio de Isolamento, ou Isofac. Ali, os equipamentos eram amontoados junto às paredes, sobre estrados de alumínio, e cada conjunto era coberto por um material impermeável apelidado de borracha de elefante. Essa cobertura deveria proteger os equipamentos durante uma longa viagem de avião até um lugar chamado Karshi-Khanabad, no Uzbequistão — uma base de preparação, também ultrassecreta. Todos a chamavam de K2.

Em 18 de setembro, o tenente-coronel Bowers anunciou: "Preciso de um homem para uma missão secreta."

Quem deu um passo à frente foi um primeiro-sargento experiente, de New Hampshire, chamado John Buldoc e apelidado de "o Esqueleto", nome de um personagem dos quadrinhos do super-herói He-Man. Tímido, quieto e magro feito uma caveira, Bolduc batera um recorde ao terminar uma dura marcha de quase 30 quilômetros com mochila em apenas três horas. A maioria das pessoas demorou oito horas para cobrir a distância. Na época, Bolduc teve que acordar os homens na van que conduzia à competição: eles não esperavam que alguém aparecesse antes do amanhecer. Acharam que Buldoc estava brincando quando disse que cumprira o percurso. Buldoc não era de brincadeiras.

Em Fort Campbell, os homens do primeiro-sargento o acompanhavam a qualquer lugar, até mesmo além dos limites. Nas corridas informais de equipes, ele surgia entre as árvores e, a toda velocidade, pulava num poço de água, saltando de uma pedra de uma altura de 15 metros. E, durante a queda, ainda pedalava no ar e olhava por sobre o ombro para se assegurar de que sua equipe o estava seguindo. Se estivesse, ele estava fazendo um bom trabalho.

A ironia, considerando sua dedicação, era que recentemente Buldoc pedira para ser reformado, depois de 18 anos no Exército. Na verdade, ele recebera parte da papelada oficial em 11 de setembro. Seus soldados haviam tentado convencê-lo a não ir embora, mas ele não voltaria atrás de forma nenhuma.

— Só tenho um motivo para me aposentar — dissera a eles na época.

— Tenho uma filha adolescente que não me conhece e que eu não conheço. — Buldoc demorara anos para descobrir que passara metade da vida de sua filha longe de casa, enviado para lugares esquecidos. Vencia, mas perdia também.

Ainda assim, estava dilacerado. Saltara no Panamá como soldado da tropa de choque, na derrubada de Noriega, mas aquele era um momento importante. Como soldado, vivia para guerras como aquela.

Quando se pôs diante da mesa de Bowers, o comandante do batalhão lhe perguntou:

— Você já está reformado?

— Não, senhor, ainda não. — Pelo menos dessa vez, o ritmo lento do Exército para lidar com a papelada havia aberto uma porta, em vez de fechá-la.

— Você está pronto para uma missão?

— Estou.

— Não posso lhe dizer aonde você está indo. Mas prepare-se como se estivesse indo para o combate.

— Quando eu parto?

— Esta noite.

Várias horas depois, Bolduc estava num campo de aviação em Fort Campbell, agarrado a uma mochila carregada de minas Claymore, granadas de mão, rádios e pentes de munição. Mais intrigante era a roupa que haviam lhe mandado vestir durante a missão. O disfarce — que consistia em calça boca de sino de estampa *paisley*, uma camisa de náilon azul e chapéu — tinha o objetivo de torná-lo parecido com um americano modernoso, desfilando num ex-satélite da União Soviética. Mas, depois de vestir a roupa, ele concluiu que parecia mesmo era um astro pornô dos anos 1970 — e enfiou a roupa num armário em casa. Agora, ali estava ele na pista de decolagem com uma camisa de flanela Levi's e botas para trilhas, esperando que sua aventura começasse. Um jato Citation branco, sem números na cauda, desceu do céu, parou rapidamente e o apanhou.

Vinte e quatro horas depois, Bolduc estava no Uzbequistão, na K2, uma instalação desolada que exalava resíduos químicos, sofrimento

64   **12 HERÓIS**

e um forte cheiro de fracasso. Os russos haviam usado o lugar como base de sua malograda guerra de dez anos no Afeganistão, contra os amigos de Massoud e seus homens, os famosos *mujahedin*. Os russos entregaram suas cabeças a eles, perdendo 50 mil homens em um ano. Historiadores consideraram a derrota uma das causas do colapso da União Soviética, uma espécie de batalha final e fatal entre americanos soviéticos na Guerra Fria.

O trabalho de Bolduc era ajudar a transformar aquele terreno plano e barrento na nova casa secreta de um grupo de soldados determinados a não repetir os erros dos soviéticos, num lugar de onde toda a fúria das Forças Armadas americanas poderia ser lançada contra o Talibã. Bolduc nunca fizera nada parecido com isso em sua vida — não era engenheiro —, mas pretendia tentar com todo o afinco. Era assim que as Forças Especiais agiam: improvisando loucamente.

A CIA estava fazendo sua parte também. Em 19 de setembro, o oficial paramilitar Gary Schroen pôs três caixas de papelão, cada uma delas com 3 milhões de dólares em notas de 100, num Suburban sem placa e foi visitar seu chefe, Cofer Black, na sede da CIA, em Langley, Virgínia. O dinheiro seria usado para subornar os senhores da guerra afegãos com os quais os soldados das Forças Especiais esperavam trabalhar — personagens rudes e astutos com nomes como Abdul Rashid Dostum, Atta Mohammed Noor e Mohammed Mohaqeq. Durante a década anterior ou mais, eles haviam lutado entre si pelo controle do país. Schroen voaria para o Afeganistão com o dinheiro naquele dia, na intenção de convencê-los a trabalhar juntos para expulsar os talibãs. Ele duvidava do resultado. Não se pode comprar lealdade de um afegão, pensava, mas com certeza se pode tentar alugá-la.

Cofer Black foi bem específico em relação a outro aspecto da missão de Schroen. Ao escrever mais tarde sobre a conversa, Schroen contou que Black disse: "Discuti isso com o presidente e ele concordou plenamente. Você deve convencer a Aliança do Norte a trabalhar conosco, a aceitar as

INDO PARA A GUERRA

forças militares americanas... Mas, além disso, sua missão é empreender todos os esforços para encontrar Osama bin Laden e seus principais assessores e matá-los."

— Não quero Bin Laden e seus criminosos capturados — explicou Black. — Eu os quero mortos. Vivos e presos aqui nos Estados Unidos, eles se tornarão um símbolo, um argumento em comum de militância para outros terroristas.

E então Black chocou Schroen: "Eu quero ver fotos de suas cabeças na ponta de armas. Quero a cabeça de Bin Laden enviada numa caixa cheia de gelo seco. Quero poder mostrar a cabeça de Bin Laden ao presidente. Prometi a ele que faria isso. Estou sendo claro?

Schroen achou que havia entendido a missão.

No dia seguinte, Cal Spencer recebeu a convocação. Enquanto a CIA formasse alianças com diferentes tribos afegãs, a Força Aérea faria sua guerra. A equipe de Spencer, conforme decidira o Pentágono, forneceria busca e resgate em combate (*combat search and rescue* — CSAR, em inglês) de pilotos de bombardeiros derrubados pelos talibás. Durante a invasão soviética do Afeganistão, os Estados Unidos haviam fornecido mísseis Stinger aos *mujahedin*. Depois da retirada soviética, o Talibã surgira das fileiras desses soldados altamente treinados. Os Estados Unidos haviam feito vista grossa para as crenças religiosas radicais de alguns *mujahedin* que protegiam, e agora pagavam um preço. Os extremistas haviam se tornado terroristas, ansiosos para usar os mísseis Stinger contra soldados americanos.

A CSAR era uma missão impetuosa, e Spencer passara anos treinando para isso como jovem sargento da Base Nellis da Força Aérea, em Las Vegas. Ele e sua equipe trabalhariam por trás das linhas inimigas com uma fina rede de apoio. Se algo desse errado, estariam sozinhos. Eles receberam bem o desafio, mas havia um problema: a equipe não tinha um capitão. Uma semana antes, o capitão Mitch Nelson fora chutado para cima, sendo transferido para o quartel-general do Quinto Grupo e afastado de um trabalho que ele adorava, depois de a equipe voltar de uma missão de treinamento.

Aos 32 anos, Nelson, filho de um rancheiro do Kansas, estava infeliz em seu novo cargo. Odiava o trabalho de escritório, mas, se quisesse subir de nível, tinha que se submeter àquilo e domar a fera que era o trabalho de lidar com documentos administrativos. O pior era que um de seus melhores amigos, Dean, ainda ficaria um ano na equipe (cada capitão ficava dois anos) e agora certamente entraria na luta, enquanto Nelson ficaria manuseando grampeadores e clipes.

Nelson queria ir também. Falava russo — estivera recentemente no Uzbequistão com Spencer e o restante da equipe. Estava se coçando para ir.

Ele fez uma visita ao gabinete do tenente-coronel Bowers.

— Senhor — disse —, preciso voltar para minha equipe.

Bowers olhou para ele e disse sem rodeios:

— Não.

Assim como os outros homens da equipe com os quais servira, Nelson era obstinado e independente, e se irritara quando estivera sob o comando de Bowers. Imaginou que seu pedido seria negado porque o tenente-coronel não gostava dele. Na verdade, na hora de selecionar as equipes para a missão CSAR, Bowers escolhera outro grupo de homens de seu batalhão. A equipe de Spencer só recebera a missão CSAR porque outras equipes a haviam recomendado muito fortemente ao coronel Mulholland. Bowers foi obrigado a aceitar de má vontade.

Percebendo a urgência do momento, Spencer e o primeiro-sargento Essex também apelaram a Bowers em favor de Nelson: "Realmente precisamos dele", disseram. Convencido ou resignado, Bowers devolveu a Nelson seu trabalho.

— Vocês têm seis horas para partir — disse Bowers aos dois homens. Um avião os esperava naquele momento para levá-los à K2, no Uzbequistão.

Essex não tinha a menor ideia de onde Nelson estava, e era sua a tarefa de garantir que não haveria atrasos. Telefonou para o celular de Nelson e ouviu o correio de voz. O jovem capitão e sua esposa estavam em Nashville, no consultório de um obstetra. Ela teria um bebê dentro de dois meses, e Nelson, um futuro papai excitado, desligara o telefone antes de ir para a consulta.

INDO PARA A GUERRA

— Oi, cara! — gritou Essex ao telefone. — Você precisa voltar para cá imediatamente!

Essex ficou hesitante sobre como proceder numa linha de telefone sem segurança e disse:

— Porque estamos... *partindo... agora*!

Ele esperava muito que Nelson voltasse à sala da equipe a tempo.

Não precisava ter se preocupado. Várias horas depois de ter sido determinada, a missão foi cancelada. Não houve explicação alguma para a mudança de plano (e nunca haveria). A equipe recebeu ordem para não viajar a uma distância de mais de uma hora do posto. Desiludidos e desanimados, os homens relaxaram. Podiam conquistar qualquer inimigo, exceto um: os homens que ditavam as regras no Pentágono. Por ora, tudo o que podiam fazer era esperar.

Mas não por muito tempo. Em 4 de outubro, eles receberam uma convocação de verdade: a missão estava de pé. Assim como antes, não foi dada explicação alguma.

Antes de eles partirem, o general de divisão Lambert voou de Fort Bragg até lá para se dirigir ao grupo. Escavando o bolso de sua calça camuflada impecável, ele retirou uma joia. A maioria dos soldados apenas ouvira falar daquele objeto especial: o anel de ouro da guerra. Um rubi lapidado cintilou diante deles quando Lambert o ergueu.

— Este anel foi ao inferno e voltou — disse Lambert. — Foi usado nas mãos de homens que estão mortos ou reformados, homens cujo trabalho não será comentado durante anos, se é que algum dia será.

Lambert conhecia bem a história do anel. Em 1989, quando era um jovem oficial de comando, ele pedira a um de seus sargentos que participasse do chamado Teste de Insígnia de Soldados da Infantaria Expertos: cinco dias correndo, atirando e defecando no mato.

Lambert pedira ao sargento para fazer o teste para que este mostrasse sua liderança entre os homens sob o seu comando. E o homem passou no teste, mas por pouco. Impressionado com o fato de o sargento não ter desistido, Lambert lhe deu sua própria Insígnia de Soldado da Infantaria Experto, que ele exibia numa moldura na parede de seu escritório.

Na mesma hora, o sargento retirou um anel de rubi que estava usando e o deu a Lambert.

— Aqui, vamos negociar. Esta coisa maldita esteve na Bolívia, Panamá, Vietnã, Tailândia, Paquistão, Congo Belga, Bósnia e outros lugares — afirmou. Então ele sorriu e disse: — Agora ela é sua.

Lambert decidiu que dali em diante o anel seria levado para todas as batalhas e missões das Forças Especiais. A única condição era que o homem escolhido para usar o anel da guerra teria que trazê-lo de volta a salvo. Era uma espécie de vodu, ao estilo militar.

Ao olhar para a sala de conferência, Lambert se lembrou particularmente de um homem que usara o anel cinco anos antes. Esse homem parecia ter uma saúde excelente, mas surpreendentemente falhou num teste rotineiro de preparo físico. Em uma semana, os médicos diagnosticaram que ele tinha a doença de Lou Gehrig. Dias depois, ele já não conseguia usar sequer as mãos.

Lambert agiu para que ele fosse reformado por motivo médico imediatamente. Os companheiros soldados do homem pintaram sua casa e o ajudaram a vendê-la. Ele se mudou com a família para outra cidade, para ficar perto de seus parentes. O anel ficou para trás.

Vários meses depois, Lambert recebeu um telefonema da esposa do homem. Ela disse que ele estava deprimido.

— Tudo bem se eu puser você no viva-voz? — perguntou ela.

Lambert, engasgado, disse que com certeza sim.

De início ele não sabia o que dizer. Imaginou seu velho amigo numa cadeira de rodas, congelado, incapaz de se mexer ou falar. Haviam lhe ensinado muitas coisas nas Forças Especiais, mas nada que o tivesse preparado para aquilo.

— Você é um grande homem — disse Lambert. — E eu o admiro.

A mulher do homem narrava as reações de seu marido:

— Ele está sorrindo! — disse ela. — Ele parece mais feliz.

INDO PARA A GUERRA

Lambert falou um pouco mais e depois desligou, pensando: *"Vou consertar isso."* Ele embrulhou o anel e o enviou para a mulher. "Diga a ele para usá-lo", escreveu. "Quero que ele o tenha."

Mas não houve retorno daquela missão. O homem pôs o anel e, sentado em sua cadeira de rodas, olhou para o objeto, mudo, aprisionado. Quando morreu, ainda o usava. Sua mulher devolveu o anel a Lambert e lhe disse: "Ele iria querer que ficasse com você."

Agora, mirando aqueles homens à sua frente, Lambert perguntou a eles:

— *Como vocês morrerão?* Quero que pensem nisso.

Não era uma questão retórica nem mesmo moral. Parte da missão de cada equipe era refletir sobre as maneiras como eles poderiam ser aniquilados, para evitar esse destino.

Ele entregou o anel ao oficial responsável pelo encontro e disse:

— Dê isso ao seu melhor homem. Certifique-se de que ele o traga de volta.

John Bolduc voltara da viagem ao Afeganistão para planejar a guerra em 22 de setembro e se reuniu com Sharon, sua esposa há 17 anos, e sua filha adolescente, Hannah, para conversar sobre sua aposentadoria. Bolduc disse a Hannah que lamentava por eles dois não se conhecerem e que ainda tinha esperança de mudar isso. Mas agora essa chance teria que esperar. Ele estava partindo, disse. Mas prometeu voltar. O anel de rubi fora dado a Bolduc.

Eles foram a uma locadora de vídeos e alugaram alguns filmes para a última noite em casa. Marido e mulher se acomodaram na cama, com Hannah entre eles, e fitaram a tela. Sharon lhe disse: "Sabe, eu poderia simplesmente pular sobre suas pernas e quebrá-las, e então você não precisaria ir." Ela estava brincando apenas em parte.

Deitada na cama, Marcha Spencer se virou e perguntou ao marido se ele estava acordado. Em seguida, perguntou para onde ele iria no dia seguinte. Ele poderia lhe contar?, inquiriu ela. Marcha já sabia a resposta.

— Você sabe que eu não posso lhe dizer isso — disse Spencer.

Na verdade, Marcha não queria saber especificidades geográficas. Tudo o que queria saber era se Cal sobreviveria ou não.

Deitada ali, com Cal a seu lado e Jake dormindo em seu quarto no fim do corredor, aquela era uma vida boa. Mas... ela nunca dizia nada, não em voz alta. Não podia. Ela se roía por dentro com a falta de informações. Ninguém — e estava querendo dizer *ninguém* — sabia exatamente o que o querido Cal Spencer fazia quando partia em suas missões. Ele voltava para casa queimado de sol, com areia na cueca, pronto para retomar o ritmo da vida familiar, andando para lá e para cá com uma chave de fenda na mão, procurando coisas para consertar. Meu Deus, em vinte anos de casamento ele estivera ausente durante pelo menos metade desse tempo. Esse cálculo nunca deixava de impressioná-la. Dez anos sem Cal! Ela e seus meninos se entendiam bem, ela sabia. Eles cresciam juntos, ela e os meninos. E Cal longe. Mas quem saberia o que ele havia feito na vida? O Exército nunca os deixava saber qualquer coisa sobre suas missões — quando Cal voltava para casa, não havia nenhuma festa de boas-vindas em algum aeroporto ensolarado, com uma banda de música tocando e câmeras de TV filmando. O que Cal Spencer fazia quando estava longe seria para sempre um mistério. O que ela e os meninos suportavam permaneceria escondido de todo mundo.

No passado, Cal tivera sonhos em que morria no deserto — algum deserto, qualquer deserto —, mas não naquela noite. Concentrou sua mente no som dos grilos lá fora. Eles cantavam mais alto que o zunido dos aparelhos de ar-condicionado da vizinhança.

Imaginou que a Morte estava lá fora, um ponto preto no horizonte. Ou você passava por ela, ou não. Até aquele momento, pouco adiantava se preocupar.

Tentou não pensar em ser morto, mas teve a sensação de que, se isso acontecesse, seria naquela missão. Lera informações secretas o suficiente para saber como os talibás tratavam seus prisioneiros. A melhor coisa seria não ser capturado. Decidira que não seria levado vivo.

INDO PARA A GUERRA

Cal Spencer adormeceu sabendo que talvez nunca mais dormisse em sua própria cama.

No dia seguinte, Marcha o deixou no quartel-general do Quinto Grupo. Cal se inclinou sobre a janela do carro e olhou para ela.

— Eu amo você — disse. — Eu vou voltar. — Ele sorriu.

— Está bem.

Marcha chorou ao se afastar ao volante.

O estacionamento foi palco de todo tipo de comoção. Ben Milo disse a seu filho mais velho, adolescente: "Você é o homem da casa. Assegure-se de tornar as coisas tão fáceis quanto possível." O menino começou a chorar.

Lisa Diller partiu ao volante com os olhos secos. Limpara a casa na noite anterior e o dia seguinte inteiro, até a hora de levar Sam de carro ao centro de comando. Sempre que ele partia em missão, ela limpava a casa. Era sua maneira de lidar com o estresse dessas despedidas, sua maneira de dizer adeus.

Eles haviam passado por praticamente todo tipo de coisa juntos. Ao voltar da Batalha de Mogadíscio, na Somália, em 1993, Sam largou sua mochila na sala e disse, cambaleante: "Cheguei." Lisa olhou e percebeu que ele estava desabando. Recebeu-o cheia de cuidados. Pelo menos ele havia voltado. Agora, enquanto seguia para casa, seu estoicismo se dissolvia e ela desmoronava. Ao chegar à cozinha de sua casa, ela apanhou uma cerveja, entrou na banheira quente e mergulhou no silêncio denso e novo da casa. Aquele seria um inverno longo.

Mais tarde, naquela noite de 5 de outubro, Spencer embarcou num ônibus escolar adaptado. O veículo passou pelo posto com as janelas enegrecidas, para que ninguém pudesse ver lá dentro. Havia pouca gente para olhar. O néon do restaurante Kentucky Fried Chicken estava apagado e a placa lateral piscava para ninguém, exceto para o enorme olho da lua minguante. O vento frio cortava a rua. Poucos daqueles homens falavam enquanto as molas pesadas do ônibus chiavam embaixo deles. Em ritmo constante, o ônibus roncou até chegar ao campo de aviação.

Com sua mochila menor a tiracolo, Spencer saltou do ônibus e foi ao encontro do barulho dos quatro enormes motores do C-130.

A rampa traseira do avião estava abaixada e sua barriga palidamente acesa. Juntos, os homens se inclinaram ao avançar contra o vento da hélice, seguraram seus gorros pretos e subiram com dificuldade a rampa. Ajustaram os cintos de segurança, e o avião estremeceu sob eles, o nariz verde perseguindo a escuridão sobre a pista. Ganhou velocidade, ergueu-se e soltou-se.

Spencer sentiu o chão abaixo de si ficar mais leve, soltar-se, e soube que estava voando. Enquanto as laterais do avião esfriavam no céu escuro, ele engoliu um sedativo, apanhou a mochila e desenrolou um colchonete de espuma sobre o gélido chão de alumínio. Na mochila, encontrou as cartas que Marcha lhe escrevera, cada uma delas numerada e datada, indicando quando deveria ser aberta.

Ele abriu todas elas de uma vez e começou a ler avidamente: *Querido Cal, eu nunca te disse o quanto te amo...*

Feito isso, pôs cada carta cuidadosamente de volta em sua mochila. Deitou-se sobre o chão que zumbia e adormeceu flutuando sobre o Atlântico, seguindo para o leste, para o amanhecer, para a base secreta no Uzbequistão.

Antes de Dean partir, ele e Kelly foram passear de carro numa tarde de domingo perfeita, ensolarada. O inverno parecia algo impensável — assim como a partida de Dean. O céu azul de outono parecia ter sido polido com uma meada de veludo. No pequeno apartamento deles, ainda havia caixas de mudança amontoadas até o teto.

Eles raramente falavam enquanto passeavam de carro pelo campo durante horas. No estacionamento ao lado da igreja, cenário de tantas partidas ao longo de anos, Kelly finalmente deixou Dean. Ele arrastou sua mochila escada acima, para o salão de chá, e em seguida desceu correndo até Kelly. Tinha que vê-la novamente. Lá estava ela, ainda em pé ao lado do carro, tão bonita e assustada.

INDO PARA A GUERRA

Quando a vira pela primeira vez, dois anos antes, ele era um estudante do Curso de Qualificação das Forças Especiais, em Fort Bragg. Como não conseguira um estudo de línguas suficiente ali (ele falava russo fluentemente), decidira que uma vez por semana iria de carro a Chapel Hill, a uma hora de distância, para fazer um curso de conversação em russo na Universidade da Carolina do Norte.

Certa noite, uma bela garota de cabelo ruivo encaracolado entrou na sala e se sentou ao seu lado. Ao dar uma olhada nela, Dean se sentiu como se estivesse derretendo.

— E então, ah, por que você está fazendo essa aula? — balbuciou ele.

— Pretendo seguir uma carreira em negócios internacionais — disse ela. A maneira como ela disse aquilo, tão confiante, fez Dean pensar: *Vou me casar com essa mulher.*

O flerte entre os dois foi rápido. Logo, Dean teve que deixar Fort Bragg por um breve período e passou noites e dias preocupado de que Kelly o esquecesse enquanto ele estivesse longe. Pediu a um florista que enviasse flores a ela na sua ausência. Escreveu cartas antecipadamente e combinou para que fossem entregues.

Pediu-a em casamento seis meses depois, durante uma visita à casa da família de Kelly, em New Hampshire, ao lado do túmulo do pai dela. Acreditava piamente que, se o velho estivesse vivo, ele — Dean — seria obrigado a lhe pedir permissão para se casar com sua filha.

— Eu gostaria que você o tivesse conhecido — disse Kelly.

De repente, Dean se ajoelhou e se voltou para a lápide do pai dela.

— Senhor, com a sua permissão — disse ele, virando-se novamente em seguida e olhando para Kelly. — Kelly — perguntou ele —, você quer se casar comigo?

Agora, ao se despedir de Kelly depois de menos de um mês de casamento, ele ergueu as mãos dela e disse: "Eu te amo." Afastou-se andando de costas, olhando para ela. Virou-se e subiu os degraus até o salão de chá, suas botas de combate novas ressoando sobre a escada de metal.

A porta de entrada bateu atrás dele.

Dean parou num degrau para se recompor. Parte dele desejava que ele soubesse usar bem as palavras, porque assim teria escrito alguma coisa para ela, para que ela soubesse o quanto ele era um cara de sorte por tê-la conhecido.

Ele correu para uma janela do corredor, no segundo andar, e olhou para fora, mas ela já havia ido.

Pôs a bagagem sobre o ombro e entrou no Prédio de Isolamento de Fort Campbell, que parecia uma prisão.

Dean não gostava do Isofac por causa de sua reclusão atordoante, mas ao mesmo tempo gostava do lugar pelo que ele prometia: entrar no Isofac era ficar à espera de seu próprio nascimento violento para a guerra.

O Isofac era um mundo fechado dentro do universo rigidamente protegido do posto em si. Guardas controlavam o portão de grades de metal com arame farpado por cima. Visto do lado de fora, era um amontoado de blocos de metal cinza sem janelas. A arquitetura feia sugeria que tudo o que era importante acontecia ali dentro, o que sem dúvida era verdade.

O prédio era dividido em dois níveis, e os dormitórios eram no último andar. No primeiro andar, Dean passou pela principal sala de planejamento, esparsamente mobiliada com mesas, cadeiras e vários quadros-brancos fixados em paredes de blocos de cimento. As paredes emitiam um branco ofuscante sob uma série de lâmpadas fluorescentes. Cada equipe recebia dois cômodos — um para planejar sua missão e outro para dormir. Cada sala de planejamento continha cadeiras e mesas, um quadro-negro de 4,5 metros de comprimento e um rolo de papel parafinado de 1,20 metro de largura preso a um suporte. O quarto de dormir espartano consistia somente em doze beliches com finos colchões de plástico marrom, alinhados perfeitamente ao longo das paredes.

Não era permitido falar nos corredores.

Havia mais seis equipes no Prédio de Isolamento, incluindo a de John Bolduc. (Entre as várias equipes, a OD-A 555, "Triple Nickel", desembarcaria perto do vale de Panshir logo depois de a equipe de Nelson chegar a Dehi, o que faria de Nelson e seus homens os primeiros soldados americanos a entrar no Afeganistão.) Como as equipes não podiam conversar umas com as outras, durante as refeições os homens se sentavam um ao lado do outro às mesas do refeitório, bebendo um Kool-Aid granulado (os cozinheiros nunca acertavam a mistura do refresco) e fingindo que os outros não estavam no salão. Eles eram proibidos de falar para manter uma separação entre as missões das equipes. Se uma das equipes fosse capturada e torturada, teria pouca coisa para revelar ao inimigo.

Analistas da CIA apareceram e visitaram algumas salas de equipes e outras não, embora tivessem pouco para compartilhar naquele início da guerra. Alguns dias antes, em 7 de outubro, a Força Aérea dos Estados Unidos começara a bombardear soldados talibás encontrados por toda parte no Afeganistão. Ao estudar mapas do país — que tem mais ou menos o tamanho do Texas —, Dean viu que seu território era uma contradição surreal de picos montanhosos de mais de 5 mil metros de altura, vastos desertos e traços de rios correndo por vales de florestas verdejantes. Ele soube por relatos do serviço secreto que a campanha de bombardeios estava provando ser um desafio. Voando a 6 mil metros de altura sobre montanhas com cumes de neve e extensas planícies cor de barro, os pilotos tinham dificuldade para identificar seus alvos (a ameaça de fogo antiaéreo impedia voos em altitudes menores). Para os funcionários do Pentágono, ficou claro que os pilotos precisavam de homens em terra para orientá-los — logo, e não mais tarde. Eles precisavam de homens como Dean.

Dean ouviu um dos homens da CIA caminhar pelo corredor, bater à porta da sala de planejamento de uma outra equipe e fechá-la cuidadosamente, com um clique suave. Dean se roía de desejo de ouvir aquela batida na porta de sua equipe. Estudava tudo sobre o Afeganistão que chegava às suas mãos, incluindo o livro *Taliban*, de Ahmed Rashid, e recortes de informações secretas sobre um senhor da guerra chamado Abdul Rashid Dostum, que tinha fama de ser tolerante tanto com a prostituição quanto com a produção de ópio em seu campo, e com o qual a CIA esperava fazer negócio. Outro senhor da guerra era Atta Mohammed (que não tinha parentesco com o sequestrador, com o qual às vezes era confundido, devido à semelhança do nome). Em comparação a Dostum, Atta Mohammed era um muçulmano devoto.

Usando seu laptop na sala de planejamento da equipe, Dean procurou mais informações sobre esses dois homens obscuros, bem como qualquer coisa que pudesse encontrar sobre Bin Laden e a al-Qaeda. Mas não havia muitas informações secretas boas disponíveis de imediato. Certo dia, um funcionário do Isofac lhe entregou um punhado de revistas *National Geographic* rasgadas e alguns programas de TV do Discovery Channel em fitas VHS sobre a história do Afeganistão. Quando Dean lhe perguntou "O que é isso?", o sujeito respondeu: "Considere que são mais informações secretas."

Dean se deu conta de que o governo americano lamentavelmente estava malpreparado para enviá-lo com seus homens ao Afeganistão. Nos últimos tempos, aquele país não estava na mira do serviço secreto de ninguém. Quando Dean finalmente ouviu o analista da CIA batendo à sua porta, a conversa foi um anticlímax, e ele ouviu pouca coisa que já não soubesse. Felizmente, alguém tivera a ideia de telefonar para a editora de um livro chamado *The Bear Went Over the Mountain* (O urso subiu a montanha), sobre a experiência soviética no Afeganistão, e pedir o envio de seiscentos exemplares. A editora já não tinha o livro em estoque e teve que se virar para mandar uma versão eletrônica a uma gráfica, de onde novos exemplares foram enviados com urgência para o Isofac. Dean ficou satisfeito quando chegaram. Toda noite, ia para a cama com um CD de Barry White no fone de ouvido e lia o livro com atenção.

Depois de uma semana de isolamento, ele achou que estava tão pronto quanto poderia estar. Em 13 de outubro, estava dormindo em seu beliche quando as luzes do quarto foram acesas. Dean se sentou, xingando e esfregando os olhos.

INDO PARA A GUERRA

— Rápido! — gritou um funcionário do Isofac. — Seus homens estão saindo! O avião está aqui!

— Bem, esse avião não caiu simplesmente do céu — resmungou Dean. — Quem é o gênio que não telefonou antes para dizer "Estou prestes a aterrissar?".

Uma hora depois, ele estava voando.

Eles seguiram em rápida sucessão. Na véspera de sua partida, Mark Mitchell ficara acordado até as 2h escrevendo uma lista de coisas para Maggie fazer na sua ausência — "Pague 300 dólares a esse cartão de crédito todo mês até acabar. Se o pagamento for concluído e eu ainda estiver fora, ponha os 300 dólares todo mês na caderneta de poupança." Ele passara os últimos dias limpando os carpetes, consertando a porta da garagem, apertando as torneiras frouxas do banheiro. Nada lhe escapou. Maggie admitia francamente que não sabia consertar nada e Mark ficava feliz por ajudar. "Posso não ser bonito", brincava com ela, "mas com certeza sou útil". Ela o achava o homem mais bonito e mais honesto do mundo.

Maggie o conhecera em Fort Stewart, na Geórgia, onde ela lecionava numa escola primária e ele era tenente do Exército. Namoravam há um mês quando Mark lhe pediu para acompanhá-lo num casamento familiar em Milwaukee. Quando eles estavam dançando, ele a pediu em casamento. Maggie, surpresa, disse: — Você está bêbado, não?

— Sim, mas você quer se casar comigo?

— Pergunte novamente de manhã, quando você estiver sóbrio.

Ele o fez e ela aceitou.

Casada agora há dez anos, ela adorava que ele ainda tivesse coisas interessantes para dizer. Ele se formara em engenharia na Jesuit Marquette University, em Milwaukee. Na adolescência, acordava às 4h da manhã para entregar jornais e depois limpar um *pub* irlandês no centro de Milwaukee. Às 8h, estava na escola.

Na escola secundária, participava de corridas de cross-country, jogava futebol americano e praticava luta greco-romana. Tinha um senso de humor peculiar. Adorava tocar piano e sabia a maioria das músicas de Ray Charles. Gostava de Sting e do Talking Heads. Adorava os filmes dos irmãos Coen. Tinha um lado artístico que Maggie raramente via, exceto quando ele tirava fotografias.

Seu jeito humilde disfarçava uma força brutal. Mark conseguia subir 12 metros numa corda, usando as mãos e carregando quase 30 quilos de equipamento, enquanto, abaixo dele, outros homens se inclinavam sobre os joelhos e vomitavam. O treinamento de Mitchell lhe ensinara a ignorar a dor e a exaustão mental. Ensinara-lhe a prestar atenção às nuanças, ao que um homem diz e ao que ele não diz. Ensinara-lhe a pensar em usar o cérebro primeiro e a arma depois. Em suas missões, ele tentara deixar de lado suas ideias sobre como os paquistaneses, jordanianos e sauditas agiam, e passou a escutar e observar o que eles realmente diziam e faziam. Ele esperava fazer o mesmo com os afegãos que encontraria.

Filho de um promotor federal, Mitchell cresceu ouvindo histórias sobre as proezas de seu pai. Nos anos 1970, Milwaukee era o centro do próspero mercado de heroína nos Estados Unidos. Ele admirava a coragem de seu pai e nunca se esquecia de que vivia num mundo onde havia pessoas más e que era justo puni-las. Ingressou nas Forças Armadas para mostrar seu valor nesse mundo, o que Maggie chamava de seu lado macho.

Depois de quatro anos como oficial da infantaria, conheceu as Forças Especiais, e isso o transformou. Adorava o que aqueles homens eram, o que faziam. Eles eram o segredo mais bem guardado do mundo. Parecia que os fuzileiros navais ganhavam todo o reconhecimento, com um filme novo a cada verão sobre alguma merda legal que eles haviam explodido em algum país sul-americano fictício. Até a Força Delta — cuja existência o Exército dos EUA não reconhecia oficialmente — tinha mais reconhecimento do que as Forças Especiais. Nenhum dos homens das SF havia escrito sequer um livro, o que para eles era bom. Eles sabiam que os holofotes públicos só fariam ajudar o inimigo a mirá-los mais facilmente. Havia um adesivo de para-choque das Forças Especiais na área do Forte Campbell que dizia: OS PROFISSIONAIS SILENCIOSOS. Eles brincavam com isso: "Ei, cara, somos

INDO PARA A GUERRA

os profissionais *silenciosos*", diziam com suas melhores vozes de DJ. Mas também estavam falando sério.

Por volta das 16h de 24 de outubro, Maggie e as meninas deixaram Mark no estacionamento da igreja. Ele apanhou suas filhas, uma em cada braço, e disse a elas que as amava. Passara o dia em casa assistindo ao Disney Channel com as meninas. Haviam brincado de pega-pega no quintal. No almoço, foram ao Burger King. O tempo todo ele estivera ansioso.

A chave era levar uma vida "normal". Mais do que qualquer outra coisa, ele queria esquecer que partiria. Esperava se ausentar por seis meses, talvez um ano. Todo o seu equipamento, sua mochila com comida, o saco de dormir, um uniforme camuflado de deserto marrom, munição e armas estavam arrumados impecavelmente sobre um estrado dentro do avião que o aguardava no campo de aviação. Numa mochila pequena a tiracolo ele carregava uma garrafa Nalgene com água, uma escova de dentes, um barbeador e algumas edições antigas da *U.S. News & World Report*, a única revista de notícias que ele encontrava tempo para ler. Tudo o que restava fazer era se dirigir ao avião.

Mark embarcou no ônibus e seguiu para o campo de pouso, onde estava o C-17 resmungando para partir na pista de decolagem. Depois de menos de seis semanas de preparação, ele e o restante do Quinto Grupo estavam prontos para destruir um país.

Vinte e quatro horas depois, ele desembarcava na escuridão em K2, no Uzbequistão. O céu estava empanturrado de estrelas, gotejando o leite de uma nova luz.

Ele estava dentro. *Começava o jogo.*

PARTE DOIS

CAVALEIROS, EM FRENTE

Dehi, Afeganistão

16 de outubro de 2001

Finalmente os americanos estão chegando, pensou o general Mohammed Mohaqeq. *Finalmente... finalmente.*

Quando as duas torres que pareciam se estender até o céu engoliram a si próprias e viraram um monte de escombros, como estranhos monstros fumegantes, os americanos por fim ouviram o grito que Mohaqeq acreditava que todas as pessoas ouvem ao morrer. Eles haviam acordado com a trilha sonora da vida no Afeganistão.

Ele ouvia aquele som há décadas em Cabul, Mazar-i-Sharif e agora num lugar chamado Safid Kotah — a Montanha Branca —, onde vários milhares de soldados talibãs combatiam no exato momento em que os Estados Unidos foram atacados.

Mohaqeq estava de cócoras em sua cabana de barro perto da montanha, seu quartel-general em campo, exausto, estudando um mapa, quando um assistente chegou correndo com um rádio Motorola e o entregou a ele. "Senhor, há novidades no rádio." Mohaqeq, líder do povo hazara, com 2.500 homens sob seu comando, ouviu e em seguida deixou o rádio de lado. Estava sem fala. Estivera nos Estados Unidos quando era jovem.

Nova York. Tão grande. Gigante. Soube imediatamente que os americanos viriam. Há sete anos combatia os talibás, e estava perdendo. Ficou radiante.

Ele e seu povo suportavam dificuldades inacreditáveis naquela luta. Ao longo das ruas de Mazar-i-Sharif, depois de passarem por cabras abatidas cobertas de véus cintilantes de moscas, por vendedores de verduras, por homens idosos que faziam colheres de calotas de carro, por órfãos da guerra que miravam o céu calados, mãos estendidas, implorando até mesmo por uma migalha, depois de passarem por tudo isso, os talibás haviam chegado às portas dos hazaras. O soldados enlouquecidos haviam arrombado as portas.

Eles haviam arrastado os homens — velhos, jovens, meninos, qualquer homem hazara infeliz o suficiente para ser apanhado encolhido de medo sob aqueles tetos frágeis e áridos e levado para a rua para ter a garganta cortada, ser castrado e abandonado apodrecendo, com os olhos escuros petrificados e arregalados enquanto a adaga do matador atravessava seu pescoço esticado. Eram tantos estragos e tanta tristeza que para o general Mohammed Mohaqeq a impressão era a de que demoraria anos para qualquer homem ter novamente uma vida normal.

Mas ele tentaria.

No início de outubro, Mohaqeq recebera a visita misteriosa de um homem muito perigoso, o general Abdul Rashid Dostum, que lhe dissera:

— Irmão, vamos receber a visita de alguns amigos especiais. O que você acha disso?

Mohaqeq explicou que há um ano escrevia cartas — trezentas ao todo — para as Nações Unidas, em Nova York, nos Estados Unidos, suplicando: "Vocês precisam nos ajudar. O Talibá está nos matando." Mohaqeq disse que aceitaria ajuda onde quer que a encontrasse.

— Nossos amigos — prosseguiu Dostum — precisam de nossa ajuda. Quero que você ponha 14 lâmpadas em frente à sua casa e as acenda.

— Mas como vou acendê-las? — perguntou Mohaqeq.

CAVALEIROS, EM FRENTE

Ele não sabia onde encontrar eletricidade naquele lugar frio e árido junto ao rio Darya Suf. Estava há vários dias de distância a cavalo, em qualquer direção, de qualquer eletricidade. A cidade mais próxima era Mazar-i-Sharif, quase cem quilômetros rio acima.

O homem estendeu a mão.

— Você resolverá isso. Se eles virem 14 luzes, saberão que é seguro chegar.

Em seguida, partiu.

Agora, uma semana depois, na escuridão da meia-noite outonal, Mohaqeq se inclinava para ligar um fio elétrico com 14 lâmpadas amarradas a um gerador a gás que conseguira encontrar. As lâmpadas acenderam e ficaram brilhando em meio à poeira fina que os pés levantavam ao menor movimento.

Mohaqeq recuou para admirar seu trabalho. Não havia barulho algum, exceto o som do helicóptero se aproximando.

O helicóptero aterrissou e vários homens estranhos saltaram, com macacões de brim e camisas de flanela, carregando armas, computadores e pesadas molas pretas. Mohaqeq preparou chá para eles em seu quartel-general e lhes serviu pão. Eles pareciam dormir de olhos abertos — eram vigilantes a esse ponto —, e de manhã Mohaqeq os levou vários quilômetros rio acima, até a vila de Dehi, a camionete sacolejando sobre pedras e buracos e atravessando as sombras do vale.

Numa curva do rio, diante de uma ampla planície amarela, eles se depararam com uma construção de barro — uma área cercada de muros de barro altos, sustentados por madeira pesada. Os americanos batizaram o lugar logo que chegaram: "o Álamo". Ansiosamente, começaram a varrer e desfazer a bagagem.

No acampamento estava também Abdul Rashid Dostum, que para Mohaqeq parecia já ter uma relação íntima com a CIA, e Atta Mohammed Noor, um assistente feroz comandado pelo mulá Fahim Khan. O mulá estranho, de barba grisalha, sucedera Ahmed Shah Massoud, assassinado em 9 de setembro e agora enterrado no topo de uma montanha afegã.

Esses homens ferozes formavam o triunvirato da Aliança do Norte, a inimiga mortal do Talibá que havia sido organizada e comandada por Massoud.

Fora Fahim Kham quem removera secretamente o corpo destroçado de Massoud e o levara para o Tadjiquistão depois do assassinato, para enterrá-lo em segurança, e fora ele também quem mantivera a Aliança do Norte unida depois da morte do grande guerreiro, em setembro. Massoud passara anos formando a frente com os uzbeques de Dostum e os hazaras de Mohaqeq, juntamente com seus soldados tadjiques, e a Aliança chegara perto de se desintegrar.

Cerca de 7 mil homens haviam lutado contra os talibás durante todo o verão no vale do rio Darya Suf, abarcado por milhares de minas terrestres e dotado de vilas que depois dos ataques dos talibás permaneciam mudas à luz das montanhas, as construções como bugigangas quebradas espalhadas pelo terreno frio. Em alguns lugares, os talibás haviam prendido os habitantes em suas próprias casas e incendiado as vilas.

Durante o verão, os homens de Mohaqeq, Dostum e Atta haviam sido empurrados cada vez mais para o sul, para as profundezas do vale. Ao mesmo tempo, Massoud guerreava no norte, a cerca de 100 quilômetros de distância, numa faixa estreita do verdejante vale de Panjshir, sob a ameaça de ter suas linhas de suprimento cortadas. Se conseguisse manter essa frente no norte, Massoud esperava que Mohaqeq, Atta e Dostum viessem do sul atacando por trás os talibás, que estavam em número inferior.

Se a Aliança conseguisse fazer isso, a frente talibá — que se estendia por cerca de 130 quilômetros a leste e oeste, de Konduz, próximo à fronteira com o Paquistão, até Mazar-i-Sharif — seria dividida.

O objetivo da Aliança era capturar Mazar-i-Sharif. Se um homem conseguisse tomar Mazar, conseguiria tomar o norte. E se ocupasse o norte, poderia capturar a capital, Cabul. Dali, poderia atacar as terras desérticas que se estendiam de Kandahar à fronteira com o Paquistão. Seu Exército dominaria o Afeganistão.

Mas capturar Mazar até então provara ser algo impossível. Em 1998, os talibás haviam invadido a cidade e a arrasado, matando um número estimado entre 4 mil e 5 mil pessoas. E desde então a ocupavam. Estavam acampados em uma fortaleza de barro gigantesca, que incluía um canal e orifícios para armas em seus muros altos. O lugar era chamado de Qala--i-Janghi e havia sido o quartel-general de Dostum quando ele comandava a cidade, em 1997, com uma milícia de 20 mil homens. Dostum estava ansioso para retornar ao forte e exigir o que era seu.

Sob sua proteção, Mazar havia sido uma cidade relativamente cosmopolita, escapando da praga da guerra urbana devastadora e dos bombardeios aéreos que haviam destruído outras partes do país. Quando o Talibá capturou áreas do leste e do sul do país, em meados dos anos 1990, Dostum bufou: "Eu me recuso a viver num país onde os homens não podem beber vodca e onde as mulheres não podem usar saias para ir à escola." Ele poderia ser um ditador benevolente.

Havia muita coisa para ele proteger. Ali perto havia ricas jazidas de petróleo e de gás. O aeroporto da cidade ostentava a pista pavimentada mais longa do país, capaz de receber aviões de transporte e suprimentos. A ponte ao norte da cidade, sobre o antigo rio Oxus (que Alexandre, o Grande, cruzou ao conquistar a região), podia ser usada para receber homens e material vindos do Uzbequistão. Por isso era tão importante proteger aquele pedaço de chão na derrota do Talibá. Mas cada vez mais a captura de Mazar não parecia uma opção realista.

Os homens sob o comando de Dostum, Mohaqeq e Atta haviam marchado e cavalgado contra o Talibá em incontáveis e ferozes batalhas com armas de fogo. A lealdade deles a seus líderes continuava inabalável. Mas agora seus suprimentos estavam escasseando e o inverno se aproximava. Os caminhos nas montanhas Hindu Kush — que se elevam a mais de 7 mil metros de altura do chão do deserto — logo congelariam. Grandes partes do país seriam isoladas pelo inverno branco e rigoroso.

Para aqueles homens, o café da manhã muitas vezes era uma casca de pão empoeirada. À noite, os soldados, exaustos, cobriam seus cavalos com cobertores quentes e dormiam descobertos sob a luz pungente das estrelas.

De manhã, eles só bebiam de seus baldes frios e fedorentos depois de os cavalos se fartarem, pelas mãos de seus donos, com sua refeição matinal de aveia infestada de carunchos. Em seguida, os homens selavam os cavalos, com seus velhos fuzis cruzados sobre as selas, e seguiam para mais um dia de batalha.

Seus suprimentos e seus equipamentos militares haviam minguado seriamente durante o combate em Safid Kotah, que ficava perto. Ali, os talibás haviam cavado cerca de duzentos bunkers ao longo da dura face de pedra da montanha, que incluíam plataformas para tanques. A Montanha Branca — já salpicada da primeira neve do outono — tinha que ser tomada. Mohaqeq e Dostum a atacaram por um mês, começando em meados de setembro.

Cerca de 2 mil homens tentaram subir a face íngreme, que se elevava a 2 mil metros, mas eram impedidos por muralhas de tiros de armas pequenas e tanques. Ele não tiveram outra escolha a não ser contornar a parte de trás, guardar os cavalos e começar a escalar as pedras com as mãos, levando os velhos fuzis AK-47 pendurados nos ombros por faixas esfarrapadas feitas de fita isolante trançada. O caminho para cima era uma luta difícil, cruel, passo a passo, palmo a palmo, muitas vezes com neve na altura dos joelhos. Os homens de Mohaqeq não tinham botas de combate: usavam sapatos surrados ou esfolavam os pés descalços. Vários milhares de soldados talibás fortemente armados ficavam no alto, disparando para baixo enquanto eles subiam. As balas perfuravam a neve ao redor dos escaladores com estampidos nauseantes.

Os suprimentos dos homens de Mohaqeq haviam diminuído tanto que cada um deles recebia apenas cinco balas antes de uma troca de tiros. Para compensar isso, os combatentes malsupridos começaram a fazer emboscadas à noite. Quando capturavam um abrigo talibá, desencavavam granadas preciosas e enchiam os bolsos de seus casacos com balas que haviam sido perdidas. Dirigiam tanques de talibás pela encosta da montanha e festejavam quando batiam com eles na base. Não queriam que os talibás os recuperassem e não sabiam como mantê-

-los funcionando. Um general talibã no alto da montanha estava tão convencido de sua invencibilidade que disse a Mohaqeq pelo walkie--talkie: "Se você tirar essa montanha de nós, eu lhe darei minha mulher."

Depois de trinta dias de combate, em meados de outubro, os homens tomaram a montanha.

O assistente de Mohaqeq chamou o talibã pelo rádio.

— O que você acha agora, irmão? Viemos pegar sua mulher.

— Recebemos ordem para recuar — foi a resposta irritada.

Os soldados talibãs fugiram em massa da Montanha Branca, num êxodo de tanques, antigos veículos blindados de transporte russos e frotas de velhas camionetes Toyota pretas, levantando uma nuvem de poeira e diesel no horizonte. O Exército aparecia e desaparecia entre os morros ondulados enquanto escapava.

Cerca de 25 quilômetros ao norte de Safid Kotah, o Exército talibã parou e deu meia-volta, apontando seus canhões de tanque e fuzis novamente para o vale e retornando para uma nova batalha contra Mohaqeq e seus homens.

Mohaqeq havia interrompido a rota da Aliança do Norte perto da vila de Dehi, um lugarejo isolado e exposto ao vento, com fachadas baixas de adobe e corrimões para amarrar cavalos ao longo de uma rua principal lamacenta. Dehi era o fim da linha, por assim dizer: o ponto mais distante ao sul aonde os tanques talibãs haviam conseguido chegar na perseguição aos combatentes da Aliança. Mohaqeq e sua tropa haviam se escondido nas sombras dos penhascos de granito, em meio ao som dos baixios de jade do rio Darya Suf, fora do alcance das armas dos talibãs.

Mas agora Mohaqeq enfrentava um dilema que o atormentava há sete anos. Sempre que os soldados da Aliança do Norte ocupavam um novo território, um tanque talibã aparecia no alto da montanha mais próxima e disparava contra os cavaleiros maltrapilhos, que deitavam sobre o pescoço de seus cavalos, disparando seus AK enlouquecidamente sobre as orelhas de seus fiéis animais antes de mudarem o rumo subitamente em retirada, correndo para fora do alcance do inimigo.

Mohaqeq sabia que eles precisavam de algo para fazer aqueles tanques pararem. Algo que os talibãs nunca poderiam esperar.

No acampamento de Dostum, em Dehi, os americanos se apresentaram como "Baba Daoud", ou Irmão Dave (na verdade, Dave Olson), que era alto, de ombros largos e ostentava uma barba preta e esparsa; "Baba J. J." (J. J. Sawyer), que parecia ser o mais velho, com a barba raspada e uma expressão cansada e preocupada; e "Baba Mike" (Mike Spann), que aparentemente era o mais jovem — magro, pálido, musculoso, com cabelo ruivo curto, um homem enérgico.

Aqueles homens trabalhavam para a CIA americana, Mohaqeq sabia. Ele estava decepcionado por não haver soldados entre eles. Aqueles homens tinham armas, mas não eram combatentes militares, Mohaqeq sabia disso tudo. Ele havia notado que eles passavam muito tempo apertando as teclas de seus computadores, que eram conectados a antenas pretas, pequenas e dobráveis, semelhantes a teias de aranha tecidas com um plástico estranho. Eles também carregavam pacotes do tamanho de um tijolo, com notas americanas, em bolsas de náilon. Aquele dinheiro, imaginou Mohaqeq, era parte do prêmio que seria pago a Atta Mohammed Noor, subcomandante de Fahim Khan. Com esse dinheiro, Atta compraria comida e munição para seus homens. Khan estava acampado em seu quartel-general 321 quilômetros ao sul, perto de Cabul, na vila de Barak.

Dois dias antes, um homem chamado Gary Schroen, líder de outra equipe da CIA que chegara recentemente à vila de Khan, havia entregado mais de 1,3 milhão de dólares em dinheiro ao recalcitrante senhor da guerra. (Havia duas equipes da CIA separadas no Afeganistão: a equipe liderada por Baba J. J. e Baba David, em Dehi, reportava-se ao quartel--general de Schroen.) Schroen pusera uma bolsa de náilon com o dinheiro sobre uma mesa e nenhum dos homens de Khan se mexeu imediatamente para tomar posse dela, como se o dinheiro não importasse.

Quando um dos homens a pegou, seus olhos se arregalaram de surpresa, e ele teve que puxar novamente as alças para levantá-la, observou Schroen, divertindo-se.

CAVALEIROS, EM FRENTE

O astuto Khan não tinha muita consideração pelos soldados americanos. Depois de várias décadas lutando com Ahmed Shah Massoud, achava que os americanos não tinham nada para ensinar a um afegão sobre matar e repelir invasores em seu território. O dinheiro, porém, percorreria um longo caminho até mudar suas ideias. Atta, por outro lado, queria relutantemente as balas, os cobertores e as bombas americanas. O feroz guerrilheiro queria, sobretudo, o respeito das Forças Armadas dos Estados Unidos.

No início de outubro, quando as bombas americanas começaram a cair no país — não atingindo, na verdade, nada, apenas areia e de vez em quando um bunker talibã —, Atta ficara tão furioso que anunciou que encerraria imediatamente a guerra até que os americanos discutissem seus planos com ele.

Atta tinha certeza de que os bombardeios errantes apenas aumentavam o ânimo dos talibãs. Ele podia ouvi-los rindo dos ataques em seus rádios. Ao mesmo tempo, os bombardeios haviam levado seus próprios soldados a questionar a seriedade dos americanos.

Alguns de seus soldados — parte da força tadjique antes sob o comando de Massoud no norte — estavam posicionados numa vila a 32 quilômetros de Mazar-i-Sharif. Atta estava convencido de que eles poderiam tomar a cidade se os americanos lançassem bombas sobre alvos que ele identificara. O Pentágono ignorou Atta Mohammed Noor e seus homens.

No início de outubro, os americanos estavam fazendo estritamente uma guerra aérea. Sem soldados americanos em terra para localizar e identificar posições talibãs como alvos autênticos, o Pentágono não queria ouvir a palavra de um único combatente tadjique. Em determinado momento, sem qualquer apoio aéreo, soldados de Atta foram derrotados e cinco homens foram capturados pelos talibãs. Eles foram espancados e tiveram cordas amarradas em seus pescoços. Foram arrastados presos ao para-choque de um caminhão até morrerem. Atta, um homem religioso que rezava para Alá cinco vezes por dia, ficou aborrecido com essas mortes, que achou que poderiam ter sido evitadas com a assistência americana. Ficou constrangido por não ter conseguido convencer os Estados Unidos a usar sua força para apoiar seus combatentes.

Mas ele soubera de algo vários dias antes que melhorara seu humor. O governo americano decidira enviar ao Afeganistão homens muito bem treinados que eram usados em operações por trás de linhas inimigas. Atta acreditava que eles saberiam localizar alvos talibás em terra. Estava ansioso para conhecer esse novo grupo de homens.

Mas o que Atta soube em seguida o enfureceu: ele não trabalharia com nenhum desses homens em seu acampamento. Em vez disso, eles iriam trabalhar para Dostum, no acampamento deste. Há vinte anos, desde a invasão soviética, em 1979, ele e Dostum eram inimigos constantes. Atta considerava o uzbeque um grande oportunista.

Durante a ocupação soviética, Dostum na verdade lutara para os russos, protegendo os campos de petróleo e gás em sua terra natal, Shebergham, de ataques de guerrilha. Dostum adorava bebidas, mulheres e música. Não era religioso. O ateísmo dos comunistas não o incomodava. Ele procurava poder. Do poder vinham a segurança e a prosperidade numa terra incerta e violenta.

Mas, quando viu que o governo fantoche dos soviéticos ia cair, Dostum abandonou seus protetores e pegou em armas com Massoud para combater a Presidência que desmoronava em Kabul. Agora, ao saber que não receberia assistência americana em sua luta contra o Talibã, Atta ameaçava atacar uma iminente entrega aérea de suprimentos destinados aos soldados de Dostum. Fez essa ameaça com cada nervo de seu corpo alto e magro, embora soubesse que isso poderia resultar em sua morte.

Os contratempos crescentes entre os dois senhores da guerra não haviam ajudado a pôr fim às apreensões de Baba J. J., no Álamo, e de seu chefe, Gary Schroen. Tentando salvar a situação, Dostum, sempre diplomático, assegurou a Atta que dividiria meio a meio qualquer assistência recebida dos americanos.

Ele parecia estar dizendo a verdade, pensou Atta, que ficou ainda mais tranquilo quando J. J. lhe deu de presente um pacote. Atta agradeceu, abriu o pacote e encontrou 250 mil dólares em notas americanas. Ele anunciou que o dinheiro seria útil para comprar alimentos, roupas e armas para seus homens.

CAVALEIROS, EM FRENTE

Acrescentou que cancelaria o ataque à entrega de suprimentos. Ele e Dostum lutariam juntos contra os talibãs.

Cerca de 400 quilômetros ao norte, na K2, no Uzbequistão, o coronel John Mulholland se reunia com a equipe de Mitch Nelson — doze homens lúgubres e fortes com uniformes camuflados castanho-amarelados e gorros pretos — ao lado do helicóptero e lhes dizia: "Talvez vocês não voltem vivos dessa missão."

Nelson estava feliz por deixar a K2, que ele e sua equipe haviam passado a ver como um esgoto. Poças de uma substância viscosa e multicolorida — que parecia um anticongelante vermelho-escuro salpicado de café frio — brilhavam do lado de fora de sua barraca, que inundara nas últimas chuvas. O chão estava literalmente regurgitando seu passado de poluição deixada ali pelos soviéticos quando estes invadiram o Afeganistão. (Alguém no quartel-general suporia mais tarde que parte do líquido era de natureza "nuclear", o que significava que o lugar possivelmente era radioativo.) Era preciso que o acampamento fosse elevado a aproximadamente 15 centímetros do chão e drenado.

O coronel Mulholland olhou aqueles homens nos olhos ao lhes dizer que talvez eles não voltassem para o acampamento vivos, e todos os integrantes da equipe de Nelson gostaram disso. *Pelo menos ele tem colhão para nos dizer que isso pode ser um suicídio*, pensou o médico Scott Black. *Nenhum papo-furado e nenhuma brincadeira aqui.* O avô de Black havia sido paraquedista na Segunda Guerra Mundial, membro da 101ª Divisão Aerotransportada, a Screaming Eagles, que ficara famosa por causa do programa *The Band of Brothers*, que estava passando na TV de Fort Campbell justamente quando Black partia para o Afeganistão. Ele imaginou se seu avô do sul de Michigan havia feito algo tão ousado quanto aquilo: aterrissar num país inimigo com apenas um punhado de homens, prontos para trabalhar duro durante uma longa campanha de inverno... Ele sabia que a resposta era sim. Ao conversar com seu avô, Black sentia que tinha uma ponte com o passado. Sentia também como se estivesse caminhando para o futuro numa corda bamba.

De pé ao lado do helicóptero, Mulholland pediu aos homens que abaixassem a cabeça e rezassem. Era 19 de outubro de 2001. Hora de ir.

O capelão do Exército, um garoto alto e taciturno, recém-formado em Wake Forest, pronunciou algumas palavras, pedindo a proteção de Deus, que eles vencessem seus inimigos, que fossem homens bons naquele momento de guerra e que voltassem para casa. O reverendo levara para o acampamento caixas com exemplares da Bíblia, do Alcorão, do Talmude e até de textos budistas, para atender melhor a todas as fés dos homens pelos quais era responsável. Até então, a capela improvisada, uma barraca salpicada de lama com um púlpito de compensado, permanecera vazia. Mas agora os homens rezavam.

Cal Spencer pôs a mão por baixo de seu casaco de lã preto e segurou o medalhão que estava pendurado ali, numa corrente de prata: São Miguel, padroeiro dos paraquedistas. Ele recitou seu versículo preferido da Bíblia: "Ninguém tem maior amor do que aquele que dá a vida por seus amigos", e soltou o medalhão, deixando-o novamente sob o casaco. Quando o capelão terminou, Spencer disse a todos os homens: "Então está bem, irmãos." E com seu fuzil M-4 em uma das mãos, alcançou com a outra a lateral do helicóptero e subiu a rampa traseira. O interior da aeronave estava escuro e cheirava a lona velha, mangueira de borracha e combustível de avião. Ele podia sentir os rotores do helicóptero rodando sobre sua cabeça e chegando até ele através da parede fina, em ondas frias e metálicas.

Spencer ficou de pé no espaço apertado. O interior era levemente iluminado por várias lâmpadas nuas em gaiolas de arame. Acima havia uma confusão de canos hidráulicos prateados e fios elétricos vermelhos e verdes que percorriam toda a extensão da aeronave. O espaço media mais ou menos 9 metros por 2,5 metros de largura. As paredes eram forradas de um acolchoado verde isolante. Junto a cada parede havia assentos, seis de cada lado. O isolamento não reduzia nem um pouco o impacto e o barulho cada vez maior dos motores. O helicóptero tremia e zumbia sob os pés de Spencer.

CAVALEIROS, EM FRENTE

Spencer começou a se mover na direção do equipamento amontoado no meio do deque de metal — caixotes de plástico grosso cheios de munição, comida extra, rádios e roupas de inverno, cada um deles pesando 54 quilos. As provisões, que formavam uma pilha na altura do peito, permitiriam dar a partida nas operações em terra, até que Spencer pudesse coordenar novas entregas de suprimentos no Afeganistão.

Ele e sua equipe seriam mantidos alimentados, vestidos e armados graças a depósitos de material militar localizados na Alemanha, onde os equipamentos e a comida seriam embalados pelo pessoal da Força Aérea em pacotes do tamanho de um fusca e levados de avião para Incerlik, na Turquia, onde seriam descarregados e transferidos para jatos de transporte MC-130 Combat Talon. Da Turquia, eles seriam levados de avião — por mais sete horas sobre montanhas — até o Afeganistão e chutados porta afora a 6 mil metros de altura sobre áreas de lançamento que frequentemente não eram maiores do que um campo de futebol. Para Spencer, 6 mil metros pareciam ser uma altura incrivelmente grande para lançar qualquer coisa com a esperança de que atingisse o alvo, mas ele guardou consigo essa preocupação entre muitas outras que tinha no momento. Sua maior preocupação era sobreviver ao voo de helicóptero para o Afeganistão.

As informações do serviço secreto eram escassas em relação ao que esperar. O ritmo dos bombardeios americanos, iniciados em 7 de outubro, era tão rápido que pilotos do 160º Nightstalker (160º Regimento de Operações Especiais da Aviação, força especial do Exército americano) não haviam recebido qualquer informação da CIA sobre a eficiência da campanha. Spencer sabia que os talibãs tinham mísseis Stinger, que interceptavam o rastro de calor gerado por uma aeronave. Uma das missões da equipe, quando estivesse em terra, era procurar esses mísseis e comprá--los de volta de afegãos amistosos ou de senhores da guerra facilmente subornáveis e dispostos a ganhar algum dinheiro.

O esforço de guerra era tão novo que a CIA tinha pouca coisa a mais para dizer a Spencer e aos pilotos. Estrategistas militares do Pentágono acreditavam que Spencer e sua equipe passariam o duro inverno treinando os modestos soldados da Aliança do Norte para uma ofensiva na primavera, que só teria início sete meses depois de eles aterrissarem. Mulholland tinha pouca fé em que mais de duas cidades pudessem ser capturadas antes do fim do inverno. O tempo e o clima estavam a favor dos talibãs. Se os talibãs conseguissem matar soldados suficientes durante o inverno, os americanos perderiam o ânimo em seu esforço. Spencer ficaria preso num cenário de cerco, comendo cabra cozida, agachado diante de uma fogueira de esterco e castigado pelas nevascas. A ideia em curso era de que a guerra inteira duraria um ano e meio, até que Cabul caísse.

Spencer não gostava da ideia de passar o inverno em condições tão austeras, mas sabia que provavelmente teria de fazê-lo. A barraca de planejamento da equipe fora armada em frente à cabana bem-arrumada da CIA, do outro lado da estrada lamacenta. Mas, mesmo que tivessem um tesouro de informações, os oficiais da CIA não tinham autorização para passar nenhuma delas a Spencer. Basicamente, ele e a equipe das Forças Especiais estavam voando às cegas para o Afeganistão. O médico Scott Black pensou que era como os homens na Normandia tendo que chegar à praia sem a menor ideia do posicionamento da artilharia alemã nos morros ao redor.

Spencer pensou que, se eles estavam indo para serem atingidos por mísseis Stinger, não havia nada que ele e qualquer um de seus homens pudessem fazer. A preocupação não impediria que um foguete viesse da terra e caçasse o helicóptero como um cachorro perseguindo um coelho.

Logo ele estava suando sob camadas de roupas de baixo de polipropileno enquanto recebia mais bagagens dos outros homens que subiam a rampa. Ninguém dizia uma palavra. Havia apenas o ruído dos passos e da respiração dos homens que se moviam com uma seriedade sincronizada.

No alto da pilha, guardadas nas próprias malas dos soldados, havia seis garrafas de vodca para o general Dostum. Durante o treinamento das Forças Especiais dez anos antes, Spencer e seus homens haviam aprendido o valor de agradar ao senhor da guerra mais próximo. Também estavam

CAVALEIROS, EM FRENTE

amontoados doze sacos de náilon cheios de aveia, aparentemente para os animais do general. *Cavalos?*, pensou Spencer. *Estou ferrado. Cavalos.* Ele olhou para os sacos de ração e preferiu não pensar mais neles.

O primeiro-sargento Pat Essex, companheiro de equipe de Spencer, estava certo de que morreria ao aterrissar, vítima de um tiro ou de um ataque de morteiros. Ele já participara de infiltrações perigosas. Numa missão de treinamento, havia visto pilotos do Nightstalker cortando a vegetação de sua própria área de aterrissagem usando os rotores do helicóptero como cortadores de cerca viva gigantes. Eles estavam aterrissando numa floresta de pinheiros, e ele ficou maravilhado quando o helicóptero desceu num buraco que a própria aeronave havia feito — galhos de pinheiro, pinhas e cascas de pinheiro voando por toda a cabine. Agora, Essex aceitava o fato de que sua morte estava próxima com uma resignação impressionante, que parecia sugerir que, na verdade, ele sobreviveria à aterrissagem do helicóptero. Ele se tornara algo como um desses lutadores de kung fu dos programas transmitidos de madrugada pela TV, homens que não podem ser mortos porque já estão mortos.

Mais do que isso, a própria ideia de ser morto ao aterrissar exasperava Essex. Se ele morresse, jamais teria a chance de se tornar guarda-florestal do Serviço Nacional de Parques, uma de suas antigas ambições, além de ser soldado. Sua atitude em relação ao negócio da guerra era simples. "Temos comida na mesa, uma casa para morar e roupas para vestir", gostava de dizer, explicando o significado de sua carreira militar para si próprio e para sua família.

Além disso, ele não sabia o que sua carreira significava. Dizia que a história teria que cuidar disso. Uma coisa ele sabia: não diria a seus filhos para tentar a vida no Exército. Queria que eles pudessem passar mais tempo em casa e ver o mundo de outros ângulos, e não apenas por trás de uma arma.

Sua atitude tranquila disfarçava uma tremenda determinação de alcançar a competência. Essex tinha uma mente quase fotográfica, capaz de absorver detalhes sobre senhores da guerra: antigas batalhas, vida familiar, rixas, vitórias, traços de suas personalidades. Com um queixo quadrado e saliente, cabelo louro e liso e óculos de armação de metal dourado, Essex geralmente exalava uma atitude de que era capaz de fazer tudo sem dar a impressão de ser um sabe-tudo. Não se considerava autoritário, mas fazia as pessoas trabalharem para ele e acreditarem nele. Era em parte um repórter, em parte um diplomata e em parte um anjo da morte. Podia olhar um mapa topográfico de um pedaço de terra e rapidamente intuir onde estavam os pontos de defesa militar e onde era provável as emboscadas acontecerem. Não precisava olhar um mapa duas vezes.

Na verdade, o fato de a equipe estar naquela missão, o motivo de estar dentro daquela aeronave naquele momento de decolagem, tinha a ver em grande parte com a teimosia de Essex. Ele soubera que outra equipe que estava na K2 talvez recebesse o trabalho e que a sua equipe mais uma vez corria o risco — assim como correra em Fort Campbell — de ser desfeita e todos os seus membros — Nelson, Spencer, Diller, todos eles — se tornarem oficiais de ligação, funcionários que ficam atrás de uma mesa, macacos que ficam grampeando documentos.

Essex e sua equipe haviam sidos postos para trabalhar com pás e enxadas, cavando canais, montando barracas e carregando cascalho para as estradas da base. Logo depois de chegarem à K2, sua missão de busca e resgate em combate fora cancelada. Certa noite, a pior tempestade de areia em cinquenta anos desabou e arrancou barracas com ventos bíblicos. Quando não chovia uma poeira cruel, chovia água. A água na altura do tornozelo atingiu o compensado do chão das barracas, que cedeu sob o peso dos homens e seus equipamentos. Computadores, impressoras, rádios, tudo teve que ser posto sobre mesas para não sofrer um curto-circuito na inundação. Durante algum tempo, a impressão era de que eles não teriam nada para fazer além de construir estradas e montar barracas enquanto bombardeiros americanos, voando a 4.500 metros de altura, lançavam bombas sobre o país e não conseguiam atingir soldados talibás.

CAVALEIROS, EM FRENTE

Quando soube que a primeira equipe desperdiçara uma oportunidade de provar seu valor antes da batalha, durante uma conversa com o coronel Mulholland, por reclamar sobre as incertezas e os perigos da missão, Essex foi até o escritório do Velho praticamente como um pavão. Passara o dia inteiro montando barracas, fincando varas de metal no chão e desembaraçando quilômetros de cordas pesadas. Estava cansado daquela merda, com certeza.

A primeira equipe escolhida para o trabalho reclamara a Mulholland que "o plano de comunicação para essa missão não é bom". Era verdade: não havia rádios suficientes para toda a equipe se deslocar. A comunicação seria incerta — em alguns momentos, poderia ser inexistente. O resultado era que se você tivesse problemas, talvez não conseguisse chamar ninguém para ajudar a tirá-lo dali. "Bem, como podemos entrar num país com um plano de comunicação como esse?", queixara-se a equipe. Mulholland lhes apontou rapidamente a porta da barraca.

Quando entrou, Essex disse:

— A comunicação é um problema, senhor. Vamos fazê-la funcionar.

Essex sabia que haviam perguntado à outra equipe: "Alguma vez você já pediu apoio aéreo aproximado com um B-52?" Essex pensara: *Bem, merda. Ninguém jamais pediu apoio aéreo aproximado com um B-52, nem mesmo a Força Aérea dos Estados Unidos, porque se trata de um bombardeiro estratégico.*

Essex respondeu a Mulholland:

— Bem, com certeza eu posso pedir apoio aéreo aproximado com um B-52. Se eu já fiz isso? Não. Se eu poderia fazer? Sim.

O coronel gostou de sua atitude. A campanha aérea até então havia sido ineficiente, e diversas reportagens na imprensa americana já estavam questionando a perspectiva de sucesso.

Como a cada dia os aviões americanos bombardeavam, mas não matavam nenhum talibã — pelo menos não o suficiente —, as pessoas locais foram ficando cada vez mais irritadas e descrentes dos americanos, que haviam se intimidado em lugares como Vietnã e Somália depois que soldados americanos começaram a voltar para casa mortos e feridos.

A cidade de Karshi-Khanabad ficava a aproximadamente 3 quilômetros do acampamento, do outro lado de uma barreira de 9 metros de altura destinada a manter o lugar seguro contra ataques inimigos. E havia inimigos por perto: células terroristas da UMI — União Militante Islâmica — operando dentro do país na esperança de que a ex-república soviética voltasse a ser um Estado fundamentalista. Os americanos eram proibidos de ir além da barreira, ou de fazer amizade com os trabalhadores locais e fornecedores que entravam e saíam do lugar em camionetes de carga. O temor de um ataque de morteiro assombrava o acampamento.

Em questão de poucas semanas, a torre de controle aéreo foi recuperada e teve seus cabos reinstalados, um hospital foi erguido, alimentos, roupas e munição foram guardados em depósitos recém-construídos e nas barracas de comunicação brotaram rapidamente buquês de antenas de satélite. (Em menos de um mês, sessenta aviões de transporte C-17 descarregariam vários milhares de toneladas de suprimentos.) O lugar, nas palavras de um historiador do Exército, "parecia uma cidade efervescendo com uma corrida do ouro".

O acantonamento inteiro tinha aproximadamente 800 metros de extensão e 400 metros de largura. Bastavam cinco minutos para descer caminhando por uma estrada de terra e chegar aos helicópteros Chinook na pista de decolagem. Ao lado desses ficavam os Black Hawk, que faziam a escolta de segurança dos Chinook, cheios de foguetes e armas saindo pelas portas, e que à luz bronzeada da manhã e da tarde pareciam um antigo exército de insetos suspensos sobre pernas pretas.

O Centro de Operações Conjuntas, ou JOC, do coronel Mulholland consistia em vinte barracas feitas de um vinil verde pesado, do tamanho aproximado de uma garagem para dois carros e unidas pelas extremidades, o que formava um longo túnel com luzes fluorescentes. Os soldados do acampamento apelidaram o lugar de "a Cobra". Era repleto de equipamentos de última geração — comunicação por satélite, computadores, telas de exibição, quilômetros de fios e centenas de luzes piscando. Tudo isso funcionava graças a grandes geradores a diesel que roncavam dia e noite em todo o acampamento.

CAVALEIROS, EM FRENTE

O JOC ficava perto de uma pista de decolagem e de bunkers de concreto usados como moradias pelos pilotos do 160º SOAR — para Spencer, eram acomodações ainda piores do que as de sua equipe.

As *Quonsets* de concreto haviam sido usadas pelos soviéticos como hangar de aviões durante a invasão do Afeganistão em 1979. Tinham telhados curvados como sinos, que os homens — pilotos e soldados — usavam para fazer ginástica. Enchiam suas mochilas com quase três quilos de pedras, amarravam-nas sobre eles e subiam e desciam pela inclinação do telhado até os músculos de suas pernas implorarem para descansar. Faziam halteres com baldes de plástico de quase 20 litros cheios de água e os equilibravam em cada ponta de um cabo de vassoura, erguendo-os incontáveis vezes entre uma reunião para planejamento de missão e outra. Quando não estavam levantando os baldes, usavam-nos para tomar banho, uma vez por semana. Os baldes eram pintados de preto, de modo que, ao serem expostos ao sol, a água dentro deles ficava ligeiramente quente. Para esvaziar o balde, adaptaram uma mangueira que lançava um jato fino e morno sobre suas cabeças sujas. A latrina comunitária era um buraco escuro e profundo no meio de um campo árido, sobre o qual eles se agachavam ao ar livre, sem árvores para se esconder e nem mesmo uma parede de tábuas.

Quando John Garfield, comandante de missão do Nightstalker, chegou à K2 e desembarcou do avião, a primeira coisa que viu foi um soldado de cócoras no campo, lendo calmamente uma revista. *Estou na Idade da Pedra,* pensou ele. *A um passo de usar um porrete para conseguir a carne do jantar.*

A reunião de preparação para o voo que acontecera naquela manhã tinha sido tão frouxa quanto Essex jamais havia visto. Mulholland foi direto ao ponto. A missão deles era se conectar com o senhor da guerra e general Rashid Dostum numa vila chamada Dehi. Três oficiais da CIA haviam chegado uma semana antes para preparar o caminho, familiarizando-se com os recursos e a rede de informações do senhor da guerra. Se sobrevivessem a isso, deveriam capturar a cidade de Mazar-i-Sharif, pouco menos de cem quilômetros a norte de Dehi. Como fariam tudo isso, eles é que tinham que resolver. Não confiem em ninguém, advertiu Mulholland. Nem em Dostum, nem em qualquer afegão. *Ninguém nesse país é limpo*, disse ele.

Em seguida, Nelson se levantou na barraca apertada e apresentou o plano da missão. Magro, pernas arqueadas, cabelo louro curto, ele falou com uma voz alta e esganiçada. Parecia um nativo das Grandes Planícies americanas, o que ele de fato era.

— Senhor — disse ele —, vamos vencer.

Com uma caneta vermelha Sharpie, ele desenhara setas sobre um grande rolo de papel preso a um cavalete, marcando o avanço certo e sólido da equipe. As setas atravessavam quilômetros de areia, cascalhos, pedras, romãs, chicórias-azuis, acácias-amarelas, pinheiros e choupos, ao longo de leitos de rios, penhascos, planaltos desolados e escuros, e continuavam seguindo na direção do horizonte, onde as estrelas sairiam do caldeirão queimado da noite outonal, se espalhariam e iluminariam o céu com uma antiga fosforescência.

A reunião durou mais ou menos cinco minutos. Quando terminou, Mulholland olhou para todos eles — estava profundamente comovido com a determinação e a convicção daqueles homens de que podiam vencer. Realmente não sabia o que poderia acontecer com eles. Realmente não sabia se eles seriam mortos assim que aterrissassem.

Aquela missão, aquela guerra, tinha um ar de travessura, uma travessura fatal: tudo pareceu muito simples no papel quando Nelson explicou, mas todos eles conheciam a regra número um: os planos de guerra eram a primeira coisa jogada fora quando a guerra começava. A partir desse momento, vivia-se minuto a minuto.

— Rapazes, vocês receberam o trabalho — disse Mulholland. — Boa sorte.

Havia sido um longo dia para o durão Mulholland, de 46 anos. Com 1,94 metro de altura e mãos grandes como luvas de forno, ele não era um homem que se intimidava facilmente. Mas passara a maior parte da manhã levando uma bronca ao telefone do secretário de Defesa, Donald Rumsfeld:

CAVALEIROS, EM FRENTE

— Por que diabos não há soldados americanos em terra no Afeganistão? — perguntara o secretário.

Por causa do clima — foi tudo o que Mulholland pôde dizer, profundamente irritado.

E era verdade. O clima *era* assustador, parecia saído de um sombrio conto de fadas. Nas três noites anteriores, Mulholland tentara pôr Essex, Spencer, Nelson e o restante da equipe no acampamento de Dostum, pouco mais de 400 quilômetros ao sul da K2, mas os helicópteros haviam sido soprados de volta por tempestades de areia e neve que não tinham aparecido em nenhuma previsão meteorológica do Exército americano.

Os pilotos do Nightstalker que transportavam os homens sobre as montanhas estavam arrancando os cabelos. Na tentativa da primeira noite, eles retornaram à base depois de nove horas de voo num branco total: não conseguiam diferenciar terra e céu. Deram um nome a isso: *voar dentro da bola de pingue-pongue.* Os pilotos do 160º Nightstalker estavam pálidos quando voltaram da pista de pouso para o bunker *quonset* infestado de morcegos que eles chamavam de casa. Sentaram-se em suas camas portáteis e ficaram olhando para o chão, com expressões de terror no rosto.

— Você não conseguiria enfiar nem um alfinete quente e amanteigado na minha bunda — disse um deles, Greg Gibson, geralmente um sujeito grosseiro e durão, que semanas antes estava dirigindo seu jipe para o trabalho no quartel-general do Nightstalker quando ouvira a notícia dos ataques em Nova York. Na ocasião, achou que era o homem certo para o trabalho. Veterano das piores guerras do mundo ocorridas nos últimos trinta anos, achou que estava pronto para chutar o traseiro de alguns guerreiros da al-Qaeda. Mas agora estava achando o voo sobre as montanhas do Afeganistão o mais assustador que já fizera.

E esse era o problema: as montanhas. Elas se elevavam sobre o que parecia ser o vale mais isolado da face da Terra — um lugar que se assemelhava mais ao fundo de um oceano seco no fim dos tempos — a 4 mil, 5 mil, 6 mil metros de altura, enfeitadas com guirlandas congeladas de neve.

Nos Estados Unidos, a altura mais elevada a que Gibson e os outros homens geralmente voavam no Chinook — o helicóptero que era o burro de carga das Operações Especiais — era de cerca de mil metros, em missões de treinamento no Colorado. Quando eles atingiam 3 mil metros, sentiam-se como se estivessem voando no topo do mundo. No Afeganistão, a altitude baixa *inicial* era de 3 mil metros. Gibson e seus homens estavam voando com seus helicópteros num céu onde não havia literalmente ninguém. Até então, ninguém — e ele estava querendo dizer ninguém mesmo — na história da aviação do Exército americano jamais voara tão alto de helicóptero.

E eles estavam tentando fazer isso à noite. Mas não era isso que os incomodava. Os voos eram feitos "em blecaute", como eles diziam — sem luzes tanto dentro do aparelho quanto fora, e usando uma aviônica avançadíssima —, por questão de segurança. Os pilotos temiam os voos diurnos assim como os vampiros temem a luz do meio-dia. *Difícil de ver, difícil de atingir. Os Nightstalkers são os donos da noite!* O problema era que eles não conseguiam uma maldita previsão meteorológica certa.

Na segunda noite, eles voltaram para a base igualmente desmoralizados e angustiados com sua incapacidade de atravessar a camada de nuvens (*Não dava para sair... Não havia camada de nuvens... era tudo uma massa branca!*), e Gibson, juntamente com o comandante da missão, John Garfield, praticamente puxou o pobre do meteorologista pela orelha e o arrastou até o bunker dos Nightstalkers.

— Está bem — disse Garfield, normalmente um sujeito tranquilo, ex--soldado da Delta com mais de trezentos saltos em combate no currículo. — Diga-nos o que vamos encontrar lá em cima, a 3 mil metros de altura. Se dermos de cara com aquilo de novo, vamos levar você conosco!

O meteorologista correu de volta à sua mesa cheia de gráficos, mapas e modelos em computador e começou a repensar o problema. E o problema era que ele estava se apoiando demais na tecnologia. Quando separou as fotos de satélite em seu monitor de vídeo e examinou cada imagem individualmente, descobriu algo que o deixou chocado. Escondida naquela

CAVALEIROS, EM FRENTE

imagem estática estava uma massa de... areia, neve e sabe Deus o que mais. De maneira incrível, a mancha medía centenas de quilômetros e se materializava não a partir do solo, mas em pleno ar, a mais ou menos 3 mil metros de altura. E era completamente indetectável, exceto a olho nu, depois de uma análise meticulosa e intensa. Ele deu um novo nome a essa estranha formação climática: "o Estrato Preto".

Na terceira noite, quando se prepararam para decolar, os Nightstalkers estavam prontos para o Estrato Preto. Só o fato de saber o que era aquela coisa os confortou.

Essex se acomodou em um dos bancos traseiros do Chinook, à direita. O espaço para suas pernas era exato, se ele se sentasse com elas curvadas na direção do peito, com as botas para trilhas esbarrando nos equipamentos no meio. Ao seu lado estava a mochila, seu novo lar longe de casa, durante o que ele imaginava que seria uma viagem de um ano pelo vazio. Lutar e atirar. Matar estranhos e fazer novos amigos. Os bolsos de sua camisa cor de canela estavam cheios de objetos típicos de uma pessoa detalhista na arrumação: um dos GPS Garmin que os homens de Fort Campbell haviam lhe enviado pelo correio no último minuto; cinco lápis sem ponta; um bloco de anotações que podia ser dobrado como uma revista; cartões de referência chamados "cartões de TA [ar tático]", com orientações sobre como pedir apoio aéreo próximo, calcular distâncias, reconhecer áreas de emboscada e disparar morteiros; etiquetas de identificação com seus dados pessoais; algumas notas de 100 dólares americanos e algo chamado bilhete de sangue, uma espécie de cartão para ser libertado, que deveria ser apresentado a qualquer afegão que encontrasse caso ele ficasse preso por trás das linhas inimigas e precisasse de ajuda. Durante a viagem, Essex refletiu com bom humor que seria pouco o tempo em que ele *não* ficaria por trás das linhas inimigas, considerando que era um combatente de guerrilha. O bilhete de sangue oferecia uma recompensa em dinheiro a quem ajudasse o soldado americano em perigo.

Na mochila, ele carregava munição para seu longo fuzil, a carabina M-4; roupas; e comida suficiente para cinco dias — uma MRE (comida pronta

104   **12 HERÓIS**

para ser consumida) por dia —, além de comprimidos purificadores, para tornar a água potável. Seu colete à prova de balas, cheio de bolsos, parecia, em corte e estilo, um colete de pescaria. A diferença é que estava cheio de granadas, munição para pistolas 9mm, bússola, garrafa d'água, uma MRE de emergência e baterias para um rádio portátil, para contato entre equipes. No alto da mochila, dentro de sua bolsa pessoal, estava a vodca que ele levava de presente para aquele que deveria ser seu futuro senhor da guerra, o general Dostum.

Como estava totalmente certo de que seria morto nos primeiros cinco minutos depois de atingir o solo, Essex se mantinha ocupado junto a Spencer, ajudando o restante da equipe a embarcar o equipamento. *Não há nada que eu possa fazer agora*, refletiu ele. *Sou apenas uma parte da carga. Se alguma coisa der errado, simplesmente vou ter que lidar com isso.*

Ele observava os rapazes subindo a rampa e jogando suas mochilas pesadas na pilha que ficava no meio.

O capitão Nelson estava apertado em seu banco na frente, do lado esquerdo, atrás do piloto principal, Alex McGee. Nelson já estava conectado aos fones de ouvido da aeronave, encaixados no alto de seu boné preto, escutando nervosamente a conversa cruzada entre McGee e seu copiloto, Jim Zeeland, sobre as checagens que precediam o voo.

Sentado ao seu lado, arrogante e sardônico, estava Sam Diller, veterano oficial de inteligência da equipe e, aos 40 anos, o mais velho. Mais cedo, naquele dia, ele estava sentado em sua barraca, tomando café, quando um oficial pôs a cabeça para dentro e disse: "Oi, vai ser esta noite. O tempo está bom e vocês estão indo." Eles levaram suas bagagens para um caminhão, rodaram quatrocentos metros até o helicóptero, puseram as bolsas no chão e esperaram. A tripulação aérea fez a mesma coisa mais ou menos ao mesmo tempo. Diller estava encaixado em seu assento ao lado de seu companheiro, o médico sênior Bill Bennett, jovial e barbado. Ele e Bennett haviam integrado a mesma equipe em 1991, ajudando a expulsar Saddam do Kuwait. Bennett voltara a integrar a tripulação vários dias depois do 11 de Setembro. Quieto, bonitão, sem demonstrar que passara 15 de seus

CAVALEIROS, EM FRENTE

33 anos servindo, Bennett tinha uma esposa e um filho adolescente com os quais gostava de passear de caiaque e fazer trilhas nos fins de semana nas montanhas do Tennessee. Mas tudo isso estava agora a milhões de quilômetros de distância.

Como quase todos da equipe, Bennett falava árabe e tinha treinamento como francoatirador e ainda para lançar morteiros e saltar de paraquedas em altitudes elevadas, acima de 7.600 metros. Durante a queda, respirava com um minitanque de oxigênio amarrado ao braço. Ele e Diller estavam de olho num grupo afoito de atiradores mais jovens, com idade média de 32 anos, todos há mais ou menos oito anos nas Forças Especiais. "Este é o seu primeiro rodeio", dissera Diller ao especialista em armas júnior Sean Coffers, que viera da 101ª Divisão Aerotransportada. "Você vai ficar comigo." Quase todos eram casados e com filhos; alguns já haviam desfeito casamentos. Sentados junto a Bennett estavam Vern Michaels, o bem-humorado oficial de comunicação sênior, e o engenheiro júnior Patrick Remington. Esses seis rapazes formavam a Equipe A — a célula Alfa — do destacamento de doze homens.

No outro lado da aeronave, à direita, o aspirante Cal Spencer cuidava dos seis homens da célula Bravo. Spencer estava sentado perto da rampa, ao lado de Pat Essex, seu colíder. Comprimidos ao lado deles estavam o engenheiro júnior Charles Jones e o especialista em armas Ben Milo, um forte e simpático sargento de armas de 30 anos vindo dos subúrbios de Chicago.

Milo geralmente era o língua-solta da equipe, o único sujeito que eles tinham que manter sempre longe da imprensa (não que a imprensa estivesse por perto, mas ainda assim eles se preocupavam). Mas agora Milo estava sentado ali em seu pequeno banco sem dizer nada, e Spencer tentava pensar em alguma coisa para dizer, alguma piada para mexer com ele, animá-lo. Milo era um católico devoto e um artista amador (adorava desenhar capas de discos antigos, como os de Pink Floyd e The Grateful Dead), cuja aparência robusta disfarçava um espírito incansável e veloz com um desempenho acima das expectativas. Várias semanas antes, o anúncio de que ele seria enviado naquela missão soara como uma bomba para sua família e fizera sua mulher, Karla, começar a chorar. Mãe de quatro filhos, entre os quais dois adolescentes, e estudante de enfermagem num curso noturno, Karla não estava preparada para a partida de Ben. Eles foram à escola primária de seu filho mais novo para apanhá-lo e passar algum tempo com ele antes de o pai partir. Ben estava zangado. Queria matar com suas próprias mãos todas as pessoas envolvidas naqueles atentados. Não conseguia entender por que haviam ferido civis em solo americano. Achava que se tivessem atingido um alvo militar poderia ter compreendido o raciocínio. Dias antes de partir, Milo estava passeando de carro com um amigo — outro sargento de armas da equipe — quando acabou perdendo a calma. *Eles me enfezaram, e enfezaram minha mulher!*, começou a gritar. Falou tanto sobre a jihad e sobre o que faria com eles que seu companheiro teve que encostar o carro para parar de rir antes de prosseguir.

— Ah, eu estou falando sério agora. — Ben resmungava. — Aqueles filhos da puta vão sentir a minha dor, porque eu estou puto. Ah, agora eu estou falando sério! — Mas agora ali, sentado no helicóptero, ele pensava no que significaria matar um homem, e em como se *sentiria* com isso. O que o padre acharia? Ele se deu conta de que não tinha a menor ideia. Sabia que tinha apenas que puxar o gatilho quando estivesse num combate. Milo pôs o cinto de segurança e se preparou para a decolagem.

Ao lado de Milo estava Scott Black, que, como médico júnior, estava mais preocupado em salvar vidas do que em eliminá-las. As informações que recebera sobre o general Dostum eram de que o senhor da guerra era gordo e bebia muito (daí a vodca como presente para inaugurar a casa), tinha diabetes e não podia usar o braço direito, cansava-se facilmente e tinha uma vista ruim, e de que essa figura estranha e implacável estava a um passo do cemitério. Esse homem, esse contador de histórias, esse *bon-vivant*, esse filho de um ex-encanador e uma camponesa, seria o novo melhor amigo de Black, e era claramente uma emergência médica ambulante. O trabalho ingrato de Black era assegurar que esse uzbeque debilitado, de 47 anos, não morresse sob seus cuidados. Quão isso seria constrangedor? Black imaginou que a milícia

CAVALEIROS, EM FRENTE

de Dostum provavelmente tentaria matá-lo se o general morresse sob seus cuidados. Estava preparado para pôr os pés na terra e iniciar imediatamente uma manobra de reanimação cardiopulmonar.

Sentado ao lado de Black estava o comediante da equipe: um homem alto e magro chamado Fred Falls, oficial de comunicação júnior. Assim como Spencer, Falls se deleitava com um humor tolo e antiquado. Na noite anterior, os dois haviam ficado sentados na barraca assistindo a *Os espiões que entraram numa fria* (num laptop apoiado sobre uma mesa feita com cavaletes), filme de 1985 com Chevy Chase e Dan Aykroyd, uma comédia maluca sobre dois americanos azarados que se perdem no Afeganistão e são capturados por *mujahedin*. Em determinado momento, Chevy Chase e Dan Aykroyd estão pendurados pelos tornozelos, prontos para serem torturados, e tentam convencer seus captores a soltá-los. Spencer e Falls acharam o filme o máximo, enquanto o restante da equipe ficou entediado.

Na verdade, todos já haviam decidido que não seriam capturados com vida se uma batalha armada resultasse nisso. Eles haviam sentado em suas camas e escrito o que chamaram de "cartas de morte" — as últimas missivas a suas esposas e famílias sobre seus últimos pensamentos. Um soldado das Forças Especiais havia aberto seu coração. Ele realmente não esperava de forma alguma voltar para casa. "Se vocês estão lendo esta carta", escreveu, "é porque as coisas não estão boas para mim. E são tantas as coisas que eu queria fazer com vocês dois. Eu amo vocês e penso em vocês sempre que possível. Vocês fizeram de mim o homem mais feliz do mundo." Ele dissera a seus companheiros soldados: "Olhem, estamos juntos nisso. E precisamos saber que voltar não é realmente uma opção para nós. Se formos mortos durante o processo, assim será. Não quero que nos esquivemos do que temos que fazer."

Depois de escreverem as cartas, os homens retiraram suas alianças de casamento, removeram de suas carteiras todas as fotos incriminatórias de familiares e amigos (imagens e informações que poderiam ser usadas contra eles numa sessão de tortura) e puseram esses símbolos de identidade em grandes envelopes de papel-manilha fornecidos para isso. Os envelopes foram fechados e entregues para serem guardados pelo capelão.

Na equipe de Nelson, o trabalho da célula Bravo no Afeganistão seria apoiar a célula Alfa dirigindo o "trem de log" (forma reduzida de logística), o que significava garantir que todos tivessem "feijões, balas e cobertores" para enfrentar mais um dia. Esse trabalho não era tão glamouroso quanto estar na Equipe A, mas a diferença não era comentada ali. Como Spencer lembrou a todos, não havia trabalho "pequeno" no negócio da guerra — apenas egomaníacos mortos.

Esta noite, eles estavam "em nave única". Isso significava que todo o grupo estava voando para o Afeganistão no mesmo helicóptero. Geralmente, metade da equipe de doze homens voava num aparelho e a outra metade em outro. Assim, se um dos dois helicópteros fosse derrubado, metade do grupo sobreviveria. De acordo com a doutrina das Forças Especiais, a equipe deveria se assemelhar a uma ameba, dividindo-se e avançando mesmo nos ambientes mais austeros.

Por isso, o grupo tinha tudo em dobro: dois médicos (Bennett e Black), dois oficiais de comunicação (Michaels e Falls), cujo trabalho era cuidar dos rádios e da comunicação dentro da equipe e com o centro de comando na K2, e dois especialistas em armas (Coffers e Milo), incumbidos do desafio assoberbante de memorizar as armas e munição usadas no mundo e treinar as equipes para usá-las. Os engenheiros Pat Essex e Charles Jones mantinham as equipes supridas, organizadas e atuando com agilidade, como uma minicorporação cujo negócio era violência artesanal. Como chefe da inteligência, Sam Diller era o responsável pelo fluxo de informações para a CIA, o Pentágono e o quartel-general na K2, e entre as duas equipes.

Nelson levava para treinamento no mínimo três homens por célula. Isso significava que num organismo de doze homens ele podia dividir a equipe em quatro partes. Nelson sempre lembrava aos soldados: "Treinamos como os terroristas. Lutamos como os terroristas." Sam Diller achava que "cada soldado das Forças Especiais deve ser capaz de atirar em todos os inimigos, bombardeá-los, usar o rádio para relatar o que aconteceu e depois dar a assistência médica necessária".

CAVALEIROS, EM FRENTE

Diller gostava de dizer: "Sabe como é, o conceito de homem completo." No bolso de sua camisa, junto à sua escova de dentes, Diller carregava uma edição amassada dos aforismos preferidos do poeta e guerreiro Sun Tzu. Ele decorara muitos deles e os citara em seu pronunciamento na Virgínia Ocidental. "Na ofensiva, lute como um relâmpago saído das nuvens. Toda guerra é um ardil." Diller gostava também de parafrasear Steve McQueen em *Sete homens e um destino* ao descrever o espírito de equipe do grupo: "Senhor, nós negociamos com chumbo." Diller viajava com tão pouco que até cortara seus lápis em pedaços de sete centímetros, para cortar alguns gramas. Num bolso de trás da calça, levava um par de luvas resistentes comprado no Wal-Mart. Ele era magro, ombros largos, com um rosto que parecia um carvalho esculpido.

Antes de ingressar no Exército, em 1986, Diller percorrera um longo caminho depois de deixar o *trailer* malconservado que dividia com Lisa, sua mulher, numa encosta da Virgínia Ocidental. Jogara futebol americano na faculdade e conseguira se formar professor de história. Adorava lecionar e trabalhar com crianças. Era um caso de estudo de contrastes, com uma voz estridente e a mente ágil. Falava devagar e metodicamente. Era um homem de poucos interesses além de seu trabalho, exceto por colecionar armas. Passara pelo menos metade de sua vida dormindo ao ar livre, como soldado, mas odiava acampar. Seguia seus próprios conselhos. Durante a Tempestade no Deserto, seu sargento lhe pedira para fazer o diário da equipe, um registro diário dos acontecimentos. Ao final de um mês, Diller havia escrito uma frase concisa: "Treinamos, estava quente e adoeci." O sargento lhe disse para desistir do diário.

Mas Diller era esperto como uma raposa. Seu pai havia sido editor de um jornal diário da Virgínia Ocidental e fã de musicais de teatro, um homem erudito que usava gravata-borboleta e amava incondicionalmente seu filho rude. Diller fora criado para seguir uma carreira acadêmica, até que uma noite, pouco depois de se formar, sua vida tomou um rumo inesperado.

Ele estava num bar e entrou numa briga feia, em que o outro sujeito — um pobre filho da puta azarado — perdeu. Antes mesmo de os policiais o levarem, Diller percebeu que sua carreira de professor havia acabado sem sequer ter começado. Ele foi acusado de mau comportamento e condenado a três anos em liberdade condicional. "As escolas não contratam professores que tendem a segurar outros caras pelo pescoço", percebeu ele.

Diller e Lisa se mudaram para o *trailer* numa encosta repleta de trepadeiras, galinhas e peças de carro, e ele conseguiu o único trabalho que poderia encontrar: misturar cimento para uma empresa de construção doze horas por dia. Era um trabalho árduo, terrível, mas uma parte de Diller achava que ele merecia aquilo como penitência. Ele tinha um irmão no Exército, e certo dia, num fim de semana, este o visitou quando estava de licença. O irmão lhe disse que na verdade estava sendo pago para tirar férias. Diller não pôde acreditar. Nunca pensara em ingressar no Exército. Semana depois, estava alistado. Ele e Lisa deixaram o *trailer* e nunca mais olharam para trás.

Diller foi trabalhar na Segunda Divisão de Cavalaria como batedor, um homem treinado para penetrar em linhas inimigas como observador. E, então, outra coisa inesperada aconteceu: Diller ficou entediado. O Exército tinha tantas regras e regulamentos que parecia que ninguém podia encontrar seu próprio traseiro com as duas mãos, a não ser que alguém lhe dissesse como. Ele estava cada vez mais infeliz. E introspectivo. Falava cada vez menos, o que antes parecia impossível. Lisa mal conseguia aguentar ficar perto dele. Um dia, ele conheceu um soldado das Forças Especiais que lhe disse: "Cara, você vai gostar do que estou fazendo. É tudo o que você quer." Diller disse: "Me fala mais."

Ele era um leitor voraz, e já sabia o suficiente sobre a história das guerras para imaginar que poderia gostar de ser um combatente de guerrilha. Gostava da possibilidade de estar em número inferior e atirar melhor. Gostava da ideia de lutar por sua vida com as costas contra um muro. Gostava de poder pensar por si mesmo. Semanas depois, ele se inscreveu para a seleção das Forças Especiais. Quando os dois anos de treinamento chegaram ao fim, quando recebeu sua boina verde na formatura e pôde chamar a si próprio orgulhosamente de soldado das Forças Especiais, descobriu que se

CAVALEIROS, EM FRENTE

sentia mais agradável nas SF. Antes, estava certo de que Lisa se divorciaria dele. Agora, não estava tão certo.

Diller atribuiu essa mudança de vida a algo que ele chamou de "as Regras do Garotão". Era difícil definir as Regras, mais difícil ainda incorporá-las e mais ainda segui-las. Mas eram as seguintes: Quando você seguia as Regras, concordava em fazer o que dissera que faria, sem fazer perguntas, sem dar desculpas. Você concordava em pagar por seus próprios erros. Quando se vivia de acordo com as Regras, porém, cada homem estava trabalhando por si mesmo; e cada homem se dedicava ao irmão que estava à sua direita e à sua esquerda. As Regras eram justas, verdadeiras, e pareciam se aproximar do modo como o universo realmente funcionava. Diller as compreendeu imediatamente.

Isso podia ser visto na maneira como ele ajudava a treinar os membros mais jovens da equipe. Diller sempre mostrava o caminho. Toda manhã, ele os empurrava para uma corrida de mais de seis quilômetros, seguida de exercícios abdominais e flexões de braço que fariam um deus do Olimpo vomitar. E depois disso ainda havia trinta minutos de combate mão a mão, baseado em técnicas de luta dos famosos irmãos Gracie, os brigões brasileiros que haviam ficado famosos nos anos 1990 com suas lutas sangrentas exibidas em *pay-per-view*, na TV a cabo, chamadas de *Ultimate Fighter*.

Os soldados das Forças Especiais chamavam esse tipo de luta de "*grappling*" (disputa, combate, briga). Consistia em neutralizar e causar grandes danos corporais com uma economia de movimentos — *eye-gouging* (pressionar ou rasgar o olho com os dedos ou outras partes do corpo), pisar na virilha, quebrar o braço e estrangular eram as ordens do dia. No treinamento, podia-se bater no chão pedindo para parar quando a dor era grande demais, ou quando o lutador sentia que estava perdendo a consciência enquanto seu companheiro apertava sua faringe. *Grappling* era o que o soldado fazia quando ficava sem balas e chegava a jogar a própria arma contra o atacante antes de se lançar sobre ele e cortá-lo em pedaços. Era um trabalho cruel, perverso, e tornava o lutador parte de uma equipe de demolição humana. Diller se sobressaía.

Ele achava que o soldado comum das Forças Especiais podia sobreviver a circunstâncias em que um homem normal acabaria morto. Era tratado como um profissional e treinava como tal. E fazia isso longe dos holofotes dos repórteres e políticos. Recebia um salário decente (mais ou menos 4 mil dólares por mês, para um veterano com 15 anos de experiência) para "contratar os piores caras" e "treinar os caras mais imprestáveis do planeta" para serem soldados. Tinha orgulho de dizer: "Não temos a palavra 'herói' estampada em nós, nenhum de nós tem."

Seguir viagem em nave única naquela noite era arriscado. Mas como passara o dia ao telefone com Rumsfeld, o coronel Mulholland achou que era um risco que tinha que correr. Simultaneamente, ele estava lançando outra equipe no leste do país, e isso o deixara com apenas um helicóptero para pôr a equipe de Nelson na primeira iniciativa dos Estados Unidos no sul. Estranhamente, Diller via essa atitude arriscada e destemida de Mulholland como uma prova de sua audácia. Se eles fossem derrubados, Diller achava que poderia conseguir encontrar uma saída para essa enrascada vivendo no mato, sobrevivendo. Mas Mulholland? Ele estaria frito. Sua carreira poderia chegar ao fim.

O Chinook sacudiu e se deslocou sobre seus quatro pneus-balões. Seu nariz arredondado se inclinou e toda a aeronave balançou no ar e subiu.

Na zona de aterrissagem de helicópteros no vale do rio Darya Suf, pouco mais de 400 quilômetros ao sul, Ali Sarwar esperava a chegada de Diller e sua equipe.

Ele não conhecia aqueles homens, mas estava apostando seu futuro neles. Fechou os olhos e tentou ouvir o barulho da enorme máquina americana se aproximando. Nada. Ainda não. Paciência...

Durante a maior parte de sua vida, tudo o que ele conhecera havia sido a guerra. Lutara com Massoud, que ele conhecia como o maior guerreiro do século XX, e com Dostum, o oportunista. Agora, Ali Sarwar era tenente do exército de sua tribo, os hazara, sob o comando do general Mohaqeq.

CAVALEIROS, EM FRENTE

Pele clara, olhos verdes, a cabeça embrulhada num lenço verde, Ali estava na zona de aterrissagem com uma dúzia de homens, todos ansiosos, assim como ele, para atacar os talibãs. Ele tinha uma aparência distinta, usava uma calça de linho ondulante e pesadas botas engraxadas. Em seu ombro esquerdo, carregava uma caixa de munição de couro que tirara de um checheno que matara uma semana antes, no feroz combate de Safid Kotah. Depois de um mês de batalha, estava cansado, faminto e quase sem balas para seu velho AK-47. Acendeu um cigarro e soprou a fumaça lentamente para o céu. Seu pai havia sido um comerciante e sustentara bem a família. Ali havia sido um bom estudante. Na adolescência, porém, sua casa ficou sob cerco — primeiro dos soviéticos e depois de facções de soldados afegãos que lutavam para controlar a cidade. De manhã, sua ida para a escola muitas vezes era acompanhada pelo barulho das linhas de fogo que se cruzavam. Todos os homens e meninos da vizinhança acabaram pegando em armas para proteger suas casas e famílias. Ali foi baleado no pé e atingido na perna por estilhaços de bomba, o que o fazia mancar no clima frio.

Os talibãs sempre tinham mais balas, mais jatos de guerra, mais homens. Ele se mexia nervosamente sobre o talco cinza da zona de aterrissagem e esperava que essas vantagens finalmente mudassem.

Observou os reservados homens da CIA: Baba Spann, Baba Olson e o mais velho, Baba J.J., cuja barba grisalha era um sinal de sabedoria na cultura de Ali. Imaginou por que os outros americanos não tinham pelos crescidos no rosto. Pensou que era porque não gostavam. Ele não se importava. Não era um fanático. Gostava de fumar, gostava de beber. Tinha apenas uma esposa, embora o Alcorão lhe dissesse que podia ter quatro. Mas que espécie de homem podia ter tempo e paciência para quatro esposas? Não, uma mulher era o bastante para Ali Sarwar.

Ali e seus homens haviam vasculhado a área, mas era impossível dizer se estavam seguros naquele silêncio de pedra. Quem sabe os talibãs estivessem espreitando nos rochedos e penhascos que os cercavam? A lua pairava no alto, como um chifre branco no flanco da noite. Ali podia ouvir os cascos dos cavalos sapateando levemente sobre o barro úmido da noite e o burburinho dos homens conversando em voz baixa, em dari. Todos estavam tentando ouvir o barulho da máquina americana se aproximando. Um dos homens, Baba Spann, com seu rosto rígido e angular manchado por uma sombra de barba irregular, caminhou até a extremidade da área de aterrissagem, do tamanho aproximado de um campo de beisebol americano (Ali havia visto imagens na TV, os New York Yankees jogando sob luzes radiantes), e pôs algo pequeno sobre o chão — mais ou menos do tamanho de um baralho.

Ali esperou que o objeto fizesse alguma coisa, mas não viu nada. Aquele troço apenas ficou ali. Imaginou que fosse um aparelho cujo uso entenderia no futuro, quando o futuro chegasse. Observou quando Baba Spann pôs uns óculos de borracha pesados sobre os olhos e mirou a engenhoca. Ele parecia cumprimentar alguém com a cabeça, satisfeito, e depois tirou os óculos. Ali sabia que os óculos ajudavam os homens a enxergar à noite, o que parecia ser mais uma coisa fantástica dos americanos que ele não entendia. Ele entendia, sim, que os homens que chegariam de helicóptero o ajudariam na guerra contra os talibãs. Ele odiava os talibãs com cada gota de seu sangue.

Quando os talibãs capturaram Mazar-i-Sharif, em 1998, Ali enviou sua família — a esposa, dois filhos e três filhas — para as montanhas centrais, para Bamian, terra dos hazara, de modo a protegê-la. (Ali ficou horrorizado e furioso quando, em março de 2001, os talibãs dinamitaram os Budas de pedra que protegiam a cidade há séculos. Que espécie de homem tinha o direito de escrever o futuro apagando o passado?) Com sua família em Bamian, Ali ficou para trás, em Mazar-i-Sharif, para lutar.

A cidade estava cheia de corpos. Os talibãs cortavam a cabeça dos prisioneiros e as penduravam em postes nas ruas. Ali era um homem procurado. Os talibãs anunciaram que se alguém conseguisse capturar Ali Sarwar, eles libertariam um prisioneiro da Aliança do Norte. Alguém — um pobre homem sem sorte, pensou Ali — foi apanhado pelos moradores e entregue como se fosse o criminoso Ali Sarwar. Os talibãs soltaram um

CAVALEIROS, EM FRENTE

prisioneiro e torturaram o homem que supunham ser Ali. Cortaram sua cabeça, puseram-na sobre o colo dele e o deixaram à beira da estrada, para que pudesse ver os tornozelos de 10 mil homens, mulheres e crianças que passavam ali, sonâmbulos em meio à imundície e ao pesadelo de suas vidas.

Por isso Ali Sarwar estava ali, na zona de aterrissagem, esperando o helicóptero americano chegar com seu ronco.

Na decolagem, o capitão Mitch Nelson estava pensando: *Você pode dar tudo de si nessa luta e ainda perder*. Aquilo ficou em sua cabeça. Na verdade, tomou conta dele. Mitch se protegeu contra a rajada de vento frio enquanto o helicóptero subia no céu da noite como se fosse puxado por um saca-rolhas — *300 metros, 600 metros, 1.200, 1.500*. Era a coisa mais incrível, a sensação mais incrível. Voar para a batalha era tudo o que Mitch Nelson, do Kansas, sempre sonhara quando estava em meio às pastagens, ao trigo do inverno, aos sorgos e às ervilhacas. Ele montara em touros na época da faculdade, no circuito de rodeio amador, sofrera lesões corporais, mas aquele helicóptero sacudindo (*agora ainda mais alto — 1.800, 2.100, 2.400*) era algo novo. Completava Mitch. Deixava-o novo.

O cheiro forte do combustível de avião tomava conta da cabine, como caramelo queimado. De frente para os pilotos, ele estava alinhado do lado esquerdo, enquanto os longos rotores acima enfrentavam o ar congelado — *ram trum, ram trum, ram*. Sentado perto dele estava Milo, agora quieto como uma rocha, taciturno. E ali estava Spencer, com suas pernas longas que pareciam duas varas dobradas junto ao corpo, o casaco de poliéster preto com a gola levantada e o gorro de lã preto puxado sobre as orelhas, o próprio retrato do frio. Nelson sabia que Spencer, Essex e Diller estavam de olho nele. Sabia que tinha que ficar atento.

Ele era o capitão da equipe, é verdade, mas aqueles três, todos beirando a casa dos 40 anos, eram praticamente idosos. Terrivelmente velhos. Mas estavam confiantes. Nelson teria que escolher alguém da equipe para ser o líder. Estava certo de que podia fazer isso. Achava que havia dois tipos de soldados: aqueles que você via nos noticiários da televisão e aqueles que você não via. Nelson era do tipo que você não via. O objetivo dos talibãs era destruí-los, fazê-los sofrer, fazê-los enfrentar um inverno longo e doloroso e então atacá-los na primavera. O tempo e o clima de merda estavam do lado dos talibãs. E a única coisa que Mitch Nelson tinha era o apoio de todo o Exército americano. E isso era assustador: ter toda a força americana atrás de você... mas se você morresse, se o matassem, capturassem, torturassem, ninguém jamais saberia que você havia estado ali, exceto o pessoal de Kansas em torno do ringue de rodeio ao entardecer, dizendo entre os dentes: "Lembra daquele garoto, o Nelson? Ah, o que aconteceu com ele? Foi morto, eu acho." E assim por diante, até ninguém mais se lembrar de que você estava a bordo desse helicóptero nesse exato minuto, com o vento forte congelando como um esmalte no fundo de sua garganta, com a rampa traseira abaixada e a neve entrando, com as portas laterais abertas e o vento arranhando as paredes acolchoadas da aeronave, enquanto você estava ali, tremendo e inclinado sobre seu fuzil M-4, o cano de metal tão fino quanto um taco de sinuca, congelado sob as luvas nas suas mãos.

Nelson olhou ao redor. Aqueles doze homens no helicóptero representavam toda a força de combate americana que contra-atacava Osama bin Laden. Eram apenas eles, percebeu. Eles sozinhos. Era o suficiente para fazer você querer se agachar embaixo do poncho militar até a mira da história passar por você. Nelson se esticou para olhar pelo vidro dianteiro do helicóptero.

Recifes perfurantes de pedras pretas se aproximavam na noite e passavam sob a larga barriga de sapo do aparelho. E então, como que se o helicóptero estivesse se lançando sobre águas e mergulhando nas profundezas, a terra desapareceu e não havia nada além da escuridão — um abismo tão negro que, aos olhos de Nelson, parecia a essência da eternidade. Era uma das coisas mais excitantes que já haviam acontecido com ele.

Voando para o leste, na direção do Tadjiquistão, eles passaram sobre uma montanha que os pilotos lhe disseram que haviam apelidado de "o Urso". Enquanto subiam — *2.700, 3.000, 3.300* —, a temperatura despencava.

CAVALEIROS, EM FRENTE

Os aquecedores da nave não estavam funcionando, por medida de segurança. Na K2, o comandante da missão, John Garfield, concluíra que, se os aquecedores ficassem ligados, isso mudaria a "assinatura térmica" do aparelho. Isso significava que, se eles fossem atacados por um míssil que persegue o calor, a ogiva interceptaria a cabine e mataria os pilotos, em vez de procurar as duas turbinas, que estavam acima e atrás da cabine.

De qualquer modo, observou Garfield, suas vidas estavam em risco, mas pelo menos se eles sobrevivessem a um ataque inicial poderia haver uma chance de que alguém ainda conseguisse fazer um pouso de emergência.

As portas estavam abertas para que os pilotos e soldados pudessem sair numa emergência sem ter que lidar com trincos e maçanetas. Pendurada sobre a noite, a rampa traseira era uma língua de metal de mais ou menos 4,5 metros de comprimento. Enquanto eles subiam, Spencer observou o gelo que se formava sobre o metal exposto da aeronave, no deque e nas paredes.

Ele pôs o poncho sobre a cabeça, tentando se manter aquecido. Pensou: *Eu sou o velho aqui, os jovens estão me olhando — será que estou fazendo alguma coisa estranha, alguma coisa que abale a confiança deles?* Ele arrancou o poncho. Fragmentos de neve e grãos de areia minúsculos giravam em redemoinho no ar. A cabine uivava. O ar frio o atingiu imediatamente. Ele achou que era hora — *Jesus, Maria, José, como está FRIO neste helicóptero* — de contar uma piada — *Está tão terrivelmente frio neste maldito helicóptero!* — e tentar melhorar o humor de todo mundo, principalmente de Milo. Spencer chamou:

— Ei, Milo?

— Sim, senhor?

— Está frio aqui!

— O que é, senhor?

— Eu disse que está frio pra caramba!

Milo olhou para ele como se ele fosse um louco.

— Está foda, senhor! É isso mesmo!

E então Milo fechou os olhos e tentou dormir.

O gelo se acumulava nos canos das metralhadoras montadas junto às portas. Os malucos do Exército que estavam perto das portas com as armas posicionadas (Spencer não sabia seus nomes) pareciam gnomos de cerâmica, embrulhados em camadas de parcas, calças para neve, luvas e botas pesadas. As cabeças, enfiadas em capacetes, sacudiam para a frente e para trás enquanto eles examinavam o solo distante, muito distante, em busca da luz de disparos e do fogo de mísseis... Eles sabiam que o míssil Stinger partia do solo faiscando e girando e que foguetes voavam como a ponta acesa de um cigarro na mão de alguém quando subiam... Aquela era uma viagem extraordinária.

Um desses homens que seguravam armas era o engenheiro de voo Carson Millhouse, do sul da Califórnia, com dez anos de carreira. Cabelo preto liso e antiquados óculos de armação dourada, Millhouse parecia alguém saído do verso da capa de um disco da Lynyrd Skynyrd. Os pilotos o haviam apelidado de "Hippy". Criado numa família de oito irmãos, ele passara a juventude "desprezando as Forças Armadas", até que se deu conta de que a maneira mais fácil de sair de casa era ingressar no Exército. Hippy adorava os homens com os quais trabalhava e vivia com medo de ser promovido e sair da unidade. Se fosse promovido (ele era primeiro-sargento), achava que haveria poucos postos disponíveis e teria que entrar para o Exército comum, onde seu novo nível de soldo tornaria a vida mais confortável, mas onde os voos diurnos e a rotina o deixariam tremendamente entediado. Esse era um pensamento terrível.

Agora, depois de mais ou menos uma hora de voo, Hippy mal podia mexer os braços. Parecia que suas mãos — enfiadas em luvas e agarradas ao cabo da arma — haviam endurecido naquela posição. Enquanto olhava os campos lá embaixo, imaginou como diabos alguém podia viver naquele país. Havia apenas filas de casas de barro e muros de barro. Nem uma única mísera luz brilhando na face da Terra. Meia-noite em Armagedon. Com certeza era um saco estar ali no Afeganistão, pensou, mas pelo menos ele não teria que saltar do helicóptero como os soldados que estavam lá

CAVALEIROS, EM FRENTE

atrás e lutar naquele terreno. Hippy não sabia o nome de nenhum deles, mas supôs que provavelmente já havia cruzado com alguns nas noites de sexta-feira, com suas famílias, indo ao Chili's ou ao Outback Steakhouse, na Saída 4 da rodovia interestadual. Ele desejou o bem deles e se agachou dentro de sua parca, examinando o solo em busca de tiros.

Os outros soldados da equipe de Spencer estavam olhando nervosos para ele, e pela segunda vez ele fez o show de ajeitar seu poncho para se acomodar sobre as tiras de náilon congeladas de seu assento e tentar dormir. Spencer calculou que eles levariam outras duas horas ou mais para percorrer várias centenas de quilômetros até Dehi. Essex já estava dormindo — ele conseguia dormir em qualquer lugar. Diller também desmaiara de sono, e roncava. Spencer imaginou que pregar o olho era a única coisa sensata a fazer. Ele se recostou no assento, ouvindo os rotores acima batendo no ar cada vez mais escasso, e a nave subindo tensa, com um barulho terrível.

De seu assento na frente, Nelson olhou para baixo e viu por que os pilotos chamavam aquela montanha de Urso.

Abaixo dele havia um olho — o que parecia ser um lago profundo e frio — piscando para ele. O focinho grande, de pedra, erguia-se a oeste, de encontro ao vento. A testa alta e pronunciada descia do norte... Nelson disse novamente: *O Urso. Amém.*

Na cabine, o piloto principal, Alex McGee, estava pressionando os controles enquanto eles entravam — ou ele temia que estivessem entrando — na zona de hipóxia. A hipóxia é uma possibilidade quando se entra num espaço aéreo acima de 2.700 metros de altitude e seu cérebro começa a gritar por oxigênio. O efeito é como beber de uma vez só uma garrafa de champanhe e bater na cabeça com um martelo. Só que os resultados podem ser muito mais perigosos.

Os pilotos do Nightstalker haviam entrado em hipóxia regularmente nas primeiras missões para transporte de suprimentos e oficiais da CIA para o acampamento do general Dostum. Isso se tornara uma parte rotineira do voo. A expressão em uso era de que ultimamente as missões haviam se tornado terrivelmente "esportivas". Por exemplo: "Esportivo é quando você volta para a base, desce a rampa e beija o chão por alguns instantes. Você simplesmente tira o capacete e olha. Ufa. Isso é esportivo."

Os pilotos eram um bocado fortes e saudáveis — em vez de ficarem cada vez mais irritados achando que seriam mortos nessas missões, eles se tornaram campeões em atitudes estúpidas. Um dos chefes da tripulação, um sujeito de 36 anos chamado Will Ferguson, levara seus tacos de golfe — um *sand-wedge*, um ferro oito, um ferro três e uma bolsa cheia de bolas. Certa noite, ele perdeu a cabeça depois de assistir a *Joe Sujo* um monte de vezes no hangar — o filme preferido da unidade nas horas de lazer. Will ultrapassou a barreira que cercava o acampamento e ficou à luz da lua, observando aquela área desolada. Pilhas de sujeira tóxica soltavam resíduos químicos. Pinheiros balançavam suavemente ao vento.

Will pôs uma bola na barreira e se preparou para lançá-la na escuridão do outro lado, onde supostamente militantes islâmicos estavam à espreita, com fuzis de precisão à mão. *Fodam-se eles*, pensou Will.

Ele lançou.

A bola voou, uma órbita branca mergulhando no poço escuro da noite. *Bem, eu vim, lutei, joguei golfe* — ele pôs o taco de volta na bolsa e retornou para a *Quonset*.

O senso de humor peculiar dos pilotos só perdia para sua consideração pelo perigo de suas missões, principalmente quando se tratava de entrar em hipóxia. O problema era o sistema de oxigênio a bordo do Chinook. Eram necessários reparos, mas a guerra estourara tão rapidamente que não houvera tempo para fazê-los.

Os tripulantes haviam desembarcado na K2 em 6 de outubro, com os helicópteros Chinook e Black Hawk desmontados dentro da barriga pouco iluminada dos aviões de transporte C-17, e tinham apenas 48 horas para montá-los. Ao descrever essa tarefa caótica e apreensiva, um observador do Exército a comparou a "formigas atacando um doce". Ninguém havia dormido durante a viagem sobre o mar, e quando

CAVALEIROS, EM FRENTE

acabaram de apertar os últimos parafusos e porcas eles literalmente desmaiaram sobre o chão cheirando a óleo, ao lado daqueles monstros recém-nascidos. A essa altura, não dormiam há uma semana. Garfield entrou no hangar e gritou: "Acordem! Temos uma missão a cumprir!" Oito horas depois, eles estavam transportando suprimentos e oficiais da CIA para acampamentos espalhados pelo país, numa preparação para a chegada de Nelson e sua equipe.

O sistema de respiração a bordo era formado por uma série de garrafas de oxigênio que alimentavam uma série de tubos que levavam a máscaras de respiração de borracha preta, como aquelas que se veem em filmes que mostram pilotos de caças. Quando o oxigênio diminuía, era preciso pôr a máscara de borracha sobre a boca e puxar o ar.

Garfield descobriu uma falha no sistema de respiração quando olhou em volta, durante um voo, e viu o copiloto agindo de maneira estúpida, fazendo caretas estranhas e apontando para o vidro dianteiro do helicóptero, para formas imaginárias no ar. Então o sujeito pegou a barra de controle do helicóptero e tentou dirigi-lo, ameaçando derrubar todos eles. Garfield olhou para trás e viu que os outros tripulantes estavam também agindo de maneira estranha, e um a um eles começaram a desmaiar. Pareciam criaturas mortas sobre o chão do helicóptero. Garfield bateu no ombro do piloto principal e lhe disse que cortaria o ar de todas as máscaras, exceto a dele, e que ele, Garfield, esperava desmaiar a qualquer minuto. O piloto voaria sozinho.

Enquanto esperava desmaiar, Garfield encontrou em seu bolso um objeto em forma de disco que ele chamava de "Whiz Wheel" — funcionava como uma régua de cálculo — e que os pilotos usavam para fazer cálculos de voo. Ele deu o Whiz Wheel ao copiloto confuso e lhe disse que aquilo era na verdade o controle da aeronave e que, se ele quisesse voar, teria que usá-lo.

O sujeito se sentou em seu assento e jogou fora o objeto, enquanto fazia barulhos estranhos, como uma criança. Toda hora ele se aproximava, rígido, jogava o Whiz Wheel para Garfield e se lançava sobre a barra de controle do helicóptero. Garfield tinha que bater nas mãos dele para afastá-las do controle e lhe entregar de volta o Whiz Wheel. Isso se repetiu até o sujeito finalmente desmaiar e Garfield também ficar inconsciente. O piloto principal conseguiu concluir a missão sozinho, sugando todo o ar disponível por meio da única máscara de oxigênio que funcionava a bordo. Foi uma experiência assustadora. Quando desceram a menos de 2.700 metros, os tripulantes acordaram como se tivessem sido despertados pelas palmas de um hipnotizador. Estavam grogues há horas e sentiam uma dor de cabeça terrível. E isso não aconteceu com eles apenas uma vez: a descoberta dos problemas no sistema de respiração foi apenas o começo. Consertar vazamentos de oxigênio não era algo fácil e rápido, por motivos relacionados ao projeto complicado da aeronave. Eles tinham que conviver com isso. Entravam em hipóxia cada vez que percorriam uma longa distância a uma altitude elevada. Todos os voos começavam com a sensação de uma execução.

Enquanto Alex McGee estava sentado diante dos controles, fechado na pequena cabine, a escuridão era absoluta, exceto pelo brilho fraco das telas de computador à sua frente, à distância de um braço. Ele usava um capacete pesado, um colete Kevlar, luvas cinza e óculos de visão noturna, cuja luz ótica vazava em torno de seus olhos, dando ao seu rosto uma cor amarela. De poucos em poucos minutos, ele alcançava os controles com os dedos enluvados e, metodicamente, apertava fileiras de botões.

Fora isso — o *tique tique tique* de McGee acionando botões —, não havia som algum na cabine (se se descontar o barulho intermitente da turbina). O ambiente ali dentro era o que os pilotos chamavam de "estéril". Completamente quieto. Nenhuma conversa era permitida.

A tensão física no voo era constante. No total, os equipamentos de McGee — incluindo a roupa isolante que retardava a ação do fogo, chamada roupa Mustang — pesavam 27 quilos. A pressão de simplesmente estar sentado numa poltrona pilotando a aeronave era enorme. Era como ter um saco de cimento na parte de trás da cabeça, em cima do tronco encefálico. Até mesmo ficar preso no assento era uma questão de ginástica. Isso quer

CAVALEIROS, EM FRENTE

dizer que, se tivessem de urinar, teriam de fazê-lo nos assentos. Não havia como comandar a máquina e urinar ao mesmo tempo. Os guardiões da manutenção da aeronave sempre reclamavam que os pilotos urinavam nas poltronas. Jim Zeeland, o copiloto, tinha um pouco mais de sorte: podia urinar numa garrafa de um litro de refrigerante com tampa de rosca. O problema é que em altitudes elevadas a garrafa congelava. Então você tinha uma garrafa dura de urina rolando pelo chão, batendo nas pessoas. Por isso, como regra, eles jogavam essas garrafas pelas portas abertas do helicóptero. Chamavam-nas de "bombas de mijo".

No painel, a mais ou menos um metro do rosto de McGee, havia uma tela de vídeo de seis polegadas. No fundo do helicóptero estava algo que era chamado de radar multimodo (*multimode radar* — MMR). Quando se voava usando esse MMR, como McGee estava fazendo agora, geralmente era porque estava voando seis metros acima da superfície da Terra, a 160 milhas por hora, varrendo areia, o que era um voo bastante espalhafatoso. Naquela noite, McGee estava voando com o MMR para assegurar que nada inesperado acontecesse com eles. Eles estavam a mais de 3.600 metros acima do nível do mar.

Enquanto farejava o ar, o radar enviava à aeronave sinais que eram expressos na tela de vídeo do MMR como dois pequenos triângulos brancos, um deles invertido sobre o outro.

A posição dos triângulos na tela informava a McGee se o helicóptero podia ou não voar sobre o próximo pico de pedra, a próxima cadeia montanhosa, o próximo cume de montanha. Havia sempre uma pergunta: nessa velocidade, nessa altitude, nesse nível de inclinação dos rotores, temos capacidade para voar mais alto caso uma grande pedra surja de repente no meio da noite?

Quando os triângulos se tocavam e formavam o desenho de uma ampulheta na tela, eram considerados "satisfeitos". Se estavam satisfeitos, você sabia automaticamente que tinha força, elevação e velocidade suficientes para vencer a próxima montanha. O segredo para não se acidentar era manter os sinais satisfeitos.

124   **12 HERÓIS**

Para conseguir isso, McGee empurrava a barra de direção entre suas pernas em micromovimentos, ou pressionava os pedais prateados sob seus pés, o que ajudava a direcionar a aeronave; ou então abaixava sua mão direita e punha mais força no motor, elevando — talvez apenas pouco mais de meio centímetro — a alavanca localizada no chão da cabine escura e silenciosa. Toda hora ele tinha que estender o braço e pressionar um botão preto para ajustar o ângulo dos rotores. Ao mesmo tempo, Zeeland, o copiloto, cuidava de algo chamado Página E2: uma outra tela de vídeo que mostrava como era o terreno 16 quilômetros à frente do helicóptero.

O estado de ânimo era complicado pelo fato de, nas palavras de John Garfield, o solo abaixo deles parecer "pratos colocados num escorredor". Em determinado momento, você tinha 4.500 metros de nada embaixo da aeronave. No momento seguinte, o helicóptero se encontrava, de repente, 30 metros acima do cume de pedra de uma montanha. E como ninguém jamais havia voado de helicóptero a uma altura daquelas, ninguém considerara um problema inerente ao sistema de radar multimodo, ou seja, que ele parava de funcionar cada vez que o helicóptero atingia mais de 1.500 metros de altura.

O dispositivo para de funcionar po: presumir que acima de 1.500 metros a navegação é livre. Os engenheiros nunca haviam imaginado um voo como aquele, sobre aquele escorredor de pratos congelado. Por isso, quando se voava sobre uma cadeia de montanhas ou outra, com o sistema de radar parando a todo momento, aparecia no painel aquele preocupante sinal vermelho piscando: DADOS RUINS. E depois que parava, o sistema demorava vários minutos para voltar a funcionar. Nesses momentos, você voava realmente às cegas, meu irmão, o que era bastante esportivo. Os pilotos achavam isso mais inquietante do que receber tiros em combate. Em combate você podia pelo menos revidar os tiros.

Eles estavam voando há mais ou menos trinta minutos quando McGee apontou o nariz congelado do helicóptero para uma fenda no topo de uma montanha, a 3.600 metros de altura. Ao longo de cada lado da fenda, a face da montanha se elevava por mais 1.500 a 1.800 metros no céu noturno.

CAVALEIROS, EM FRENTE

Atravessar aquele corredor de pedra era a única saída para McGee. Subir um pouco mais seria ultrapassar ainda mais o limite da zona de hipóxia, com a temperatura despencando ainda mais, bem abaixo de zero. Por sorte, se passassem pela fenda, não ficariam perdendo tempo na zona de perigo — talvez vinte minutos, no máximo, antes de perder altitude.

McGee olhou pelo espelho retrovisor no painel superior e mal distinguiu as figuras dos soldados na parte de trás. Eram montes de roupas negras e inertes. Zeeland lhe disse que eles estavam dormindo. Era uma boa notícia.

McGee esticou o braço, acionou um botão e o combustível de avião começou a sair dos tanques externos, que ficavam presos no aparelho, um de cada lado, como dois longos cachorros-quentes metálicos. Quando o combustível escoou e a carga ficou mais leve, o chiado dos rotores diminuiu. Como iam atravessar a montanha, tinham que soltar combustível. A 3.600 metros de altura, qualquer grama a bordo contava. Era concebível que você voasse sobre um vale coberto de neve na escuridão total e chegasse a um ponto onde não teria nem força no motor nem tração nas pás para ir adiante. Basicamente, você havia voado para um beco sem saída de uma equação de física. Com sorte, você teria espaço suficiente para fazer o aparelho pairar, virar exatamente sobre seu próprio eixo e voltar, descendo os degraus invisíveis do espaço, para a K2.

Como um vagão de carga, o helicóptero entrou na fenda da montanha, planou e bateu a parte de trás. Começou a descer por aquela carapaça de pedra congelada, em direção à fronteira afegã.

A 16 quilômetros da fronteira, depois de mais ou menos duas horas de voo (até então eles haviam percorrido uma rota sinuosa de aproximadamente 350 quilômetros), o piloto principal, McGee, estava pronto para fazer um reabastecimento em voo. Ele estava com pouca gasolina depois de esvaziar os tanques ao passar pela montanha. McGee havia pedido pelo rádio que um avião-tanque, um AC-130, fosse ao posto depois de eles se afastarem do Urso. Agora, o avião chegava roncando.

McGee estava à frente, veloz, a 1.500 metros de altitude, quando o avião veio por trás e o ultrapassou por cima. Lançou uma sombra — uma presença avultante — mesmo no escuro. Essex acordou imediatamente, como se alguém o estivesse observando. Olhou pela janela e viu a lateral fria e repleta de orifícios do avião, suas asas arremetendo silenciosamente no escuro enquanto passavam. Essex sentiu uma névoa oleosa em seu rosto, de combustível não queimado, enquanto o fluxo do escapamento penetrava na cabine e impregnava as paredes. Ficou zonzo com os vapores.

O avião diminuiu a velocidade e, como um barco, acomodou-se no ar, bem diante do nariz do helicóptero. McGee estava no controle, voando ainda totalmente apagado. Por causa da ótica de seus óculos de visão noturna, tinha pouca profundidade de campo. O AC-130 parecia a silhueta de um avião colada no céu. McGee ergueu os olhos e viu seus rotores cortando o ar bem perto, atrás do avião. Olhou a velocidade — estava a 100 quilômetros por hora. Um erro e eles batiam. McGee estava acompanhado por dois helicópteros Black Hawk, sua escolta de segurança, e ouviu o nervosismo crescente nas vozes dos pilotos. Ele tinha que reabastecer antes de penetrar na tempestade de areia e neve chamada Estrato Preto.

Por motivos que o meteorologista da K2 ainda não sabia explicar, o Estrato estava pairando perto da fronteira, acima das planícies de areia que corriam do rio Amu Darya (que também marcava a fronteira entre o Afeganistão e o Uzbequistão), ao longo de todos os 48 quilômetros até Mazar-i-Sharif. Aquela era uma terra de ninguém, com ossos espalhados, areia e mais areia. Por ali viajava de vez em quando alguma tribo de nômades com mantos esfarrapados e deixando, ao passar, uma caligrafia firme impressa na poeira. Seguiam-nos legiões de animais exaustos, cabras, mulas teimosas e assustadas, seus sinos de lata ressoando uma nota triste que transformava a luz do meio-dia em uma alvorada ancestral. Esse era o chão sobre o qual eles voavam, não avançando no tempo, mas voltando no tempo. Essex olhou para baixo e viu o chão passando sob ele em painéis borrados.

Menores e mais rápidos, os Black Hawk que os acompanhavam não tinham o radar sofisticado — MMR — que o Chinook possuía. Isso

CAVALEIROS, EM FRENTE

significa que desde o momento em que haviam saído da K2 os Black Hawk estavam navegando pelas montanhas seguindo o brilho dos motores do Chinook à sua frente. Os motores formavam dois anéis de fogo em seu escapamento, lado a lado, como duas rodas de carroça flamejantes, e onde quer que as rodas fossem — para cima e para baixo, para a esquerda e para a direita — os Black Hawk as seguiam. Para Essex, era assustador o modo como os pilotos tinham que navegar.

Olhando pelo para-brisa, ele pôde ver uma longa mangueira preta vindo da asa esquerda do avião-tanque — que, na verdade, parecia crescer como uma planta. A mangueira se esticou ao vento. Em sua extremidade havia uma espécie de flor de borracha cinza, tão grande quanto um pneu de bicicleta, chamada de biruta. Sua função era impedir a mangueira de balançar para cima e para baixo em meio à corrente. Agora ela estava aberta e vazia, esperando a sonda de metal do helicóptero, que tinha mais ou menos 12 metros de extensão e se projetava a partir da frente do aparelho.

Essex sentiu o deslocamento embaixo dele e um impacto quando McGee encostou a sonda. O helicóptero deu um salto e a sonda e o orifício da mangueira se acoplaram com um suave ruído de sucção que se perdeu em meio ao barulho dos motores.

O combustível começou a fluir pela mangueira, pela sonda e para dentro dos tanques do helicóptero presos em suas laterais. Quando os tanques encheram, McGee desengatou a sonda. A biruta se soltou e foi puxada de volta ao avião. Agora era hora de sair dali — um alvo se movendo rapidamente e perto do solo é mais difícil de ser atingido do que um alvo voando alto. Al Mack apontou o helicóptero para o chão do deserto e mergulhou.

Eles estavam quase na vertical quando despencaram. Nelson se agarrou em seu assento em meio ao chiado crescente dos motores. Eles continuaram caindo. O estômago de Nelson pulou em sua garganta. Ele podia sentir o cheiro do ar mais quente, um odor levemente mineral, e o gelo nas armas começou a derreter e pingar. O vento espalhou as pequenas poças, formando uma trama prateada sobre o chão. Era como olhar para o asfalto pela janela de um carro, correndo numa estrada. Eles estavam voando assim quando perfuraram o Estrato Preto, que se movera inesperadamente para um novo local, numa altitude mais baixa.

O Estrato Preto engoliu o helicóptero inteiro.

— Não consigo ver, não consigo ver — disseram os pilotos do Black Hawk atrás deles, pelo rádio. — Talvez tenhamos que voltar para a base, repito, talvez RTB!*

McGee respondeu pelo rádio que eles deveriam ficar com ele se pudessem.

— Vocês conseguem ver meus cones? — perguntou, referindo-se aos anéis do escapamento no alto da aeronave.

— Positivo, mas repito, está ficando muito difícil.

McGee fez uma manobra chamada "seguir o terreno", o que significa que, usando os sinais de sua tela, ele estava voando perto — e ao longo — do solo, subindo e descendo sobre dunas, pedras e cadeias de montanhas. Ele olhou para fora e viu a sonda de combustível começar a soltar faíscas em meio à agitação. Havia tanta areia no ar — tanta fricção de partículas — que a sonda começou a incandescer. Logo, estava acesa como uma grelha aquecida por uma tocha. McGee pôde ver as pontas dos rotores faiscando também, criando dois halos dourados impressionantes no alto do helicóptero. A aeronave inteira estava literalmente brilhando no escuro. Os pilotos dos Black Hawk disseram pelo rádio que estava muito difícil enxergar e, por fim, exasperados, afirmaram: "Equipe Prata" — o código de chamada de McGee — "estamos RTB." Eles deram meia-volta e partiram através do Estrato Preto, desaparecendo. McGee, Nelson, Essex, Spencer, Diller e os outros homens estavam sozinhos.

Não havia como dizer se era de baixo para cima ou da direita para a esquerda. Seu ouvido interno informava ao seu cérebro que você estava virando, mas seus olhos não viam nada, exceto a brancura à frente — a brancura literalmente fluía para você pelo para-brisa. A sensação era de que

---

*Sigla de "*return to base*". (*N. do T.*)

CAVALEIROS, EM FRENTE

você estava se movendo e ao mesmo tempo não estava se movendo. Era como estar sem peso dentro de um globo cheio de uma fumaça inodora.

McGee finalmente rompeu as nuvens a 30 metros de altura. Passou sobre pilares de pedra e sobre uma terra fria castigada, como uma pele de tambor que estivesse há 10 mil anos sob tardes abrasadoras. O helicóptero estava zunindo rente à terra, levantando um rolo de poeira que se agarrava firme em seu rastro e depois caía no chão do deserto. McGee chegou a uma curva nas montanhas, endireitou a aeronave e correu para a zona de aterrissagem.

Mike Spann ouviu o ruído da aeronave se aproximando. Observou o estroboscópio infravermelho colocado na extremidade da zona de aterrissagem. Por meio de seus óculos de visão noturna, pôde ver a pulsação brilhante da luz do aparelho. A olho nu, aquele pequeno farol retangular era invisível. O piloto do helicóptero veria o estroboscópio e saberia que a zona estava segura para a aterrissagem.

Aos 32 anos, Mike Spann era um rapaz intenso no auge do objetivo de sua vida: participar de uma guerra. Ele queria as cabeças dos talibás numa vara. Assim como Dave Olson e J.J., ele era membro da Divisão de Atividades Especiais (Special Activites Division — SAD) da CIA, que era uma unidade secreta dentro do Serviço Clandestino Nacional. A CIA chamava homens como Mike, Dave e J.J. de "oficiais paramilitares". Eles eram os herdeiros do antigo Grupo de Operações Especiais (Special Operations Group — SOG), formado durante a Guerra do Vietná. O SOG nascera do Gabinete de Serviços Estratégicos (Office of Strategic Services — OSS), cujos espiões atuaram por trás das linhas inimigas na Europa durante a Segunda Guerra Mundial, lutando com grupos de resistência clandestinos. O trabalho de Mike era um segredo nacional, estritamente confidencial. Em seu país, os americanos sequer sabiam que esse trabalho existia. Seus vizinhos num subúrbio de Manassas, Virgínia, viam de vez em quando uma faixa em cima da porta da frente da casa de Mike em que se lia "BEM-VINDO, PAPAI!" e achavam que ele estivera fora numa viagem de negócios comum. Como atuavam secretamente, os oficiais da SAD se vestiam como civis, usando preferencialmente jeans, camisa de flanela e tênis ou botas para trilha. Não carregavam armas americanas, mas sim fuzis AK-47 de fabricação russa e pistolas automáticas Browning 9mm, além de telefones por satélite do tamanho de uma pasta de documentos, um GPS e uma bússola. Redigiam centenas de relatórios do serviço secreto de campo, teclando em seus laptops apoiados abertos sobre seus joelhos em cavernas, cafés ou hotéis pelo mundo. Mike era treinado para matar ou capturar terroristas baseando-se em informações colhidas pela agência. Se fosse capturado ou encontrado morto, nada em suas roupas ou em sua pessoa levaria imediatamente à descoberta de que ele integrava uma força dos Estados Unidos, e muito menos a CIA.

Por todo esse inconveniente, Mike recebia aproximadamente 50 mil dólares por ano. Em Langley, havia 78 estrelas na parede do memorial da sede da CIA. Metade delas era em homenagem a oficiais paramilitares mortos no cumprimento do dever.

Os oficiais paramilitares da CIA se envolveram na queda do governo do Irã que em 1953 levou o xá ao trono. Em 1954, um golpe da CIA derrubou o governo da Guatemala. Os 1.400 cubanos que participaram da invasão da baía dos Porcos, em Cuba, em 1961, haviam sido treinados pela CIA. Em 1981, o SOG apoiou o combate dos contranicaraguenses ao governo sandinista. A partir dos anos 1970, eles trabalharam no Líbano, Irã, Síria, Líbia, América Latina, Bálcãs e Somália. Eram capazes de fazer o bem e o mal. Iam aonde os políticos os mandassem.

Depois das muito divulgadas audiências do Congresso em 1975 — realizadas em grande parte em resposta a violações dos direitos humanos de cidadãos vietnamitas por oficiais do SOG —, o presidente Gerald Ford criou uma nova supervisão para esse tipo de operação da CIA, e o trabalho dos espiões militarizados da agência ficou sob rédeas curtas. A CIA começou a se concentrar mais num tipo de espionagem de colarinho branco, utilizando seus agentes — que se faziam passar por diplomatas, trabalhadores assistenciais e funcionários do governo — principalmente

CAVALEIROS, EM FRENTE

para obter interceptações de comunicações, a chamada "inteligência de sinais". O trabalho deles era convencer cidadãos de outros países a espionar para os Estados Unidos. O auge da espionagem secreta com arma em punho havia passado.

Quer dizer, isso até o 11 de Setembro. Na verdade, o diretor da CIA, George Tenet, começara a reforçar a divisão paramilitar em 1997, quando seus oficiais rastrearam e caçaram (em vão) o líder sérvio bósnio e criminoso de guerra Radovan Karadzic. Mike integrou um grupo de combatentes secretos que agora tinha centenas de homens, formado por ex-*Navy Seals*,* tropas de assalto do Exército, fuzileiros navais e soldados das Forças Especiais do Exército. (Em 2002, a unidade de contraterrorismo da CIA cresceria substancialmente, chegando a aproximadamente novecentos oficiais. "Estamos fazendo coisas que eu nunca pensei que faríamos — e estou querendo dizer matar pessoas", comentaria um oficial do serviço secreto.)

Mike tinha uma nova missão numa nova CIA.

Desde os 16 anos, tudo o que ele sempre quisera fazer era saltar de aviões e perseguir inimigos (ele conseguiu seu brevê de piloto aos 17 anos). Na juventude, não havia muita coisa para fazer num sábado à noite em Winfield, Alabama, a não ser ir ao BJ's, um salão de videogame na Main Street, para jogar Donkey Kong; ou você podia ir de carro até a periferia da cidade e dar umas tacadas de beisebol dentro de uma gaiola, as luzes do campo cercadas de enxames de mariposas enquanto os tacos cortavam o ar úmido. As cidades num horizonte próximo tinham nomes como Pull Tight, Rock City, Yampertown e Gu-Win. Três gerações da família de Mike haviam morado em Winfield (seu avô trabalhara numa fábrica têxtil próxima). A maior atração local era o Mule Days Festival, que tinha leilão de bolos, concurso de tiro ao alvo e concurso de mulas ("todos os tipos e tamanhos de mulas são bem-vindos"). Certo dia, Mike estava assistindo a

---

Navy Seals — Força de Operações Especiais da Marinha americana especializada na guerra não convencional, ação direta, antiterrorismo e reconhecimento. No Brasil, são equivalentes ao Grupo de Mergulhadores de Combate (Grumec). (*N. do T.*)

Top Gun — ases indomáveis com o time de futebol americano e anunciou a todos os que estavam na sala: "Um dia eu vou fazer isso."

Ele se formou na Winfield High School em 1987, estudou segurança pública e formou-se em justiça criminal em Auburn. Em seguida, ingressou no Corpo de Fuzileiros Navais. Seus colegas de sala o achavam altamente disciplinado, um homem à parte. "Não sei se algum dia eu o vi bebendo", disse um deles. "Sempre achei que ele fora criado por um religioso." Ele era metade *nerd* e metade atleta (era um leitor voraz de enciclopédias e fora um corredor de destaque em seu último ano na escola secundária), e esperava um dia ver uma batalha. Depois de passar oito anos no Corpo de Fuzileiros Navais e chegar a capitão, ele ainda estava decepcionado. Tinha 30 anos, estava casado com uma moça chamada Katherine Webb — uma paixão da escola secundária — e tinha duas filhas. Achava que sua vida estava limitada e decidiu que queria fazer parte da CIA.

Na dissertação que teve de escrever para a sua inscrição, Mike abriu seu coração em vários milhares de palavras, explicando os motivos pelos quais deveriam deixá-lo entrar na sociedade secreta de guerreiros. "Eu me descrevo como uma pessoa comum", escreveu ele, "com alguns talentos que me foram dados por Deus e muita autoconfiança. Sou um sonhador com objetivos nobres. Sou uma pessoa de ação que se sente pessoalmente responsável por fazer qualquer mudança neste mundo que esteja ao meu alcance. Porque, se eu não fizer, ninguém mais fará".

Depois ser aceito na CIA, ele se mudou com Katherine e as meninas para a Virgínia e começou a treinar em Camp Peary, uma reserva militar conhecida como "a Fazenda".* Era o verão de 1999.

Principal centro de treinamento da CIA, a Fazenda é uma propriedade cercada de árvores nos arredores de Williamsburg, Virgínia, com uma área de 36 quilômetros quadrados cercada de arame farpado eletrificado. O treinamento era duro: 18 meses trabalhando em demolições, atirando,

---

*Fazenda: Camp Peary, uma reserva militar localizada na Virgínia, funciona como centro de treinamento da CIA e é conhecida nos Estados Unidos pelo apelido de "The Farm" (a Fazenda). (*N do T.*)

CAVALEIROS, EM FRENTE

dirigindo veículos e aprendendo técnicas de luta de rua. Ele estava aprendendo a ser um agente secreto cujo trabalho seria convencer cidadãos de outros países a espionar para os Estados Unidos. Depois de se formar, Mike seria aceito para trabalhar na Divisão de Atividades Especiais. Mas seis meses depois de iniciar o treinamento, exatamente quando sua carreira estava decolando, sua vida familiar começou a desmoronar.

Agora, enquanto esperava o helicóptero chegar à zona de aterrissagem, ele sabia, como qualquer oficial obediente, que tinha que tirar de sua mente esses pensamentos que desviavam sua atenção.

Alex McGee desviou os olhos do controle e viu exatamente à sua frente a zona de aterrissagem de helicóptero (*helicopter landing zone* — HLZ), um simples terreno vazio que sob os óculos de visão noturna parecia um círculo de terra cinza. Trinta minutos haviam se passado desde que eles venceram a neblina e a vertigem do Estrato Preto e estavam voando apenas 15 metros acima do rio, margeando o curso sinuoso, entre paredes de vales que se elevavam abruptamente de cada lado. O *chop-chop-chop* dos rotores duplos do helicóptero saltando sobre as pedras fazia uma barulheira terrível dentro da cabine. Acordado pelo barulho, Nelson interrompeu um sono profundo e se sentou.

À frente, ele podia ver através dos óculos de visão noturna que a HLZ era como um grande campo de beisebol. Em intervalos de vários segundos, uma luz surgia na extremidade, como um raio cortando a escuridão. Era o farol infravermelho que Mike Spann havia posto sobre a terra.

McGee seguiu na direção da luz.

— Um minuto — anunciou ele.

Nelson, que estava escutando tudo com os fones de ouvido, virou-se e transmitiu isso aos outros homens, levantando um dedo. E em seguida algo chamou sua atenção: a aveia e o milho na boca aberta dos sacos de ração para cavalo, colocados no meio do deque, pareciam estar se movendo. Nelson gritou para Spencer: "Ei, dê uma olhada nisso!" Spencer alcançou os sacos e retirou um punhado com a mão.

A aveia e o milho estavam cheios de vermes.

— Isso é ótimo! — gritou Spencer por sobre o barulho do helicóptero. — É tudo o que os senhores da guerra precisam! Malditos vermes!

Os homens olharam uns para os outros e riram, na esperança de que o general afegão com fama de violento tivesse senso de humor.

Eles se levantaram e penduraram suas mochilas nos ombros, cada uma delas pesando em torno de 45 quilos. Puxaram seus gorros sobre as orelhas e checaram e rechecaram suas armas. E ficaram parados como pedras no escuro enquanto a fuselagem se movia embaixo deles.

— Trinta segundos — disse o piloto.

Na frente, McGee pôde ver que a HLZ era cercada em três lados por penhascos altos.

Houve uma aproximação — direta. Eles estavam chegando.

Fora do alcance da visão, trêmulos, famintos e esperando ansiosos a chegada do helicóptero, o general Mohaqeq e aproximadamente doze soldados da Aliança do Norte estavam escondidos atrás de uma pequena barreira na zona de aterrissagem.

Alguns desses homens não haviam conseguido dormir de tão ansiosos com a chegada dos americanos. Escondidos perto do general Mohaqeq estavam os americanos que ele chamava de Baba David, Baba Mike e Baba J.J.

Com sua barba grisalha e o olhar sério, Baba J.J. era o líder da equipe da CIA. Com a ajuda do americano, Mohaqeq preparara avidamente o esconderijo para a chegada dos soldados.

Os afegãos temiam que olheiros talibãs estivessem posicionados nos morros ao redor, prontos para solicitar fogo de tanques e de artilharia. Era impossível saber. Na verdade, eles só saberiam quando o helicóptero se aproximasse da zona de aterrissagem e começasse a aterrissar.

O que quer que acontecesse, seria realmente muito ruim se os americanos fossem mortos ao aterrissar. Os Estados Unidos esqueceriam o Afeganistão e sua luta contra os talibãs. Partiriam e nunca mais voltariam.

CAVALEIROS, EM FRENTE   135

Mohaqeq não podia suportar a ideia de os americanos irem embora depois de tê-los esperado por tanto tempo.

Em 1979, quando a União Soviética invadiu o Afeganistão, determinada a controlar a porta de comunicação mercantil entre a Europa e o Oriente, afegãos como Mohaqeq haviam sido obrigados a enfrentar a possibilidade de serem aniquilados.

Os invasores soviéticos queriam esmagar os hazaras de Mohaqeq, os tadjiques de Massoud, os uzbeques de Dostum e os pashtuns de Heymatyar (outro senhor da guerra que lutava alternadamente com e contra Dostum). Queriam dominar o país. Mas o afegão não seria derrotado, como se veria. Ele podia viver nos morros e fazer ataques-relâmpagos. Era um espectro, um fantasma que podia entrar num raio de sol e sair do campo de batalha. Os soviéticos atacaram com um exército de meio milhão de homens e perderam 50 mil soldados em combates em terra durante dez anos. Um milhão de cidadãos afegãos morreram e 5 milhões fugiram para o exílio no Irã, no Paquistão e na Rússia. Quando a guerra acabou, os hazaras, tadjiques, uzbeques e pashtuns começaram a atacar uns aos outros.

Os tadjiques de Massoud atacaram Cabul juntamente com os pashtuns de Hekmatyar e mataram milhares de homens, mulheres e crianças. Segundo relatos, os uzbeques de Dostum estupravam, torturavam e roubavam enquanto lutavam. Os hazaras — a casta mais baixa — lutaram com todos eles. A lealdade se movia sinuosamente, como fumaça. Em 1994, o principal acontecimento da vida diária era o terror primordial. As fontes borbulhantes, os fecundos jardins de Kandahar, os antigos bosques de amendoeiras de Cabul, os palácios de cinema na rua das Galinhas, os restaurantes abertos até tarde, animados por ruidosos viajantes que seguiam para Paris ao amanhecer, tudo isso estava em ruínas. O vento assobiava pelo bordado irregular de um milhão de buracos de bala em centenas de quartos vazios por toda a terra.

Bandidos perambulavam por estradas cheias de crateras de bombas — sequestradores, molestadores de crianças, psicopatas, homens violentos para os quais, depois de 17 anos de guerra, a ideia de país, estado, casa havia sido cauterizada a partir do centro de sua própria existência. Em seu lugar, ficara o vazio morto do espaço externo, silencioso como o inverno. Um caminhão transportando tapetes de Kandahar partia para o Paquistão, pela estrada nacional, e horas depois todos os tapetes haviam sido roubados. De quilômetros em quilômetros, um "posto de pedágio" improvisado surgia no asfalto quente e quebrado. Em cada posto de controle, homens armados e sorridentes exigiam objetos, dinheiro e às vezes mais, como certa vez, em 1994, quando um bando de milicianos sequestrou duas meninas de 13 anos e as estuprou. Elas foram abandonadas à beira da estrada, à morte. Foi a partir desse caos, desse cenário de prédios destruídos e ossos quebrados, eletrificado pelo fogo das armas e pelos golpes de adagas, que o Talibá ganhou os holofotes internacionais. Eles haviam conseguido calar o universo entrópico. *Ordem, paz, silêncio. Inshallah — se Deus quiser.*

Quando os moradores de uma vila próxima, nos arredores de Kandahar, souberam do estupro das meninas, resolveram reagir. Queriam que alguém lidasse com aquela injustiça. Queriam as estradas abertas novamente para que os homens pudessem ter um sustento.

Eles procuraram em Kandahar um recluso mulá de um olho só chamado Mohammed Omar, que formara seu próprio exército inexperiente de homens que haviam combatido os soviéticos. Esses homens eram pashtuns, considerados os governantes do Afeganistão ao longo das últimas centenas de anos — homens austeros que, depois da derrota dos soviéticos, sonhavam em tornar o Afeganistão um Estado puramente islâmico, governado pelas leis do Alcorão. Para eles, Mohaqeq, Dostum, Massoud e Atta Mohammed Noor eram desprezíveis seculares, infiéis que mereciam ou a conversão ou a morte. Dostum principalmente os irritava com sua grande infantaria e seu suposto trem de prostitutas que viajava de cidade em cidade a serviço da milícia.

Omar enviou trinta de seus combatentes, e eles perseguiram os bandidos que haviam estuprado as meninas na estrada. Quando pegaram os dois homens, a justiça foi rápida: eles foram pendurados no cano de um antigo tanque soviético. Mais tarde seus corpos foram esquartejados e deixados como comida para os cães que por ali perambulavam.

CAVALEIROS, EM FRENTE

Naquele verão, o prestígio de Omar aumentou, assim como a benevolência dos talibãs. Omar anunciou que pusera mil homens na estrada para o Paquistão e que eles estavam mantendo a paz. Os cidadãos afegãos comuns, exaustos e aterrorizados depois de cinco anos de guerra civil, não poderiam ter ficado mais felizes por estarem sob o olhar vigilante dos talibãs. Receberam-nos de braços abertos. Na primavera seguinte, o exército de Omar aumentara para 25 mil homens.

Os combatentes vinham de madrassas no Paquistão, espécies de escolas islâmicas que remontam à Idade Média. Em colégios de uma sala única e sufocante, homens jovens e adolescentes cujos pais haviam sido explodidos, mutilados e mortos pelos soviéticos, meninos sem parentes estimulados pela guerra civil aparentemente interminável, eram acorrentados a mesas toscas enquanto decoravam todas as 6.666 sentenças da palavra de Deus, o Alcorão. Depois de três anos ali, os jovens se tornavam mulás em suas vilas. Agora, a eles era devido todo o respeito de um policial religioso. Eles julgavam disputas civis e realizavam casamentos e funerais. Eram pagos em dinheiro ou trocavam seus serviços por presentes — gado, carneiros, comida. Eles começaram a chamar a si próprios de *talibãs* — "aqueles que buscam o conhecimento".

O mundo deles era perfeito. Depois que assumiram o controle de Cabul, em 1996, os talibãs proibiram música, soltar pipa, fotografia, cinema e até perfume. Os maridos receberam ordem para pintar as janelas de suas casas de preto, de modo que ninguém pudesse ver as mulheres lá dentro. E as mulheres foram proibidas de sair de casa desacompanhadas de um parente do sexo masculino. Deveriam ser dóceis como o gado e silenciosas como as pedras. Cerca de 100 mil meninas receberam ordem para não ir à escola. A taxa de alfabetização na população total despencou para cinco por cento. Sem o cuidado obstetrício adequado, uma em cada três mães morria no parto. A expectativa de vida caiu para 42 anos. O índice de suicídio entre as mulheres disparou enquanto elas enlouqueciam com as privações.

Por não usarem burca, elas podiam ser surradas com uma mangueira de borracha. Por cometerem adultério, podiam ser apedrejadas. Os talibãs transportavam as mulheres como animais que iam sacudindo na traseira de suas caminhonetes para estádios de futebol lotados. Antes de o jogo começar, eles as obrigavam a se ajoelhar, respirando com dificuldade sob o calor das burcas azuis, enquanto passos pesados se aproximavam por trás delas.

As mulheres ficavam ajoelhadas ali, tremendo, e então os homens erguiam seus fuzis e atiravam diretamente contra a cúpula das burcas, sobre suas cabeças trêmulas.

No final do espetáculo, eles cortavam as mãos de ladrões: amarravam os dedos indicadores com uma tira de pano velho e suspendiam a mão, da mesma maneira que se ergue um par de velas enormes ainda presas pelo pavio, para examiná-las. As mãos ficavam pálidas; os tocos que restavam, vermelhos.

Depois disso, o jogo de futebol começava. Aqueles tempos haviam sido terríveis. Terríveis. Mohaqeq se lembrava de tudo.

Agora, enquanto se agachavam junto à barreira, ele e seus homens olhavam para o céu até que finalmente ouviram — o toque-toque do helicóptero.

Mohaqeq rezou para que os americanos aterrissassem em segurança.

McGee reduziu a velocidade do helicóptero e o fez pairar sobre a zona de aterrissagem. O golpe de vento dos rotores varreu o chão e provocou nuvens de poeira que engolfaram a aeronave. Nelson mal podia ver sua mão em frente ao rosto. Era difícil respirar. Na cabine, McGee não conseguia ver o chão. Numa reunião antes do voo, haviam lhe dito que a HLZ era coberta de pedrinhas e que a visibilidade deveria ser boa. Ele estava 6 metros acima do solo, às cegas, e o radar era inútil.

De sua posição no solo, Mohaqeq e seus homens mal podiam ver o helicóptero no meio da tempestade de poeira.

Na rampa traseira do helicóptero, um soldado balançava o cano de sua metralhadora para a frente e para trás, pronto para disparthan-la ao primeiro

CAVALEIROS, EM FRENTE

sinal de fogo vindo da extremidade da zona de aterrissagem. Outros dois atiradores estavam nas portas laterais, também prontos para atirar.

Mosaqeq observou o helicóptero pairando pelo que lhe pareceram longos segundos. Então, sem avisar, o aparelho se ergueu diretamente no céu, como se estivesse sendo puxado por um contrapeso. E foi embora.

O feroz combatente afegão Ali Sarwar, um dos comandantes de Mohaqeq também agachado na extremidade da barreira, ouviu a máquina poderosa roncando sobre o rio. Sentiu seu coração apertado.

Depois de voar aproximadamente 400 metros, McGee virou o helicóptero para fazer outra aproximação. A primeira havia sido uma simulação para atrair o fogo inimigo.

O treinamento ensinara a McGee que a pior coisa que poderia acontecer era receber tiros em terra enquanto os soldados corriam carregando centenas de quilos de equipamentos. Era melhor ser atacado enquanto o aparelho ainda estivesse pairando, com os motores ligados, quando a fuga seria mais fácil.

Ao pairar novamente sobre a HZL, McGee ouviu quando um atirador posicionado à porta se inclinou para fora e falou com ele pelo interfone. O atirador mal podia ver através da poeira. Se o helicóptero aterrissasse torto, se um ou dois dos quatro pneus-balões tocassem o chão antes dos outros, o aparelho poderia virar.

— Três metros, um e meio, estamos chegando ao solo — disse o atirador.

E então o helicóptero tocou o chão com uma pancada forte.

— *Vá!* — gritou Spencer. Sam Diller foi primeiro, chutando sua mochila para fora da rampa. Em seguida Milo saiu, seguido dos outros. Na saída, cada um deles agarrava alguma coisa — sacos de grãos, mochilas, bolsas de equipamentos diversas — e a carregava para fora da aeronave.

Enquanto eles saíam, o atirador posicionado na rampa puxava cada um deles para perto e gritava em seu ouvido: "Boa sorte!"

Spencer e o médico Scott Black revistaram o helicóptero pela última vez para ver se alguma coisa havia ficado para trás e em seguida saltaram.

Spencer achou que a queda seria mais longa e desembarcou com um *humpf* — o chão chegou rápido demais. Haviam sido apenas 60 centímetros.

Ele perdeu o equilíbrio e se agachou, apontando instintivamente o fuzil para a escuridão à sua frente.

Membro da tripulação do helicóptero, Will Ferguson ficou na rampa e viu os soldados formando um perímetro de defesa, os doze homens alinhados em arco com o capitão Nelson no ponto mais à frente.

O helicóptero subiu e Ferguson recuou da rampa, perdendo de vista os homens. Ele ficara em solo menos de um minuto. O helicóptero se virou, voltando para a K2.

Em solo, enquanto a poeira se dissipava, o silêncio era assustador. Spencer podia ouvir a própria respiração e sentir o cheiro da noite seca e fria.

A imensidão do lugar onde ele estava — no deserto, várias horas antes do amanhecer, com mais onze homens dos quais sua vida agora dependia — atingiu-o fundo. E agora tudo o que ele tinha a fazer era se levantar e começar a lutar.

E foi quando ele viu uma forma estranha... depois duas... depois três... seguindo pela zona de aterrissagem na sua direção. E essas formas estavam agora se erguendo, alongando-se e tornando-se homens que vestiam o que pareciam ser capas longas, com canos de armas se projetando a partir daqueles panos esvoaçantes.

Eles acenderam lanternas e começaram a fazer um barulho que parecia o som de borbulhas — um burburinho aos ouvidos de Spencer. Ele e sua equipe congelaram.

Spencer achou aquele burburinho sobrenatural. Então ele se deu conta de que parecia o som da língua falada pelo "Povo da Areia" em *Guerra nas estrelas*.

Spencer era fluente em árabe e falava um pouco de russo. Sabia que aquele idioma devia ser dari, um dialeto persa, uma língua nativa afegã. Ninguém

CAVALEIROS, EM FRENTE

em Fort Campbell jamais entregara à equipe um livro de verbos e substantivos em dari e dissera: "Tome aqui, pode ser que você precise disso algum dia."

Essa lacuna fez Spencer se lembrar de que havia se preparado para aquela missão reconhecendo que, de modo geral, estava despreparado. Se sobrevivesse, seria graças à sua esperteza.

— Estou na terra do Povo da Areia — brincou ele.

E então ele sentiu um tapinha em seu ombro.

Ele se virou, de olhos arregalados. Diante dele estava um dos soldados da Aliança do Norte. Spencer não acreditou que deixara aquele sujeito chegar tão perto dele.

O Homem de Areia olhava para ele e apontava animadamente para a mochila em suas costas.

Parecia dizer: eu carrego para você. E pôs a mão na mochila, tentando erguê-la. Spencer teve que dizer:

— Não, tudo bem, eu entendi.

Mas o homem não aceitou isso como resposta e continuou puxando até Spencer dizer, energicamente:

Eu posso levar.

O sujeito deu de ombros e se afastou.

Spencer olhou ao redor e relaxou um pouco. O restante da equipe se levantou. Na K2, eles haviam sido informados de que a CIA os receberia com festa. Mas onde estava a CIA?

E então, várias figuras maiores saíram do escuro e se aproximaram. Spencer identificou um dos homens que conhecera na K2.

O sujeito estendeu a mão.

— Sou J.J. — disse. — Bem-vindo ao Afeganistão.

J.J. apresentou Spencer e os outros homens a Dave Olson e Mike Spann.

— Estou muito feliz por estar aqui — disse Spencer, aliviado.

De sua parte, os oficiais da CIA estavam igualmente felizes por verem rostos americanos em solo afegão.

Assim como seus colegas, Mike Spann estava ansioso para lutar contra os talibãs. Estava preocupado se sobreviveria ou não ao combate, mas fizera as pazes com a possibilidade de não sobreviver. Ultimamente, aproveitava seu raro tempo livre no Álamo para escrever para aquela que há quatro meses era sua nova esposa, na Virgínia, pois sentia terrivelmente sua falta.

O casamento coroara um romance ardente, durante o qual sua antiga vida se desintegrara, sendo substituída por uma vida nova.

Um ano e meio antes, em abril de 2000, quando Spann estava fazendo seu treinamento na CIA, na Fazenda, ele e sua primeira mulher, Katherine, haviam se separado. E vários meses depois, num piquenique no Quatro de Julho, organizado para os funcionários da CIA, ele se apaixonou por uma colega estudante.

Seu nome era Shannon, e ela era alguém que, assim como Mike, achava que teria um novo começo em sua vida treinando para ser espiã. Até alguns meses antes, ela era reitora de estudantes numa universidade católica na Califórnia, e superava o choque de um casamento fracassado, alternando perplexidade e constrangimento com aquele término. O fim de seu casamento ia contra cada partícula de sua sensibilidade de cristã de fé renovada. E, então, um dia ela apanhou a *Economist* e viu um anúncio de emprego na CIA. *Você tem os requisitos?*, perguntava o anúncio. *É claro que tenho*, pensou Shannon. Por que não? E agora ela estava ao lado de Mike no churrasco. Ele estava obviamente nervoso, mas encantado com o que via. Seu apelido na Fazenda* era "Mike Silencioso" e, caramba, pensou Shannon, ele estava fazendo jus ao nome. Assim demorar uma eternidade para dizer simplesmente oi.

E então, quando finalmente ele abriu a boca para convidá-la para sair, ela, assustada, disse não. Shannon não podia acreditar. Sentiu-se como se estivesse grampeando a mão sobre a boca e fugindo. O que acabara de fazer? Ela não saía com alguém desde seu divórcio, e isso havia sido há três anos! Na verdade, ultimamente achava que seria uma celibatária para sempre. Uma solteirona com uma pistola Browning 9mm na cinta-liga, a

---

*Camp Peary, uma reserva militar localizada na Virgínia, funciona como centro de treinamento da CIA e é conhecida nos Estados Unidos pelo apelido de "The Farm" (a Fazenda). (*N. do T.*)

espiã que ninguém amava. *Estraguei tudo*, pensou. Portanto, quando Mike a convidou novamente, ela se sentiu aliviada e disse sim.

Em dezembro de 2000, várias coisas aconteceram, algumas delas confusas — fios soltos com os quais Mike não estava acostumado a lidar. Shannon diria mais tarde que ter engravidado naquele outono não era uma maneira normal de uma mulher cristã constituir uma família. Mas achou que eles "fizeram o melhor que podiam na época". Naquele mês, ela e Mike concluíram o programa de treinamento e a separação entre ele e Katherine foi legalizada. Ao mesmo tempo, Katherine descobriu que tinha câncer e se recusou a assinar o acordo de divórcio.

Mike contratou um advogado e pediu a custódia de suas duas filhas. Apareceu no escritório do advogado com o rosto machucado — batera com ele na correia do paraquedas durante um salto no treinamento — e seu advogado, um homem chamado Walter von Klemper, só conseguiu balançar a cabeça. Alguns homens pareciam ser feitos para viver em casa, enquanto outros faziam do mundo sua casa. Mas como, diabos, convenceria o tribunal de que seu cliente rude, mas eficiente, deveria ficar com a custódia das crianças? Ele percebeu que Mike via o mundo em termos absolutos, em preto e branco. Mas era também um homem que você gostaria de ter por perto numa luta. Era o tipo de pai que levava as filhas em idade escolar ao ponto de ônibus, embora o ponto ficasse a meio quarteirão, em sua própria rua. Era um pouco preocupado demais e um pouco coração mole demais. O tribunal lhe deu a custódia legal das meninas.

Alguns meses depois, em junho, nasceu o filho de Mike e Shannon. Poucos dias depois, eles se casaram. Finalmente, parecia que o navio acertara o curso em meio ao redemoinho do divórcio e das carreiras recém-descobertas.

Então aconteceu o 11 de Setembro. Poucos dias depois do ataque, Mike se sentou diante do computador, em sua casa na Virgínia, tentando transmitir à sua mãe, Gail, e ao seu pai, Johnny Spann Sr., um próspero corretor de imóveis em Winfield, o que se passava em sua cabeça. Não podia lhes contar nada sobre o que estava prestes a fazer, e sobre onde estava prestes a ir. Já soubera pela sede da CIA que uma equipe de oito oficiais paramilitares estava indo para Tashkent, no Uzbequistão, para organizar a entrada das forças americanas no Afeganistão. Shannon usava o computador para pagar as contas domésticas, mas Mike configurara a tela inicial para exibir o lema do Corpo de Fuzileiros Navais americanos: *Semper Fi* — Sempre Fiel. Ele foi direto ao ponto: "O que todos precisam entender", disse a seus pais, "é que essas pessoas os odeiam. Elas os odeiam porque vocês são americanos."

"Os Estados Unidos perderam a guerra no Vietnã por causa da falta de apoio em casa. Quando você está lutando numa guerra, pessoas são mortas. Os americanos deveriam continuar agitando suas bandeiras, apoiando seu governo e escrevendo para os congressistas. Deus Salve a América."

No dia em que foi para o Afeganistão, Mike posou com seus filhos para uma foto no jardim em frente à sua impecável casa colonial, com persianas pretas. De jeans, camisa preta e tênis, Mike sorria. Parecia um homem prestes a limpar e arrumar sua garagem, e não um agente secreto a caminho da guerra. Ele apertou seu filho pequeno nos braços, o bebê olhando para algum ponto fora da câmera. Sua filha mais velha, de 9 anos, usava um short, uma blusa listrada, meias soquetes brancas e tênis, enquanto sua irmã, de 4 anos, estava com as mãos entrelaçadas nas costas, sorrindo. As últimas semanas haviam sido incrivelmente movimentadas, cheias de necessidades de última hora. Mike estava preocupado de que pudesse morrer na missão e recentemente fizera um novo testamento no tribunal em Alexandria. Temia agora a maneira como Shannon prosseguiria se o pior acontecesse.

"Parece que nunca consigo encontrar as palavras para lhe dizer completamente o quanto eu sinceramente a amo", escrevera ele. "O simples fato é que não há palavras dignas o bastante para você. Você com certeza é um presente de Deus a um coração endurecido e destroçado quando eu mais precisava."

Ele confidenciou a um colega oficial que tinha um pedido especial a lhe fazer sobre Shannon. "Não quero parecer dramático", explicou.

CAVALEIROS, EM FRENTE

"Tenho certeza de que esse será um trabalho fácil. Mas se alguma coisa me acontecer, quero que você dê a notícia a Shannon. Não quero que ela ouça isso de alguém que não conheça."

Agora, no momento em que ele estava na zona de aterrissagem com Nelson e sua equipe, Shannon, na Virgínia, estava encolhida numa poltrona, cuidando de uma gripe, com caneta e papel à mão, escrevendo para ele num diário. "Não vejo a hora de estarmos todos juntos", começava ela. "A casa está quieta, e, portanto, estou aqui, falando com minha pessoa favorita."

Mike telefonara para ela do Afeganistão e lhe contara que estava fazendo um diário. Queria ter certeza de que quando voltasse para casa se lembraria de algumas coisas sobre as quais estava pensando, explicou. Shannon decidira registrar suas próprias recordações: "Sinto tanto a sua falta", prosseguiu ela, "principalmente à noite." Ela contou que uma das meninas tivera que "fazer um pequeno dever de casa para a escola, um desenho de uma árvore, e tínhamos que decorá-la como uma árvore genealógica. E então fizemos as folhas e imprimimos fotos de todos os nossos rostos, e fiquei tão feliz ao ver toda a nossa família em uma página. Não vejo a hora de estarmos todos juntos."

"Agora tenho que ir para a cama como uma garota de sorte, e me agarrar a essas coisas e à felicidade de pertencer a você, na esperança de que você volte a salvo para mim."

Alguns minutos depois da aterrissagem, Spencer e sua equipe estavam andando por um caminho estreito. Soldados da Aliança do Norte os conduziam. Eles caminhavam numa marcha firme e constante, no escuro, sob o fardo dos pesados sacos de ração para cavalo e de inúmeras outras bolsas de equipamentos retiradas do helicóptero.

Atrás de todos, o capitão Mitch podia ouvir as garrafas de vodca tilintando. Esperava que nenhuma delas quebrasse antes que fossem presenteadas a Dostum.

— Onde está o general? — perguntou ele a um homem que caminhava ao seu lado. Nelson falava russo. Imaginou que alguns dos combatentes tivessem aprendido a língua durante a ocupação soviética.

O homem lhe contou que o general não estava no acampamento. Disse que deveria chegar logo. De manhã.

Nelson deixou o assunto morrer, aparentemente satisfeito. Na verdade, estava desapontado por Dostum não estar ali para recebê-los. Era importante parecer animado, determinado, concentrado. Tudo o que fizesse — a maneira como comeria, a maneira como falaria, as perguntas que faria — seria examinado pelas pessoas locais. Ele olhou para os doze afegãos que o acompanhavam. Não confiava em nenhum deles, mas sabia que seu sucesso dependia de trabalhar com eles.

Imaginou como o general Dostum o receberia. Na K2, o coronel Mulholland levantara até a possibilidade de Dostum sequestrar a equipe inteira e pedir o pagamento de um resgate a quem fizesse a melhor oferta. Como capitão da equipe, Nelson tinha a função de entrar na cabeça de Dostum e prever o que ele faria antes mesmo de o próprio Dostum saber. Tinha que convencer o senhor da guerra de que os americanos estavam ali para lutar e vencer. A verdade era que sem Dostum eles seriam aniquilados pelo exército talibã, que era maior.

Com ele, tinham uma chance.

Eles haviam caminhado quase 300 metros quando Nelson viu a silhueta de um forte de barro contra o céu. Ele parou. De algum modo, esperava uma marcha noturna mais longa. Estava suado e cansado de carregar sua mochila, mas ocorreu-lhe que talvez ele e seus homens estivessem caminhando diretamente para uma armadilha, uma emboscada.

Era possível que J.J. tivesse sido feito refém pelos afegãos que agora os acompanhavam. Eles poderiam entrar ali e ser atacados.

— Qual é o nome deste lugar? — perguntou ele a J.J.

— O Álamo.

Não necessariamente um nome reconfortante para um refúgio.

CAVALEIROS, EM FRENTE

J.J. explicou que o forte seria usado como aparelho da equipe. Parecia relaxado. Não parecia haver nada de errado naquela situação.

O forte parecia saído do Velho Oeste americano. Uma lua crescente prateava seus muros, feitos de barro liso, com mais ou menos 60 metros de comprimento e 2,5 metros de altura. Cinco portas de madeira se distribuíam na parte da frente. No meio, havia um portão de madeira largo o suficiente para a passagem de alguns bois e uma carroça — ou de um tanque. Do lado de fora do portão havia um poste para amarrar cavalos. As portas de madeira eram baixas, com apenas 1,5 metro de altura, talvez.

Os soldados da Aliança do Norte pararam e entraram na frente.

Nelson e o restante da equipe olharam a pequena entrada, suas armas erguidas contra o peito, dedos nos gatilhos.

Nelson entrou em seguida. Atrás dele, os homens altos da equipe, como Spencer e Milo, tiveram que fazer um esforço para passar pela abertura estreita com suas mochilas sobrecarregadas.

Ao entrar, Nelson examinou o pátio de 60 metros de comprimento. Num lado havia um buraco grande, recentemente cavado, junto a um monte de terra de quase dois metros de altura. Havia uma pá enfiada na terra. Nelson calculou que os afegãos estivessem cavando um poço de água.

Ao longo do lado direito do pátio, haviam sido construídos vários quartos a partir do muro externo. Era impossível dizer há quanto tempo aquele lugar existia. Fortalezas como aquela haviam sido erguidas no século XIX como bases britânicas ou como postos avançados de defesa ocupados por rebeldes afegãos. O lugar tinha um cheiro de velho, seco e empoeirado. Espalhados pela área, havia galões plásticos de água de 20 litros e bolsas de náilon pretas, cheias de equipamentos da equipe da CIA.

A notícia da chegada dos americanos se espalhou pelo acampamento, e logo cerca de cinquenta afegãos saíram das sombras e pararam diante de Nelson e de sua equipe. Alguns usavam bandoleiras com munição pesada sobre os ombros. Nelson pensou que nunca tinha visto um bando de combatentes tão rude. Os homens com bandoleiras pareciam saídos de uma batalha de Pancho Villa.

Alguns estavam descalços, outros de sandálias, sapatos e tênis sem cadarço. O mais jovem devia estar no fim da adolescência. Seus rostos ressecados eram coroados por lenços coloridos, brilhantes como peônias, amarrados apertados em suas cabeças. Suas barbas eram espessas e desalinhadas.

Nelson disse algumas palavras para saudá-los, em inglês, enquanto um dos homens da CIA, Dave Olson, traduzia para o dari. O idioma era cheio de sons explosivos e consoantes difíceis, como *"chuh!"* e *"juh-zay!"*, aumentando e diminuindo de intensidade, como se alguém quebrasse excitadamente uma pedra frágil.

Nelson lhes disse que ele e seus soldados estavam ali para atacar os talibãs e que forneceriam tudo o que fosse preciso para fazer esse trabalho.

— Essa guerra é de vocês — disse Nelson. — Estamos aqui para ajudá-los a lutar.

Os afegãos ouviram sorrindo. Não pareciam nem acreditar em Nelson nem desacreditar nele. Era como falar para o céu: você sabia que ele estava ali, mas não sabia se estava ouvindo. Quando Nelson terminou, os homens se afastaram para pequenas depressões no chão, onde dormiam ao relento, no frio.

J.J. os conduziu pelo pátio e ao longo do muro da frente, até seus quartos. Eram dois: um para guardar os equipamentos e outro para dormir.

Os quartos haviam sido varridos e limpos. Os tetos eram baixos — apenas 1,80 metro de altura — e os homens tiveram que se inclinar ao entrar. Cheiravam a esterco e pelo de animal. Nelson acendeu sua lanterna frontal e notou que o quarto de dormir havia sido um estábulo de cavalos. Tapetes ásperos, trançados, haviam sido postos sobre o chão de barro plano. Almofadas grandes, de cores pastel, haviam sido espalhadas pelo ambiente. Nelson ficou comovido com o cuidado preciso com que o lugar havia sido arrumado.

Os homens largaram suas mochilas e fizeram um plano de segurança para a noite. Ben Milo e Sam Diller subiriam nos telhados dos quartos,

CAVALEIROS, EM FRENTE

em cantos opostos do forte. Manteriam contato pelo walkie-talkie e se comunicariam com outro membro da equipe duas horas depois.

Enquanto caminhava para seu posto, Milo notou que um soldado afegão o estava seguindo. Na verdade, Milo estava tentando encontrar uma latrina. Ele se virou, disse em inglês que tinha que urinar e imitou o gesto. O afegão deu de ombros e continuou seguindo-o de perto.

Milo encontrou dois buracos cavados num canto do forte, perto do portão principal, na frente. Os buracos eram separados por uma fina divisória de madeira. Não havia porta. Ele abriu o fecho ecler e o afegão se virou de costas e esperou.

Em seguida, o homem acompanhou Milo até o telhado. Milo teve que lhe dizer energicamente que ele precisava ir embora. A equipe decidira que cuidaria de sua própria segurança. Milo o empurrou levemente, mas o homem não se mexeu.

Permaneceu ao lado de Milo enquanto este cumpria a função de guarda, que incluía observar o horizonte em busca de alguma coisa que aparentemente não deveria estar ali: luzes, movimentos, sons. Milo podia ouvir passos do lado de fora do forte. Eram os homens de Dostum que ficavam andando para lá e para cá, também vigiando. Imaginou o que estava deixando seu novo amigo tão ansioso. Imaginou que o soldado estava planejando atacá-lo. Acomodou-se para uma noite desconfortável.

No pátio, J.J. e Nelson se sentaram sobre o tapete, perto do poço de água semicavado. Nelson fazia perguntas sobre Dostum ao oficial da CIA. J.J. disse a ele que ficara surpreso ao saber que Dostum se deslocava pelo país a cavalo. Era praticamente uma milícia do século XIX lutando uma guerra moderna.

Os homens de Dostum tinham pouca munição e precisavam de cobertas e comida. As duas semanas anteriores de bombardeios americanos contra posições talibãs não haviam resultado em nada além de reduzir o ânimo deles. Apenas a máquina de propaganda dos Estados Unidos parecia mais organizada: de aviões de transporte que circulavam pelo país com equipamentos de escuta eletrônica e uma estação de rádio, os americanos enviavam mensagens ao povo afegão, mensagens que os talibãs achavam cômicas: "Renda-se, invasor talibã! Devolva o Afeganistão ao seu povo!"

Entretanto, Dostum continuava pragmático e cheio de energia.

Isso surpreendeu Nelson. Ele disse que achava que Dostum estava debilitado pela diabetes e pela visão deficiente, entre outras coisas. Temia que ele emborcasse assim que a luta começasse.

A verdade, Nelson sabia, era que ninguém prestara muita atenção em Dostum antes do 11 de Setembro. Na verdade, ele estava saudável como um cavalo. Até o mês de abril anterior, vivia confortavelmente em exílio na Turquia com sua família (era casado e tinha dois filhos jovens). Voltara na primavera, quando Massoud estava perdendo terreno no vale de Panjshir e Mohaqeq lutava no sul (na área onde Nelson e J.J. estavam agora, o vale do Darya Suf). Dostum viera para tentar salvar a situação.

A intenção era que fosse um retorno triunfal. Seu exílio, quatro anos antes, em 1997, havia sido humilhante. Ele fora obrigado a sair da cidade de Mazar-i-Sharif, seu bastião, devido à traição de um de seus comandantes, um homem chamado Ahmed Malik. Malik suspeitava de que Dostum era responsável pela morte de seu irmão (acusação que nunca poderia provar) e, por vingança, fez um acordo com os talibãs para deixá-los entrar em Mazar-i-Sharif e tomar a cidade, contanto que pudesse dividir o poder com eles depois. E contanto que expulsassem Dostum do Afeganistão.

Quando os talibãs entraram na cidade, Dostum teve que fugir para sobreviver. Partiu às pressas num pequeno comboio de aliados restantes e foi para a cidade fronteiriça de Heryaton, 72 quilômetros ao norte de Mazar-i-Sharif. Dali, uma ponte sobre o rio Oxus o levaria à segurança do vizinho Uzbequistão.

Ao chegar à ponte, Dostum foi obrigado a sair de seu veículo sob a mira de uma arma. O posto de fronteira era controlado por homens de Malik, que se deleitavam com a insultante virada de acontecimentos para o antes onipotente senhor da guerra, um homem cuja casa em Mazar era palaciana, com bandos de pavões importados da França passeando nos

CAVALEIROS, EM FRENTE   151

jardins e bebidas alcoólicas americanas guardadas em garrafas de cristal, em bancadas de mogno.

Dostum e seus homens tiveram que largar suas armas, esvaziar seus bolsos — entregando dinheiro e objetos de valor — e atravessar a ponte humilhados. Os guardas da ponte zombaram deles quando eles partiram.

Dostum estava fora de cena, mas Malik mudou de opinião de repente e resolveu que, apesar de tudo, não queria compartilhar o poder com os talibás. Depois que os talibás entraram na cidade como vitoriosos, Malik lançou um ataque.

Ele foi ajudado por 5 mil soldados hazaras ávidos para vingar séculos de hostilidade entre eles e a tradicional classe dominante do Afeganistão, os pashtuns, que integravam o Talibá.

Os hazaras foram comandados por um feroz senhor da guerra chamado Ismail Khan (predecessor de Mohaqeq) e se juntaram aos homens de Malik. Essa força combinada matou de 6 mil a 8 mil talibás num período de várias semanas.

Um ano depois, novamente reorganizados e reabastecidos, os talibás voltaram para se vingar.

Às 9h de 8 de agosto de 1998, eles entraram em Mazar-i-Sharif disparando suas armas loucamente para o alto. No meio da cidade, os moradores acharam que a troca de tiros era mais uma batalha sectária. Quando interromperam seu trabalho e olharam, viram centenas de caminhões correndo pelas ruas empoeiradas com combatentes talibás, todos eles com seus habituais turbantes pretos. Foi o primeiro sinal de que algo estava terrivelmente errado.

Alguns caminhões tinham metralhadoras presas na carroceria. Homens saltaram sobre elas e começaram a atirar loucamente, atingindo a rua, casas e qualquer pessoa que estivesse na frente.

— Eu saí de minha loja — contou um morador — e vi as pessoas fugindo. As pessoas corriam e eram atingidas pelos carros. Barracas do mercado eram derrubadas. Ouvi um homem dizendo "está chovendo granizo", por causa das balas.

No início da tarde, os talibás começaram a revistar as casas uma a uma, procurando hazaras. Arrombaram portas, destruíram TVs, rasgaram quadros que estavam nas paredes, arrastaram homens para as ruas e atiraram neles. Invadiram hospitais e cortaram a garganta de pacientes hazaras. Estupraram mulheres hazaras, que depois comeram punhados de veneno de rato, preferindo a morte à vergonha da violação.

Falando por alto-falantes pela cidade, eles exortaram os moradores a se converter, na hora, da versão xiita do Islá (dos hazaras) para o braço sunita, praticado pelos talibás.

— No ano passado, vocês se rebelaram contra nós e nos mataram — explicou um locutor talibá. — De todas as suas casas, vocês atiraram contra nós. Agora, estamos aqui para negociar com vocês.

Carros eram parados em postos de controle, e qualquer pessoa que tivesse uma arma era presa. "Quantos talibás você matou em Mazar?", provocavam.

Se o suspeito conseguisse provar que era pashtun (ou tadjique, a outra principal tribo da região) — fosse recitando suas preces à maneira sunita ou apresentando uma carteira de identidade que registrasse sua filiação religiosa —, era liberado.

Do contrário, era executado.

Em toda a cidade, os moradores ouviram uma advertência sinistra em seus rádios: "Onde quer que você vá, vamos pegá-lo. Se você correr, vamos puxá-lo pelos pés. Se você se esconder, vamos puxá-lo pelo cabelo."

Era proibido enterrar os mortos. Corpos se amontoavam nas ruas. Os moradores que tentavam fugir da cidade eram mortos na estrada por caças a jato dos talibás, resquícios da era da ocupação soviética. Morreram tantas pessoas na estrada que os carros tinham que passar sobre os corpos.

Ninguém imaginou que a cidade pudesse cair tão rapidamente, e muito menos Malik, que agora era um homem procurado, um homem com sua própria cota de sangue nas mãos.

Um de seus colegas, um hazara chamado Al Mazari, inventara o que ficaria conhecido entre os afegãos como "A Dança do Homem Morto".

CAVALEIROS, EM FRENTE   153

A prática macabra consistia em decapitar um soldado talibã, entornar gasolina em seu pescoço e atear fogo. O corpo em chamas se sacudia e se contorcia, como um boneco em tamanho natural crepitando em seus próprios líquidos. Malik conseguiu escapar de um destino semelhante, fugindo de Mazar-i-Sharif. (Ficou temporariamente refugiado no Irã.) Em 1999, Al Mazari foi capturado pelos talibãs, torturado e atirado de um helicóptero.

Quanto a Dostum, escapara da morte até então mudando de lado cada vez que parecia estar perdendo. Era um soberano volúvel, mas continuava sendo um oportunista genial, e era essa característica que o tornava um aliado flexível.

Quando Nelson interrompeu a conversa, já estava quase amanhecendo. Ele e J.J. haviam falado durante quase três horas. J.J. explicou que Dostum chegaria ao acampamento às oito horas daquela manhã. Nelson olhou para o relógio. Estava ansioso para aquele encontro. Ainda teria que esperar várias horas.

Ele subiu em um dos telhados com vista para a fortaleza a fim de entender a conformação do terreno. O forte ficava no topo de um morro de 150 metros de altura, no lado leste do vale. Estava aninhado junto de um bosque de álamos, cujos troncos eram altos e retos, subindo acima dos muros. Pareciam altos como postes, e seus galhos batiam uns contra os outros à brisa da manhã nascente. A 800 metros de distância, um rio brilhava ao sol matinal — era o Amu Darya, o curso impetuoso para o sul que eles haviam seguido de helicóptero. Sombras da cor de vinagre se precipitavam pelo chão do vale até o rio, atingiam o lado oposto do vale e subiam até sumir de vista.

Nelson sabia que talvez até 15 mil soldados talibãs estivessem no alto do vale, escondidos em lugares isolados, topos de morros e bunkers fortificados, capazes de abrigar centenas de homens.

Atrás dele estavam as terras intocadas que se aprofundavam no Afeganistão, um interior de montanhas hostis, uma terra acessível apenas de burro ou a cavalo.

A planície era de um barro compacto, quase amarelo, com listras finas de grama de pasto ao longo do rio. Nelson ouviu um galo cantando e pensou que aquela paisagem parecia saída de um filme de John Ford. Lembrou-se de que assistia a esses filmes quando era garoto. Na faculdade, chegara a ter um pôster de John Wayne na parede de seu dormitório.

Agora ele ouvia cavalos relinchando num cercado adjacente ao forte, e batendo as patas no chão. Imaginou se ele e seus homens cavalgariam por aquele interior selvagem à sua frente.

Mitch Nelson estava perto da entrada do forte, ao lado de Pat Essex, quando ouviu Spencer gritando do lado de fora do muro: "Pat, Mitch, é melhor vocês virem aqui fora!"

Spencer acabara de sair, com uma caneca de café à mão, imaginando quando Dostum apareceria. De repente, ele ouviu a batida de cascos de cavalos e sentiu uma vibração abafada no chão quente sob suas botas para trilha novas em folha. Então ele olhou para os morros ao redor e viu homens surgindo ao sol, encurvados, com calças pretas, frouxas e esfarrapadas, e lenços amarrados em torno da cabeça. Eram sentinelas, imaginou, enquanto eles começavam a sinalizar pelo vale a chegada de alguma coisa, ou alguém, disparando seus AK para o alto. A notícia urgente ressoou na quietude da manhã e desceu o vale até onde Spencer estava. Os sete cavaleiros se precipitaram e gritaram: "Ele está chegando, o general está aqui!" E acenaram para trás, para as pedras brancas no leito do rio, uma língua fina de água verde se esticando ao sol, serpenteando correnteza abaixo.

Spencer deu o último gole no café, numa caneca de metal que ele tirara de sua mochila, bateu com a caneca seca na perna de sua calça e, sobre seu ombro, chamou novamente Nelson e Essex.

Dentro do forte, Essex se virou para Milo, Diller e Black.

— Vamos lá fora — disse. — Vocês ficam aqui. E estejam prontos caso algo dê errado. Estejam prontos para cuidar do negócio.

Diller e os outros concordaram com a cabeça. Eles assumiram posições nos quatro cantos do forte, nos telhados.

CAVALEIROS, EM FRENTE

Essex e Nelson saíram porta afora e foram até Spencer.

— Ele está aqui — disse Spencer.

— Onde? — perguntou Essex.

— Lá está ele — disse Spencer, indicando o rio.

Um cavalo branco surgiu de uma cortina de poeira. O homem sobre a sela, imenso, ombros fortes, segurando as rédeas com uma das mãos e repousando a outra suavemente sobre a perna, olhava diretamente para a frente, seu cavalo se agitando enquanto ele próprio flutuava sobre o animal.

Cerca de cinquenta outros cavaleiros seguiam pela margem do rio, seus equipamentos e armas ressoando.

Eles entraram no acampamento e pararam em frente aos americanos. Sentados sobre seus cavalos, olharam-nos de cima para baixo.

Caramba, lá vamos nós, pensou Essex. *Ou acabamos de ganhar um monte de novos amigos ou estamos cercados.*

O cavaleiro à frente virou seu cavalo, fazendo-o parar, e o animal ficou imóvel como se tivesse virado pedra.

Ninguém se mexia. Nelson, Essex e Spencer não tinham a menor ideia do que aconteceria em seguida.

Dois afegãos avançaram, seguraram as rédeas, e o homem alto de cabelo preto virou-se sobre a sela e desceu do cavalo. Usava uma túnica longa, cinza, de lã, com fendas dos lados, uma blusa vermelha, turbante e botas de couro para cavalgar.

— Sou o general Dostum — rugiu ele, em inglês. — Estou feliz por vocês terem vindo.

Nelson, Essex e Spencer estavam alinhados, suas armas cruzadas sobre o peito, as mãos dos lados, num sinal de confortável submissão, confiança e disposição. Pelo canto dos olhos, eles observavam os homens de Dostum, esperando que eles fizessem algum movimento súbito com suas armas.

O homem grande caminhou e parou diante de Nelson. O general tinha mais de 1,80 metro de altura e pesava talvez 110 quilos. Tinha uma barba curta com fios grisalhos e olhos límpidos que se moveram para um foco sombrio quando ele mirou Nelson.

— É uma honra — disse Nelson. Ele pôs sua mão direita sobre o coração e disse: — *Salaam alaikum*. A paz esteja contigo, irmão.

— E a paz esteja contigo, amigo — disse Dostum. — Agora nós iremos e mataremos os talibãs.

Nelson suspirou. Eles não haviam sido mortos nem sequestrados. Ainda.

O general irrompeu pelo forte num alvoroço de gritos e ordens, e imediatamente vários atendentes estenderam dois tapetes sobre a berma de terra próxima ao poço de água.

Numa inspeção mais de perto, à luz do dia, Nelson viu que o buraco era bem largo, com mais ou menos nove metros de diâmetro, e que estava cheio de uma água verde calcária, provavelmente vinda de uma fonte borbulhante no fundo. Nelson supôs que continha também água de chuva, embora a precipitação pluviométrica naquela região do Afeganistão fosse de menos de dez centímetros por ano. O buraco rudimentar deveria suprir o acampamento de água potável. Nelson se lembrou dos filtros que eles haviam comprado por telefone, numa loja de camping, quando ele estava sentado no conforto da sala da equipe em Fort Campbell. Aqueles dias pareciam muito distantes.

Os atendentes do general puseram sobre os tapetes tigelas de vidro decorado contendo pistache, amêndoa, damasco e chocolate. Eles se curvaram rapidamente e se afastaram, evitando encontrar os olhos de Nelson. Nelson notou quando, numa cozinha ao ar livre num canto do pátio, um afegão retirou do fogo uma chaleira de latão. Estava faminto e queria avançar e apanhar um pouco de comida. Resistiu ao desejo, percebendo que isso seria grosseiro. Viu quando o homem velho se afastou do fogo com a chaleira, deixando como rastro uma nuvem espessa de vapor, e se ajoelhou sobre os tapetes. Com grande cerimônia, ele derramou o chá amarelo pálido nas xícaras lascadas, assentadas sobre pires.

Nelson percebeu que a cerimônia era tão antiga quanto a própria guerra. Alguma esquina havia sido dobrada. Ele e seus homens estavam num acampamento de guerrilha. Agora eles eram guerrilheiros. E estavam prestes a conhecer seu senhor da guerra.

CAVALEIROS, EM FRENTE

Dostum se sentou primeiro, ocupando um lugar na cabeceira dos tapetes vermelhos e verdes. A elevação da berma sobre o chão do pátio, de mais ou menos 1,5 metro, dava ao general de 47 anos uma visão dominante do que acontecia à sua volta.

Nelson se sentou em seguida, à esquerda de Dostum, um lugar de honra, enquanto Spencer se agachou ao lado de Nelson, ficando de joelhos. De calça camuflada verde, camisa verde e botas para trilha, J.J. se ajeitou junto ao ombro de Dostum. Nelson e Spencer fizeram uma exibição ao retirarem seus fuzis das faixas e pôr os volumosos M-4, de aparência letal, nos tapetes ao lado deles, apontando-os para fora do centro do grupo.

Eles mantiveram suas pistolas 9mm nos coldres presos às suas pernas direitas. Usavam uniformes cor de canela do Exército americano, com suas insígnias e nomes removidos, como haviam feito para o voo de helicóptero. Para eles, isso era um lembrete de que a missão era secreta e de que somente algumas pessoas no Afeganistão — incluindo os homens no acampamento e apenas um grupo seleto de estrategistas militares nos Estados Unidos — sabiam que eles estavam ali.

Nelson enfiara um lenço de algodão branco e preto por dentro da camisa, numa primeira tentativa de usar peças do vestuário local. Ele e Spencer haviam começado a cultivar barbas alguns dias antes, na K2, mas estavam abatidos, queimados de sol e com olheiras, por estarem dormindo muito pouco. Nelson usava um chapéu do tipo camuflado, folgado e com abas largas, que caía sobre seus olhos, enquanto o quepe de parada militar de Spencer estava puxado para trás, com estilo. Eles observaram pacientemente quando um dos assistentes de Dostum — um homem atarracado, com ar de estudioso, óculos de armação de metal preta e barba bem-cuidada — sentou-se à direita de Dostum. Ao lado do assistente, em frente a Spencer, estava Dave Olson, sentado com uma perna dobrada para cima e o braço repousado sobre o joelho, como num piquenique. Usava uma *shalwar kameez* preta tradicional sobre calça camuflada verde. Olson pretendia traduzir quando o assistente não conseguisse encontrar as palavras.

Depois que todos se sentaram, eles estavam prontos para começar.

Nelson pigarreou e disse ao general Dostum que tinha um presente para ele. Era um presente de todo o povo dos Estados Unidos, afirmou, mas ele estava honrado por lhe entregar pessoalmente. Nelson fez um gesto para mostrar os sacos de ração de cavalo amontoados ali perto, no pátio. (Alguém da equipe tentara peneirar os grãos e retirar os vermes.)

Dostum olhou os sacos e depois se virou para Nelson. Olson traduziu:

— Não preciso de comida para meus cavalos — bufou o general. — Meus homens estão famintos. Eles precisam também de cobertores.

Spencer notou que Nelson ficara desconcertado. Spencer e Essex haviam combinado que ficariam de olho no menos experiente Nelson. Teriam que orientá-lo em momentos embaraçosos como aquele, quando declarações impensadas podiam transmitir sinais mais importantes. Estaria o general Dostum infeliz? Era impossível dizer.

— General — disse Spencer —, nós lhe trouxemos outro presente. E então ele apanhou um das bolsas pretas retiradas do helicóptero e lhe apresentou uma garrafa de vodca russa.

Os olhos de Dostum se arregalaram. Spencer olhou para Nelson como se dissesse: é assim que se faz.

— Muito bom — disse Dostum. — Excelente.

Ele pôs a garrafa ao seu lado e observou os dois americanos atentamente. Dostum ergueu um dedo.

— Mas o que eu preciso realmente — disse ele — é de bombas.

— Senhor — disse Nelson —, temos todos os tipos de bomba. Tenho mais bombas do que o senhor jamais poderia querer.

— Vamos precisar de todas elas — disse Dostum. Ele deixou o assunto pairar no ar. Cruzou os braços. Tinha um jeito de olhar diretamente nos olhos de Nelson que era perturbador. — E o que você precisa para jogar essas bombas? — perguntou.

— Bem — disse Nelson —, em primeiro lugar, precisamos ver o inimigo. Precisamos chegar perto. Bem perto.

CAVALEIROS, EM FRENTE

Dostum refletiu sobre isso.

— Posso levar você ao meu quartel-general nas montanhas — disse ele. Ele acabara de voltar de lá. O posto avançado exposto ao vento ficava a quase dez quilômetros, no vale. E havia muita atividade talibã na área. Ele estendeu a mão, apanhou um rolo de papel e o abriu sobre o tapete.

Era um mapa topográfico — o maior mapa do Afeganistão que Nelson já havia visto. Tinha quase 2 metros de comprimento, estava amassado, marcado a lápis e tinta, manchado de suor e de cinzas de fogueiras, e centenas de setas indicando posições do Talibã percorriam sua superfície suja.

Dostum disse que carregara aquele mapa no mês anterior, durante o combate em Safid Kotah, que ficava 5,6 quilômetros a nordeste, sobre a cadeia montanhosa que brilhava agora ao sol inclemente da manhã.

O mapa de Nelson era pequeno, praticamente sem valor em comparação ao outro. Tinha pelo menos vinte anos, uma impressão borrada, e era escrito em russo. Na verdade, havia sido usado pelos russos durante a ocupação. E havia sido o único mapa disponível aos americanos na K2.

Nelson achava que não era um bom agouro carregar um mapa dos derrotados.

Dostum pegou um punhado de pistaches e os mastigou ativamente, perdido em pensamentos, olhando o mapa. Ele bateu num ponto do mapa e começou a falar rapidamente.

A chave para controlar o país, explicou, era tomar Cabul. A chave para tomar Cabul era tomar Mazar.

Nelson e Spencer concordaram, mexendo a cabeça.

A chave para Mazar, prosseguiu Dostum, era tomar o vale do rio Darya Suf. E se eles tomassem Mazar, o norte cairia. Todas as seis províncias. Sem dúvida.

Em seguida, viria Cabul. E com o norte sob controle, eles poderiam tomar Kandahar, no sul. Dessa maneira, poderiam tomar o país.

Dostum se acomodou e estudou Nelson e Spencer. Em seguida, pôs seu grande polegar perto da vila de Chapchal. Esta ficava quase 13 quilômetros ao norte do acampamento. Era um lugar castigado pelo vento e pelo sol, com quinhentas almas em suas ruas empoeiradas e suas cabanas de barro baixas, aninhadas num mar ondulado de morros queimados.

— Agora os talibãs estão aqui — disse ele, circundando a vila com o polegar. Os talibãs haviam recuado para aquele lugar depois de serem derrotados em Safid Kotah. Algumas estradas — pouco melhores do que caminhos de cabras — partiam da vila, um ponto vermelho no mapa do general.

Nelson apontou para outra vila, Dehi, mais ou menos três quilômetros ao norte de onde eles estavam, também no vale. Perguntou se era segura.

Dostum sorriu.

— Mas é claro. Eu a tomei semana passada.

Depois de um duro combate contra os talibãs, ele percorrera a vila a cavalo, parara diante das casas ainda montado em seu animal e proclamara aos homens ali dentro que eles deveriam lutar para ele. Que ele lhes pagaria por isso. Que eles nada tinham a temer em relação a ele. Que deveriam temer apenas os talibãs.

— Deixem-me contar-lhes uma história — disse Dostum a Nelson. — Quando eu soube dos ataques nos Estados Unidos, meu coração se partiu.

Ele morava num apartamento na vila de Cobaki, ao norte de Chapcal, a cerca de vinte quilômetros de onde ele e Nelson estavam agora. Desse quartel-general improvisado, ele podia ver de binóculos as linhas de frente dos talibãs a apenas pouco mais de dois quilômetros de distância. Ele balançou a cabeça. Esse era o ponto mais ao norte até onde sua linha de frente já se estendera. Desde então, ele perdera todo aquele terreno na luta, em mais ou menos dois meses.

Ele estava em seu apartamento ouvindo o rádio quando a notícia dos ataques nos Estados Unidos estourou. Ele telefonou para um velho amigo e companheiro afegão, um homem chamado Zalmay Khalilzad, que vinha a ser o embaixador do Afeganisão nos Estados Unidos, e que morava em Washington.

— Zalmay — disse ele —, diga aos amigos americanos que, assim como eles têm inimigos firmes, eles devem saber que têm amigos firmes também. E que esses somos nós.

Ele, então, desligou o telefone e voltou para a luta contra os talibãs. Mas nas cinco semanas seguintes o inimigo o forçara a recuar para o vale, quilômetro a quilômetro.

— Quero seguir hoje para meu quartel-general nas montanhas, com vista para Chapchal. De lá, vamos bombardear os talibãs. Quando o bombardeio começar, eles vão desmoronar. — E então ele anunciou inesperadamente: — Vamos partir imediatamente.

Nelson perguntou como ele estava tão certo sobre seu plano.

— Os talibãs são como escravos — disse ele. — Eles são escravos porque são obrigados a lutar. Eles ameaçam matar a família de um soldado se ele não lutar.

Ele explicou que muitos afegãos do exército talibã, com cerca de 50 mil soldados, eram fazendeiros, professores e comerciantes. Homens recrutados para o serviço. Homens que lutavam porque eram amedrontados. Por outro lado, os talibãs estrangeiros — paquistaneses, sauditas, chechenos e até chineses — eram homens violentos. Combatentes ferozes. Haviam infestado o país, vindos de madrassas radicais no Paquistão. Muitas vezes eram ajudados pelo exército da al-Qaeda, de Bin Laden. Os homens de Bin Laden acionavam granadas e explodiam a si próprios para não serem capturados. Eles se autodenominavam Brigada 055, um esquadrão de elite com tropas de assalto integradas por 500 a 600 soldados. Não eram aceitos pelos talibãs, que os consideravam "estrangeiros". Em campo, eles não se misturavam: cada grupo ficava em seu canto. Eles não lutavam pelo Afeganistão. Lutavam para converter o mundo ao Islã. Os talibãs lutavam para mudar o Afeganistão.

— Quando capturarmos os talibãs afegãos — disse Dostum —, eles vão mudar de lado e começar a lutar para nós. E vamos deixá-los viver.

— Quanto aos talibãs árabes, os estrangeiros, eles preferem a morte — prosseguiu ele. — Você não pode capturá-los. Precisa matá-los. Eles nunca desistem.

Recentemente, um dos espiões de Dostum que vivia em Mazar-i-Sharif entrara em contato com ele por telefone via satélite, dizendo-lhe que tinha visto mais soldados talibãs nas ruas, concentrados em caminhões Toyota. Carregavam velhos fuzis AK-47, escopetas, lança-granadas, metralhadoras PK, facões, paus e espadas, estavam obviamente se preparando para a luta.

Dostum distribuíra cerca de 15 telefones por satélite a espiões espalhados pelo norte — de Herat, a oeste, a Konduz, a leste. Eles estavam funcionando muito bem. O espião de Mazar corria um grande risco ao falar com ele. Soldados talibãs haviam aparecido em sua casa e lhe dito: "Você vem conosco." Para salvar sua vida, ele se juntara aos combatentes religiosos.

Agora, depois de vários meses sendo obrigado a combater Dostum, ele estava se vingando. O espião disse a Dostum que centenas de homens estavam embarcando em tanques T-55 e num veículo de combate semelhante, de fabricação russa, chamado BMP (seu apelido era "Bimpy").

Ele podia ouvir o ronco dos motores a diesel quando os veículos cruzavam os portões da cidade e seguiam pela estrada esburacada até um lugar que chamavam de Vão, uma fenda na parede da montanha que separava Mazar do interior do país.

Os talibãs estavam passando pelo Vão, seguindo na direção de Dostum, no vale. Milhares de combatentes. Aproximando-se deles como uma tempestade.

— Há um prêmio pelas cabeças de vocês — prosseguiu Dostum. — Cem mil dólares pelo corpo. Cinquenta mil pelo uniforme vazio. — Dostum disse isso diretamente, sem emoção, como que testando a reação.

Nelson imaginou por que Dostum estava lhe dando de repente aquela notícia agourenta. Estaria sugerindo que eles lhe deviam um favor por ele não os entregar aos talibãs?

Nelson e Spencer estavam chocados com a sede de sangue e a ansiedade do general. (Aliás, Dostum advertira seus homens: "Vocês vão proteger os americanos. Se falharem, serão mortos.") A experiência de Nelson e Spencer no treinamento de alguns exércitos no Oriente Médio dizia que

CAVALEIROS, EM FRENTE

os soldados relutavam em começar a lutar. Eles esperavam em parte que Dostum explicasse uma centena de motivos pelos quais seus homens não estavam prontos. (Assim, ele prolongaria a presença americana e a subsistência com ajuda externa.)

Spencer se inclinou sobre Nelson.

— Jesus — disse ele —, esse cara está pronto para começar. Ele quer vencer.

— Vamos partir agora — insistiu Dostum. — Levarei vocês para meu quartel-general nas montanhas.

— O que você acha? — perguntou Nelson.

— Acho que devemos ir — disse Spencer.

— É arriscado.

— Eu sei que é.

— Acabamos de chegar.

— Diabos, isso não é nada que você não possa resolver.

Nelson se virou para Dostum.

— Posso levar meus homens?

Dostum concordou.

— Todos eles, todo mundo, vamos todos com você? — insistiu Nelson.

Dostum balançou a cabeça novamente.

— Não, não, não há cavalos suficientes.

— A não ser que todos nós possamos ir, nós não vamos — disse Nelson a Spencer.

Ele se voltou para Dostum.

— Fica a quanto tempo a cavalo, general?

Dostum disse que levaria várias horas.

— Podemos dividir a equipe — disse Spencer.

— Temos rádios?

— Dificilmente o suficiente. Mas temos rádios.

— Você acha que ele está planejando alguma coisa? — perguntou Nelson.

— Difícil dizer.

— Quantos homens eu posso levar?

— Seis — disse Dostum. Você pode levar seis.

— É difícil conseguir cavalos neste país, não? — disse Nelson.

Dostum não entendeu.

Nelson olhou para os cavalos parados pacientemente na entrada do forte. Eram desgrenhados, com pernas finas e baixos. Malhados, brancos e cinza. Nesse país, Nelson sabia, a riqueza de um homem era medida em cavalos. Cada cavalo podia custar o correspondente a um ano de salário: 100 dólares. Eram cavalos descendentes dos que Genghis Khan levara do Uzbequistão e vindos também da Mongólia, mais ao norte. Animais de peito grande e pernas curtas, feitos para andar nas montanhas.

Nelson contou aproximadamente cinquenta na corda, mais ou menos um para cada homem no acampamento. Supôs que os homens haviam vindo a cavalo de casa para a guerra.

— Quando partiríamos? — perguntou Nelson.

Diante da pergunta, Dostum se levantou rapidamente.

— Em 15 minutos.

Antes que Nelson pudesse impedi-lo, o general satisfeito já havia gritado ordens para seus homens, envolvidos em diversas tarefas no acampamento. Eles deixaram o que estavam fazendo, caminharam até seus cavalos e começaram a selá-los.

Minutos depois, estavam montados em seus animais, prontos para partir.

Nelson gritou para a célula Alfa da equipe, formada por Sam Diller, Vern Michaels, Bill Bennett, Sean Coffers e Patrick Remington:

— É melhor vocês virem aqui fora!

Os homens saíram de seus aposentos e rapidamente se reuniram em torno da berma.

— Arrumem suas coisas.

— Estamos partindo? — perguntou Diller.

— Estamos indo para as linhas de frente.

Os cinco homens correram até suas mochilas grandes no quarto de equipamentos e apanharam roupas, comida, munição e água, selecionando uma carga essencial para pôr em suas pequenas mochilas verdes. Voltaram para o centro do pátio com elas.

Estavam impassíveis, com seus fuzis pendurados nos ombros e pistolas amarradas nas pernas com largas faixas elásticas pretas. Eles olharam em volta no pátio e viram os afegãos, que também olhavam para eles. Usavam gorros pretos, enterrados sobre seus cabelos oleosos e finos. Alguns haviam enfiado lenços afegãos em volta da gola. Nenhum deles usava capacete. Capacetes eram grandes e pesados. Pelo mesmo motivo, nenhum deles usava colete à prova de balas — aqueles coletes Kevlar de 18 quilos.

— Como vamos para lá? — perguntou Diller.

— Cavalos.

— *Cavalos?*

— Sim, vamos para lá a cavalo.

Enquanto eles falavam, Dostum, no meio do pátio, subiu em sua sela. Os homens se viraram para observá-lo.

O general estava montado em seu garanhão, com um pompom vermelho amarrado na testa sobre seu cabelo grosso e branco. Levava um cobertor verde macio e um tapete vermelho presos à parte de trás da sela.

Alinhados junto a ele estavam doze de seus homens. Seus cavalos sapateavam sobre o chão, levantando e abaixando a cabeça como martelos. Eram garanhões, todos eles.

— Ele está se preparando para sair sem nós — disse Nelson. — É melhor nos apressarmos.

Dostum tocou os flancos de seu garanhão com as botas, aproximou-se de Nelson e parou.

Ele olhou para as montanhas distantes e em seguida se virou para Nelson.

— Não posso garantir a segurança de vocês em Dehi — disse. — Há pessoas lá que não estão felizes com a chegada de vocês.

Assim disse a voz de Deus:

Num tempo diferente, no ano de 1418 no calendário muçulmano, John Walker Lindh empurrou a porta da frente de vidro da mesquita de Mill Valley, penetrando na noite. À sua direita, um estacionamento e eucaliptos. Alguns carros estacionados sob o brilho sulfúrico das luzes de sódio. Uma cerca de metal alta coberta de arame farpado. Trânsito leve na rua, numa área da cidade repleta de casas modestas, lojas de descontos e de peças de automóveis. Mais adiante, o ruído em ondas do tráfego na rodovia interestadual para o sul, para Los Angeles, ou para o norte, ao longo da costa. Ele seguiu para casa em sua bicicleta, um novo homem.

Era um duro percurso de pelo menos uma hora. Depois de estacionar em frente à casa de seus pais, em San Anselmo, ele entrou sem dizer uma palavra. Foi diretamente para o andar de cima e entrou no banheiro. Estendeu o braço e abriu o chuveiro. Despido. Era o dia 27 de setembro de 1997, ano do Senhor cristão, o deus que seu pai cultuava. Sua mãe se dizia budista. Ele e seu pai eram dois continentes apartados. Era sábado, um dia que ele não esqueceria. Ele tinha 16 anos.

Na mesquita, ele estivera diante da pequena concentração de suplicantes reunidos sobre os tapetes de oração. Seu amigo Nana. Rostos marrons no grupo. Homens, todos. Paquistaneses, árabes e uma maioria de indonésios. Peregrinos numa terra de peregrinos. John Walker Lindh entre eles, perdido.

Ele impressionara Nana com sua dedicação aos estudos. Quando Nana disse a John que acreditava que a música "com batida" era impura, John concordou. Quando Nana disse que não usava garfo porque Maomé não usava, John comeu com as mãos.

O grupo de estudos na mesquita discutia a Suna, que são escritos de contemporâneos de Maomé descrevendo o que o profeta disse e fez.

Lindh adotou avidamente os ensinamentos de Abd al-Wahhab, um clérigo islâmico do século XVIII que achava que o Islá tinha que retornar a uma interpretação estrita do Alcorão. Depois dos estudos, Lindh e outros cinco adolescentes jogavam minigolfe num parque de diversões local. Com sua túnica branca, solta, seu rosto pálido coroado por um solidéu de algodão, ele parecia solitário. Quando eles jogavam basquete, ele ficava assistindo à margem do campo, porque não achava adequado retirar sua túnica em público.

Mais do que qualquer coisa no mundo, ele queria aprender árabe para ensinar o Islá a pessoas que falavam inglês. Queria traduzir o Alcorão do árabe para o inglês.

Na mesquita, ele ficara de pé e pronunciara a *Shahada*, a declaração de sua conversão: "Declaro que não há outra divindade a não ser Deus, e declaro que Maomé é o mensageiro de Deus."

Muito bem, disseram a Lindh. Agora você é um muçulmano.

Vá para casa. Você precisa tomar um banho. Purifique-se. Quando você sair da água, um novo homem estará em seus passos.

Assim termina a voz de Deus.

Antes que Nelson pudesse protestar por Dostum estar partindo sem eles, o senhor da guerra esporeou seu cavalo. Nelson viu Dostum e seus homens atravessando ruidosos o portão do forte. Uma vez do lado de fora dos muros, eles deram um grito, e Nelson ouviu a batida dos cascos; e, então, o silêncio.

Um soldado afegão se aproximou caminhando pelo pátio, conduzindo seis cavalos.

Nelson tentou tirar da cabeça a advertência de Dostum. *Concentre-se. Ele o está confundindo.*

— Quem aqui já cavalgou? — perguntou Nelson à equipe.

Somente Vern Michaels e Bill Bennett levantaram as mãos.

— Na colônia de férias — disseram. Quando éramos crianças.

O Exército americano não os treinava em equitação básica. Tinha um programa chamado "Trilhas Empoeiradas", nas Montanhas Rochosas do Colorado, mas que ensinava os soldados a usar mulas de carga em lugares montanhosos. Ninguém em Washington podia imaginar que os soldados americanos modernos iriam para a guerra a cavalo.

Nelson tentou escolher o cavalo mais simpático e maior na corda. O animal tinha uma estrela branca enroscada em sua fronte marrom. Suas pernas peludas tinham uma protuberância nos joelhos e se afinavam nos tornozelos como raízes de cipreste. Os cascos eram rachados, sem ferraduras, cor de água suja. Em altura, parecia um pônei extragrande, do tipo que as crianças montam em feiras do interior, num círculo coberto de serragem. O homem que conduzia os cavalos disse que o nome do animal era Suman. Ele deu as rédeas a Nelson.

O cavalo era tão baixo que Nelson podia olhar diretamente em seus olhos. Ele tentou descobrir o pedigree. Talvez árabe misturado com quarto de milha e algum animal misterioso que o encolheu a dois terços do tamanho de um cavalo normal, pelo menos normal de acordo com o padrão ao qual Nelson estava acostumado. Dois meses antes, quando estava de licença, ele montara um grande quarto de milha castanho na propriedade de seu pai, no Kansas, num dia quente de verão, quilômetros de trigo assoviando ao esbarrar nas pernas do cavalo quando este passava. Ele pôde se virar sobre a sela, olhar para trás e ver a casa de seus pais, onde sua mulher, Jean, o esperava. Ela estava grávida do primeiro filho deles.

Ele estava preocupado de que Jean tivesse o bebê na sua ausência. A maioria das pessoas acha que soldados não se preocupam com esse tipo de coisa. Mas Nelson sim. Ele presenciara intermináveis ultrassonografias e check-ups para verificar se o bebê estava bem. Antes de ser enviado, a mulher de Spencer, Marcha, dispusera-se a acompanhar o parto de Jean, e ele ficara aliviado. Olhando nos olhos do cavalo, que pareciam conter todo o sofrimento e paciência com o sofrimento do mundo, ele sabia que para ele o futuro se estreitara para conter apenas uma fina fatia de sobrevivência até o dia seguinte. As esposas, porém, tinham o resto de suas vidas para se preocupar se alguma coisa acontecesse com seus maridos.

Ele tentou pôr sua bota no estribo e descobriu que este estava alto demais. Os estribos eram anéis de ferro batido e pendiam da sela em tiras de couro curtas. Não havia como torná-las mais compridas.

Ele se lembrou de que os afegãos montavam com um impulso sobre a sela. Pôs a mão esquerda sobre o cobertor manchado que formava o assento da sela. Tinha um cheiro rançoso. A sela era feita de três tábuas interligadas por dobradiças e cobertas de pele de cabra. Ele alcançou com a mão direita a ponta da tábua firme sob o cobertor, enfiou as pontas dos dedos do pé direito no estribo o melhor que pôde, tomou um impulso e se sentou. Aterrissou com um gemido.

A sela era pequena, feita para homens menores. Nelson notou que um afegão médio pesava em torno de 60 quilos. Ninguém de sua equipe pesava menos de 90 quilos. Na sela, não havia nenhum cabeçote para se segurar e se equilibrar. Ele agarrou a crina do cavalo com uma das mãos e segurou as rédeas com a outra. Ergueu um pé e enfiou a bota no estribo, fazendo em seguida o mesmo com a outra. Apenas os dedos alcançavam a ponta dos estribos. Ele estava sentado com os joelhos dobrados praticamente na altura de suas orelhas.

Sabia que parecia ridículo. Imaginou como, em nome de Deus, conseguiria andar naquele cavalo.

— Prestem atenção — grasnou Nelson —, é assim que vocês fazem essa coisa andar. Ele bateu com os pés nas costelas do cavalo e este deu alguns passos. — E é assim que você vira — disse ele, puxando as rédeas e virando a focinheira para o lado. — E é assim que você para. — Ele puxou as rédeas para trás e ficou olhando para os homens. — Entenderam?

Os homens da equipe apenas mexeram a cabeça.

— Agora, se o cavalo disparar — prosseguiu ele —, se suas botas ficarem presas nesses estribos e você cair, você vai ser arrastado. E vai morrer. Se isso acontecer — explicou —, você tem que atirar no cavalo. Estenda o braço e atire na cabeça.

Os homens agora o olhavam como se ele tivesse perdido a cabeça.

— Eu não estou brincando — disse ele. — Vocês não vão querer ser arrastados sobre esse chão acidentado.

Vários soldados afegãos se aproximaram para ajudar os homens a montar em seus cavalos. Os afegãos seguraram as rédeas com a mão esquerda e usaram a mão direita para firmar o estribo a fim de que os soldados pudessem fixar suas botas ali. Os cavalos começaram a andar em círculos no sentido anti-horário, obrigando os cavaleiros a manter um pé no estribo e ficar pulando com o outro sobre o chão. A cada terceiro pulo, o sujeito tentava saltar e passar a perna sobre a sela. Depois de vários minutos, todos haviam conseguido montar.

Spencer se aproximou de Nelson montado em seu cavalo. Achou que Nelson estava terrivelmente desconfortável. O jovem capitão parecia encaixado naquela sela pequena.

— Vou manter a célula Bravo aqui — explicou Spencer. Ele estava deixando para trás Pat Essex, Charles Jones, Scott Black, Ben Milo e Fred Falls. Eles cuidariam da logística da viagem de Nelson.

— Tenho uma entrega aérea marcada para hoje à noite — disse Spencer. — Equipamento médico. Estou requisitando cobertores para Dostum.

Nelson assentiu.

— Cara — disse Spencer —, você está engraçado nesse cavalo.

Nelson não disse nada.

— Vamos fazer contato de hora em hora — disse Spencer.

— Vou estar com o PRC — disse Nelson, referindo-se ao rádio portátil para comunicação entre equipes. — Vern cuidará da comunicação com a K2.

— Mitch?

— Sim?

— Boa sorte.

— Isso não vai ter muito a ver com sorte.

— Eu sei.

CAVALEIROS, EM FRENTE

Nelson bateu com os pés nos flancos de seu cavalo.

— *Cho!* — disse ele, lembrando-se do que os afegãos haviam gritado ao partirem. A palavra significava algo como "Vamos" em dari. — *Cho! Cho!*

O cavalo se moveu abruptamente e seguiu para o portão da frente. Logo, os cinco cavaleiros estavam enfileirados atrás dele. Ao olhar além do portão, Nelson pôde ver o rastro de Dostum, um caminho estreito e encrespado para o norte.

Ele gritou por sobre seu ombro:

— É melhor vocês me acompanharem!

Eles esporearam seus cavalos e atravessaram o portão.

PARTE TRÊS

PERIGO PRÓXIMO

Chapchal, Afeganistão

20 de outubro de 2001

Najeeb Quarishy praguejou contra os tanques e caminhões talibãs que viu saindo de Mazar-i-Sharif e seguindo para o sul, para atacar Nelson e seus homens.

Por sete anos, durante o domínio talibã na cidade, ele vivera diariamente com medo de ser preso e espancado.

Aos 21 anos, gorducho, esperto e de riso fácil, Najeeb dirigia uma bem--sucedida escola de idiomas no segundo andar de um prédio de escritórios dilapidado no centro de Mazar. Tinha duzentos alunos que subiam pesadamente a escada a toda hora do dia para aprender inglês. Os talibãs ameaçavam constantemente fechar o lugar. Não queriam que ninguém aprendesse inglês, a língua dos infiéis.

Certo dia, na esquina de uma rua, Najeeb teve uma briga com um policial talibã, membro de uma unidade conhecida como "Ministério para Promoção da Virtude e Prevenção do Vício". Najeeb se recusava a deixar a barba crescer e não mantinha o cabelo curto. O policial o atacou com um chicote de cavalo, batendo em sua cabeça e seus ombros e lhe perguntando por que ele não era um bom muçulmano.

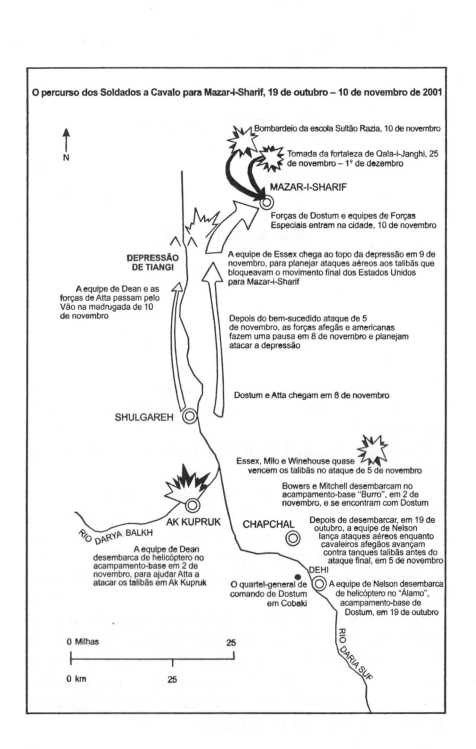

PERIGO PRÓXIMO

Najeeb teve um rompante. Bateu no policial talibã, continuou batendo e descobriu, para sua surpresa, que o homem não passava de um covarde que acabou fugindo de seus golpes com o braço.

Depois, Najeeb ficou parado na rua, tremendo, sem acreditar no que acabara de fazer. Achou que havia assinado sua sentença de morte. Sabia que se fosse torturado pelos talibãs ficaria um ano sem conseguir andar. Seu vizinho havia sido preso e espancado na genitália. Estava agora paralítico.

Najeeb correu para a casa de seu pai. Aterrorizado, o homem implorou para que ele viajasse rapidamente para o Paquistão e se escondesse dos talibãs. Najeeb respeitava profundamente seu pai, que proporcionava uma vida confortável à sua família importando rádios e eletrodomésticos para os poucos afegãos que podiam ter esses luxos. Trabalhava um pouco também com imóveis. Seu pedigree de *mujahedin* durante a longa guerra contra os soviéticos também dava à sua família um prestígio entre os cidadãos de Mazar. Nada disso importava, porém, para os talibãs. Assim, Najeeb deixou a cidade. Ficou vários meses fora e depois voltou, sem ser notado. Desde então, há quatro anos, vivia sitiado, mas se recusava a fechar sua escola de idiomas.

No mês anterior, ao ouvir a notícia dos ataques nos Estados Unidos, ele sentiu um misto estranho de tristeza e alegria. Sabia que os americanos viriam atrás dos talibãs. Naquela noite, ele subiu no telhado e montou uma antena parabólica improvisada que comprara no mercado negro. Era feita de latas de Pepsi amassadas e presas umas às outras com fita adesiva para formar uma antena enorme, encaixada em partes de outros aparelhos inutilizados.

Najeeb passou a noite assistindo a reportagens dos acontecimentos nos Estados Unidos. Toda manhã ele tinha que desmontar a antena e escondê-la dos talibãs sob uma lona. Estava cheio de uma amargura da qual não gostava.

O sofrimento forçara Najeeb a se tornar filosófico ainda jovem. Ele sabia que se guardasse sentimentos terríveis em seu coração não teria um futuro brilhante. Se você tenta se vingar de alguma coisa, isso não pode terminar bem, raciocinava.

O engraçado, pensava ele, era que ninguém nunca perguntava aos talibás por que eles eram tão cruéis. Por que eles estavam ferindo as pessoas, matando-as? Eles achavam que a única maneira de viver era de acordo com suas próprias crenças. Não respeitavam os idosos da vila, que tradicionalmente mantinham posições de liderança entre as pessoas, resolvendo disputas de terras e brigas de vizinhos. Ele não conseguia se conter — queria matar todos eles.

Nelson cavalgava por pouco tempo quando viu a nuvem de poeira do bando de Dostum à frente. Talvez a 800 metros de distância. Dostum se mantinha à frente dele, fora de alcance. Ele não sabia por quê. Temia perder a trilha, e forçou o ritmo para alcançá-lo. Enquanto cavalgavam, não haviam visto uma alma até então.

Eles passaram por assentamentos vazios que haviam sido dizimados pelos talibás. Famílias inteiras destruídas, homens e meninos arrastados para o exército. Os poços de água envenenados. Os esqueletos das casas em meio a montes de barro quebrado onde quer que os talibás tivessem chegado com seus tanques, enfiado canhões pelas janelas e disparado.

Logo eles chegaram a um cruzamento. Nelson ergueu a mão e fez os homens pararem. Ele se virou. Atrás deles, a cavalo, estavam dez soldados afegãos, homens de Dostum que haviam deixado o forte depois deles. O grupo de segurança com o qual contavam. Acompanhavam-nos duas mulas que levavam a carga das mochilas da equipe. Outras duas mulas carregavam garrafas cheias de água. As garrafas pendiam de estruturas de madeira presas junto à traseira dos animais. Cada mula carregava várias dúzias de garrafas. As garrafas faziam uma música monótona ao bater no pelo úmido dos animais enquanto trotavam.

Os afegãos passaram por ele no caminho, diminuíram o ritmo e continuaram em frente. Tomaram a estrada para o oeste, à esquerda, e deixaram nuvens de poeira que Nelson e seus homens tiveram que atravessar. Logo os americanos ergueram seus lenços sobre a boca e começaram a respirar em meio ao cheiro de óleo de máquina dos panos

PERIGO PRÓXIMO

de trama bem apertada. Alguns cavaleiros afegãos enfiavam uma ponta do lenço na boca e a sugavam. À medida que cavalgavam, os lenços ficavam escuros abaixo de seus queixos. Depois de percorrerem vários quilômetros, eles se aproximaram da vila de Dehi. Nelson fez a equipe parar.

— Todo mundo atento. Dostum disse que pode ser que não sejamos bem recebidos aqui.

Os homens estavam nervosos e queriam saber o que fariam quando chegassem à cidade.

— Apenas estejam prontos — disse Nelson. — Todos com armas carregadas e engatilhadas. E se tiverem que atirar, assegurem-se de que é por um bom motivo. E, pelo amor de Deus, não atirem em mulheres ou crianças.

Eles viram o primeiro grupo de pessoas na periferia da vila, observando sua chegada. Homens com rostos curtidos, encurvados sob cobertores marrons. Outros com paletós escuros, as mãos entrelaçadas nas costas, como que esperando que se abrissem as portas de algum prédio invisível em frente a eles.

A rua principal era escura e empoeirada. Ao longo da margem, pedras do tamanho de punhos. A distância, uma ondulação baixa de montanhas cinzentas.

Fachadas de lojas se alinhavam nas ruas, mas Nelson pensou: *Sabe Deus o que estão vendendo*. Postes para amarrar cavalos na frente, mas nenhum cavalo. Os telhados das lojas eram baixos e repousavam sobre troncos de álamo sem casca e fincados à mão no chão duro. O caminho de pedestres junto às lojas era de tábuas brutas que se mexiam sob os pés. Sob os telhados pendiam pedaços de carne de boi e carneiro que rodavam lentamente como bonecos de caixa de música. De algum lugar, algum beco escondido, o fogo enfumaçado de um cozinheiro.

Eles continuaram em frente a cavalo. Estavam em duas colunas distantes uma da outra cerca de trinta metros. Nelson carregava seu M-4 cruzado sobre a sela, com o cano apontado para a multidão. Mantinha uma das mãos na arma e acenava com a outra. Quando eles passavam, os moradores se dispersavam, estendiam suas mãos sujas e roçavam as pernas dos homens. Depois, voltavam a se aglomerar para preencher o vazio que ficava para trás. Não havia sinal de Dostum em nenhum lugar.

— Essas pessoas estão aqui para ver uma parada — disse Nelson. — Portanto, vamos dar-lhes uma parada.

Agora, havia pelo menos duzentos homens armados em cada lado da rua. Alguns deles usavam uniformes improvisados: calças camufladas e camisas de origens diversas, sabe-se lá de quantos países diferentes. Carregavam velhos fuzis AK-47 e lança-granadas. Era um exército de rejeitados, servindo com artigos de segunda mão. O exército que os Estados Unidos haviam esquecido depois da retirada soviética, em 1989, já que não precisavam mais lutar a Guerra Fria por procuração. *Vamos precisar de vocês agora*, pensou Nelson.

Alguns homens na multidão manipulavam fieiras de contas usadas para aliviar a tensão, mexendo-as entre seus dedos indicadores calejados e os polegares grandes, enquanto recitavam preces sob suas respirações. Outros homens caminhavam na direção deles, de mãos dadas. Não eram gays, Nelson sabia. Em público, homens e mulheres eram proibidos de se tocar. Mas homens podiam facilmente demonstrar esse tipo de afeição. Nelson pensou que ele e seus homens deveriam realmente seguir em frente. Calculou que os moradores haviam ouvido os helicópteros aterrissando à noite e saído para conhecer os americanos. Ou era isso ou Dostum passara pela cidade e anunciara que os americanos estavam a caminho.

Nelson gritou para a equipe:

— Todos mantenham o dedo no gatilho!

Sem avisar, o grupo de segurança à frente puxou as rédeas e parou.

Todos da equipe pararam, tensos. Diller pôs a mão sobre a arma que estava no coldre junto à sua perna. Outros fizeram o mesmo.

— O que está acontecendo? — perguntou Diller.

— Não sei. — Nelson disse que perguntaria. Falou em russo, e um dos cavaleiros do grupo de segurança respondeu que eles precisavam parar para comprar suprimentos.

PERIGO PRÓXIMO

Suprimentos? Aquilo soava dúbio. A última coisa que Nelson queria era ficar parado na rua enquanto os afegãos entravam numa loja e talvez nunca mais voltassem.

Os afegãos apearam, caminharam até uma loja e entraram. Nelson podia ouvi-los falando animadamente com um comerciante que ele não conseguia ver.

Os moradores se aproximaram das pernas dos cavalos, olhando para Nelson e os homens.

— Fiquem firmes e sorriam — disse ele aos seus homens. Ele sabia uma ou outra frase que aprendera em algumas páginas de um material xerocado que estudara na K2.

Nelson pôs a mão sobre o peito e disse:

— *Salaam alaikum!*

Os moradores olharam para ele, sorriram e disseram o mesmo.

— *Chedor hastee?* — perguntou Nelson. Como vai você?

— *Namse-chase?* — disse ele. Qual é o seu nome?

Ele continuou prestando atenção na multidão e na porta da frente da loja. Mais adiante, no lado esquerdo da rua, havia um posto avançado, uma espécie de guarita, erguida sobre um dos telhados. Ele ficou olhando para aquilo também. Ainda nenhum sinal de Dostum.

Ele já esgotara suas frases — dizendo aos moradores seu nome (não seu nome verdadeiro), perguntando se eles gostavam de doces e dizendo que estava bem, obrigado — quando os afegãos saíram da loja carregando nos ombros sacos de ração para cavalo e trazendo ainda mais água, em galões plásticos de pouco menos de 20 litros. *Devemos estar nos preparando para ficar longe por muito tempo, se precisamos de tanta água*, pensou Nelson.

Os afegãos puseram as compras sobre as mulas, que ficaram com os joelhos travados sob o peso, tremendo. Uma das mulas não ficava quieta, e os afegãos bateram no animal com um chicote de couro encaixado em um punho de latão enfeitado. Nelson queria dizer alguma coisa sobre espancar o animal — e percebeu que os homens da equipe se sentiam da mesma maneira. Mas não o fez. Seu trabalho era estar e não estar ali.

— Vocês estão prontos? — gritou ele para os afegãos, em russo.

Eles o ignoraram, mas a pergunta aparentemente foi registrada, porque eles montaram em seus cavalos, conduziram-nos para o meio da rua e partiram.

Nelson se aproximou deles e apontou para uma rua lateral entre duas casas de barro baixas. Lonas azuis e verdes repousavam sobre galhos de árvore na extremidade da rua. Uma mulher de burca azul segurava uma criança. Mendigos, mãe e filho. O pai fora provavelmente morto pelos talibãs, ou rebocado para lutar com eles. Foi como passar por dois relógios de sol. Um silêncio sem fim.

Nelson seguiu em frente e entrou na rua entre as duas casas. Queria sair da rua principal, passar pelas ruas de trás e encontrar o caminho de Dostum. Saíram na outra extremidade da cidade. Diante deles havia mais campo aberto. Ao longo das paredes do vale, pedras pretas empilhadas de maneira desordenada.

Nelson freou seu cavalo. Os outros cavaleiros pararam.

— Onde está o general? — perguntou Nelson.

Os afegãos apontaram para o campo aberto e depois para as montanhas à esquerda, do outro lado do rio. Seriam mais quatro horas a cavalo, disseram. Nelson olhou para cima. Era mais ou menos meio-dia. Eles tinham talvez seis horas de luz matinal.

Nelson percebeu que tinha que admirar o que Dostum havia feito: conduzira a ele e a sua equipe pela cidade, numa demonstração de força contra o Talibã. Nelson supôs que a mensagem pretendida era: *Aqui estão os americanos. E eles não estão com medo de vocês. E estão comigo.* O fato de que eles não haviam sido mortos era um bônus para Dostum.

Eles se puseram a caminho no campo aberto. Com sua mochila pequena estufada e seu colete à prova de balas recheado de pentes de munição e granadas, e se projetando sobre sua barriga, Diller tinha dificuldades de se mexer. Já podia imaginar a formação de feridas causadas pelo contato com a sela. À sua maneira habitual, ele resolveu ignorar o desconforto.

PERIGO PRÓXIMO

Eles cruzaram o frio Darya Suf, os cavalos mergulhando e depois saindo do outro lado molhados até o peito, e os homens com as calças escurecidas até os joelhos. Os americanos chacoalharam e resmungaram sobre as selas. Diller podia sentir que começava a sangrar. Eles passaram por uma planície dura como cerâmica, cruzaram outro trecho do rio e começaram a subir uma montanha. Ou parte dela — um ombro encurvado de 1.800 metros de altura que se elevava sobre a margem estreita do rio.

Eles chegaram a uma trilha cavada na pedra e começaram a subir. Os cavalos abaixaram a cabeça e não a levantaram. Seguiram em frente por 15 minutos, cruzando a montanha sobre a trilha. E então, ao fim da trilha, chegaram a um pequeno beco sem saída, onde o cavalo teve que transpor o obstáculo com seus passos, virando, levando adiante o cavaleiro e vencendo a montanha. Subindo cada vez mais. De um lado, à direita de Bill Bennett, estava a parede íngreme da montanha, pratos de pedra em cascata congelados em seus lugares. À esquerda, uma queda de 300 metros. Ele estendeu a mão esquerda para fora e lá embaixo estava a imensidão do vale, o rio serpenteando como um barbante verde. A trilha tinha um metro de largura. *Diabos, como esse cavalo sabe andar sem sair do caminho?* O animal seguia passo a passo, os ossos da canela conduzindo-o como pequenas estacas sobre o chão. *Ram. Ram. Ram.*

Eles venceram o último trecho da encosta, e os cavalos se retesavam sob eles ao pisarem no chão plano.

Nelson olhou ao redor e contemplou uma paisagem que se estendia até onde a vista alcançava, dos dois lados. Quilômetros de encostas tingidas de vermelho. O ar estava cheio de uma poeira ocre trazida em turbilhão pelos ventos que percorriam quilômetros de distância, subindo. A poeira que agora grudava nele viera de muito longe, imaginou Nelson. Ele olhou para os rostos maltratados dos homens. Eles pareciam monumentos sobre as selas, duros e sedentos, mal se mexendo.

Dostum ainda não estava em lugar algum à vista.

De Cabul, John Walker Lindh voou de helicóptero para Konduz. Um antigo entreposto comercial. Miserável. Pelas ruas, meninos de lábios finos feridos seguravam bandejas de prata com incensos acesos. A fumaça deveria manter afastados os *djinn*, espíritos do mal que roubam a alma dos homens. Nos parques, os dementes. Homens balbuciando. Desmiolados e sem hospitais para abrigá-los, vagando livremente com suas túnicas manchadas de excrementos. Homens que as pessoas achavam que estavam falando verdades, a sagacidade dos xamãs. Videntes. Nos parques, gritando sob o sol do meio-dia enquanto outros cuidavam de seus trabalhos perto deles.

Em Konduz, Lindh tomou um ônibus. A estrada de chão para o norte seguia cheia de curvas e ondulações sobre a planície, como se tivesse sido construída num delírio. Houve um tempo em que a estrada era reta. Então, vieram a guerra e as minas terrestres. Carros, caminhões e tanques desviavam das minas ou da ameaça de presença de minas, e assim a estrada foi mudando de direção como um rio que se desvia dos obstáculos. Aquele caminho o levava para a desolada vila de Chichkeh.

A vila — ou o que restava dela depois do cerco dos talibãs — ficava ao longo do rio Amu Darya. Ele saltou do ônibus usando uma *shalwar kameez* frouxa e seu solidéu de algodão, com uma barba preta e curta em seu rosto flácido. *O que devo fazer? Você vai andar até aquele morro e se sentar. Aqui está o fuzil. Uma granada.* Lindh caminhou pesadamente para o morro.

Diante dele, as escarpas recortadas das montanhas do Tadjiquistão do outro lado do rio, elevando-se a 3 mil metros. Neve nos vales. Sol forte. O chão arenoso sob suas palmas macias quando ele se sentou em sua trincheira. E esperou.

Esperou pela invasão das hordas. Os infiéis. Os homens de Dostum. Eles viriam do norte. Inimigos do Afeganistão. Inimigos do Islã. Beberrões, fornicadores. Não há outra divindade a não ser Deus, e Alá é o seu nome.

Era 6 de setembro de 2001.

Assim falou a voz de Deus.

Nelson se sentou sobre seu cavalo e viu que lá embaixo do morro havia três trincheiras. Em frente às trincheiras, voltada para o norte, haviam amontoado terra para formar barreiras de proteção. As trincheiras tinham

PERIGO PRÓXIMO

aproximadamente 9 metros de comprimento e 1,5 metro de profundidade. Um homem podia ficar em pé ali coberto até a cintura. Podia inclinar-se para fora sobre a barreira, pôr o fuzil sobre a terra amontoada e atirar. Nelson notou que eram posições de combate bem-feitas.

No alto do morro, ele descobriu três cavernas. Dostum surgiu de uma delas, a maior. Ele andou em sua direção e, estendendo os braços, disse:

— Bem-vindo ao centro de comando nas montanhas!

Por trás do topo do morro, o restante da equipe descia de seus cavalos. Os homens escorregaram de suas selas e permaneceram onde estavam, imóveis, como que congelados. Muitos deles descobriram que não conseguiam andar, e alguns se curvavam, como que para conseguir respirar. Todos, exceto Nelson. A cavalgada o revigorara. Diller podia sentir o sangue escorrendo sob o traseiro de sua calça. A sela raspara sua pele, removendo-a. Nelson fez alguns comentários bem-humorados sobre quem parecia engraçado agora, e os homens o ignoraram. Puseram as mãos nas costas e tentaram ficar eretos. Quando conseguiram, reprimiram gemidos para não levantar suspeitas entre os afegãos de que não eram bons cavaleiros. A artimanha, é claro, fracassou miseravelmente. Diller viu que alguns dos homens de Dostum estavam rindo deles. Diller deu uma olhada em seu cavalo e prontamente o chamou de "Dumb Ass" ("Burro", "Idiota").

— Bem, Dumb Ass — disse ele. — Vou até ali retirar minha mochila das mulas e quando eu voltar espero que você esteja morto.

Ele caminhou com dificuldade para ajudar os afegãos a descarregar os animais exaustos. Cada mula transportara cerca de 140 quilos, talvez mais, quando a carga habitual era de 45 quilos. *Eu não gostaria de ser uma mula no Afeganistão*, pensou Diller. *Eu também não gostaria de ser afegão.*

Sob a orientação dos homens de Dostum, ele e sua equipe carregaram suas mochilas pelo morro até uma caverna vizinha à do senhor da guerra. Assim como na caverna de Dostum, a abertura ficava na lateral da montanha. O paredão de pedra se elevava por mais centenas de metros, formando um promontório. Diller achou que não seria inteligente montar acampamento embaixo de uma pedra tão alta, até que viu o rosto de um afegão armado espiando sobre a extremidade e depois olhando para baixo, para ele. Ele levou a mochila para dentro e a deixou sobre o chão da caverna. As acomodações eram melhores do que ele esperava. A caverna tinha um cheiro curioso, parecido com o de peles de animais amontoadas numa lavanderia. Quente. Úmida. Ele podia ficar de pé no meio da caverna com mais ou menos um metro de espaço sobre sua cabeça. De parede a parede, havia cerca de oito metros. Ele olhou as paredes mais de perto. Estavam cobertas de uma substância estranha. Diller estendeu a mão e tocou a superfície dura e peluda.

O pelo era, na verdade, esterco de cavalo, talvez de mula também, imaginou. Um isolante. A cobertura de merda era seca como torrada e descascava a um simples toque. Diller não podia entender como os afegãos haviam conseguido fixar aquele material ali e fazê-lo grudar. Mas achou uma maravilha da engenharia. Enquanto se movimentava, desfazendo sua bagagem, ele tentou não esbarrar novamente nas paredes.

Do lado de fora, Dostum e Nelson se sentaram de pernas cruzadas sobre um cobertor vermelho, olhando de cima o vale. Ao lado deles havia um poste alto de madeira com um fio de antena de rádio amarrado no alto. Dostum estava sentado perto do rádio e de uma pilha de baterias solares portáteis que podiam ser desmontadas e transportadas nas mulas. Nelson achou aquela instalação brilhante. Dostum estava comandando sua parte da insurgência com energia solar. Aquilo devia ser inédito.

Nelson calculou que eles estavam a cerca de 2.500 metros de altura e que os morros distantes do outro lado do vale estavam a mais de 15 quilômetros de distância. Os morros, como todos os morros, pareciam sem vegetação. Os talibãs não haviam conseguido tomar essas terras altas de Dostum enquanto este os combatia no sul, rio abaixo, em Dehi. Fora uma luta difícil. Devido a três anos de seca na região, grande parte da água potável de seus soldados teve que ser trazida de caminhão e transportada para a batalha em mulas. Os homens de Dostum chegaram a fazer uma barragem no Darya Suf para criar uma piscina onde seus cavalos podiam beber água.

À noite, Dostum reunia seus guerreiros em torno de uma lanterna e, desenrolando seu mapa, planejava o ataque do dia seguinte. Ele espalhou soldados por vários quilômetros, em grupos de dois ou três, para esperarem numa emboscada. Se fossem descobertos, o número pequeno em que estavam não denunciaria que havia mais quinhentos homens acampados por perto.

Depois de um dia de luta, ele e seus homens seguiam a cavalo por trilhas nas pedras, abriam passagem ao longo do rio e chegavam a uma clareira que era a base deles. Estavam seguros ali porque não havia estrada. Não havia como um tanque ou um Bimpy alcançá-los. Os talibãs teriam que ir a pé ou a cavalo, e ele sabia que eles não tinham cavalos. Um ataque da infantaria no vale seria um suicídio. Dostum podia estabelecer posições de tiro nas pedras e acertar nos inimigos enquanto estes estivessem marchando rio abaixo, com suas longas túnicas pretas balançando e suas armas engatilhadas. Mataria todos eles. Agora, Dostum usaria essa posição alta para bombardeá-los.

Ele desprezava sobretudo um comandante talibá alto e barbado chamado mulá Faisal, o homem que ocupava agora seu antigo centro de comando na fortaleza em Mazar. Faisal comandava a 18ª Unidade do Talibá, com cerca de 10 mil soldados. Era um homem temido, com um olhar perpetuamente contraído e um sorriso inescrutável.

O segundo maior comandante era o mulá Razzak, cujos 3 mil a 5 mil soldados da Quinta Unidade Talibá controlavam o Darya Suf e o adjacente vale Balkh, onde eles também combatiam os homens de Atta. No Balkh, Razzak contava com a ajuda do temido mulá Dadullah, que tinha uma perna só (ele a perdera combatendo os soviéticos e usava uma estaca de madeira como prótese). Esses três comandantes eram apoiados por várias dezenas de subcomandantes espalhados pelo país.

Dostum apontou para o vale e disse:

— Lá estão eles. Soldados talibãs.

— Eram os homens do mulá Razzak.

Nelson ergueu seu binóculo, girou o foco com o dedo indicador e se estabilizou para obter uma imagem clara. O binóculo era pesado, revestido de borracha e poderoso, mas ainda assim Nelson não conseguiu ver nenhum combatente inimigo a distância. Ele não queria admitir isso. Era como caçar veados ou capturar peixes. Parte de seu comportamento em campo significava o quanto você podia entender o jogo. Você olhava para o que normalmente não deveria estar lá.

Ele abaixou as lentes.

— Sinto muito, general, mas não vejo o que o senhor está olhando.

Dostum apontou para uma saliência em uma montanha distante. *Meu Deus, isso está a quilômetros de distância*, pensou Nelson. *Será que ele acha que podemos bombardear daqui?*

— Está bem, eu vejo — disse Nelson, pondo o ponto escuro em foco.

— Aquela é a posição talibã — disse Dostum. — Um dos bunkers deles. Eu sei, porque tenho lutado com eles. — Ele perguntou a Nelson: — Você consegue bombardear aquilo?

— Bem, senhor, como eu disse, podemos bombardear. Mas preciso chegar mais perto. Não posso mirar com precisão daqui.

— Não — disse Dostum. — Você não pode chegar mais perto. Não posso deixar que você seja morto. Quinhentos de meus homens podem ser mortos antes mesmo de um de vocês ser arranhado.

— Eu sei disso, entendo isso, mas o senhor tem que entender, eu não posso solicitar bombas a essa distância. Tenho que localizar o bunker num mapa e passar as coordenadas para o piloto.

Um assistente de Dostum, Chari, estava traduzindo. Nelson pensou se ele estava entendendo tudo corretamente.

Nelson não gostou de discutir com Dostum como faria seu trabalho. Queria perguntar por que ele os deixara para trás em Dehi. Mas algo o impediu. Uma sensação que teve. De que ele passara no teste chegando ao quartel-general na montanha e de que não fazia sentido perguntar o motivo do teste. Fazer isso poderia indicar que ele estava desconfortável por ter feito com êxito algo que desconhecia.

Ele achou que talvez a discussão sobre lançar bombas fosse outro teste. Os homens de Dostum se curvavam e reverenciavam cada movimento do general, e estava claro que ele era o manda-chuva naquelas bandas. Nelson podia ver como aquele arranjo funcionaria: Dostum ficaria no comando e Nelson o faria acreditar que isso era verdade.

— Está bem — disse ele — podemos lançar bombas. Vou cuidar disso.

Dostum sorriu. Aquilo o deixou feliz.

Na verdade, Dostum estava aliviado. Ele tinha suas dúvidas sobre a habilidade dos americanos. Nunca havia visto suas bombas. Diziam que elas voavam aonde você dizia a elas para irem. Sozinhas. Como pássaros de ferro. Essa tecnologia não existia na época de sua longa guerra com os soviéticos e, depois, com seus companheiros afegãos — se existisse, é claro que ele a teria usado. Ele esperava que os americanos o surpreendessem novamente, como haviam feito na noite anterior, quando aterrissaram tão habilmente na pequena pista de terra, em completa escuridão. Dostum achava incrível voar em helicópteros à noite, sem qualquer luz. Inacreditável.

Nelson perguntou:

— E você tem certeza de que aqueles são talibãs, certo?

Era uma responsabilidade sua não jogar nenhuma bomba sobre ninguém, a não ser que o alvo estivesse claramente definido como uma posição do inimigo. Essas eram as regras de combate de Nelson.

Do contrário, vários senhores da guerra poderiam usar os americanos e suas "bombas maravilhosas" para afastar facções rivais. Diabos, àquela distância Nelson não poderia estar exatamente certo do que estava olhando, mas estava determinado a descobrir. O fato de o bunker estar tão longe, ao norte, em território ocupado pelos talibãs, era uma indicação de que não pertencia nem a Mohaqeq nem ao general Atta, arquirrival de Dostum.

Mas Nelson queria mais.

— O senhor está certo de que são talibãs?

Frustrado, Dostum apanhou um rádio portátil, um walkie-talkie Motorola.

— Venha, venha, venha — disse ele rapidamente, em dari. — Aqui é o general Dostum.

O pequeno alto-falante deu sinal de vida. Dostum chamara os talibãs pelo rádio.

Nelson ouviu gritos e conversas que não soavam amistosos.

— Eu estou aqui com os americanos — disse Dostum, e eles vieram para matar vocês. O que você acha disso?

O rádio rugiu ainda mais alto, como se isso fosse possível. Dostum sorriu. — Viu? — disse ele a Nelson.

— Eles estão me ouvindo.

— Diga-me — disse Dostum, falando novamente pelo rádio —, qual é a sua posição?

Para Nelson, era inacreditável que Dostum fizesse aquela pergunta e parecesse tão certo de que teria uma resposta.

Nelson ouviu o talibã falar ainda mais rapidamente.

Dostum se virou para Nelson e explicou que sim, de fato, o bunker para o qual estavam olhando era dos talibãs. Não havia dúvida alguma.

E então Nelson se deu conta de que os talibãs não tinham a menor ideia do que estava por vir. Ele teve uma sensação de enjoo, euforia e medo. De que poderia pôr o carro na frente dos bois se ficasse excessivamente confiante na luta.

Os talibãs se achavam invulneráveis. Isso por si só era uma descoberta incrível. No momento, ele era possivelmente o único cara do planeta que compreendia isso. Assim como Dostum, os talibãs nunca tinham visto o que um GPS relativamente barato, montado dentro de uma bomba de 20 mil dólares, podia fazer. Os lugares para onde podia voar.

Ele percebeu que eles nunca haviam lutado uma guerra como aquela.

Dostum desligou o rádio dizendo: "Obrigado, isso é tudo."

Ele disse a Nelson que falava com os talibãs o tempo todo. Alguns de seus homens tinham irmãos e primos no exército talibã, disse ele, fosse por escolha ou por terem sido recrutados. E às vezes esses homens vinham até ele e perguntavam: "Senhor, será que poderíamos não atacar determinado lugar com muita força hoje?" "Por quê?", perguntava Dostum. "Porque meu irmão está lá. Ele é um bom homem. Não quero que seja morto." E se Dostum podia se permitir isso, se a posição podia ser considerada de importância menor, ele suspendia o ataque. Era assim que a guerra funcionava, disse Dostum. Tudo era possível. Evitar uma morte era uma negociação.

Ele contou que os talibás o haviam chamado pelo rádio Motorola depois dos atentados nos Estados Unidos.

— Os americanos virão — disseram a Dostum. — Para quem você vai lutar?

Dostum riu. Para ele, os talibás eram tolos, bobos e, além disso, tediosos. Não bebiam. Odiavam mulheres. Eram um pesadelo social.

Ele descreveu como, algumas semanas antes, chegara a se encontrar com alguns deles pessoalmente para discutir o futuro. Se ele temeu ser morto? Não realmente. Ele sabia que valia mais para eles vivo do que morto. Nele, eles tinham alguém conhecido para negociar: um homem que podia fazer acordos.

Se o matassem, quem poderia assumir o seu lugar? Talvez um homem como Usted Atta, que não teria piedade alguma numa conjuntura crítica, um homem tão inflexível quanto uma régua escolar.

— Você é um muçulmano — disseram os talibás, repreendendo-o. — Não trabalhe com os infiéis. — Eles explicaram que o próprio Osama bin Laden proclamara uma jihad contra os americanos.

Dostum se endireitou e olhou nos olhos do líder talibá. Disse a ele:

— A jihad de vocês é inútil. Não me venham com essa conversa de jihad. — Ele praticamente cuspiu as palavras.

E foi ficando mais irritado:

— Até os muçulmanos odeiam vocês. Vocês cometeram um crime contra a humanidade, isso é imperdoável.

Ele perguntou aos soldados talibás quantas mulheres eles haviam apedrejado.

— Centenas? Milhares? — gritou.

Queria que os talibás sentissem um pouco de vergonha. Mas pôde notar que eles não sentiam.

— Eis o que eu vou fazer — disse a eles. — Vou lhes dar um conselho de amigo. Arrumem suas coisas. Arrumem seus caminhões. Saiam do norte, saiam de Mazar-i-Sharif. Voltem para o lugar de onde vocês vieram. Não fiquem cara a cara comigo novamente. Não me importunem.

— É isso o que eu vou fazer por vocês — completou ele.

Dostum prosseguiu:

— Mas se vocês ficarem e lutarem, vou matá-los. Vou caçá-los e matá-los.

Os talibás ficaram confusos com a bravata de Dostum. Não sabiam o que pensar. Aquele homem não parecia temê-los nem um pouco.

O vento açoitava a poeira para o alto e morro abaixo, fazendo-a girar na direção do vale e desaparecer num estouro visual no ar. Nelson sabia que era algo temível o que estava prestes a fazer. Ele estava à beira da trincheira com as mãos na cintura, olhando para o vale e para as posições dos talibás mais além. Pulou dentro da trincheira e aterrissou na fenda estreita afundado até a cintura. Os talibás estavam do outro lado do rio. O rio seguia para o norte e para o sul, mas naquele lugar específico fazia uma curva para a esquerda, ou para o oeste, de modo que os talibás estavam, na verdade, no lado norte do rio. À frente, ele podia ver a vila de Beshcam, a cerca de cinco quilômetros, várias dezenas de casas de barro, nem uma pessoa. E, mais além, outra vila, um minúsculo lampejo marrom no horizonte na ótica de seu binóculo.

Ao ouvirem os tanques talibás se aproximando, os moradores daqueles lugares haviam se espalhado pelos morros, escondendo-se. Bem mais ao norte ficava Chapchal. Se Nelson conseguisse empurrar os talibás para o norte e chegar a Chapchal, eles poderiam tomar Baluch. Dali, os talibás teriam que voltar atrás pelo rio, até Shulgareh. Dessa maneira, eles poderiam conduzir os talibás para o norte, para Mazar-i-Sharif, 64 quilômetros rio acima.

Eles começariam por Beshcam.

Um dos homens de Dostum se aproximou e estendeu um cobertor na barreira da trincheira. Nelson se virou, disse *"Tashakur"* (obrigado) e se inclinou para a frente, com os cotovelos sobre o cobertor, ainda olhando o campo através do binóculo.

Ele expirou e esperou que a imagem se acomodasse e ficasse focada diante de seus olhos. Uma coleção de oito picapes surgiu na profundidade translúcida de seu binóculo, como se estivessem a apenas 400 metros de distância. Perto o bastante para ele ver as portas pretas amassadas. O reflexo dos para-brisas fazia-os parecer espelhos empoeirados. Toyotas Hilux. Na carroceria apertada de cada uma delas, dezenas de soldados talibás sentados na lateral, com seus joelhos cobertos por túnicas esbarrando uns nos outros, no meio. Fuzis sobre os ombros. Sua primeira visão clara deles. Nelson mexeu no disco do foco para tornar a imagem mais nítida. Os turbantes pretos pareciam asas de corvos.

— Vamos ter que chegar mais perto — disse ele, na esperança de que o homem mais velho cedesse.

Dostum interveio:

— Vamos bombardear daqui.

Nelson deu de ombros. Que assim seja. Ele tinha que fazer uma tentativa.

Enfiou a mão sob a parte da frente da camisa, retirou um GPS que estava pendurado no pescoço por um cordão e leu os números em pixel na janelinha cinza do aparelho. Eram as coordenadas de latitude e longitude que marcavam sua posição. Teve que proteger a janelinha com a mão para ler os números ao sol. Leu-os duas vezes para se assegurar de que não estava cometendo um erro.

Escreveu os números num bloco de anotações verde, de capa dura, que guardava num bolso grande na manga de sua camisa, e fez um círculo em torno deles, para separá-los dos outros números que escreveria. Não queria errar ao dá-los ao piloto, que poderia confundir sua posição com a do inimigo.

Nelson pediu a Dostum para desenrolar o mapa enorme, e o senhor da guerra o fez, ansioso.

— Estamos aqui — disse Nelson, apontando para o topo de uma montanha no papel, uma das milhares de linhas em relevo no mapa. Ele pegou sua mochila, apanhou o telêmetro, ergueu-o na altura dos olhos, como se fosse um telescópio de marinheiro, e registrou a distância das picapes. Leu os números na retícula do escopo e os marcou: os veículos estavam a oito quilômetros de distância.

Nelson olhou para o mapa e contou o número de quadrados da grade a partir do ponto onde ele estava, percorrendo com o dedo oito quadrados (cada um deles correspondia a um quilômetro) e encontrando a posição aproximada dos talibás no morro distante.

Ele pôs o telêmetro no chão, ao seu lado, e olhou a posição no vale a olho nu. Sol amarelo. Os morros distantes pareciam tosquiados por mordidas pequenas e incessantes. Os talibás estavam enterrados na encosta e seus caminhões estacionados abaixo do bunker, a cerca de 90 metros. Um pequeno caminho partia do morro e seguia até a boca do bunker. A entrada do abrigo era emoldurada por madeiras grossas, com um pedaço grande em cima, servindo de verga. Nelson estudou o cenário. Queria absorver sua imagem crua. Quando achou que tinha conseguido fazer isso, olhou o mapa e traduziu aquela imagem em linhas em relevo espalhadas pelo papel. Fez isso várias vezes, olhando alternadamente para o mapa e para o morro até achar que encontrara no papel a posição que correspondia às características da pedra e da vertente do vale. Agora ele tinha uma compreensão clara da posição dos talibás.

Anotou no bloco de papel as coordenadas da posição no mapa e escreveu ao lado "PC Inimigo" (Posto de Comando Inimigo). Esses eram os números que ele informaria pelo rádio ao B-52 lá em cima.

Olhou para cima, apertando os olhos. Lá estava ele, o jato, quilômetros acima. Mal podia ser visto. Parecia um pontinho prateado numa loura do brinquedo Traço Mágico riscando no céu uma grande forma oval de cerca de 30 quilômetros de comprimento por 15 de largura. Os pilotos chamavam aquilo de "pista de corrida" do avião. O avião estava lá esperando. Tudo o que Nelson precisava fazer era pegar o rádio e transmitir os números.

PERIGO PRÓXIMO

Ele esperava, por Deus, não estragar tudo.

O rádio por satélite era pesado e quadrado como o *receiver* de um aparelho de som doméstico. Funcionava com uma bateria verde do tamanho de uma embalagem de sorvete de dois litros. Do rádio saía um cabo que atravessava a terra e chegava até o dispositivo comprido, fino e preto que o oficial de comunicação Vern Michaels montara enquanto Nelson localizava a posição dos talibãs. Era a antena por satélite do rádio. Parecia uma árvore de Natal pequena e tostada. Michaels a montara sobre o chão, apontando cuidadosamente sua extremidade para o céu, na direção dos satélites do governo que circulavam lá em cima.

Nelson ajustou o microfone e se identificou como "Tiger 02", seu código de chamada. O piloto respondeu identificando-se como "Buick 82" e disse que estava autorizado a fazer o lançamento.

Nelson leu as coordenadas e o piloto as repetiu. Na cabine, o piloto alcançou o painel com sua mão enluvada e digitou os números.

Em seguida, apertou o botão para enviar.

As coordenadas circularam para trás no esqueleto de circuitos do avião e chegaram no compartimento de bombas, entrando na bomba e repousando no GPS, que tinha o tamanho aproximado de um livro, e ficava amarrado perto da cauda da bomba.

A bomba despertou. Estava armada.

O piloto anunciou: *"Pickle, pickle, pickle"* — o tradicional anúncio de que a bomba fora liberada. Apertou outro botão no painel e a bomba caiu da barriga do avião, começando a voar para o solo.

— Trinta segundos — disse o piloto pelo rádio.

Enquanto a bomba caía, o GPS monitorava sua posição e a comparava ao seu destino. Enquanto a bomba sacudia e zunia no vazio, o GPS enviava sinais às barbatanas de sua cauda, que se moviam ao vento e direcionavam o projétil.

— Vinte segundos — disse o piloto.

A bomba tinha 3,6 metros de comprimento e estava recheada com mais de 500 quilos de explosivos. Estreitava-se em seu nariz verde, formando uma ponta afiada, e podia voar 24 quilômetros do ponto de lançamento até o alvo. Era chamada de JDAM, abreviatura de *joint direct attack munition* (munição de ataque direto conjunto), mas era conhecida informalmente entre os americanos como "bomba inteligente", em oposição às "bombas burras", lançadas aos milhões sobre a Europa e o Japão durante a Segunda Guerra Mundial.

— Dez segundos — disse o piloto.

Nelson lembrou que várias semanas antes estava sentado em seu carro, no drive-in da Wendy's, em Fort Campbell, esperando seu lanche. *Ó Deus, não me deixe errar.*

Nada se mexia nos morros distantes. Nenhum dos homens na trincheira estava se mexendo. Eles estavam em silêncio. Olhavam para a posição dos talibãs.

E então: a nuvem de cogumelo.

Eles viram a explosão antes de ouvi-la, e então veio o *bum*.

Veio rolando morro acima e sobre eles, no cume, como um trem, e continuou seguindo, afastando-se por trás deles e se apagando.

A violência era apavorante. Assustadora. Nelson já solicitara ataques aéreos, mas nunca sobre pessoas. Sempre em treinamentos.

Ele examinou a posição talibã com o binóculo, ansioso para ver os danos causados.

Quando a fumaça se dissipou, viu que algo saíra errado. Examinou o morro novamente. A bomba não acertara o bunker. Errara por muito. Talvez por 1,5 quilômetro, talvez mais. Caíra entre eles e o alvo.

Ele imaginou se Dostum percebera o erro. Estava prestes a explicar o que acontecera quando notou que um dos assistentes mais confiáveis do general, um homem chamado Fakir, estava andando para cima e para baixo entre soldados afegãos e batendo a mão contra as deles, comemorando. Os homens estavam rindo. O próprio Dostum estava rindo.

Por enquanto, Nelson decidiu que guardaria consigo sua decepção.

Quando estava pensando nisso, a segunda bomba caiu.

A explosão foi ainda maior, e Nelson viu que ela também não alcançara o alvo.

PERIGO PRÓXIMO

Os talibás estavam saindo do bunker e olhando em volta — para o céu e para o deserto — sem saber ao certo de onde vinham aqueles barulhos enormes. Instantes depois, voltaram para dentro. Os homens de Dostum continuavam rindo.

Nelson estava certo de que calculara direito as coordenadas. Talvez a tripulação do B-52 as tivesse conectado errado... Ele pegou o rádio e disse ao piloto para corrigir pela elevação.

O piloto fez outro lançamento. A terceira bomba caiu mais perto. Nelson calculou que caíra a menos de 200 metros do bunker — à distância de dois campos de futebol. Ele teria que fazer muito melhor do que aquilo.

Ao som daquela explosão mais próxima, e com o ar ainda cheio de fumaça, os talibás saíram do bunker — talvez uma centena de homens ou mais. Saíram correndo, encurvados, com as armas engatilhadas, como se estivessem sob um ataque de infantaria.

Assim que viram a cratera fumegante, eles pararam. Se viram o B-52 no alto, não pareceram ligar sua presença ao surgimento repentino da cratera de três metros de profundidade a seus pés. Nelson se sentiu como se tivesse viajado no tempo. Ali estava ele sobre um cavalo carregado de equipamentos eletrônicos sofisticados e ordenando o lançamento de bombas de aviões vindos de Diego Garcia, a 4.500 quilômetros de distância, no oceano Índico. Como diriam os homens da equipe mais tarde, os Flintstones estavam encontrando os Jetsons.

Os talibás estavam perplexos à beira da cratera. E então alguns deles começaram a andar dentro do buraco fumegante, balançando a cabeça, como que para adivinhar sua origem. Nelson estava ficando mais enlouquecido a cada minuto. Ele poderia estar também em Marte, fazendo a guerra pelo telefone. Não sabiam sequer que ele estava ali.

Nelson decidiu reajustar os lançamentos. Antes que conseguisse falar com o piloto, porém, mais duas bombas explodiram. Caíram ainda mais longe do alvo, a mais de três quilômetros do bunker. Nelson gritou pelo rádio para que o piloto suspendesse o fogo.

Ele se virou para Dostum, pronto para se desculpar. Queria dizer: *Eu não sou assim, sou capaz de fazer mais*. Mas sabia que isso afetaria enormemente a relação deles e o faria parecer um homem em busca de aprovação. Alteraria um equilíbrio tácito em favor de Dostum.

Fakir viu a decepção no rosto de Nelson.

— Não se preocupe — disse.

— O que você quer dizer?

— Você fez explosões virem do céu. Os talibás estão com medo!

Dostum falava alegremente com o inimigo pelo rádio.

— Eu avisei a vocês que eu tinha os americanos aqui! Estão gostando agora?

Nelson viu uma oportunidade de falar: — Bem, posso fazer muito melhor que isso.

Dostum quis saber como.

— Ponha-me mais perto dos filhos da puta.

Dostum imaginou que escolha tinha. Sabia que ele próprio nada sabia sobre lançamento de bombas. Aquele jovem parecia falar sério. Ele gostava de sua agressividade. Era incansável, como ele.

Ele anunciou que o levaria até os talibás.

Naquela noite, antes de ir para a cama (eles alternavam a cada duas horas o serviço de guarda), Nelson olhou para o morro por trás dele, onde os afegãos estavam ao lado de seus cavalos, removendo as selas. Eles apanharam bolsas e retiraram delas o que pareciam ser pregos de ferro com pelo menos 60 centímetros de comprimento. E quando os ergueram à luz do poente, pareciam homens em miniatura segurando ferramentas de gigantes. Eles soltaram os pregos no chão com um baque, e depois se inclinaram e os apanharam com as duas mãos, colocando-os com a ponta voltada para o chão. Amarraram suas blusas na altura dos joelhos e levantaram um pé para bater com ele a cabeça cega dos pregos. Em seguida, testaram os pregos, tentando mexê-los para trás e para a frente.

PERIGO PRÓXIMO

Os afegãos apanharam longas correias de couro, amarraram uma das pontas nas rédeas e a outra na cabeça do prego. Os cavalos começaram a andar em círculo em torno desses novos centros enquanto os cavaleiros remexiam em seus parcos suprimentos, que, para Nelson, pareciam um monte de trapos coloridos contendo alguma comida — pão, nozes, carne-seca — e talvez uma blusa extra e um par de sapatos a mais. Eles se aproximaram novamente de seus cavalos, rasgaram bolsas de comida feitas de sacos de farinha enviados pela ONU e despejaram ali dentro punhados de aveia e milho. Em seguida, ergueram esses bornais na altura do focinho dos cavalos, enfiaram suas tiras nas orelhas deles e recuaram enquanto os cavalos mastigavam esfomeados, fazendo uma música surda e úmida dentro daquele tecido vaporoso.

Os cavaleiros caminharam até a fogueira e se sentaram no chão, comendo e observando as chamas. O ar estava frio. As estrelas surgiam no horizonte como se tivessem se libertado de um zoológico para formar um enxame na escuridão. Quando terminaram de comer, os cavaleiros se levantaram, sacudiram suas roupas para retirar as migalhas e andaram até os cavalos, conversando baixinho. Jogaram seus cobertores sobre o lombo dos animais, deram um tapinha em suas cabeças e disseram boa--noite. Subiram o morro até a caverna deles, entraram, e Nelson pôde ouvi-los falando alto enquanto se deitavam com o ombro junto ao queixo, descobertos na noite fria. Quando percebeu que eles tinham dado seus cobertores aos cavalos, Nelson achou que, se ele lutasse com a mesma abnegação, nenhum deles seria derrotado. E ele sobreviveria.

Na manhã seguinte, desmontaram o acampamento e desceram o morro a cavalo, com o sol forte nas costas e os cavalos se contorcendo sob eles pelo caminho. Então, o percurso ficou difícil, e o caminho cheio de pedras. Eles subiram alguns milhares de metros pela face da montanha e desceram novamente. Indo aonde mal havia sinal de um caminho. Onde nenhum caminhão ou tanque jamais havia estado.

Enquanto Dostum seguia, Nelson o ouvia falando no telefone celular com congressistas nos Estados Unidos e políticos no Paquistão e na Rússia.

Um dos homens com quem ele conversou era um bom companheiro, chamado general Habib Bullah, que naquele momento combatia o exército talibã. Na verdade, Habib tinha quarenta homens sob seu comando e estava enterrado numa trincheira em Chapchal, a vila que Dostum e Nelson tentavam agora tomar.

Ex-general do Exército afegão (o Exército antissoviético), Habib havia sido preso depois de o Talibã tomar o poder, em 1996. Sua família exortou para que o libertassem, prometendo que ele se juntaria ao exército talibã. Relutantemente, Habib concordou. O que mais poderia fazer? Ele oferecera suas habilidades de soldado em troca de sua liberdade.

Ele odiava os talibãs. Era um dos poucos aos quais Dostum dera seu telefone para se informar secretamente sobre o movimento dos talibãs. Mendicantes, fanáticos, desajustados, revolucionários, grande parte do exército talibã havia passado por tantas situações diferentes antes de ir parar no fundo de uma trincheira talibã que a procedência deles era uma lição de geopolítica do Oriente Médio.

Os motivos para estarem ali iam do absurdo ao sublime. Um soldado fugiu de seu Iraque natal para evitar constrangimentos, depois de ser acusado de ter um "pênis pequeno". Achou que se lutasse a jihad seria visto como homem por seus vizinhos. Estava terrivelmente decepcionado com o trabalho difícil que isso exigia. "Os talibãs são completamente pirados, estou falando sério", diria ele depois de ser capturado, no final de 2001. "Eles rezam umas vinte vezes por dia. Isso é difícil demais para mim."

Um soldado da China, um uigur, membro de uma minoria politicamente oprimida no país, achara fácil viajar para o Afeganistão. Não havia praticamente nenhuma regra de imigração. Ficou chocado quando os Estados Unidos começaram a bombardear, em outubro. Viera para o Afeganistão para escapar da opressão na China — achou que, se os americanos soubessem que ele estava ali, parariam. Eles não sabiam que o governo chinês pegava uma mulher grávida de uma menina e a abria, para jogar o bebê na rua? Ele se dizia um muçulmano "normal", um homem que queria viver em união e se livrar daqueles horrores homicidas.

Outro soldado viera do Reino Unido para um acampamento de treinamento militar chamado al-Farooq. "Sou muçulmano, e o Afeganistão é um Estado muçulmano. Eu faço parte desse lugar." Ele tivera problemas com a polícia e achou que se fosse para o Afeganistão poderia começar uma nova vida. Perto do fim de seu treinamento, quando soube que o acampamento fora criado em parte por Osama bin Laden, ele disse a si mesmo: "Vou concluí-lo de qualquer modo. Estou quase me formando." Temia que se não o concluísse as pessoas diriam que ele "não era um homem e não conseguia aguentar o treinamento".

Enquanto seguia a cavalo, Dostum também conversava com jornalistas de várias partes do mundo. Eles queriam saber se ele estava com soldados americanos.

— Não, é claro que não — mentiu. — Só estão aqui alguns trabalhadores de ajuda humanitária. Eles estão me ajudando a distribuir "chumbo" aos talibãs.

Chumbo?

— Sim, chumbo! O estoque está pequeno aqui. — A piada deixou os repórteres confusos ou perplexos. Dostum achou-a hilariante.

O posto avançado em Cobaki ficava a aproximadamente 3 quilômetros do quartel-general na montanha, mas, por causa das condições do terreno, eles cavalgaram pelo menos oito quilômetros por um labirinto cheio de zigue-zagues, becos sem saída e precipícios. Nelson tinha confiança de que Dostum os conduziria em segurança. Sabia que estava quebrando a regra número um: não confie em ninguém. Ele, Diller, Jones, Bennett, Coffers e Michaels mantinham as mãos perto de suas armas.

Enquanto seguiam, os americanos lutavam para lidar com seus cavalos. Às vezes, eram completamente cômicos. Em outro momento da campanha, mais tarde, o cavalo de Fred Fall — um garanhão irascível — saiu da trilha sem avisar, ignorando os zigue-zagues, e começou a descer a face da montanha. Depois, Fall se lembraria de que se inclinara para trás porque havia visto um ator fazendo a mesma coisa no filme *O homem de Snowy River* — e sobrevivendo àquilo.

A cabeça de Falls saltava para cima e para baixo sobre o traseiro do cavalo enquanto suas botas de trilha batiam nas orelhas do animal. Ele gritava com toda a força dos pulmões: "Eu não quero morrer!"

Chegando à base do morro, o cavalo avistou um barranco de mais de dois metros de extensão. Falls também o viu e puxou com força as rédeas. O cavalo saltou e voou morro abaixo, fazendo uma aterrissagem perfeita e galopando até a base. Falls puxou as rédeas e o cavalo começou a andar em círculos, como se Falls estivesse num carrossel, o animal andando cada vez mais rápido até finalmente diminuir o ritmo, parar e começar a pastar, mordiscando alguns talos de grama dispersos.

Falls se ajeitou sobre o cavalo, impressionado por ter sobrevivido. Percorrera uma distância tão grande e tão rapidamente naquele atalho que o general Dostum e Nelson levaram dez minutos para alcançá-lo.

Quando eles chegaram, Dostum se aproximou de Falls, fitando-o. Disse alguma coisa baixinho em dari ao passar por ele e seguiu adiante, sem parar.

— O que ele disse? — perguntou Falls ao tradutor.

— Ele disse: realmente, você é o melhor cavaleiro que eu já vi.

— Agradeça ao general — disse Falls.

Depois de quatro horas a cavalo, chegaram ao posto avançado, um lugar austero, exposto ao vento, a 4.800 metros de altitude.

A distância, no alto de um morro, havia cerca de quarenta casas de barro. As janelas abertas, escuras e vazias. Ninguém por perto. Nenhum animal. A vila parecia ter sido escavada da terra recentemente. Pelo binóculo, as extremidades das construções eram retas e afiadas, e as paredes, lisas. Telhados baixos. A poeira subia e coloria o ar de âmbar enquanto o vento forte da manhã rugia, vindo do fundo do vale. Nelson começou a trabalhar, preparando o ataque a bomba a Beshcam.

Os talibás haviam cavado uma trincheira num morro próximo à vila, que ficava a mais ou menos 3 quilômetros. Nelson viu uma coleção de picapes amarronzadas, que os talibás haviam camuflado dessa cor — ele saberia mais tarde — derramando gasolina sobre os veículos, acrescentando

PERIGO PRÓXIMO

pás de terra e misturando as duas coisas para formar uma pasta espessa. Água era um suprimento valioso.

Nelson enquadrou o campo e viu vários tanques talibãs — modelos russos chamados T-52 — estacionados atrás das trincheiras. Os tanques podiam disparar um projétil de 15 centímetros de cinco a sete vezes por minuto. Em terrenos acidentados, esses monstros de 45 toneladas podiam viajar a 56 quilômetros por hora; em estradas, chegavam a 80 quilômetros por hora. Seriam adversários terríveis para os homens que os atacariam a cavalo.

Nelson viu também vários Bimpies. Tinham a função de proteger a infantaria durante um ataque, armados com um canhão de 100mm, canhões de 30mm e três metralhadoras que se projetavam em sua frente de metal. Assim como os tanques, o alcance deles era longo: podiam lançar bombas de fragmentação a mais de 4 quilômetros de distância.

E havia vários ZSU-23 — chamados de "Zeus" pelos americanos, com quatro canhões de 23mm saindo de suas torres —, que normalmente eram usados como armas antiaéreas. Os talibãs haviam aprendido a posicioná-los no alto dos morros, de modo que os canos elevados eram dispostos horizontalmente em relação ao solo e podiam ser disparados a um ritmo demoníaco de 4 mil tiros por minuto, criando uma furiosa parede de chumbo no ar. Era através dessa parede que os homens e seus cavalos tentariam passar.

Nelson queria que os homens de Dostum atacassem imediatamente. Dostum tinha outras ideias. Sugeriu que eles esperassem a tarde chegar. O sol se poria às 18h, disse ele. Eles lançariam o ataque às 2h.

Nelson quis saber por quê.

— Porque só restarão quatro horas de luz do dia depois que partirmos para cima deles.

Nelson não entendeu.

— Isso significa que eles não terão tempo para se reagrupar e contra-atacar. — Os homens de Dostum os combateriam quando a noite caísse e usariam a escuridão para encobrir o fato de que estavam menos armados.

Nelson chamou pelo rádio sua primeira aeronave. Como estava a cerca de três quilômetros da posição talibã (na véspera, estava a pelo menos oito quilômetros), ele achou que poderia ser mais preciso na localização do alvo.

Quando a primeira bomba explodiu, ele teve certeza disso.

A bomba acertou em cheio. As picapes dos talibãs desapareceram numa nuvem de fumaça. O chão enegrecido ficou repleto de ferros retorcidos e partes de corpos. Ele preparou o segundo ataque. Dessa vez, eliminou vários Bimpies. Depois disso, foi a vez dos tanques. Ele estabelecia os alvos e os derrubava.

— Quantos homens você tem? — perguntou a Dostum.

Dostum disse que tinha três divisões lideradas pelos comandantes Ahmed Lal, Kamal e Ahmed Khan. Mil e quinhentos homens a cavalo e um número igual a pé.

— E os cavalos? — perguntou Nelson. — Como eles vão reagir quando as bombas começarem a cair?

— Eles não ficarão nervosos — disse Dostum.

— Por quê?

— Porque vão saber que são bombas americanas.

Nelson ficou refletindo sobre isso. Dostum parecia sério. E, então, o senhor da guerra abriu um sorriso irônico e deu um tapinha em suas costas.

Naquela manhã, ele enviara os primeiros homens — trezentos deles — pela trilha do penhasco até o topo da garganta, sobre o lado norte do rio.

Os cavaleiros haviam chegado ao topo, virado à direita e seguido por um canal ou vale escondidos dos talibãs por um morro alto. Conseguiram se posicionar secretamente perto do meio da planície. Os talibãs sabiam que os homens de Dostum haviam partido para o campo de batalha, mas não sabiam sua localização.

Pelo binóculo, Nelson olhou para o leste, para o vale, e viu os homens a cavalo, todos ele carregando armas — fuzis AK, tubos de lança-granadas e cintilantes correias de munição acomodadas sobre o ombro. Eles andavam pela planície, seus cavalos mantidos ali perto, mastigando mato vorazmente. Nelson se lembrou de 15 anos antes, quando fora nomeado oficial numa cerimônia no campo de batalha da Guerra Civil de Shiloh, no Tennessee. Estudara as táticas de cavalaria de Jeb Stuart e John Mosby, cujos "Invasores de Mosby" haviam cavalgado em círculos em torno das tropas da União, em ataques-relâmpago. Agora, ele estava sentado diante do palco da primeira missão de cavalaria do século XXI.

Dostum estava gritando em uzbeque. No rádio, chiavam vozes ansiosas. Metade dos homens havia montado em seus cavalos e formado uma linha de 400 metros na parte de trás do morro. Ainda estavam escondidos dos talibás. Demorou pelo menos meia hora para que todos os cavaleiros se alinhassem direito, cerca de 150 deles. Montaram em seus cavalos e levavam à boca suas mãos calejadas e marcadas por cicatrizes, falando em seus walkie-talkies. Mais homens se juntaram à linha e foram solicitados a se afastar e esperar atrás do morro encoberto para formar uma segunda onda. Aquilo era eletrizante.

— Atacar! — gritou Dostum pelo rádio.

Diante disso, os homens partiram. Dispararam sobre suas selas, subiram a parte de trás do morro, chegaram ao topo, soltaram um grito e em seguida desceram e sumiram, pelo menos da vista dos soldados talibás. Nelson pôde assistir a isso tudo pelo lado, de perfil. Dostum estava ao seu lado resmungando nervosamente, falando pelo rádio e ordenando novas correções na massa voadora de cavalos trovejantes e homens aos gritos.

Havia mais ou menos 1.600 metros de terreno entre eles e a linha talibá — uma tremenda distância para percorrer sem levar um tiro, pensou Nelson. Quando ele olhou para a planície, o que viu foi uma série de sete pequenos morros, com 15 a 30 metros de altura, e aproximadamente 200 metros de terreno plano separando a maioria deles — água calma entre ondas altas. Enquanto cavalgavam, os homens continuavam subindo e descendo os morros, aparecendo e desaparecendo. Quando chegaram mais ou menos à metade do campo, os talibás abriram fogo.

O barulho foi ensurdecedor. Bombas e balas zuniam sobre o chão na altura da cabeça. Homens corriam sobre as selas e de repente voavam para trás, como se fossem puxados, caindo no chão e ficando inertes enquanto mais cavalos se aproximavam por trás e saltavam sobre eles, avançando para a linha de fogo. Às vezes, um homem ferido se levantava e se afastava mancando ou erguia uma das mãos e se atirava para a sela de um combatente que passava a pleno galope. Os homens se inclinavam sobre os pescoços esticados dos cavalos, disparando enquanto galopavam, as rédeas longas e escuras presas entre os dentes.

Os quatro últimos morros se estendiam por cerca de 800 metros do campo de batalha. Havia talvez 300 metros de terreno aberto entre alguns deles. Pretos e bojudos, os tanques talibãs expeliam rolos de fumaça sobre o último morro.

Nelson podia ver os talibãs subindo e descendo os canos dos tanques, tentando ajustar o fogo. Isso era difícil, e muitas vezes impossível, já que os cavaleiros avançavam como um enxame sobre eles. Estavam se movendo rapidamente e formando uma massa cada vez maior, do ponto de vista dos talibãs, enquanto se aproximavam.

Quando chegaram ao penúltimo morro, os cavaleiros pararam e saltaram de seus cavalos. Jogaram as rédeas no chão, pisaram em cima delas, ergueram seus fuzis e começaram a atirar metodicamente contra a linha talibã. Alguns estavam assustados e atiraram contra a linha de modo totalmente automático. Outros puseram lança-granadas nos ombros e dispararam. Trilhas de fumaça assoviavam pelo campo aberto enquanto granadas voavam e explodiam entre os talibãs.

Enquanto eles faziam isso, a segunda onda de cavaleiros avançou sob a cobertura de fogo. Vieram por trás, cavalgando velozes, passaram pelos homens no chão e continuaram gritando e galopando diretamente para a linha talibã. Os combatentes que estavam de pé se inclinaram para trás em suas selas e bateram em seus cavalos para alcançá-los. As duas ondas formaram uma só linha quando se aproximavam, ficando à distância de um grito dos talibãs.

Perto de Dostum, Fakir ouvia seu rádio, sintonizado na frequência dos talibãs. Podia ouvi-los gritando: "Não podemos resistir! Temos que nos mover!"

PERIGO PRÓXIMO

Enquanto os cavaleiros avançavam, muitos talibás se levantaram, olharam para trás, depois para os cavaleiros, jogaram suas armas no chão e começaram a correr, suas túnicas pretas esvoaçando. Os homens escorregavam nas pedras com seus sapatos velhos. Caíam e se levantavam rapidamente enquanto os cavaleiros urravam atrás deles.

Os cavaleiros se inclinavam sobre as selas para alcançá-los e espancá-los com seus fuzis, e desciam dos cavalos para matá-los com suas facas. Ou atiravam contra as costas dos talibás, que jogavam os braços para o alto, os turbantes se desenrolando enquanto caíam de cara na terra dura e alaranjada.

A luta se intensificou enquanto o dia morria e a lua aparecia. Pouco antes de escurecer, Nelson localizou um Bimpy e um tanque ainda intactos. Haviam sido arrastados para a extremidade do morro, onde ficaram escondidos, de reserva. Agora, causavam grande impacto, suas torres de tiro varrendo o campo, disparando em intervalos regulares. Nelson e Dostum tentavam falar aos comandantes em campo para atacar os veículos. Ou os comandantes não conseguiam ouvir a transmissão do rádio em meio ao barulho dos tiros ou as coisas estavam caóticas demais para eles organizarem um ataque, porque eles não respondiam.

Nesse meio-tempo, Nelson conseguiu falar com um piloto sobre os dois alvos.

Um dos comandantes de Dostum, Ali Sarwar, observava Nelson trabalhando, fascinado com os ataques a bomba. Ele via Nelson falando no rádio e em seguida anotando números num bloco de papel. Lá no alto havia jatos circulando. Eles jogavam bombas depois de anotarem os números. A impressão de Ali era de que a extremidade da parte de trás do avião grande se abria e quatro jatos menores saíam e começavam a voar e bombardear os talibás.

Fakir também estava confuso com o que via. Lembrando-se dos ataques de várias semanas antes nos Estados Unidos, e da maneira como aqueles aviões haviam sido lançados contra os edifícios, ele imaginava se o avião grande estava sendo sequestrado.

Pelo rádio, ele disse ao general Dostum: "Senhor, estou vendo algo de que não estou gostando. Aviões menores estão perseguindo um avião grande. O que está acontecendo?" Dostum também não estava muito certo sobre como funcionavam os reabastecimentos aéreos. Não parecia provável que houvesse algo errado, mas ele abordou Nelson:

— Fakir está vendo aviões pequenos perseguindo um avião grande. Há algum problema?

— Os aviões pequenos que você está vendo são jatos — disse Nelson — e eles estão sendo reabastecidos pelo avião maior, que é um avião-tanque. Está tudo bem. — Ele ficou surpreso com a ingenuidade da pergunta.

Agora, quando parecia pronto para derrubar o tanque e o Bimpy, o piloto disse a Nelson pelo rádio: — Cara, sinto muito, eu estou *bingo*.

— *Bingo?* Você está brincando.

O piloto chegara àquele ponto de consumo de combustível em que tinha no tanque apenas o suficiente para voltar à base.

— Mas estamos perto. Você tem que lançar, cara, eu lhe imploro.

— Senhor, estou fora. *Bingo.*

E o bombardeiro se afastou dos outros jatos, seguindo de volta à base. Chegaria pouco antes do amanhecer a Diego Garcia, no oceano Índico.

Nelson estava furioso. Apreensivo, ele viu os homens de Dostum se virarem e, olhando por cima de seus ombros para o Bimpy e o tanque que avançavam, curvarem-se sobre a sela, chutarem seus cavalos e baterem neles com o chicote para fazê-los ir mais rápido, abandonando a linha inimiga que haviam invadido e capturado.

Eles voltaram pela planície em meio a corpos e partes deles. Havia cabeças eretas sobre o chão, como se os homens tivessem sido enterrados até o pescoço. Rostos serenos e impassíveis, enquanto os cascos dos cavalos passavam por eles, a centímetros de distância. Os olhos mortos se destacavam ao brilho repentino do poente.

Mas Nelson percebeu: *Podemos vencer.* Ele teve uma ideia: *Se podemos coordenar o apoio aéreo, podemos derrotar esses caras e destruir os blindados que trazem da reserva depois de acabarmos com eles.*

Ele sabia que o tanque e o Bimpy não estavam na linha talibã quando o ataque começou. Haviam sido trazidos do oeste para o campo de batalha. Foi quando ele percebeu outra coisa: *Tenho que dividir a equipe novamente.*

Tenho que mandar alguém para o norte, para que possa explodir os tanques antes que eles cheguem a nós. Ele enviaria um homem por trás das linhas talibãs, alguém que pudesse localizar os tanques e tivesse capacidade para pedir bombardeios com precisão. Esse homem era Sam Diller.

Ele pegou o rádio e chamou Spencer no Álamo.

— Venha para cá — disse. — Estou mandando Diller para fora da área.

Nelson e Dostum voltaram a cavalo para o posto avançado em Cobaki. Homens se arrastavam para o acampamento, ensanguentados e exaustos. Os que estavam muito feridos, necessitando de cuidados médicos, eram carregados para debaixo do penhasco, enrolados em cobertores que serviam de macas provisórias. Havia um fluxo permanente deles descendo a trilha à noite, gritando e gemendo, acompanhados pelo chacoalhar dos equipamentos dos homens e de vez em quando pelo ronco de um cavalo que seguia atrás deles, no escuro.

Na base da trilha, os carregadores de macas viraram à esquerda, ou ao sul, e tomaram o caminho do rio, seguindo o curso deste, o ruído da água encobrindo seus movimentos. Tinham um longo caminho pela frente, vários quilômetros até chegarem aos portões do Álamo, onde entrariam às pressas, depositando no pátio as macas e os cobertores a essa altura ensopados de sangue.

No posto avançado de Cobaki, Dostum disse a Nelson que queria enviar seus homens pela garganta novamente, no dia seguinte. Ele percebeu que podia usar os bombardeiros como um novo tipo de fogo de artilharia. Eles teriam que programar os ataques a bomba perfeitamente, de maneira que os cavaleiros começassem a atacar logo depois de as bombas caírem.

Dostum disse também que tomara uma decisão:

— Quero que você venha comigo — disse a Nelson. — Amanhã — disse ele — iremos para o campo de batalha juntos.

Enquanto Nelson fazia a guerra contra os talibãs, Pat Essex e Cal Spencer cuidavam da logística no Álamo. Era um trabalho tedioso, embora nenhum dos dois admitisse isso. Mas, para Nelson e Dostum, a logística não era menos importante do que estar com eles na linha de frente.

Essex bombeava a água a ser enviada ao campo, usando uma bomba manual e enchendo latas de quase 20 litros. Ele bombeava durante trinta minutos e então outra pessoa assumia o posto.

Scott Black, o médico, estava ocupado tratando das enfermidades dos moradores de Dehi, enquanto Spencer resgatava os suprimentos que eram lançados de aviões. As visitas de Black a Dehi eram um simples — e talvez óbvio — subterfúgio. Enquanto examinava os dentes das crianças locais e ouvia com o estetoscópio as batidas do coração de seus pais, ele fazia perguntas: "Existe alguém da al-Qaeda na área? Talibãs? Quem são os homens bons e os maus?"

Black e Spencer notaram que os nativos pareciam gostar sinceramente deles. Os americanos faziam tentativas educadas de falar a língua local, o que os agradava. A equipe se esforçava para não olhar cada vez que uma mulher passava, embora ela pudesse estar usando uma burca, o rosto balançando, escondido sob um pedaço de gaze treliçada. Eles estavam tentando se tornar "o outro" sem se tornarem nativos. A verdade é que as pessoas na vila viam os talibãs como invasores, embora muitos deles fossem cidadãos afegãos. Black fazia parte de uma insurgência que tentava derrubar os talibãs.

Para Nelson e Dostum, apanhar os suprimentos jogados do céu provava ser algo mais complicado. Os primeiros lançamentos haviam sido feitos de aviões a 6 mil metros de altitude, e Spencer gritou e berrou em seus e-mails ao quartel-general que não era possível lançar suprimentos daquela altura. Mas os pilotos continuavam dizendo: "Ouvimos dizer que há SAM [*surface-to-air-missiles* — mísseis terra-ar] em solo, portanto esta é a nossa altura mínima: seis mil metros." Os pacotes caíam assoviando e atingiam o solo com um barulho terrível, quando havia alguém por perto para ouvir — frequentemente, erravam a marca por uma distância de 800 metros. Spencer temia que um deles caísse sobre uma casa. Imaginava que esmagaria as modestas estruturas de barro.

PERIGO PRÓXIMO

Ele e Essex chegavam às áreas de lançamento na hora marcada, geralmente para ver os pacotes errarem o local ou explodirem no impacto. Seguia-se então uma correria louca — às vezes em campos minados — para recolher recipientes de água, caixas de MRE [*meals ready to eat* — refeições prontas para comer] e outros artigos espalhados pela área antes que os nativos chegassem. Os nativos atiravam uns nos outros com seus fuzis AK enquanto rasgavam as caixas, fugindo com arroz, MRE, ração de cavalo e ataduras. Levavam até os caixotes de alumínio e os usavam como telhado para suas casas.

Os pilotos haviam finalmente concordado em lançar os pacotes a pouco menos de 250 metros de altura, depois de ficar claro que a ameaça dos SAM era mínima. Como era de se esperar, a precisão dos lançamentos melhorou quando os aviões começaram a se aproximar mais. É claro que os pacotes chutados pela porta àquela altura demoravam menos tempo para chegar ao solo, o que tornou ainda mais louca a correria de Spencer e Essex para apanhar tudo antes que os nativos chegassem. O que eles perdiam tinham que comprar de volta no mercado negro. Sacos de dormir saíam por 10 dólares, e fogareiros, por 15.

Spencer e Essex tinham vontade de estrangular os caras da Força Aérea que montavam os pacotes na Turquia. Não havia ordem nem lógica na maneira como eles empacotavam as coisas. As caixas não eram marcadas, ou eram mal marcadas. De vez em quando, itens completamente diferentes eram misturados na mesma embalagem — uma peça de equipamento podia estar embrulhada dentro de uma caixa cheia de MRE. Spencer e Essex quase deram uma dessas caixas aos nativos. Continha cabos de computador.

Certa vez, numa entrega aérea perto do rio Amu Darya, Spencer correu para o local onde o pacote havia caído, viu o que pareciam ser galões cheios de gasolina e disse para si mesmo: "Isso seria bom. Isso é algo que poderíamos usar. E poderíamos dar um pouco aos nativos. Com certeza eles precisam de gasolina."

Um afegão desatarraxou um dos galões e o cheirou, com um olhar embasbacado no rosto. Ele cheirou novamente e disse: "Água?"

Ele olhou para Spencer e em seguida fez um gesto mostrando o rio. "Você quer água? Temos o rio!"

Spencer deu as costas, pensando: "*Não. Não consigo explicar isso.*"

Às vezes, os pacotes atingiam o solo e desapareciam como num passe de mágica. Sem deixar rastro. Certa vez, Spencer e sua equipe não conseguiam achar um pacote contendo correspondência vinda de casa. Eles saíram batendo às portas e perguntando se alguém estava com as cartas dos americanos. Ofereceram dólares — dólares americanos — e continuaram indo de porta em porta. Esbarraram num afegão que conduzia uma carroça de burro num caminho esburacado. Ele usava um macacão completo para guerra química, com máscara antigás e capuz. Levava também um caixote de equipamentos preto com o número da equipe de Spencer — "ODA 595" — pintado na parte de trás. O caixote continha doze conjuntos de roupas camufladas para a equipe. Eles nunca encontraram as cartas.

Enquanto Nelson e Dostum circulavam pelas montanhas, Essex passava as manhãs em torno do fogo, aquecendo água para o chá e mastigando *nan* (tipo de pão árabe) quente e fresco, um dos poucos confortos da equipe enquanto ela se adaptava às duras condições. Assim como acontecia com os soldados da Aliança do Norte, suas barbas cresciam grossas e feias e seus cabelos ficavam fibrosos. Eles os penteavam com pentes de bolso pretos baratos e escovavam os dentes com os dedos. Ben Milo, o especialista em bombas da equipe A, trouxera três sabonetes dentro de uma meia de ginástica velha para toda a missão, e os partia em pedacinhos mínimos. Ele tomava o que chamava de banhos "de puta", lavando as axilas e as partes íntimas. Todos os homens começavam a feder.

Uma vida rústica, sim, mas eles haviam sido treinados para isso. Os homens usavam um banheiro improvisado no pátio, mas, como a porta havia sido destruída pelo vento, costumavam também defecar ao ar livre. Mas não os afegãos. Eles cagavam em qualquer lugar, onde quer que sentissem vontade. Suas blusas na altura dos joelhos permitiam que se

PERIGO PRÓXIMO

agachassem à vontade para evacuar. Essex não comentava os hábitos dos afegãos. Como soldado de guerrilha, aprendera a deixar as coisas serem como eram. Ele não estava ali para mudar o modo como as pessoas faziam suas necessidades.

A cada hora, Dostum enviava mensageiros, cavaleiros que galopavam pelo pátio de terra para informar a todos o que estava acontecendo. Essex estava tendo problemas para conseguir que os suprimentos chegassem a Nelson. Precisava de cavalos para transportar os mantimentos.

Normalmente, um animal saudável custava 300 dólares, mas, quando Essex tentou barganhar de todas as maneiras em Dehi, descobriu que o preço chegara a 1.000. Ainda assim, imaginou Essex, que escolha ele tinha? Seus homens tinham que receber seus remédios e suas balas. Ele calculou que compraria vinte cavalos para a equipe montar e para transportar suprimentos. Mas logo não havia nenhum à venda. Todos os animais que tinham sobrado haviam sido rapidamente comprados pelos afegãos para serem usados nas batalhas.

Para piorar as coisas, Essex foi avisado de uma decisão do comando da K2 de acrescentar dois homens da Força Aérea à equipe. Os sargentos Mick Winehouse, de 28 anos, e Sonny Tatum, de 33, haviam sido treinados para requisitar bombardeios a aviões, trabalho que faziam muito bem. Essex soube que eles estavam sendo enviados porque Nelson e a equipe não estavam atingindo os alvos, ou pelo menos não o suficiente. Essex estava com poucos cavalos, e agora teria que conseguir mais dois para aqueles caras! Ele ficou furioso.

E ofendido. Será que aqueles superiores não entendiam a maneira afegã de guerrear? Eles *estavam* vencendo. Nelson não tinha que explodir tudo o que mirava. Tinha que fazer os talibãs *acreditarem* que podia destruir qualquer alvo, em qualquer lugar. E isso ele estava fazendo muito bem.

Entretanto, Essex engoliria aquela decisão. E olhou o lado bom da coisa. Tatum e Winehouse estavam trazendo algo chamado SOFLAM, abreviatura de marcador [de alvos] a laser das forças de operações especiais (*special operations forces laser acquisition marker*). A equipe de Nelson não trouxera esse equipamento volumoso porque planejara um voo leve.

Mirar um tanque ou caminhão talibá era mais fácil com o SOFLAM do que com o método que Nelson estava utilizando. O aparelho controlava bombas guiadas a laser — munição de ficção científica — e vinha numa caixa de metal verde com aproximadamente um metro quadrado e 15 centímetros de altura. Um longo cabo o conectava a um mecanismo de gatilho. A caixa ficava sobre um tripé e você ficava atrás dela, olhando através de uma mira montada em cima dela, dentro da qual havia uma retícula. Você punha a retícula sobre o alvo e puxava o gatilho.

Isso disparava um laser de uma lente, e nessa hora a caixa começava a emitir um chiado, como o pio de um pássaro preso numa armadilha. O laser era invisível a olho nu, mas continha um código que correspondia a outro, programado numa bomba transportada no alto por um avião que estava à espera.

A queda da bomba era posicionada de modo que ela "aterrissasse" em cima do laser. Então, a bomba seguia o feixe de luz para seu destino. Você podia mover o laser enquanto a bomba estivesse caindo e esta o acompanharia, redirecionada em pleno voo.

Isso era útil para acertar um caminhão em que o motorista fugia em alta velocidade. Você podia seguir o veículo: a última coisa que o motorista veria em sua vida seria o míssil aparecendo de repente no espelho retrovisor.

No amanhecer de 23 de outubro, Nelson e Dostum partiram a cavalo de Cobaki para o campo de batalha do outro lado do rio, na planície.

Eles viajaram pela trilha estreita até o vale, seguiram pelas pedras do rio e atravessaram esse rio, que se dividia em três braços rasos e ligeiros. Até mesmo o rio havia sido minado pelos talibás, e eles tiveram que ser cuidadosos com os lugares onde os cavalos pisavam. Penetraram nas sombras da parede distante do vale e na escuridão mais fria ao longo das pedras, com os cascos dos cavalos raspando a areia e fazendo um toque-toque entediante sobre as pedras. Seguiam para o sul, procurando o caminho para o cume.

PERIGO PRÓXIMO

Depois de uma hora, começaram a subir. Com eles estavam vários comandantes de Dostum, entre os quais Ak Yasim, que liderava sessenta homens a cavalo, e Ali Sawar, que havia visto Nelson e sua equipe saltarem do helicóptero em Dehi quatro noites antes. Ao assistir àquilo, Ali pensara: *Vamos vencer. Vamos derrotar os talibãs.* Ele ainda se sentia da mesma maneira. Enquanto eles subiam ao sol, Nelson podia sentir o calor da parede de pedra, e então começou a chover. Primeiro, uma chuva leve, e em seguida pesada. A trilha se transformou em lama. Os cavalos começaram a escorregar, as batidas de suas pernas refletindo na sela enquanto eles davam seus passos. A marcha se tornou bastante perigosa. Nelson achou que cairia e rolaria montanha abaixo, uma queda de milhares de metros.

— Saia do cavalo e caminhe — ralhou Dostum.

Nelson insistiu em ficar sobre o cavalo. Caminhar seria constrangedor. Significaria que Dostum era um cavaleiro melhor.

Mas Dostum estava realmente preocupado. Várias semanas antes, quando subia por um caminho na montanha, seu cavalo derrapara e ele rolara morro abaixo, conseguindo parar pouco antes de cair num precipício. Deitado no chão, ele ouvira as pedras rolando pelo penhasco. Sabia que se tivesse caído seus homens passariam semanas recolhendo pedaços de seu corpo.

Agora, Chari, tradutor e um dos assistentes de Dostum, implorava ao general para que, por favor, também saltasse do cavalo e caminhasse.

— O senhor não pode se ferir, general. — Chari achava que nem uma cabra tentaria subir por aquela trilha. — Quem vai nos guiar se o senhor se ferir?

— Meu corpo não vale mais do que o seu. — Dostum se alegrava com a preocupação de seus homens. Habitualmente, absorvia aquele tipo de adoração com alegria e o considerava um sinal de lealdade.

Chabi era um homem gorducho de 36 anos, com um bigode impecavelmente aparado. Temia que os americanos não conseguissem andar a cavalo e que alguns deles não soubessem sequer subir nos animais. Lutava ao lado de Dostum há 25 anos, e nos últimos três, desde que o

Talibã capturara Mazar-i-Sharif, havia visto mais de trinta de seus amigos perderem braços e pernas em batalhas ou em minas terrestres. Agora, sua vida estava nas mãos dos americanos, e ele prometera que os ajudaria a vencer. O capitão Nelson era como um irmão para ele, pensava.

De sua parte, Nelson notou que Dostum o repreendia como a um filho, e se preocupava com sua segurança. Desde que eles haviam chegado, Nelson dormia com uma pistola sob o saco de dormir, por precaução. *Talvez o velho seja confiável. Talvez.* Nelson não refletiu sobre isso por muito tempo. *Não confie em ninguém.*

Ele estava seguindo atrás de Dostum quando seu cavalo escorregou na trilha. O animal se ergueu sobre as patas traseiras e pedalou no ar, empinando e derrubando Nelson. O americano caiu no chão e rolou, com o cuidado de se afastar do cavalo, para que este não tombasse sobre ele. O que não aconteceu. Ele viu o animal se debatendo e finalmente se endireitando. Nelson se levantou, sacudiu sua calça, acertou a posição do boné e caminhou de volta ao cavalo, determinado a montá-lo novamente.

O cavalo estava com os músculos do peito tremendo. Nelson falou devagar com o animal, tranquilizando-o. Ergueu a cabeça. Do alto da montanha vinha o som de um lamento.

Nelson olhou para cima e viu uma fila de homens a cavalo subindo a trilha. No topo, à margem, viu pontos: mais homens se movendo, marchando, preparando-se para a luta. Nelson montou no cavalo e eles reiniciaram a escalada.

Quando subiram mais, eles ouviram o estrondo firme de um canhão de artilharia. Dostum lhe disse que estava sendo disparado pelo prefeito de uma vila próxima, que estava atirando a esmo contra a linha talibã, mas o bastante para desviar a atenção dos talibãs da subida dos homens de Dostum.

— Rápido, precisamos continuar — disse Dostum. Ele queria chegar ao topo rapidamente.

Temia que os talibãs os encontrassem. Estes viriam até eles com seus antigos caças russos e os derrubariam como moscas.

PERIGO PRÓXIMO

O lamento aumentou, e Nelson e Dostum logo passaram por homens que desciam a trilha, os feridos e desnorteados, de olhos vazios, voltando do campo de batalha para o Álamo. Seguiam com dificuldade. Alguns passavam silenciosos como estátuas, seus rostos fechados como máscaras. Outros choravam como bebês.

Dostum se inclinou sobre a sela e viu um homem gemendo sobre um cobertor rude que era segurado pelas pontas por quatro homens tensos. A cabeça do soldado estava aberta. Ele a virou para o lado e Dostum pôde ver o cérebro branco brilhando. Em seguida, virou-a de volta e parecia bem.

Eles chegaram ao topo do vale, com a planície se estendendo abaixo deles, em todas as direções. Na véspera, Dostum falara pelo rádio e anunciara que qualquer homem que pudesse lutar contra os talibás deveria ir àquele lugar e se preparar para morrer.

Agora, eles eram seiscentos homens a cavalo e a pé, movendo-se sobre a planície, preparando-se para a batalha. Permaneciam escondidos da visão dos talibás por causa dos morros. Dostum mal podia acreditar na sorte de não terem sido descobertos. O inimigo estava a apenas 800 metros de distância. Ele e Nelson seguiram por algumas centenas de metros até um promontório de pedra e observaram o espetáculo.

Usando o rádio, o general, excitado, começou a direcionar o trânsito. Primeiro, cem cavaleiros se alinharam atrás do primeiro morro. E então uma segunda centena de homens, a pé, posicionou-se atrás do segundo morro. Logo eles estavam espalhados em seis linhas atrás dos seis morros, os cavalos empinando, os homens gritando, batendo seus chicotes. A poeira que eles levantavam se deslocava sobre o campo de batalha, e Nelson imaginou se os talibás podiam vê-la.

Observou pelo binóculo a posição dos talibás. Três tanques à espera. E dois ZSU-23, um em cada extremidade da linha talibá, que tinha a extensão aproximada de um campo de futebol. Os Zeus haviam lhes dado trabalho no dia anterior. Eles tinham que eliminá-los. Nelson calculou que havia cerca de mil talibás enterrados nas trincheiras, armados com lança-granadas, AK-47 e morteiros.

216 **12 HERÓIS**

Dostrum percebeu que os talibãs haviam se reforçado e que aquela seria uma batalha maior do que a do dia anterior. Os seus homens teriam que atacar em massa a linha talibã. Mas, se fizessem uma pausa, seriam derrubados pelo volume de fogo maior. Eles tinham que obrigar os talibãs a desfazer sua posição e fugir. Tinham que atacar os blindados e incapacitá--los. Tinham que fazer o que parecia impossível.

— Estamos numa boa posição — assegurou-lhe Dostum. — Porque, se conseguirmos que desfaçam sua posição, eles terão que fugir. E eles vão continuar fugindo até Mazar-i-Sharif.

— Além disso — acrescentou ele —, depois do bombardeio de ontem, o moral deles está baixo.

Fakir, alto-comandante de Dostum e seu homem de maior confiança, enviara observadores à frente naquela noite para investigar as posições talibãs. Interceptando chamadas pelo rádio, ele soubera que os talibãs estavam apavorados. Estavam com medo de dormir à noite, temendo ser atacados.

Dostum adorou a notícia. Havia um antigo ditado no Afeganistão: a morte aparece a qualquer momento, na rua, numa zona de guerra. Nunca se sabe. Se aquele era o dia, que fosse. Ele estava pronto.

E com um homem como Fakir a seu lado, como podia dar errado? Eles lutavam juntos há 14 anos. Barbado, com olhos castanhos penetrantes e um sorriso irônico, Fakir vinha da terra natal de Dostum, Sheberghan, uma cidade empoeirada repleta de poços de petróleo e castigada por ventos que vinham de longe, cortando as estepes.

Eles estavam agora no meio da tarde. Dentro de algumas horas, a planície estaria escura. Dostum disse que logo começariam a batalha.

Os oficiais da CIA Mike Spann e Dave Olson estavam por perto, sobre uma pedra que se projetava, observando de cima a batalha. Abaixo, sobre o mato espesso, estava J.J. Mike, segurando seus três cavalos.

Um dos homens de Dostum se aproximou a cavalo. Magro, com botas de montaria e uma jaqueta militar verde, ele anunciou, excitado, que o

PERIGO PRÓXIMO

ataque começaria em um minuto. E que eles tinham que estar prontos.
E em seguida se afastou a galope.

J.J. perguntou a seus dois amigos se eles estavam prontos.

Eles disseram que sim.

Os oficiais da CIA haviam passado os últimos dias enviando tantos
e-mails para a K2 e Langley, e participando de tantas reuniões com senhores
da guerra e formando alianças, que um de seus colegas afegãos achou que
eles eram esplêndidos funcionários burocratas.

— Esses americanos estão comigo — observou ele —, mas acho que
não são soldados. Eles passam o tempo todo com os laptops.

Agora eles provariam que eram soldados.

Para passar o tempo no Álamo, Spann cumprira um ritual noturno de
cinquenta flexões de braços e abdominais antes de ir para a cama, seguido
de vinte minutos de leitura da Bíblia. Depois disso, escrevia seu diário,
no qual registrava as idas e vindas de um rato do qual se tornara amigo,
e cujas travessuras ele adorava registrar para seus filhos e sua mulher,
Shannon, na Virgínia.

Para Shannon, ele escrevera que desejava vê-la para que eles pudessem
dançar juntos uma canção favorita.

"Uma coisa tem me incomodado", escreveu ele. "Não tenho medo de
morrer, mas tenho um medo terrível de não estar com você e nosso filho...
Penso em tomá-la nos braços e tocá-la. Penso também em tomar nos braços
o nosso menino... Seria bom dançar junto com você..."

Agora chegava o som do canhão de artilharia iniciando a batalha.

Nelson estava montando a antena por satélite e Vern Michaels desembru-
lhando o rádio pesado quando ouviram o canhão. Nelson daria a ordem
para lançar a primeira bomba. Pelo rádio, ele já havia informado a um
caça lá no alto as coordenadas do alvo, a linha talibã. Com ele estava o
especialista em armas Charles Jones, que chegara do acampamento-base,
no vale do rio, a tempo para a batalha. O trabalho de Jones era ficar
grudado em Nelson enquanto eles cavalgavam para a batalha e Michaels
cuidava dos rádios.

12 HERÓIS

Nelson se despediu de Michaels e virou seu cavalo para acompanhar Dostum. Com calça cáqui, casaco preto e um turbante azul na cabeça, Dostum se mantinha ereto enquanto galopava elegantemente sobre a sela, para o campo.

Nelson sentia o coração esmurrando seu peito.

Ele e Dostum puseram seus cavalos ao lado de J.J., Spann e Olson.

J.J. carregava uma pistola Browning 9mm num coldre preso à sua coxa direita e um AK-47 numa faixa pendurada em torno do pescoço, a um alcance fácil. Tinha uma bolsa cheia de munição a tiracolo. Ele usava jeans, botas de trilha da L.L. Bean e um gorro de tricô puxado sobre as orelhas. Spann estava sobre um cavalo branco, pequeno demais para ele. Vestia jeans, camiseta preta e, sobre ela, uma camisa cinza, com um par de binóculos no bolso grande da frente.

Dostum explicou o plano da batalha. Os cavaleiros avançariam pelo meio, a infantaria atacaria pelos lados e metralhadoras montadas em morros adjacentes dariam cobertura com seu fogo.

— Venham, vamos acompanhar o ataque — disse Dostum.

Span, Olson e J.J. se entreolharam. O general estava falando sério?

E então Dostum falou pelo rádio: — Atacar!

Uma onda de cavaleiros subiu a parte de trás do primeiro morro, chegou ao topo e desceu, ganhando velocidade rapidamente.

Diante deles havia 800 metros de terreno entre morros. Ao fim, estavam as armas talibás, em silêncio assustador.

E então elas abriram fogo.

Morteiros começaram a cair em torno dos cavaleiros, erguendo chafarizes de poeira vermelha. Rojões zuniam enquanto os talibás tentavam sincronizar o impacto deles com a chegada dos afegãos ao topo de cada morro. Eles estavam perdendo, por enquanto.

Dostum bateu com os pés em seu cavalo e rompeu em galope. Nelson e Jones o seguiram, com os três oficiais da CIA atrás.

Nelson não sabia exatamente aonde Dostum estava indo, mas queria acompanhá-lo. Imaginou que o velho percorreria centenas de metros,

PERIGO PRÓXIMO 219

chegando a dois ou três topos de morros para assistir à batalha de uma posição mais privilegiada.

Enquanto cavalgava, Nelson viu homens tombando sobre selas, atingidos por tiros de fuzis. Ouviu o pipocar e o chiado de balas passando ao lado de sua cabeça. Pegou o rádio e chamou Michaels.

— Lance as bombas agora — disse. Ele queria sincronizar o ataque, de modo que as bombas caíssem antes de os cavaleiros chegarem.

À frente, os cavaleiros atacavam o meio da linha, a cerca de 500 metros de distância desta. Os homens a pé trotavam atrás, fazendo caretas, segurando seus fuzis e tubos de lança-granadas, abaixando-se cada vez que ouviam uma explosão ou o zunido de uma bala passando.

Nelson olhou justamente quando a linha talibã explodiu. As bombas do jato caíram perto dos tanques e destruíram também um dos ZSU-23. Os homens de Dostum urraram de alegria e apressaram o passo.

Enquanto cavalgava, J.J. começou a passar por combatentes talibãs que haviam se escondido no mato. Eles se levantavam de repente, atirando, e J.J. se virava sobre a sela, disparando de seu AK. Spann se deparou com um talibã que corria de volta à sua linha, mas que de repente se virou e apontou sua arma. Spann atirou na cabeça do homem.

Nelson passou a cavalo por homens morrendo e já mortos, o ar impregnado pelo odor férreo de sangue e pelo cheiro de queimado da pólvora. A fumaça pairava sobre o campo. Os cavaleiros em ataque erguiam seus tubos de lança-granadas e atiravam nos talibãs. As explosões faziam-nos sacudir sobre a sela.

Nelson podia ver à frente a linha talibã se rompendo em alguns lugares. Aqui e ali, como um muro de areia se esfarelando. Nelson se espantou ao ver que alguns talibãs estavam correndo na direção dos homens de Dostum com os braços erguidos, rendendo-se.

Ficou igualmente surpreso quando eles começaram a cair de cara no chão, mortos. Mais tarde, ele saberia que haviam sido atingidos nas costas por seus comandantes ainda na linha.

Dostum virou seu cavalo com as rédeas e cortou o campo até o lado direito. Em seguida, puxou as rédeas e parou. O general não gostou do que estava vendo. Os talibás haviam medido o alcance de seus ZSU-23 restantes. O estrondo repentino da artilharia antiaérea atingiu a linha afegã. Homens explodiram sobre suas selas, e os que caminhavam voaram pelos ares, cortados em duas partes.

Dos 600 homens que haviam iniciado o ataque, Nelson supôs que talvez 300 ainda estivessem lutando. Os outros haviam sido feridos, mortos ou se dispersado. E os homens de Dostum estavam perto, à distância de um ataque para a vitória. Um último morro os separava dos talibás, cerca de 100 metros. Mas Nelson percebeu que eles estavam perdendo o pique.

Os cavaleiros pararam, sem saber ao certo o que fazer, imobilizados pelos tiros. Alguns saltaram das selas e se agacharam junto às pernas de seus cavalos nervosos, tentando se tornar alvos menores.

Dostum estava furioso.

— Estamos perdendo! — disse. Ele gritou pelo rádio: — Atacar! Atacar!

Seus homens não se mexiam. Nelson viu quando Dostum pulou de seu cavalo, pôs a mão em seu alforje e retirou dali vários pentes de munição para seu AK-47. E então começou a correr.

Diretamente morro abaixo, na direção da linha talibã.

Preocupado com a segurança de seu líder, um dos homens de Dostum ordenou que Spann, Olson e J.J., além de cerca de 15 afegãos, formassem um perímetro atrás do avanço do general.

Nelson observava Dostum enquanto este corria. Corria e atirava contra a linha talibã. Nelson esperava que Dostum caísse a qualquer momento, com um ferimento fatal. Ele o viu parar para trocar o pente de munição e começar a correr novamente. Estava ultrapassando seus próprios homens, que pareciam impressionados e, por fim, constrangidos. Eles montaram em seus cavalos ou seguiram a pé, formando uma linha com o general, os cavaleiros disparando sobre a cabeça de seus cavalos e avançando. Nelson pôde perceber o campo de batalha inchando. Ganhara uma nova vida.

— O que faremos? — perguntou Jones.

PERIGO PRÓXIMO

— Temos que ir com ele — disse Nelson. — Se ele for morto, estamos perdidos.

Eles desceram o morro a cavalo, mas pararam antes de chegar perto demais da linha talibã. Nelson viu os afegãos se aglutinando como um enxame fumegante, eriçando com os canos de suas armas, brilhando a cada explosão. Desceram sobre a linha talibã com um rugido. Nelson observou assombrado.

Os homens de Dostum atacaram o Zeus e mataram seus atiradores apavorados. Os talibãs restantes baixaram suas armas e correram. Eram baleados, a não ser que se rendessem primeiro.

Sobre o morro, um soldado afegão se abaixou junto ao chão com uma faca e fez um movimento rápido de corte.

Ele se levantou e ergueu uma cabeça, a cabeça de um soldado talibã balançando, suspensa por um tufo de cabelo preto, como um pêndulo pingando, enquanto o sol se esvaía.

Eles haviam vencido.

Enquanto a batalha se intensificava, Dean, na K2, no Uzbequistão, escutava a ação pelo rádio. O oficial de comunicação Brian Lyle montara o aparelho de brincadeira, sobre uma mesa de compensado, sem saber se conseguiria sintonizar alguma coisa. Estava procurando frequências no sintonizador quando ouviu o barulho de tiros e vozes excitadas de americanos pedindo ataques a bomba. Todos se aproximaram da mesa.

Eram doze homens na casa dos 30 e 40 anos, com suas barbas crescidas. Para Dean, desde que eles haviam deixado Fort Campbell, três semanas antes, estava sendo uma vigília difícil, enquanto ele imaginava se entraria na luta. Quando soube que Nelson havia ido primeiro, sentiu um aperto no coração, um sentimento que escondeu de seu amigo. Dean e Nelson haviam sido padrinhos de casamento um do outro e, antes disso, sofreram juntos na Ranger School e foram colegas de quarto em várias outras escolas onde o Exército os pusera para se tornarem soldados de elite.

No início daquele mês, na K2, eles haviam sido proibidos de confraternizar enquanto aguardavam suas missões, e Dean estava louco para conversar com seu companheiro sobre a missão da qual participaria.

Certo dia, Dean se aproximou de Nelson quando este estava diante de um dos "tubos de urinar" — mictórios ao ar livre, feitos de canos de plástico, com uma ponta enterrada no chão e a outra na altura da cintura. Dean disse:

— E aí, cara? Tudo bem?

— Tudo bem — foi só o que Nelson disse. Ficou claro que ele estava levando a sério a proibição de confraternizar.

Dean não o culpava. — Está bem — disse ele —, cuide-se.

E essa tinha sido a última coisa que ele dissera a Nelson.

Agora, ouvindo a batalha pelo rádio, Dean imaginava como reagiria quando as balas começassem a voar. Ele não queria matar pessoas, não gostava dessa ideia. O que adorava era a política e observar o modo como os governos mudavam por causa de uma ideia, e muitas vezes sob a ponta de uma arma.

Achava que desde 1999, quando ingressara nas Forças Especiais, nunca tinha tido um momento de tédio. Sobrevivera à exposição a agentes químicos que atacam o sistema nervoso, durante um ataque biológico simulado. Passara semanas no deserto de Nevada correndo e se escondendo dos veículos aéreos não tripulados (UAV — *unmanned aerial vehicles*). Sobrevivera à escola SERE — abreviatura do treinamento em sobrevivência, fuga, resgate e evasão (*survival, escape, rescue, evasion*) — do Exército. A experiência difícil, na região rural da Carolina do Norte, durara onze dias. Correndo por trás de linhas "inimigas", ele sobrevivera comendo abóboras cruas e frangos malcozidos roubados de fazendeiros locais. Comia agachado em valas lamacentas, com as mãos, antes de ser "capturado". Homens em treinamento em SERE são enterrados vivos, repreendidos e reduzidos à menor essência de seus egos. Quando o treinamento acabou, Dean saiu do bosque de pinheiros em Camp McCall como se tivesse visto Deus, ou pelo menos a versão de Deus do Exército americano.

PERIGO PRÓXIMO

Dean havia sido levado para aquele inferno de privação total para que, se algum dia fosse capturado, já teria experimentado o inferno. Esta era a regra número um das Forças Especiais: deixar os homens fracassarem para que nunca mais fracassassem novamente. Fracassando, eles aprenderão a ser soldados bem-sucedidos. Dean acreditava de fato que não havia algo que não pudesse melhorar, sobretudo ele próprio. Criado numa pequena fazenda em Minnesota, seu pai incutira nele essa ética profissional. E algo mais também: que ninguém realiza nada sem a ajuda de outras pessoas.

Durante o ano anterior, Dean insistira com seus superiores em Fort Campbell para participar de uma missão de treinamento no Oriente Médio. Fizera uma campanha incessante. Em janeiro de 2001, ele e sua equipe viajaram para o Uzbequistão. Dean falava russo fluentemente, e os desafios políticos enfrentados pela ex-república soviética eram bastante compatíveis com seu intelecto onívoro.

Conseguiu aprender diretamente com o Exército do Uzbequistão sobre a insurgência da União Militante Islâmica, e isso o fez pensar em terrorismo de maneira ampla. Começou perguntando a seu sargento de inteligência — um texano alto e taciturno chamado Darrin Clous — sobre um grupo de fundamentalistas no Afeganistão chamado Talibã e sobre o inimigo deste, a Aliança do Norte.

Dean adorava analisar os ambientes políticos. Sempre que ele e sua equipe voltavam de uma viagem ao exterior, Dean apresentava suas descobertas — gráficos sobre ataques terroristas, resumos de inteligência informais sobre o Talibã e reflexões gerais sobre geopolítica — num quadro de avisos que ficava num corredor nos fundos do quartel-general do Quinto Grupo de Fort Campbell. Mas pouca gente prestava atenção. O Afeganistão não estava no radar de ninguém.

E mesmo assim, estando na K2, Dean não tinha uma missão.

Ele ainda não havia desistido. Era a personificação da persistência. Vários anos antes, um bêbado batera na traseira de seu carro num sinal de trânsito e ele saiu do veículo para conversar com o motorista. Quando se aproximou, o motorista arrancou. Dean o perseguiu a pé.

Correu ao lado do veículo e conseguiu entrar pela janela do passageiro, sentar-se no banco da frente e, assim, convencer o motorista a parar. O motorista olhou para ele, impressionado. Dean ansiava por fazer um trabalho excelente como soldado. *Ansiava.*

Mas seus superiores na K2 e no Pentágono ainda não haviam tomado uma decisão. O que Dean precisava era de um senhor da guerra ávido por um especialista americano.

Mil e seiscentos quilômetros ao sul de onde Dean estava agora — sentado em sua barraca, assistindo a *Moulin Rouge — Amor em vermelho* no DVD pela décima vez (e odiando o filme) —, o senhor da guerra Usted Atta estava se reunindo com oficiais da CIA e discutindo exatamente um plano nesse sentido.

Depois do avanço de Dostum no alto do morro, Nelson e Jones tiveram que voltar do combate e seguir para Cobaki, para planejar o movimento da equipe no dia seguinte. Nelson odiou ter que partir.

Ficou no topo do morro e observou os afegãos continuando a lutar, correndo e cavalgando em direção à vila de Chapchal, vários quilômetros ao norte. Os talibãs estavam numa retirada tumultuada. Gritos cortavam o anoitecer enquanto eles corriam.

Nelson tinha que ir com Sam Diller a cavalo para uma vila chamada Oimitan, a fim de preparar bombardeios contra tanques talibãs que Nelson e Dostum tinham certeza de que estavam vindo para o vale. E enquanto Diller partisse, Spencer chegaria, vindo do acampamento-base em Dehi. Nelson podia perceber o entusiasmo na voz dele cada vez que eles conversavam pelo rádio. Spencer queria ver a batalha.

Nelson e Jones seguiram a cavalo para a margem do vale, para o início da trilha, e fizeram o caminho no escuro, com as ferraduras dos cavalos faiscando sobre as pedras. Em alguns momentos, eles não viam nada além das estrelas no céu, que pareciam cristais de gelo lançados contra uma cúpula preta.

No fundo do cânion, Fakir os encontrou. Disse a Nelson que admirava sua coragem. Eles seguiram em silêncio para o início da trilha que levava à parede do vale, Nelson balançando sobre a sela, exausto. Quatro horas depois, estavam de volta ao posto avançado de Cobaki, o vento subindo pelo rio com seu cheiro de giz e a corrente escovando as paredes do cânion.

Nos Estados Unidos, finalmente chegou aos jornais a notícia de que Forças Especiais dos Estados Unidos estavam no Afeganistão. Enquanto Nelson voltava a cavalo para o acampamento, americanos que navegavam em seus computadores podiam ler uma avaliação funesta do esforço militar, feita pelo Centro para Informações sobre Defesa, uma instituição independente formada por acadêmicos e militares reformados: "O avanço da Aliança do Norte tem sido descrito como 'estancado', em grande parte porque a força de oposição ainda está em número extremamente inferior e seu transporte não é confiável e é lento."

"Segundo relatos, tropas da oposição na região em torno de Mazar estão quase sem munição, comida e suprimentos médicos, o que impediria qualquer tentativa de converter os ataques americanos em ganhos militares permanentes."

O secretário de Defesa Rumsfeld telefonou para o coronel Mulholland na K2, atacando-o com perguntas furiosas. Que diabo estava acontecendo? Onde estava o progresso? Por que não estavam destruindo mais posições talibãs? Mulholland não tinha uma resposta imediata. Mas teria.

Quando Nelson jogou sua mochila no chão, pronto para dormir, um de seus companheiros de equipe se aproximou e se sentou. Disse que tinha para ele uma mensagem de um especialista em inteligência da K2 que funcionava como a interface deles com o coronel Mulholland. A mensagem, conforme Nelson diria mais tarde, era: "Quando é que vocês vão levantar o rabo da cadeira e fazer alguma coisa?"

Nelson não podia acreditar. Como aquele homem ousava questionar o que eles estavam realizando? Ele não sabia por onde começar.

226　　　　　　**12 HERÓIS**

Ele caminhou pelo acampamento, ficando mais irritado a cada minuto. Pensava em ir para a cama. Precisava desesperadamente dormir. Decidiu que só responderia de manhã, com a cabeça mais fria. Deitou-se em seu saco de dormir. Sua mente vagava por sua mulher, Jean, que estava grávida e trabalhando duro para manter a casa em ordem. Ele daria tudo para lhe contar sobre aquilo. Aquela mensagem maldita. Não conseguia tirar aquilo da cabeça. O que significava? Quando começaríamos a fazer alguma coisa?

Incomodado com sua irritação, seu companheiro perguntou:

— Você vai responder hoje à noite ou vai dormir?

Nelson decidiu se levantar. Bebeu um pouco de água e comeu parte da MRE, pensando em tudo o que havia visto nos últimos dias. Dane-se aquilo. Ele vinha lutando com todas as suas forças, e o encontro com os afegãos quase lhe partira o coração. Vê-los — os aleijados, os assustados, os arruinados — tinha sido algo que o tocara fundo. Homens cavalgando de encontro a nuvens de tiros. Eram homens que não tinham nada, mas que lhe ofereciam tudo: suas vidas. Morreriam por ele. Ele queria dizer ao Pentágono que estava fazendo o melhor que podia. Pôs seu Panasonic Toughbook sobre os joelhos e o abriu, a tela iluminando seu rosto. Começou a digitar cada vez mais rápido. Uma parte dizia:

Estou orientando um homem sobre a melhor maneira de empregar infantaria leve e cavalaria no ataque a T-55 [tanques], morteiros, artilharia, veículos blindados e metralhadoras dos talibãs — uma tática que eu acho que se tornou antiquada com a invenção da metralhadora Gatling. [Os *mujahedin*] fizeram isso todos os dias em que estivemos em campo. Eles atacaram com dez cartuchos de munição por homem, com os francoatiradores tendo menos de cem cartuchos — pouca água e menos comida ainda. Observei um atirador de PK que caminhou mais de 16 quilômetros para participar da luta e estava orgulhoso ao me mostrar sua perna direita artificial do joelho para baixo.

Testemunhamos a cavalaria usando táticas coordenadas de cobertura para atacar pontos fortes dos talibãs — os últimos quilômetros sob fogo

PERIGO PRÓXIMO

de morteiros, de artilharia e de francoatiradores. Há pouca assistência médica para os feridos, apenas um burro para ir ao posto de ajuda, que é uma cabana suja. Acho que [os *mujahedin*] estão fazendo muito bem com o que eles têm.

Não poderíamos fazer o que estamos fazendo sem o apoio aéreo próximo — onde quer que eu vá, os civis e os *mujahedin* estão sempre me dizendo que estão felizes com a chegada dos Estados Unidos. Todos eles falam de sua esperança de um Afeganistão melhor depois que os talibás forem embora.

Ao terminar, ele fechou o laptop, sentindo-se melhor.

O e-mail se tornaria — nas palavras do general de divisão Geoffrey Lambert, em Fort Bragg — o mais famoso relatório de inteligência da guerra. Vários dias depois, diante de repórteres e câmeras de televisão, numa entrevista coletiva no Pentágono, o secretário de Defesa Rumsfeld exibiria o relatório e leria partes dele para a nação.

As pessoas ficaram comovidas com a pungência daquele jovem e anônimo soldado. As palavras de Nelson circularam pelos noticiários on-line. Âncoras de telejornais noturnos as citaram. Nelson conseguira resumir a frustração, o medo e a esperança entre seus homens e entre os afegãos. O fato de que escrevera aquilo num acesso de ressentimento, quando estava cansado, faminto e aborrecido, permaneceria em segredo.

Mais tarde, naquela noite, Dostum, depois de voltar para Cobaki, disse a Nelson que bem no final a luta tinha sido de perto, com os dois lados a até vinte metros um do outro. "Nunca vi os talibás lutarem tão duro", disse ele. Dostum balançou a cabeça de espanto. Ele achava que os talibás sabiam que estavam perdendo a guerra. Seus homens haviam matado 123 paquistaneses e capturado dois. Dostum perdera vários homens. Um deles apanhara uma granada — a última que restava em toda a força — e correra para a linha talibá para explodir os inimigos, matando-se.

Ao ouvir isso, Nelson ficou chateado. Ele e Jones haviam levado oito granadas e voltado para Cobaki com elas. Nelson estava preocupado porque

228 **12 HERÓIS**

o general se colocara numa situação perigosa. Arrependia-se por não ter ficado com ele. Percebeu o quanto se tornara importante para a proteção do senhor da guerra.

No Álamo, em Dehi, enquanto mais soldados afegãos chegavam ao acampamento, o médico Scott Black se via afundado em sangue. Nos últimos dias, ele vinha trabalhando freneticamente para cuidar dos combatentes tanto afegãos quanto talibás. Black achava que nunca tinha visto pessoas tão fortes na vida. Os olhos daqueles homens estavam cheios de terror, mas raramente eles emitiam algum som. Parecia que podiam aguentar qualquer tipo de dor.

Passava da meia-noite e ele dormia quando foi sacudido. Black acordou assustado, olhando em volta o quarto do forte na penumbra. Diante dele, viu um afegão de meia-idade — um dos soldados de Dostum — segurando uma lanterna e parecendo preocupado.

— Comandante Scott, precisamos do senhor agora. É uma emergência.

Ele se atrapalhou para sair do saco de dormir e, de chinelos, calça camuflada e camiseta marrom, atravessou o pátio empoeirado e o portão da frente. Diante dele estava uma picape Nissan estacionada com todas as portas abertas. A lâmpada pálida do teto da camionete estava acesa. Era uma luz fraca sobre uma cena medonha no interior do veículo.

No banco de trás, na cabine da camionete, estava um menino afegão talvez de apenas 14 ou 15 anos, era difícil dizer. Ele fora baleado na barriga e estava virando a cabeça para a frente e para trás sobre o assento de vinil, que estava ensopado de sangue. Abria a boca para gemer, mas nenhum som saía. Black viu que tinha de agir rápido.

Aplicou morfina no garoto enquanto outro rapaz, talvez de 18 anos, que vinha a ser seu primo, segurava a mão dele. Black estava aos pés do menino. Era uma excelente posição para tratá-lo. Examinou o ferimento — era profundo. Tocou a região em volta, tentando encontrar o que sangrava, a veia que estava jorrando.

Com as mãos escorregadias, ele não conseguia encontrar. Não havia nenhuma víscera para fora, portanto ele não podia procurar ferimentos

PERIGO PRÓXIMO

nelas. Supôs que uma bala de AK-47 havia perfurado o peritônio do garoto, mas não conseguia encontrar o buraco. A bala parecia ter cortado uma artéria. Estava escuro na cabine da picape, exceto pelo brilho da lanterna frontal halógena de Black, e seria um lugar difícil para uma cirurgia. Mas Black estava quase certo de que teria que abrir a barriga do garoto se não conseguisse conter o sangramento.

Primeiro ele tentou fechar o ferimento com um material absorvente chamado Curlex. A ideia era comprimir o material no ferimento com o dedo indicador, como se estivesse enfiando um lenço de papel numa garrafa de Coca-Cola. Black pôs mais ou menos dois rolos dentro da barriga do garoto, mas o sangramento não parou. O menino perdera uma imensa quantidade de sangue, e plasma fresco era algo que Black não tinha à mão. A situação estava rapidamente fugindo ao seu controle. Se o menino morresse durante a cirurgia, os afegãos o culpariam por sua morte. Black sabia disso e estava preocupado. Essa preocupação tinha pouco a ver com remédios e tudo a ver com lutar aquele tipo de guerra em que ele estava, em que sua relação com os nativos poderia significar vida ou morte — a dele próprio. Black concluiu que não poderia fazer nada além de transferir o menino para um hospital na K2. A não ser que conseguisse conter o sangramento com Curlex.

Trabalhou durante mais duas horas, pondo repetidamente o material absorvente no ferimento, até aceitar, com relutância, que o sangramento simplesmente não estancaria. O sangue respingara em seus pés e seus chinelos. Nunca antes ele perdera um paciente em campo. Na verdade, aquela seria a primeira morte em campo de batalha em seis anos nas Forças Especiais. No pequeno compartimento da picape, Black podia sentir o cheiro do sangue e ouvir a respiração difícil do garoto, e sentiu uma onda de desespero o invadindo.

O primo ainda segurava a mão do menino quando Black aplicou ainda mais analgésicos no paciente. Por meio de um intérprete, ele disse ao primo que ele deveria levar o garoto para ficar em casa com sua família. Era melhor deixá-lo morrer em paz, cercado pelas pessoas que amava. O rapaz apenas balançou a cabeça concordando. Black o ajudou a levantar as pernas do menino e dobrá-las, para que eles pudessem fechar as portas da camionete. Black permaneceu ali, observando as luzes traseiras do Nissan desaparecendo na estrada.

Ele estava ficando com poucos suprimentos médicos novamente, e pedira uma remessa aérea, que deveria chegar a qualquer momento. Com a guerra se acirrando, percebeu que tinha que estar preparado para dezenas, talvez centenas, de outras vítimas como aquela que acabara de tratar. Era um pensamento assombroso.

Black se considerava alguém que podia lidar com situações difíceis, mas a morte iminente daquele menino o derrubara. Era apenas um adolescente... Ele caminhou de volta ao seu saco de dormir, no estábulo, e tentou pegar no sono, mas não conseguiu.

Enquanto Black tratava do ferido, Greg Gibson, piloto do Nightstalker, e John Garfield, comandante da missão, tinham decolado da K2 para uma missão de envio de suprimentos, em que levariam os equipamentos que Black e a equipe haviam requisitado — munição, cobertores, casacos de inverno, água esterilizada, dispositivos intravenosos, álcool isopropílico, luvas de látex, fio de náilon para suturas, ataduras.

O voo estava sendo terrível, visibilidade zero. Uma hora depois da decolagem, Gibson havia penetrado diretamente na garganta do Estrato Preto, o grande atoleiro de neblina, neve e poeira cuja existência deixara os meteorologistas da K2 perplexos. Gibson estava voando estritamente pelos sinais que lhe eram apresentados nas pequenas telas da cabine escura. O mundo além do vidro dianteiro era uma imensidão branca.

Depois de três horas no controle, os nervos de Gibson estavam em frangalhos, mas ele entrara numa zona onde permanecia no controle absoluto do helicóptero e de todas as suas próprias faculdades. Realizou a maior parte do voo sem incidentes, e, ao se aproximar da HLZ, em Dehi, entregou o controle a seu copiloto, Aaron Smith. Eles aterrissariam, desembarcariam os equipamentos e partiriam imediatamente, dando meia- -volta para retornar à K2 naquelas condições climáticas terríveis.

PERIGO PRÓXIMO

Quando perderam altitude, Gibson, no assento do piloto com os braços cruzados, ouviu uma voz vindo do fundo da aeronave. Um dos tripulantes, em pé na rampa aberta, estava gritando pelo interfone: "Pare! Pare! Porra!" Gibson esperou que Smith fizesse o que o tripulante lhe pedia. Os tripulantes no fundo do helicóptero eram um segundo par de olhos para os pilotos, que, implicitamente, confiavam na orientação deles.

Mas como Smith não corrigiu o curso, qualquer que fosse o motivo, Gibson agarrou a barra de controle entre seus joelhos e pôs o helicóptero numa séria inclinação. Eles estavam praticamente de lado. Gibson olhava o céu sobre o ombro esquerdo enquanto eles faziam a volta.

Foi quando Gibson viu que eles quase haviam voado diretamente para uma montanha.

Os tripulantes lá atrás haviam sido jogados no chão. Um deles, Tom Dingman, havia visto a montanha se aproximando deles, e fora ele quem gritara em cima da hora. Por questão de segundos eles não bateram de frente na pedra a 140 quilômetros por hora.

Entretanto, viraram tão bruscamente que os pneus do helicóptero bateram na parede da montanha. A grande aeronave deu um salto como se estivesse pulando de um trampolim. A batida foi tão forte que a sonda do FLIR (*forward looking infrared radar*) ou radar, no nariz da aeronave, se soltara e estava agora pendurada apenas pelos cabos pesados.

Quando acabaram de virar, Gibson avistou um afegão sentado sobre um cavalo no topo da montanha onde eles haviam acabado de bater. Ele fora puxado para trás, para fora de sua sela, pela turbulência das pás dos rotores.

Gibson nivelou o helicóptero, que sacudia violentamente. Os rotores gêmeos estavam fora de sincronia depois do impacto. A cabine balançava tanto que Gibson teve dificuldade para ler os instrumentos.

John Garfield, sentado no assento extra, apanhou o interfone. O lema oficial da unidade era "Nightstalkers não desistem". Mas Garfield achava que eles forçariam os limites da resistência da aeronave se tentassem pousar.

232   **12 HERÓIS**

Ele não queria que o epitáfio deles fosse: *Eles não souberam quando desistir.* Garfield anunciou que as condições eram simplesmente perigosas demais. Impediam o lançamento de suprimentos. Eles estavam voltando para a K2.

Gibson pegou o rádio e avisou à K2 o que havia acontecido.

— Qual é a sua situação? — foi a reação.

— Bem, nós simplesmente esbarramos numa montanha — disse Gibson com sua voz tranquila de piloto sulista. — Não sabemos o quanto a situação é ruim. Parece bem ruim. Quando descobrirmos, chamamos vocês.

— Ah, recebido e entendido.

Enquanto avançavam pela noite, Gibson se sentia como se eles estivessem sendo espancados até a morte pelas vibrações. Eles tinham pelo menos três horas de voo pela frente.

Depois de uma hora, a base os chamou para saber como estavam se saindo.

— Como eu disse — afirmou Gibson, a voz tremendo devido aos movimentos violentos da aeronave —, batemos numa montanha. Mas acho que vamos ficar bem.

Porém, a uma hora da fronteira com o Uzbequistão, um dos tripulantes olhou para baixo através de uma porta aberta e viu um clarão. Eles estavam voando a aproximadamente 240 metros de altura. O clarão foi seguido de uma explosão de luzes nas nuvens atrás do helicóptero de escolta que os acompanhava na missão.

Eles estavam sob ataque de fogo antiaéreo.

Gibson viu outro clarão no solo.

Ele esperava que os mecanismos de defesa do helicóptero entrassem em operação a qualquer momento. Eles consistiam em um conjunto de tiras metálicas escondidas na parte externa da aeronave e que se desprendiam em caso de proximidade de um míssil. O lançamento das tiras era acompanhado de uma explosão de pequenas chamas nas laterais do aparelho. Pareciam fogos de artifício. A ideia era que o calor e a massa

PERIGO PRÓXIMO

desses objetos atraíssem os mísseis guiados pelo calor e os afastassem do helicóptero. E era assim que esse procedimento geralmente funcionava, direitinho.

O atirador do lado direito relatou ter visto mais um clarão enquanto um míssil subia e explodia, mas não perto o suficiente para deflagrar os fogos e as tiras do helicóptero de Gibson.

Outro piloto, Jerry Edwards, que estava no helicóptero que os seguia, não teve tanta sorte. Seu aparelho disparou os fogos e as tiras, iluminando o céu noturno em torno dele e banhando a aeronave numa luz clara. Agora, os dois helicópteros eram claramente visíveis da terra. Haviam sido localizados. Quase imediatamente, outros mísseis explodiram em torno deles. Os dois pilotos puseram suas aeronaves numa subida perigosa. A excitação era tanta que todos no helicóptero de Gibson se esqueceram de que o aparelho poderia sacudir a ponto de se quebrar. Mais ou menos uma hora e meia depois, eles aterrissavam em segurança na K2.

Depois de desligar o helicóptero, Gibson voltou para sua cama portátil no hangar de aviões abandonado, ansioso para dormir. Estava quase amanhecendo. A vida de Nightstalker ganhara um ritmo previsível de intensos períodos de tédio pontuados por terror absoluto. Voar a noite inteira, entregar suprimentos ou pessoas em diferentes áreas do país, voltar para a base, informar as ocorrências, cair no sono. Acordar à uma ou às duas da tarde, fazer um grande bule de café e voltar para a "varanda" que os Nightstalkers haviam construído com sacos de areia e caixotes de madeira, e equipada com uma churrasqueira. Os sacos de areia impediam que o golpe de vento das hélices e rotores atingisse os pilotos quando eles ficavam andando com seus roupões e chinelos enquanto o restante do acampamento já estava trabalhando. Alguém chegara a plantar um pequeno gramado em torno da plataforma, e que era mantido verde com a água que o cozinheiro usava para lavar os pratos. Eles cercaram o gramado com pedras pintadas à mão e alguém fincou uma placa anunciando que aquele ganhara recentemente o prêmio de "Jardim do Mês no Uzbequistão".

Jerry Edwards começara a fazer um jornal, escrevendo notas sobre a vida no espaço aéreo. Em uma de suas recentes missões, eles haviam realmente "aberto um buraco" no nevoeiro com os grandes rotores do Chinook e criado um túnel através do qual um avião-tanque C-130 conseguia passar com segurança e aterrissar. Eram coisas malucas assim que eles tinham dificuldade de explicar aos companheiros nos Estados Unidos.

Edwards temia não ser um piloto bom o suficiente para corresponder aos outros tripulantes — o tipo de atenção obsessiva com a perfeição que, na verdade, o tornava um Nightstalker A-1, incluído nos 5% de melhores pilotos de helicóptero do Exército americano.

Às vezes, depois de voltar de uma missão, ele não conseguia dormir e andava pelo acampamento tentando relaxar. Certa noite, encontrou uma cobra em um dos banheiros portáteis do acampamento. Recuou rapidamente e bateu a porta. Ao voltar para sua cama no hangar, abriu seu saco de dormir e deu de cara com duas víboras ali dentro.

Sentia falta de sua mulher. Pensava há quanto tempo, diabos, tivera todo aquele "sexo de despedida". Cada homem tinha dez minutos por semana para fazer o que o Exército chamava de "telefonema de conforto". Ele entrou na fila em frente à cabine tosca — com um antigo telefone de disco — para esperar sua vez. A fila era longa, mas Edward estava determinado a fazer sua ligação.

Depois de uma hora de espera, ele era o primeiro da fila, encolhido de frio dentro de sua jaqueta de voo. O sujeito lá dentro estava excedendo os dez minutos permitidos e claramente não estava se importando. Edwards bateu na porta e disse:

— Ei, cara, tem gente aqui que precisa telefonar!

O sujeito, um oficial da Força Aérea, ignorou-o.

Edwards notou que só havia homens recrutados na fila. O companheiro da Força Aérea estava abusando de sua autoridade. Edwards estava acima deles todos. Aquele babaca precisava aprender uma lição.

Depois de 15 minutos, o homem ainda não havia desligado, e Edwards gritou:

PERIGO PRÓXIMO

— Saia do telefone, pelo bem de todo mundo!

A porta se abriu e o sujeito começou a perguntar a Edwards quem ele achava que era, o que havia de tão importante e por aí em diante. E Edwards simplesmente ficou ali, de saco cheio. O que importava agora era falar com sua mulher. Ele forçou a passagem pelo oficial e disse:

— Você está totalmente errado, companheiro.

Eram 22h em Fort Campbell. Sua mulher atendeu, e, depois de alguns longos bocejos, ele se deu conta de que a havia acordado. Podia ouvir sua filha de 3 anos tagarelando atrás.

Depois da esperada conversa curta, na qual Edwards lembrou a sua mulher que precisava que ela lhe enviasse pasta de dente e panos de limpeza na próxima remessa, sua esposa disse:

— Jerry, eu estou grávida.

Edwards ficou espantado.

— Tem certeza?

— Fiz testes três vezes.

Então, sua filha pegou o telefone.

— Você está no trabalho, papai?

Edwards, ainda atordoado com a notícia de sua mulher, disse:

— Sim, querida, estou no trabalho.

— Você pode vir do trabalho para casa?

— Não, agora não.

— Eu vou ver o Papai Noel.

Edwards de repente ficou triste ao pensar que não veria o Papai Noel com sua filha.

— Eu amo você, papai! — gritou ela. — Estou com muita saudade!

Então ela entregou o telefone à mãe.

— É uma ótima notícia — disse Edwards. — Realmente ótima. Vou ser pai de novo. Uau!

Ele mal podia sentir seus pés tocando o chão.

Edwards e Diane conversaram mais alguns minutos, e, olhando o relógio, ele disse que tinha que ir. E desligou.

Voltou para o hangar desnorteado. *Cara, vou ter um bebê*. Estava quase amanhecendo. Os homens lá dentro estavam assistindo a *American Pie* e rindo de se dobrar.

Temos que dar um jeito de sair daqui vivos, pensou ele.

Na manhã seguinte, 24 de outubro, Sam Diller saiu do posto avançado em Cobaki. O que ele e Nelson haviam planejado na noite anterior era algo audacioso.

Diller, juntamente com o médico Bill Bennett e o sargento de armas Sean Coffers, planejava seguir a cavalo por 32 quilômetros, a oeste, até as montanhas, e se posicionar num ponto privilegiado, alto, com vista para o flanco dos talibãs. Com eles estavam cerca de trinta soldados afegãos, homens de Dostum. Eles começariam bombardeando os tanques e com os soldados correndo pelo vale para reforçar a batalha de Nelson.

A chave para a sobrevivência de Diller eram os movimentos furtivos. E velocidade. Eles entrariam fundo no território talibã. Diller esperava ser reabastecido de comida e munição, mas havia dúvidas quanto a isso. A Força Aérea exigia entregas programadas 24 horas antes, e ele sabia que não conseguiria marcar com tanta antecedência. Eles teriam que tirar o sustento da terra. Não havia qualquer esperança de resgate rápido.

Ele se sentou na sela, olhou para as montanhas e depois para Nelson.

— Isso vai ser arriscado — disse.

— Eu sei disso.

— Se ficar ruim — disse Diller —, você não vai saber de mim novamente.

— Vou vê-lo novamente.

Diller tinha uma cavalgada de oito horas pela frente. Ele virou seu cavalo e seus homens, acompanhados por várias mulas que transportavam suas mochilas. Começaram a atravessar o acampamento e logo desapareceram por atrás de um morro. Nelson acenou e os viu partindo.

Enquanto Diller se afastava, Spencer e Black, no Álamo, partiam para encontrar Nelson em Cobaki montados em cavalos alugados. Seria uma espécie de visita social. Cada homem queria deixar os confins do acampa-

PERIGO PRÓXIMO

mento-base e sobreviver ao campo de batalha. Black empacotara seus equipamentos médicos e Spencer carregava um rádio, caso eles conseguissem ficar no posto avançado de Cobaki e dirigir dali a base logística. Tinha sido difícil alugar os cavalos. Os afegãos não tinham nenhum animal sobrando, e somente graças à intervenção de Dostum eles estavam sentados sobre a sela de dois cansados pôneis monteses.

De início, a viagem foi hilariante. Para Spencer, parecia que a cada poucos passos seu cavalo se virava, olhava para ele e dizia: "Com certeza você é um grande imbecil. Por que não salta e caminha?"

Spencer achou que seu cavalo realmente estava bufando e reclamando, como se estivesse sendo melodramático. Os estribos eram curtos e seus joelhos estavam praticamente na altura do peito. O cavalo andava vagarosamente pelo caminho de pedras. As costas de Spencer começaram a doer. Ele usava um colete tático estufado de munição, granadas e água. Pesava quase vinte quilos. Seu M-4, que pesava mais três quilos, estava preso atravessado sobre o peito.

Quando chegou a Cobaki, suas pernas estavam dormentes. Ele não conseguia se mexer. Ficou sentado no cavalo, petrificado, temendo sair dali. Não queria que ninguém risse dele por ser um velho. Aos 40 anos, ele *era* um dos mais velhos da equipe.

Black perguntou o que havia de errado.

— Olha — disse Spencer, pelo canto da boca —, não consigo sair desse cavalo.

Black achou que ele estava brincando. Então viu a cara de dor de Spencer.

— Não consigo levantar minhas pernas. Minhas costas estão em pandarecos. Você pode tirar meu pé do estribo?

Black puxou a bota direita de Spencer do anel de ferro e ergueu sua perna acima do traseiro do cavalo. Cautelosamente, Spencer ficou em pé.

Ele ainda estava com o pé esquerdo no outro estribo. Segurou-se na sela, puxou a bota para fora do anel e abaixou o pé. Black podia ouvi-lo ofegando.

Spencer ficou com os braços sobre a sela, recuperando a respiração.

— Você vai ter que me ajudar a andar também — disse ele.

— Você está falando sério?

Spencer pôs o braço direito nos ombros de Black e eles caminharam um pouco até um canto do acampamento. Spencer soltou um gemido.

Black o abaixou até o chão. Pôs um travesseiro sob suas pernas e outro embaixo das costas. Deu a Spencer um comprimido retirado de sua caixa de primeiros socorros.

— Tome isso. Você vai dormir em mais ou menos trinta minutos.

No dia seguinte, Spencer acordou depois de dez horas de sono profundo. Sentia-se um pouco melhor. Na verdade, tinha uma hérnia de disco. Mas ficaria danado da vida se fosse deixado de lado por causa da lesão. Lutou para ficar em pé e seguiu para o trabalho no acampamento.

Diller descobriu que os cavalos que eles estavam montando não se importavam com balas zunindo sobre suas cabeças, mas odiavam os estrondos da artilharia talibã e das bombas americanas. Quando uma dessas duas coisas acontecia, os animais disparavam e empinavam. Descobriu que subir um morro a cavalo era menos ruim para os ossos do que descer. Descobriu que um cavalo cansado se ajoelha, tomba no chão e se recusa a se mexer, com um olhar vazio e distante. Diller ficava ali, mãos na cintura, lamentando aquilo. Os afegãos não lamentavam. Aproximavam-se e batiam nos animais com varas duras até eles se levantarem quietos e começarem a andar com dificuldade. Diller descobriu que era capaz de viver se alimentando apenas do medo. O gosto do medo era como arame fino enfiado no fundo da garganta.

No terceiro dia a cavalo em campo de batalha, ele estava quase sem comida e com pouca munição. Eles se moviam, bombardeavam e seguiam em frente rapidamente. Ele começara a se sentir como um fantasma na montanha.

Explodiram um depósito de munição talibã, que continuou emitindo um barulho estridente durante vinte minutos depois do ataque aéreo.

PERIGO PRÓXIMO

Montaram em seus cavalos e continuaram em frente. Estavam atravessando a espinha das montanhas Alma Tak, passando por canais e contornando morros, sempre nervosos, temendo ser localizados pelos talibás. No terceiro dia, Diller percebeu que eles estavam além do alcance de qualquer esperança de um reforço ou resgate rápido. Agora, estavam realmente longe, por sua própria conta. Diller se inclinou sobre a sela para se proteger do frio e atiçou seu cavalo.

Estavam avançando tão rapidamente que seria difícil ele programar um reabastecimento aéreo. Diller não sabia onde poderia estar dentro de uma hora. (Durante dez dias de combates nas montanhas, só receberia suprimentos duas vezes.) Reduziu a ração dos homens a uma MRE por dia. Estavam numa corrida para vencer distâncias antes que a exaustão tomasse conta de todos eles.

Diller carregava trezentos cartuchos de munição para arma calibre 556, seu fuzil M-4 equipado com mira de visão noturna, quatro granadas, uma pistola 9mm, um pente extra para a pistola, um rádio para se comunicar com a equipe e ainda dois quilos de baterias extras, um rádio por satélite, três MRE em bolsas de vinil bege, um pacote com seis MRE extras dentro de seu pacote de emergência, um par de meias de algodão sobressalente e um saco de dormir. Sua missão: destruir caminhões, tanques e artilharia dos talibás e, na falta de alvos verdadeiros, "bombardear a terra" — simplesmente fazer explosões caírem do céu — para efeito psicológico. Se não conseguisse matá-los, os deixaria completamente apavorados.

Ele estava fazendo um bom trabalho. Pela rede de rádio, chegava a informação de que em Mazar os talibás acreditavam que algum tipo de monstro vivia agora no vale. Esse monstro era Diller. Ele estava interceptando frenéticas chamadas pelo rádio com especulações sobre o paradeiro de soldados que haviam deixado Mazar e não haviam voltado. As mulheres deixadas para trás — suas esposas — acreditavam que eles haviam sido comidos por um gigante. Quando o vento frio do sul cortava a cidade, essas mulheres ouviam um ronco surdo e misterioso: o som das bombas de Diller.

240   **12 HERÓIS**

Os caminhos de pedras nas montanhas por onde eles passavam eram repletos de minas. Descer a trilha era um trabalho cuidadoso. Ao longo dos anos, algumas minas haviam sido deixadas pelos afegãos e outras pelos talibãs. Diller observava seus batedores que seguiam à frente. Eles paravam, agachavam-se sobre as mãos e os joelhos, abaixavam a cabeça e observavam a terra de lado. Em seguida, remexiam a terra, tiravam as minas de seus esconderijos, desarmavam-nas, sopravam a poeira delas e as enfiavam em seus alforjes. *Caramba, esses caras são durões. Eles dão um novo significado à palavra "reciclar".*

Ao fim da primeira semana, as roupas de Diller estavam largas, e ele se sentia dançando dentro delas. Ele entrara numa zona de hiperconsciência em que achava que nada escapava à sua atenção. Estava sobrevivendo com duas horas de sono por noite. Usava seu gorro puxado sobre os olhos fundos, seu rosto coberto de poeira, alguns fios de cabelo esparsos brotando acima dos lábios. Ele não conseguia cultivar uma barba se sua vida dependesse disso, e o bigode era uma piada. *Foda-se.* Descobriu como ganhar a simpatia e o respeito daqueles caras: sendo o mais cruel filho da puta da montanha. À noite, ao brilho avermelhado de sua luz de segurança, ele lia o exemplar rasgado de *A arte da guerra*, de Sun Tzu, que guardava no bolso da camisa. Os afegãos não sabiam ler e ficavam intrigados quando ele se sentava de pernas cruzadas sobre uma pedra, olhando para uma página, coçando o queixo, com um toco de lápis agarrado entre os dedos cheios de cicatrizes.

Toda guerra se baseia em ardil.

Quando [você estiver] perto, dê a impressão de que está longe...

*Seja veloz como o vento, majestoso como a floresta; em invasões
e saques, mova-se como um raio.*

Depois, ele fechava o livro e determinava as posições para a segurança noturna no acampamento. Eles estavam morando em cavernas, pequenos

PERIGO PRÓXIMO

abrigos nas pedras com tamanho suficiente para conter vários homens enroscados em sacos de dormir. No meio do chão de terra atulhado, um lugar para o fogo. E, acima do anel do fogo, um buraco escavado na pedra para a fumaça escapar. As paredes das cavernas eram pretas devido a anos de fogueiras, e o ar ali dentro era denso como o de casas de defumação. Diller dormia junto à porta. Fazia isso porque temia um ataque dos talibás à noite. Eles poderiam chegar se arrastando montanha acima. E ele temia que seus soldados afegãos o entregassem para receber o resgate de 100 mil dólares oferecido pelos talibás. Era um bocado de dinheiro, ele sabia — praticamente mais do que o dobro do que ele ganhava trabalhando para o Exército americano. Toda noite, antes de dormir, Diller punha em frente à entrada da caverna canecas de água vazias com colheres dentro, que fariam barulho ao serem derrubadas. Era um rude sistema de alarme que supunha que o avisaria vários segundos antes de que ele estava prestes a ser morto. Ele esperava morrer. Aceitava isso com uma bravata silenciosa sobre a qual não conversava com os outros homens da equipe. Eles já *sabiam*. Todo dia, quando saía em patrulha, imaginava se os afegãos entre eles o haviam traído. Toda hora sentia a ponta ameaçadora de uma faca na base do pescoço. Achava que nunca ouviria o tiro de fuzil que o mataria.

Depois de cinco noites dormindo em turnos de duas horas, estava claro que ninguém estava descansando o suficiente. Diller anunciou que todos dormiriam à noite e se arriscariam com os talibás, bem como com seus próprios soldados afegãos.

— Meninos — anunciou ele —, estou saindo em patrulha todo dia, eu e seis afegãos, e não me mataram ainda. Agora todo mundo vai ter uma boa noite de sono.

Diller dormia perto da entrada da caverna porque imaginava que o sujeito posicionado ali seria o primeiro a ser morto num ataque. A ideia era sua, portanto assumiria a responsabilidade por isso. Ele ficava em seu saco de dormir imundo, olhando para a passagem de ar no teto. Não gostava daquilo. O buraco era um lugar perfeito para jogar uma granada dentro da caverna. Ele olhava o buraco, o problema ficava rolando em sua cabeça, e concluía que não havia nada a fazer. Imaginava repetidamente situações de troca de tiros se o acampamento fosse atacado.

Ele não admirava a habilidade dos talibás ou dos afegãos para atirar. Parecia que os dois grupos frequentavam a mesma escola de "atirar para todos os lados" com fuzis automáticos. Portanto, calculou, se tivesse uma chance, ele atiraria em todo mundo primeiro e partiria para a luta corpo a corpo. *Grappling*. Uma técnica de imobilização que ele treinara durante horas em Fort Campbell. Diller era um homem extremamente consciente de suas limitações e, por isso, imensamente confiante. Isso para ele era a chave para a guerra de guerrilha. Ele estava em número inferior e cercado de soldados talibás na proporção de cinquenta para um. Eles tinham tanques, artilharia e comida. Ele tinha o elemento surpresa. E estava viajando com pouca bagagem.

Eles estavam seguindo para o norte ao longo de uma cadeia montanhosa a 2.700 metros de altura. As manhãs eram cinzentas e úmidas. Colônias perdidas de nuvens pálidas passavam diante de seus rostos e desapareciam no vento. Diller fazia uma patrulha todo dia, depois de um chá quente e um pedaço de pão árabe. Com seus guias afegãos, explorava a trilha à frente, arrastava-se por pedras proeminentes que se esfarelavam e se deitava sob o sol nascente, enquadrando o vale lá embaixo. Procurava alvos, novos alvos. Esse era o exercício. No acampamento, Bennett e Coffers pediam os ataques aéreos aos alvos que Diller localizara na véspera. Depois, os homens de Haji Habib invadiam os bunkers e se certificavam de que todos estavam mortos. Não deixavam ninguém como prisioneiro. Não tinham nem homens nem meios para mantê-los presos. E, além disso, o inimigo preferia não se render. Ele percebera isso quando eles enfrentaram um bando militante de guerreiros da al-Qaeda — recém-formados, supôs — vindos de um circuito de jihad no Paquistão. A distância, ele os viu explodindo a si próprios com granadas. Viu-os evaporar numa nuvem de neblina e depois ouviu o estrondo surdo das granadas carregadas montanha acima. Ele os admirava rancorosamente.

PERIGO PRÓXIMO 243

Mas Diller se achava mais resistente. Contanto que ele e seus homens pudessem comer. Depois de uma semana, Diller estava faminto. Tinha tanta fome que perdera o apetite. E então ele ouviu um sino. Um badalar suave na neblina, certa manhã. E, em meio ao nevoeiro cinzento, viu um afegão arrebanhando seus carneiros. Os animais abatidos usavam sinos para que o pastor não os perdesse.

— Vá lá embaixo — ordenou a Haji Habib — e nos traga um carneiro.

Haji Habib voltou minutos depois com uma notícia ruim. Os animais não estavam à venda.

— Como assim? Para quem mais ele poderia vendê-los?

— Ele os come. São para sua família.

Diller desceu a montanha — aproximadamente 400 metros — para negociar com o homem.

Ofereceu-lhe 50 dólares por três carneiros.

O pastor queria 500 dólares por animal.

Diller ficou furioso.

— Para quem mais você vai vendê-los — perguntou novamente — a esse preço?

O pastor sorriu. Seu rosto parecia uma pera enrugada.

— Ninguém — disse ele.

Diller revirou sua bolsa procurando dinheiro: milhares de dólares em notas marcadas. Assim, a CIA poderia seguir seu rastro. Diller achou que demoraria meses para gastar aquele dinheiro. A loja mais próxima, e ainda por cima miserável, ficava a três dias a cavalo, em qualquer direção.

Haji Habib e seus homens cortaram a garganta dos carneiros, amarraram-nos ao traseiro de seus cavalos e subiram a montanha até o acampamento. Retiraram a pele dos animais, puseram-na sobre o chão frio e rasparam a gordura cremosa, pondo-a em panelas no fogo, para esquentar. A carne foi cortada em fatias, colocada na gordura e fritada.

Comeram um carneiro inteiro em uma refeição. O resto foi enrolado num pano, na esperança de que pudesse ser conservado. Comeram os carneiros nos dois dias seguintes.

Sentindo-se agora bem-alimentado, Diller se concentrou na arrancada final. A informação que pipocou no rádio era a de que Dostum estava planejando uma batalha em 5 de novembro.

Como preparação, na K2, Dean finalmente fora informado de que entraria em campo. Usted Atta concordara em recuar para seu bastião ao sul de Mazar, com vista para a vila de Ak Kupruk. A vila ficava cerca de 16 quilômetros a oeste do Álamo, com vista para um rio chamado Darya Balkh. Os talibãs haviam capturado Ak Kupruk, e Atta tinha que retomar a cidade para que forças afegãs pudessem viajar para o norte.

Os dois rios — Darya Balkh e Darya Suf — convergiam perto de uma vila chamada Pol-i-Barak.

Dostum, com seus 2.500 cavaleiros, e Atta, com seus mil combatentes, lutariam ao longo de cada um dos dois trechos em que os rios se juntavam. Dostum e Nelson seguiriam para o norte pelo lado leste do braço, enquanto Dean e Atta iriam para o norte pelo lado oeste. A partir de Pol-i-Barak, eles teriam que seguir para o norte ao longo do Darya Balkh para tomar a cidade de Shulgareh, que era muito maior.

Ao mesmo tempo, quinhentos combatentes comandados por Mohaqeq, o senhor da guerra hazara, protegeriam o flanco de Dostum no leste. Dostum achava que a cidade de Shulgareh, no vale de Balkh, de localização central, era a chave para obter o controle do norte do Afeganistão. Se Shulgareh caísse, previu Dostum, Mazar cairia, assim como as seis províncias do norte. Tudo o que suas forças pediam para fazer isso eram armas e munição suficientes e apoio aéreo.

De Shulgareh, eles continuariam avançando para o norte pelo vale do rio Darya Balkh até a depressão de Tiangi, onde os talibãs provavelmente travariam uma luta intensa e final para impedir o ataque que levaria ao prêmio final: Mazar-i-Sharif, 32 quilômetros ao norte.

Por volta da meia-noite de 28 de outubro, os segundos-sargentos Sonny Tatum e Mick Winehouse, cuja chegada fora temida por Pat Essex, decolaram da K2 com o Nighstalker Greg Gibson pilotando o helicóptero.

PERIGO PRÓXIMO

Depois de três horas de voo, Gibson localizou o estroboscópio infravermelho que ele supôs que marcava a zona de aterrissagem. Desceu o helicóptero em meio a uma terrível tempestade de poeira. De repente, aproximadamente uma dúzia de homens armados surgiu no meio da escuridão. Pareciam zangados e indicavam que queriam subir na aeronave.

Aquilo era estranho, pensou Gibson.

Tatum e Winehouse já haviam lançado sua bagagem e saltado. Gibson os viu entrando no meio daquela confusão.

Tatum sé sentiu com se tivesse saltado num monte de neve. A areia fina estava quase na altura dos joelhos. Carregando suas mochilas de 45 quilos, ele e Winehouse tinham que lutar a cada passo. A noite estava muito fria. A poeira queimava o fundo de sua garganta.

Tatum só conseguia enxergar aproximadamente três metros à frente na penumbra, mesmo com seus óculos de visão noturna. Viu o que achou que fossem soldados afegãos. Eles acenavam ansiosamente para ele.

Usavam casacos finos e sandálias. Tatum pensou como, diabos, eles se mantinham aquecidos. Não conseguia entender a língua enrolada que estavam falando. Todos eles tinham armas. Tatum olhou em volta, mas não viu nenhum cavalo. Sabia que os americanos que deveriam encontrar estavam a cavalo. Mas onde estavam eles?

Ele olhou para Winehouse, e ambos congelaram. Alguma coisa não estava certa. *Estamos no lugar errado*, pensou Tatum. *Não deveríamos estar aqui.*

No Chinook, Gibson olhou para fora e viu um afegão balançando os braços e apressadamente orientando seus companheiros a embarcar no helicóptero. Ao mesmo tempo, Gibson notou que o que ele pensara ser um estroboscópio infravermelho era na verdade uma fogueira queimando numa extremidade distante da zona de aterrissagem. Gibson também percebeu que eles estavam em apuros.

Os soldados haviam cercado a aeronave. Não estavam com suas armas posicionadas sobre os ombros, mas Gibson sabia que era só uma questão de tempo, talvez de alguns segundos. Eles claramente esperavam entrar no helicóptero. E ele estava bem certo de que isso não aconteceria.

Em solo, Tatum olhava ao redor freneticamente, procurando com seus óculos especiais um homem branco.

— Esses caras não parecem gringos! — gritou para Winehouse.

— Eu sei! — respondeu Winehouse.

A menos de 300 metros de distância, por trás de um conjunto de árvores, Nelson e vários membros de sua equipe observavam Tatum e Winehouse vagando no escuro. Que diabos estava acontecendo? Por que eles aterrissaram ali? Eles não sabiam que esse lugar era uma das prisões de Dostum, cheia de soldados talibãs?

Nelson achou que os homens da Força Aérea seriam mortos a qualquer momento. Atrás dele estava o estroboscópio infravermelho marcando a zona de aterrissagem correta. Com certeza o piloto não o havia visto. Em vez disso, deve ter visto a luz tremulante da fogueira. Agora, Nelson tinha um problema nas mãos. Ele e seus homens haviam posicionado suas armas sobre os ombros e estavam prestes a começar a atirar.

No helicóptero, Gibson gritou para Tatum e Winehouse que eles precisavam embarcar. Os dois não conseguiram ouvi-lo devido ao barulho dos rotores, mas já haviam dado meia-volta e estavam andando com dificuldade pela areia na direção do helicóptero.

Nelson pegou o rádio e chamou Gibson.

— O que você está fazendo?

— Bem, estamos no local — disse Gibson, tentando se manter calmo.

— Hum, estaremos aí em um minuto. — Nelson e seus homens desligaram.

Tatum e Winehouse entraram a bordo, gritando:

— Não há nenhum homem branco aqui!

Enquanto alguns prisioneiros tentavam subir na rampa, o Chinook decolou. Tatum olhou para baixo e viu dezenas de rostos zangados e desolados. Alguns homens balançavam os punhos diante da aeronave que subia.

Os voos para lugares remotos do Afeganistão exigiram que os pilotos de helicópteros Chinook do 160º SOAR operassem sob adversas condições climáticas que apresentavam perigos enormes. Eles conduziram aeronaves sobre montanhas de mais de 4 mil metros de altura. Nunca haviam participado de uma missão tão ousada. (Cortesia da Base de Operações Avançadas 53)

A região de Darya Suf era impressionantemente bela, mas repleta de acampamentos talibãs escondidos, além de minas terrestres. Eles sabiam que os americanos haviam desembarcado. (Cortesia da Base de Operações Avançadas 53)

Soldados da Aliança do Norte descansam. Quando as Forças Especiais dos Estados Unidos chegaram, eles estavam quase sem munição para combater os talibãs. Graças a seu treinamento especial, os Soldados a Cavalo conseguiram unir grupos étnicos diferentes contra os talibãs. (Cortesia da Base de Operações Avançadas 53)

Mulas carregadas de equipamentos de soldados dos Estados Unidos. Esses animais de patas resistentes podiam transportar cargas pesadas, e foram essenciais para o empenho histórico dos americanos para expulsar os talibãs. Munidos de laser e GPS, os americanos foram para a guerra a cavalo.
(Cortesia da Base de Operações Avançadas 53)

As Forças Especiais conseguiram lançar de paraquedas dois veículos Gator sobre a área de combate, que foram usados para transportar pessoas, alimentos, armas, munição e suprimentos médicos. Estes soldados seguem para o calamitoso ataque na depressão.
(Cortesia da Base de Operações Avançadas 53)

Armados de fuzis automáticos e lança-granadas, alguns soldados leais a Dostum, comandante da Aliança do Norte, viajam para a guerra. Muitos desses homens estavam em guerra fazia vinte anos.
(Cortesia da Base de Operações Avançadas 53)

O tenente-coronel Bowers e o comandante Dostum tiveram que aprender a entender e a confiar um no outro para combater o Talibã com sucesso. Posteriormente, estrategistas de guerra considerariam a campanha das Forças Especiais centralizada nos afegãos e sensível a sua cultura um modelo inovador para a solução de futuros conflitos internacionais. (Cortesia da Base de Operações Avançadas 53)

O comandante Dostum e soldados americanos a cavalo no vale do Darya Suf. Logo eles enfrentariam uma sólida resistência dos talibãs quando os cavaleiros da Aliança do Norte atacassem as trincheiras do inimigo. (Cortesia da Base de Operações Avançadas 53)

Belo, desolado e extremamente difícil de controlar, o vale do Darya Suf e seus vilarejos tiveram que ser ocupados antes de os americanos avançarem. Muitas vilas haviam sido arrasadas por ataques talibãs. (Cortesia da Base de Operações Avançadas 53)

Usando metralhadoras Dshka ("Dishka") e marcadores de alvos a laser, soldados americanos conseguiram atingir a distância forças talibãs que nunca haviam visto um poder de fogo de tecnologia tão sofisticada. (Cortesia da Base de Operações Avançadas 53)

Numa trincheira nas alturas, soldados americanos observam o horizonte em busca de alvos talibãs. O emprego de armas guiadas a laser provou envolver tanto ciência quanto arte. Soldados da Aliança do Norte e do Talibã provocavam uns aos outros por meio de walkie-talkies para criticar a precisão dos ataques. (Cortesia da Base de Operações Avançadas 53)

A estreita e perigosa depressão de Tiangi era o caminho mais rápido para Mazar-i-Sharif, partindo do vale Darya Balkh, e foi o cenário do mais sangrento contra-ataque talibã. Ao lado das Forças Especiais, milhares de soldados afegãos aliados avançaram pelo vale perseguindo os talibãs. (Cortesia da Base de Operações Avançadas 53)

O segundo-sargento Brett Walden, de 36 anos, da Flórida, a caminho de Mazar-i-Sharif. Assim como os outros integrantes das Forças Especiais, Walden teve o cuidado de se familiarizar com os costumes e a cultura dos afegãos. Ele sobreviveria ao conflito no Afeganistão e depois seria tragicamente morto no Iraque. (Cortesia da Base de Operações Avançadas 53)

A imensa fortaleza de Qala-i-Janghi mostrada numa foto aérea de reconhecimento. Com mais de 500 metros de extensão, o forte é dividido ao meio por um grande muro interno. Feito de barro, palha e madeira, foi concluído em 1889, depois de doze anos de trabalho que envolveu 18 mil operários. (Cortesia da Base de Operações Avançadas 53)

O portão principal de Qala-i-Janghi, por onde foram conduzidos soldados da al-Qaeda e do Talibã capturados, entre os quais John Walker Lindh. (Cortesia da Base de Operações Avançadas 53)

O canto sudeste de Qala-i-Janghi, com estábulos de cavalos à esquerda e o muro do meio à direita. Na fotografia, a Casa Rosa e o lugar onde a rebelião começou estão em posição central à esquerda. (Cortesia da Base de Operações Avançadas 53)

Soldados da Aliança do Norte sobem pelo lado de fora da fortaleza enquanto a batalha ocorre do outro lado do espesso muro de barro. (© Getty Images/Oleg Nikishin)

Combatentes da Aliança do Norte enfrentam forças pró-Talibã. Surpreendentemente, muitos deles chegaram à batalha de táxi, com armas em punho, provenientes de Mazar-i-Sharif, que ficava perto. (© Getty Images/Oleg Nikishin)

Sobre o parapeito com vista para a Casa Rosa, no pátio sul, o general da Aliança do Norte Ali Sarwar aponta seu fuzil para as forças pró-Talibã, em 27 de novembro de 2001. (© Getty Images/Oleg Nikishin)

Soldados de Operações Especiais americanos e britânicos observam o combate entre soldados da Aliança do Norte e forças pró-Talibã, em 27 de novembro de 2001. O major Mark Mitchell é o terceiro da esquerda. (© Getty Images/Oleg Nikishin)

Na luta para sufocar a revolta dos talibãs, forças americanas lançaram uma bomba no canto nordeste do forte, por pouco não matando cinco americanos. A explosão foi devastadora e os danos ao muro principal foram imensos, mas os talibãs continuaram lutando. Os feridos foram resgatados, em parte, pela Décima Divisão de Montanha do Exército dos Estados Unidos, que teve de se esquivar de uma furiosa troca de tiros. (Cortesia da Base de Operações Avançadas 53)

A Casa Rosa da fortaleza ficava em cima do porão onde prisioneiros talibãs e da al-Qaeda foram mantidos. Durante a batalha, eles atiraram pelas pequenas aberturas na base da parede. (Cortesia da Base de Operações Avançadas 53)

Os restos de um dos enormes conjuntos de armas tomados por prisioneiros talibãs. As armas ficavam em contêineres dentro do forte e foram usadas na rebelião. (Cortesia da Base de Operações Avançadas 53)

John Walker Lindh logo depois de sua captura por soldados da Aliança do Norte na fortaleza de Qala-i-Janghi, em 1º de dezembro de 2001. Lindh viera da Califórnia e inesperadamente se viu em meio a uma batalha sangrenta e sob os holofotes da mídia internacional. (© The Sun/Terry Richards)

Johnny "Mike" Spann, o primeiro americano morto na batalha pós-11 de Setembro, numa foto de família. Ex-fuzileiro naval, Spann ingressara pouco tempo antes na CIA como oficial paramilitar. (© Corbis)

PERIGO PRÓXIMO

Eram prisioneiros talibãs, cidadãos locais sob o controle de Dostum. Ele os capturara naquele mês, antes da chegada dos americanos. Os prisioneiros haviam concordado em desistir de lutar para os talibãs, e, em troca, Dostum permitira que mantivessem suas armas. Alguns deles haviam até conseguido trabalhos braçais e voltavam toda noite para a prisão com muros de barro, onde ficavam à toa, no escuro congelante, lamentando seu destino, porém vivos. Não tinham água, comida nem suprimentos médicos.

Quando o helicóptero americano apareceu na noite, eles acharam que suas preces haviam sido atendidas. Correram para o aparelho porque queriam ser capturados pelos americanos, que — eles tinham certeza — cuidariam melhor deles.

Alguns minutos depois, Tatum e Winehouse chegaram à posição de Nelson. Nelson olhou para suas bagagens, balançando a cabeça. Eles haviam sido instruídos a levar o mínimo, mas cada um deles carregava mochilas enormes e bolsas de náilon preto contendo uma miscelânea de objetos. Eram coisas demais para levarem com eles, e não havia cavalos ou mulas suficientes para transportá-las.

— Vocês vão ter que se livrar de algumas dessas coisas — afirmou Nelson. Ele disse que eles teriam que arrumar tudo em uma única mochila para cada um.

— Vocês trouxeram alguma comida ou água? — perguntou Nelson. Nenhuma.

Mais tarde, quando um deles perguntou a Essex onde poderia encontrar água, este, irritado, apontou para uma poça de lama e disse:

— É aquilo ali que vocês vão beber, como todo mundo.

Nos dois dias seguintes, Winehouse e Tatum ficaram desarrumando suas bagagens (e bombeando sua própria água) e se adaptando à equipe. Em 30 de outubro, um caminhão pesado e alto, com laterais de madeira, entrou roncando no acampamento. Graças aos bombardeios de Nelson, os homens de Dostum haviam tomado a vila de Chapchal. Em seguida, eles atacariam Balush, 11 quilômetros ao norte. Nelson e seus homens estavam deixando a zona de aterrissagem e a base no alto do rio para ficarem mais próximos das tropas de Dostum que avançavam.

Puseram suas bagagens no caminhão e tomaram uma estrada de terra que subia, afastando-se do vale e seguindo para o norte pela margem. Depois de percorrerem 16 quilômetros, eles pararam. Cerca de 300 metros abaixo ficava o lugar do novo acampamento-base. Eles puseram a bagagem nas mulas e começaram a descer o caminho íngreme, em zigue-zague, para o vale.

A planície do rio era ampla e bem exposta ao sol. Acácias e álamos cresciam em faixas verde-escuras junto à parede da montanha. Eles montaram acampamento perto das árvores. A barraca de Dostum era grande, de uma lona branca firme como vela de barco, presa ao chão por cordas de manilha. Perto dela, um fogão fumegava, com a água do chá murmurando numa chaleira. Os americanos chamaram o lugar de "Toca da Zona de Aterissagem de Helicóptero".

Essex, Nelson e o restante da equipe ocuparam cavernas com vista para a planície do rio, que ficava a cerca de 800 metros de distância. Dali, a equipe se dividiria e seguiria a cavalo para a batalha acima da margem do vale, espalhando-se por um amplo arco de 16 quilômetros.

Essex, Milo e Winehouse seguiriam para o leste e o norte, para impedir que os talibás chegassem ao flanco leste de Dostum. Dostum e Nelson formariam o fundo do arco, no centro da batalha, com Diller, Bennett e Coffers posicionados no ponto oeste.

Spencer e seus homens se ligariam e se desligariam das diferentes células quando a força atacasse os cerca de 10 mil soldados talibás acampados na área de Baluch.

Nelson e Spencer estavam na entrada da caverna, admirados com a situação deles, que parecia irreal. Estavam ali tentando, por incrível que pareça, retirar as lentes de contato de seus olhos cansados e vermelhos. Para Spencer, parecia muito estranho fazer isso morando numa caverna.

A ida para o Afeganistão acontecera tão rapidamente que nenhum dos dois fizera a cirurgia a laser — há muito tempo adiada — para corrigir a

PERIGO PRÓXIMO 249

visão. E como às vezes usavam óculos de visão noturna, eles não podiam usar óculos de grau. Estavam preocupados também com o tempo que conseguiriam fazer durar os frascos de soro para as lentes.

Se ficassem sem a solução, eles não conseguiriam usar as lentes, o que significava que não conseguiriam ver. E não conseguir ver era sinônimo de levar um tiro.

Na caverna, Spencer telefonou para casa usando o telefone por satélite. Ele não falava com Marcha há três semanas. Tentaria conversar da maneira mais simples possível. Não havia tempo o bastante para explicar a experiência pela qual estava passando. Ou o absurdo de retirar as lentes de contato numa caverna enquanto lutava numa guerra.

Em Fort Campbell, Marcha e seus três filhos viviam com a suposição de que nenhuma notícia sobre Spencer era uma boa notícia.

Ela estava feliz simplesmente pelo fato de uma van branca do governo não ter estacionado em frente à sua casa com a notícia de que Cal estava morto. Cada vez que ouvia o barulho de um carro parando perto de casa, Marcha congelava e espiava pela janela, aliviada quando era um vizinho chegando devagar. Temia diariamente a possibilidade de ver uma van.

Ela se lembrava do dia em que estava caminhando pela lanchonete da escola secundária e viu Cal sentado à mesa de fórmica, com um casaco do Exército, o cabelo louro e liso. Eles não se conheciam. Marcha disse para si mesma: "Vou me casar com esse cara."

A campainha tocou e Cal se levantou para ir para a aula. Eles só se falaram dois anos depois, numa festa de Natal, no último ano de Marcha. Apaixonaram-se loucamente.

Os pais de Marcha a estavam perturbando por causa da faculdade. Brunswick, na Geórgia, era o lugar mais entediante que se podia imaginar. Certo dia, ela estava passando de carro pelo escritório de recrutamento do Exército.

Marcha entrou e o cavalheiro à mesa lhe perguntou se podia ajudá-la. Num impulso, ela se alistou.

Ao chegar em casa, telefonou para Cal.

— Você nunca vai adivinhar o que eu fiz.

— Não vou. O que você fez?

— Entrei para o Exército.

— O quê?

— Entrei para o Exército.

— Eu nem sabia que você gostava do Exército.

— Bem, eu acho que gosto.

— O que faremos agora? — perguntou Cal.

— Não sei.

E em seguida ela desligou.

Cal foi com os pais de Marcha à estação de ônibus. Ela iria para uma base do Exército no Texas. Nunca se sentira tão só na vida quanto ao vê-la partir.

Mais ou menos três semanas depois, ele telefonou para ela.

— Marcha — disse —, quero que você se case comigo.

— Sim! — disse ela. — Sim!

E em seguida: — Mas por que você não me disse isso *antes* de eu entrar para o Exército?

Eles moraram num pequeno apartamento em Fort Bliss, El Paso, enquanto Marcha trabalhava em sistemas de defesa à base de mísseis. Quatro anos depois, quando o serviço militar de Marcha chegou ao fim, ela decidiu ficar em casa com os filhos (na época eles tinham dois). Cal se alistou como soldado, sem jamais pensar que faria daquilo uma carreira. Ao cumprir os dez anos correspondentes à sua patente, ele estava pronto para se reformar. Mas decidiu tentar uma coisa chamada Forças Especiais. Alguns caras de sua unidade estavam falando sobre isso. Cal descobriu que adorava as Forças Especiais. E foi assim que, 15 anos depois, ele foi parar numa caverna no Afeganistão, de onde telefonava para Marcha, nos Estados Unidos.

Eram 3h da manhã quando o telefone tocou na mesa de cabeceira dela.

— Oi, o que você está fazendo?

PERIGO PRÓXIMO   **251**

Marcha se sentou.

— Cal?

— Amo você.

— Ah, meu amor, eu sinto sua falta.

— Então, o que você está fazendo?

— Dormindo. Você sempre pergunta isso.

A pergunta era uma piada entre eles. Spencer era enviado a algum lugar secreto no mundo e telefonava para ela inesperadamente, como se estivesse numa viagem de negócios no fim de semana.

— Onde você está, Cal?

— Você sabe que eu não posso...

— O que você está fazendo?

— Trabalhando, querida.

— Então, de onde você está ligando?

— Toda vez é isso, você sabe que eu não posso responder.

— Eu sei.

Era difícil entender o que Spencer estava falando por causa da defasagem na ligação por satélite. Marcha continuou interrompendo-o. Parecia que ele estava falando dentro d'água, sua voz era instável.

— Você está bem?

— Eu e os meninos estamos bem. Tudo bem.

— Quer que eu lhe mande alguma coisa?

— Que tal carne-seca?

— Carne-seca?

Enquanto falava, Spencer olhava para um penhasco que se elevava do outro lado do vale do rio. Achou que era uma bela visão. Era fim de tarde, anoitecia, e o vale do rio estava silencioso. A grama estava marrom. Quase não havia vento.

— Como estão os meninos? — perguntou Marcha.

— Bem, bem. Estamos todos bem.

— Então, tchau. Eu amo você.

— Amo você também.

E a voz de Spencer sumiu. A conexão pareceu cair e o telefone ficou mudo na mão de Marcha.

Marcha telefonou imediatamente para a mulher de Sam Diller, Lisa.

— Cal acabou de me ligar. Não consigo imaginar onde ele está. Sam ligou?

Lisa disse que não. Elas haviam combinado manter contato e compartilhar qualquer informação. Mantinham uma rede telefônica, em que cada esposa ou namorada ligava para o nome seguinte da lista e espalhava qualquer notícia. As informações circulavam rápido em Fort Campbell. Desde que haviam se despedido dos homens no estacionamento da igreja, as famílias não sabiam de nada.

Quando Dean e sua equipe estavam prontos para embarcar nos helicópteros, em 2 de novembro, para a infiltração, a chuva implacável na K2 transformara o acampamento em um pântano de homens ansiosos e irritadiços. Dean estava nervoso. Temia a falta de informações sólidas sobre Atta, o obscuro senhor da guerra com o qual estava prestes a "fazer amizade". O serviço de inteligência era tão fraco que, quando ele pediu informações sobre o senhor da guerra Atta Mohammed Noor, recebeu um fax bastante borrado sobre Mohammed Atta, um homem morto que voara de encontro ao World Trade Center no 11 de Setembro.

Personalidades e política eram os dois aspectos-chave da guerra não convencional. Se Dean não conseguisse entender muito bem Atta e seus homens, como poderia liderá-los? Ele acabara recorrendo à página da CIA na internet e baixando informações sobre o Afeganistão contidas no *World Fact Book*.

Atta tinha filhos? Sim. Onde estava sua mulher? No Irã, com os filhos. De onde vinha seu dinheiro? Do Irã e do Paquistão, por meio da Aliança do Norte. Como era o clima? Árido. Quantos soldados tinha Atta? Cerca de 5 mil homens, alguns deles "emprestados" a Dostum, para complementar as tropas menores do uzbeque. Estavam armados com AK, lança-granadas, morteiros e alguns tanques. Atta tinha 38 anos.

PERIGO PRÓXIMO

Quanto mais Dean lia, mais os senhores da guerra cruciais do país pareciam se assemelhar à máfia. O pessoal que trabalhava para eles tinha muitos laços familiares, e alguns eram empregados tanto em negócios legítimos quanto em negócios criminosos. Lutavam uns com os outros dentro de suas famílias, mas as famílias se uniam contra outras famílias. Segundo relatos, sócios de Dostum estavam envolvidos com tráfico de drogas e produção de papoulas. Atta parecia ser o mais pacífico dos dois, sendo descrito como um professor e, na prática, governador de Mazar-i-Sharif.

A equipe fora informada sobre o perigo de ser capturado pelos talibás. "Eles o penduram de cabeça para baixo na praça da cidade e o espancam até a morte. Depois o escalpelam."

Todos haviam pensado: *Está bem, homens maus. Má ideia encontrá-los.* E, em seguida, tiraram da cabeça a ideia de serem capturados.

O oficial de inteligência da equipe, sargento Darrin Clous, procurou memorizar tudo o que podia sobre o lugar para onde eles estavam indo. Ele sabia que eles avançariam com dificuldade pela neve nas montanhas e que poderiam ficar um ano naquele país. Decorou as tribos étnicas e o terreno, e informou à equipe tudo o que sabia.

Antes de embarcarem, as equipes de Mitchell e Dean se reuniram e saudaram o coronel Mulholland, que lhes ofereceu uma última palavra de estímulo. Disse que, embora eles pudessem entrar no país naquela noite, talvez ele não conseguisse tirá-los de lá.

Quando estavam perto de aterrissar, Dean ouviu "a um minuto" em seu fone de ouvido. Então, soube que eles estavam recebendo tiros de armas pequenas, o que o alarmou. Mas nenhuma bala atingiu o Chinook. Ele não sabia o que fazer com essa informação. Mais tarde, soube que essa era a maneira dos afegãos de informar uns aos outros: "Os americanos chegaram." O Chinook se acomodou sobre suas rodas, e Dean e a equipe se prepararam para sair.

Eles foram recebidos por algumas dúzias de afegãos. Estes os ajudaram a retirar as mochilas pesadas da rampa e caminharam com eles com dificuldade pela neve até uma distância segura. Dean e sua equipe começaram a distribuir cobertores verdes do Exército aos homens, que agradeciam. Até então, tudo bem.

Dean estava trêmulo devido à viagem. O outro helicóptero desceu 15 segundos depois, lançando rajadas de neve e vento sobre eles. Os pés do sargento Brian Lyle estavam dormentes de frio. Ele viu quatro ou cinco nativos agachados perto de uma fogueira pequena, que eles alimentavam com arbustos pequenos, anões, que pareciam o tipo de coisa que se usa em maquetes de trens elétricos. A impressão era de que alguns dos afegãos estavam enfiando os próprios pés no fogo para mantê-los aquecidos.

Dean não pôde acreditar nas roupas dos afegãos: túnicas longas e sandálias de borracha. Ruivo, alto, com a pele rosada, percebeu que com certeza parecia um estranho para eles também.

Os afegãos começaram a colocar mais de cem quilos de bagagem sobre uma dúzia de burros enfileirados. O que impressionou o sargento de armas Brett Walden foi que, depois de arrumarem os equipamentos, eles subiram naquelas pilhas. Pretendiam seguir no lombo dos animais, que estavam tensos. Walden sentiu pena também dos cavalos montados por americanos grandes demais, e que ainda levavam munição e mochilas.

Em meio ao ar rarefeito da montanha, os americanos lutavam para acompanhar os nativos, que, com suas roupas leves, e não mais montados nos burros, caminhavam rápido. *Eles estão nos desmascarando aqui*, pensou o médico Jerry Booker. Os americanos escorregavam no gelo e riam nervosamente ao descer escarpas acentuadas, suas costas pressionadas contra a parede da pedra enquanto avançavam bem devagar. Até mesmo os burros escorregavam, fazendo uma barulheira terrível com seus cascos que batiam na neve lamacenta. Booker escorregou, caiu e cortou o lábio na ponta de seu fuzil M-4. Depois de seis horas marchando para cima e para baixo, Dean e sua equipe chegaram ao acampamento-base do senhor da guerra Atta Mohammed, perto da desolada vila de Ak Kupruk.

PERIGO PRÓXIMO

Eram mais ou menos 4h. Atta saiu majestoso de uma casa de barro, com uma blusa na altura dos joelhos, combinando com a calça de algodão, lenço, botas de couro preto e um *pakol** bege.

Atta acariciava sua barba e parecia radiante por ver seus novos amigos americanos. Dean quis imediatamente um *pakol*.

Apertou a mão do senhor da guerra, forte, grossa e escurecida por anos de sol e guerras. Para um homem de 38 anos, ele parecia mais velho. Dean achou que tinha um olhar caloroso.

— Ouvi falar muito do senhor — disse Dean, mentindo entre os dentes.

O que ele sabia sobre o homem caberia num cartão. Mas Dean queria que Atta soubesse que tinha toda a atenção dos Estados Unidos.

Atta sorriu e, por meio de um intérprete, deu-lhe as boas-vindas e explicou que passara a noite em claro, planejando os movimentos de seu exército.

Ele surpreendeu Dean ao anunciar que tiraria uma soneca.

Dean sentiu como se o ar lhe faltasse. Uma soneca? Ele queria se sentar e conversar sobre a guerra.

O senhor da guerra se curvou ligeiramente, num cumprimento, e se recolheu à sua casa. Dean deu de ombros. Ordenou que todos descarregassem suas bagagens e encontrassem rotas de fuga no acampamento, em caso de ataque.

Depois de a equipe de Dean desembarcar, o helicóptero decolou e seguiu por mais cerca de 16 quilômetros para levar o major Mark Mitchell, o tenente-coronel Bowers e o restante da equipe de comando e controle ao acampamento-base de Dostum.

A menos de cem metros da zona de aterrissagem, Nelson e seu oficial de comunicação, Vern Michaels, agacharam-se por trás de algumas pedras e esperaram que a aeronave aterrissasse. Temiam ser confundidos com forças hostis que estivessem espreitando a zona de aterrissagem, e Nelson sabia que os homens a bordo tinham o hábito de atirar em qualquer coisa que se

---

*Chapéu típico afegão, de lã. (*N. do T.*)

mexesse. Portanto, eles permaneceram escondidos enquanto o helicóptero partia. Então, Nelson começou a ouvir o ronco de um motor semelhante ao de uma motocicleta pequena. Ficou pensando o que poderia ser aquilo.

Através de seus óculos de visão noturna, Nelson viu os homens da equipe de Mitchell descarregando dois *buggies* de seis rodas, com mochilas e diversas bolsas com equipamentos. Os veículos tinham o comprimento aproximado de um carro médio. Olhando de perto, pareciam carrinhos de golfe mais robustos.

Os *buggies* pintados de verde e amarelo se chamavam Gators e eram fabricados pela empresa de implementos agrícolas John Deere. Com suas seis rodas salientes e estrutura firme, podiam percorrer trilhas por onde um caminhão não poderia passar. Max Bowers pensara em levar os veículos depois de ler os relatos de que Nelson e seus homens estavam com dificuldade para encontrar cavalos suficientes.

Mitchell ficou surpreso ao ver que eles haviam aterrissado exatamente no acampamento-base de Dostum, onde Nelson e sua equipe estavam morando. Mitchell pôde distinguir a mancha cinza da barraca de lona de Dostum fincada no barro. Em algum lugar por perto, cavalos relinchavam e se mexiam nervosamente.

Em volta da barraca de Dostum havia um muro de barro cru, na altura do peito. Homer, Mitchell, Bowers e o restante da equipe recém-chegada desenrolaram seus sacos de dormir junto à base do muro.

Mitchell calculou que faltava uma hora para amanhecer e achou que não fazia sentido dormir. Ele adormeceu e acordou assustado. Havia dormido várias horas. Arrastou-se para fora de seu saco de dormir. Nesse momento, Dostum saiu de sua barraca.

Mitchell ficou admirado com o andar confiante de Dostum. Havia visto apenas um retrato do rosto daquele homem, de uniforme. Tentou comparar as descrições desfavoráveis que lera sobre ele com a imagem sorridente de hospitalidade que via à sua frente.

O general Dostum se aproximou, apertou sua mão e, em seguida, se apresentou a Bowers.

Com sua chegada, Bowers era agora o contato de Dostum, assumindo a função de Nelson. Este ficou desapontado com o novo arranjo, mas sabia que não podia fazer nada para mudar isso.

Sorrindo e ostentando uma barba grisalha recém-cultivada, Bowers examinou Dostum.

Ele havia se preparado para esse momento. Chegara a trazer um pedaço do World Trade Center — um fragmento de metal do tamanho de uma barra de chocolate fina —, que pretendia oferecer a Dostum e Atta, como um convite a que se unissem contra seus inimigos em comum: os soldados talibãs e da al-Qaeda.

— É uma honra — disse Bowers, apertando com firmeza a mão de Dostum.

Dostum percebeu que sentiria falta da companhia de Nelson. Ele e o jovem americano haviam criado um laço familiar. Ele correspondeu ao cumprimento de Bowers.

— O que o senhor quer, general? O que podemos fazer pelo senhor? — perguntou Bowers.

— Quero sair deste vale. Quero tomar Mazar.

— Podemos fazer isso — disse Bowers. Podemos lutar.

Dostum examinou o americano. Acreditava nele. Muitos homens morreriam, mas eles tomariam a cidade.

No acampamento-base de Atta, no vizinho vale do rio Darya Balkh, a oeste da posição de Nelson, Dean e sua equipe haviam sido levados para uma casa de barro de telhado baixo, dentro de uma propriedade murada. Os muros tinham aproximadamente 2,5 metros de altura e 50 metros de extensão de cada lado. Num dos cantos ficava uma latrina cuja porta era uma cortina suja pendurada. Dean viu alguns soldados de calças de algodão e blusas na altura dos joelhos em pé, no centro do pátio, aquecendo-se em torno de uma fogueira pálida. Eles olharam para ele, esfregando suas mãos, e sorriram. Dean acenou em resposta: — *Oi*.

Ali em pé, olhando as montanhas, que achou bonitas, e atrás do fogo, sentindo o cheiro de lenha queimada e ouvindo os cavalos batendo as patas no chão e relinchando, num cercado próximo, Dean se sentiu como se tivesse nascido para poder estar vivo naquele momento, *dentro* daquele momento.

— Onde está Atta? — perguntou ele ao seu suboficial Stu Mansfield.

— Ainda dormindo.

— Vou lá fora. — Ele estava ansioso para ver a conformação do terreno. Dean passou pelo portal baixo, no muro da frente, e caminhou até o topo rochoso da montanha. A faixa de terra era menor do que ele imaginara ao andar por ali no escuro. Tinha cerca de 200 metros de comprimento e 50 de largura. O muro de trás da propriedade ficava junto a uma pedra que se elevava por centenas de metros sobre toda a estrutura. Os outros três limites da plataforma desciam bruscamente por 3 mil metros ou mais, era difícil dizer.

A oeste ficava a vila de Ak Kupruk. Dean caminhou até a beira do cume, ergueu seu binóculo e tentou obter uma imagem clara das casas aninhadas ao longo do rio Darya Balkh. O rio parecia frio à luz da manhã. A vila estava em silêncio. Nenhuma fumaça de lenha, nenhum movimento. Ele levantou mais o binóculo e, à direita, a cerca de mil metros, espionou um bunker talibã na encosta da montanha, com vista para o rio e para a vila. Era o tipo de alvo que ele queria atingir.

Ele voltou o olhar para as casas e tentou imaginar os homens, mulheres e crianças encolhidos em seus quartos frios enquanto os talibás permaneciam à espera, em seus esconderijos em volta da vila. Esperava que os talibás não tivessem sabido de sua chegada.

Atta acordou depois de uma hora de sono e convocou Dean, Stu Mansfield e o sargento de engenharia Brad Highland para uma reunião. Eles atravessaram o pátio com o senhor da guerra. Os homens de Atta — cerca de trezentos deles baseados na propriedade — levantaram-se e os observaram passando. Viraram-se e começaram a conversar animadamente entre si. Pareciam intrigados com as armas que Dean e seus homens

PERIGO PRÓXIMO 259

carregavam. Apontavam para as armas compridas, os M-4; as pistolas pretas e pesadas em coldres de náilon; e as granadas que estufavam seus coletes de assalto.

Dean foi tomado por uma espécie de profunda afeição por aqueles homens, que estavam lutando e suportando mais do que jamais haviam lhe pedido para suportar. Teve vontade de se aproximar, abraçar todos eles e dizer: "Não se preocupem, vamos lhes dar bobagens, remédios, balas e bombas, e vamos tornar a vida melhor." Ele sabia que essa não era a clássica reação de um cara durão a uma situação de combate, mas não podia evitar.

Atta parou em frente a uma casa de barro vizinha ao novo alojamento dos americanos e fez sinal para que entrassem. Todos os afegãos se inclinaram e tiraram seus sapatos.

Dean hesitou. Olhou para Highland, que abriu um sorriso. Dean relutava em tirar suas botas, conforme ditava o costume local. Já na adolescência, ficava constrangido com o cheiro forte de seus pés. Tentara talcos, palmilhas e até parara de usar meias, achando que isso poderia pôr fim ao chulé. Nada adiantara. A equipe zombava dele impiedosamente. Agora, Dean temia estar prestes a ofender Atta com o cheiro de seus pés.

Parecia estranho considerar a repercussão diplomática do cheiro dos pés, mas Dean não podia evitar. Passara noites acordado, deitado em sua barraca na K2, pensando em todas as maneiras com que poderia comprometer seu comando, mas o chulé era algo que se esquecera de considerar.

Lá vai, pensou ele ao se inclinar e descalçar as botas.

O cheiro tomou conta da entrada imediatamente. Quase derrubou Highland. Ele viu os homens de Atta recuarem, como se estivessem sendo atingidos por um vento forte. Dean rapidamente se sentou ao lado de Atta, sobre um tapete trançado estendido no chão de terra.

Ele tentou enfiar os pés descalços na dobra dos joelhos, numa posição de lótus dolorosa que achou quase impossível manter.

Highland observou quando Atta cheirou o ar e em seguida se virou para Dean, que olhou envergonhadamente para o senhor da guerra.

Atta lançou um olhar indiferente e deu início à reunião. Tudo o que Highland conseguiu fazer foi evitar explodir numa gargalhada. (Em reuniões posteriores, Dean notou que Atta fez questão de ficar de botas sobre o tapete — um sinal, imaginou Dean, de que ele poderia perfeitamente fazer o mesmo. Dean não voltou a tirar as botas.)

Um soldado apareceu trazendo uma bandeja com amêndoas e xícaras de chá fumegante. Dean olhou ao redor e viu retratos de Ahmed Shah Massoud — o famoso combatente antitalibãs que fora assassinado em 9 de setembro — pendurados nas paredes. Parecia que fazia anos que Dean, em sua lua de mel, lera a manchete anunciando a morte de Massoud. Em vários daqueles retratos, Atta sorria ao lado do grande Leão de Panjshir.

— Tenho vários milhares de soldados — disse Atta, por meio de um intérprete. Ele explicou que esses homens eram fazendeiros de dia e combatentes de guerrilha à noite, e viviam em montanhas e vilas dos arredores. Bastava ele chamar pelo rádio que eles apareciam.

Mais tarde, Dean veria os combatentes de Atta aparecerem com fuzis AK-47 e acompanhados de seus filhos, com cartuchos de munição reservas. Atrás dos filhos vinham filhos ainda menores, sem carregar nada. Dean compreendeu que naquele tipo de combate os filhos que nada carregavam pegariam ou a arma ou a munição se seus pais ou irmãos fossem mortos. Para Dean, a expressão no rosto daqueles meninos parecia indicar que eles esperavam morrer.

Atta explicou que lutava naquela região desde os 14 anos — primeiro contra os soviéticos, depois contra os talibãs. Disse que se ferira três vezes em batalhas e tinha dez fragmentos de projéteis alojados em suas costas. Seus irmãos eram todos soldados, ainda vivos. Seu pai tinha uma loja. Ele disse que se sentia como se estivesse dizendo ao mundo há cinco anos que os talibãs eram terroristas, e agora que os americanos haviam chegado, o mundo estava ouvindo. Explicou que montara uma rede de contatos confiáveis entre os nativos, e que seus soldados se deslocavam e levavam suprimentos com agilidade, sem que os talibãs os detectassem. O próprio terreno conspirava para separar, dividir e confundir.

PERIGO PRÓXIMO   261

Dean explicou que precisava que seus homens assumissem posições nas montanhas de onde pudessem observar os bunkers inimigos.

— Quero bombardear as posições de liderança — disse.

Dean sabia que o exército talibá era cada vez mais liderado por combatentes do Paquistão, da Arábia Saudita e da Chechênia. Imaginava que se pudesse se livrar deles os nativos abandonariam o exército, porque, conforme dissera a sua equipe, "os afegãos não gostam de ser dominados por ninguém".

— O senhor tem um mapa?

Atta disse que não tinha, o que chocou Dean. Ele apanhou sua bolsa e retirou dela um mapa em inglês. Os olhos de Atta se iluminaram de satisfação. O senhor da guerra pegou o mapa, abriu-o cuidadosamente sobre o tapete e começou a contar, em dari, sobre os lugares onde lutara, e onde ainda esperava vencer.

— Eu posso trazer bombas — disse Dean. — O senhor precisa me mostrar os alvos — não vou simplesmente jogar bombas em qualquer lugar. Não quero ferir a população. Estamos aqui para libertar o povo afegão.

Atta disse a Dean que uma vila chamada Lalami — localizada cerca de oito quilômetros a oeste de Ak Kupruk e aproximadamente 16 quilômetros ao norte de onde eles estavam agora — caíra no dia anterior. Seus homens haviam atacado Ak Kupruk também, mas a batalha ali ainda era feroz. Os talibás havia posicionado 5 mil soldados na vila. Até então, seus homens haviam capturado 800 soldados inimigos e feito outros duzentos prisioneiros. Eles haviam visto uma fila de uma dúzia ou mais de caminhões saindo às pressas da cidade ocultados pela escuridão, fugindo para o norte, para Mazar-i-Sharif, disse Atta.

Atta explicou que os talibás em Ak Kupruk estavam no caminho da marcha de seu exército para Mazar-i-Sharif.

Dean apresentou o plano de batalha: ele e Atta capturariam Ak Kupruk e empurrariam os talibás para o norte, subindo pelo Darya Balkh, onde eles acabariam se unindo às forças de Dostum. As forças americana e afegã combinadas seguiriam subindo o vale para a vitória.

— Vou precisar dividir minha equipe — disse Dean.

Ele sugeriu que Atta ficasse no acampamento-base com o aspirante Stu Mansfield, o sargento de comunicação Brian Lyle, o engenheiro Brad Highland, o sargento de armas Mark House e o médico Jerry Booker, que dirigiria um trem de suprimentos de remédios e balas. Desse ponto privilegiado no topo da montanha, Atta poderia orientar Dean enquanto este avançasse, em combate.

Dean estaria acompanhado do sargento de inteligência Darrin Clous, do médico James Gold, do controlador de combate da Força Aérea Donny Boyle, do sargento de armas Brett Walden, do sargento Francis McCourt e do sargento de comunicação Evan Colt, além de uma unidade de segurança de aproximadamente cinquenta soldados de Atta. O trabalho deles: bombardear bunkers talibás em torno de Ak Kupruk enquanto o exército de Atta atacassse a vila propriamente dita.

Enquanto a reunião entre Dean e Atta acontecia na casa de barro, Brian Lyle e Jerry Booker estavam do lado de fora, junto à porta, e viram quando alguns soldados de Atta chegaram a cavalo, vindo da batalha em torno de Ak Kupruk. Os soldados estavam montados em cavalos cansados, seguidos por uma fila de burros. Pareciam sujos e exaustos, alguns deles sangrando, seus cavalos respirando com dificuldade. Eles saltaram dos animais, comeram rapidamente uma xícara de feijões cozidos e beberam um pouco de água, enquanto outros homens do acampamento colocavam punhados de munição e granadas nos alforjes amarrados aos burros. O reabastecimento demorou uma hora e meia. Depois disso, os homens montaram em seus cavalos e desceram pela montanha tilintando, rumo ao vale e à luta por Ak Kupruk.

Lyle e Booker enfiaram as mãos em suas mochilas, retiraram vários maços de cigarro Marlboro e começaram a distribuí-los aos homens do acampamento, num gesto de amizade. Nenhum dos dois era fumante, mas ambos também acenderam cigarros, para serem sociáveis.

PERIGO PRÓXIMO

Lyle ficou tonto depois de três tragos e temeu que a marcha que faria no dia seguinte se tornasse duplamente cansativa. Mas, então, aconteceu algo que fez o enjoo valer a pena. Os homens de Atta começaram a rir, satisfeitos com a generosidade dos americanos, e um deles começou a gritar "Soldado!", como se dissesse "Bem-vindo, soldado doutor Booker!", "Bem-vindo, soldado operador de rádio Lyle!".

A utilidade dos dois americanos logo foi posta à prova quando um homem ferido, deitado em cima de uma porta, foi carregado para dentro da propriedade.

A perna do homem estava um horror. Booker respirou fundo antes de se inclinar para examinar o ferimento. O sujeito havia pisado numa mina do tipo conhecido como "estouradora de dedos". Pequenas, leves e baratas, essas minas eram consideradas muito prejudiciais a um exército inimigo porque se limitavam a ferir o inimigo, em vez de matá-lo. Se um soldado morria numa explosão, fim de conversa. Mas um homem ferido exigia que vários de seus companheiros o carregassem e cuidassem dele até conseguirem uma ajuda médica de verdade. O homem diante de Booker era um exemplo perfeito dessa estratégia — seu pé perdera a pele, e a carne viva estava vermelha como um rubi.

Booker temia que se formasse uma gangrena. Ele não tinha nenhuma serra para ossos, e definitivamente teria que amputar a perna daquele sujeito, ou pelo menos parte dela. Ele apanhou em seu cinto um canivete suíço que tinha uma boa lâmina serrilhada, de aproximadamente 10 centímetros. Teria que servir.

Enquanto examinava a perna, Booker olhou para o lado e se surpreendeu ao ver uma bela mulher se aproximando, cabelo castanho descoberto, o rosto pálido. Parecia ter 20 anos. Ela parou diante da cabeça do homem e acariciou o cabelo dele. Começou a chorar. Era sua esposa, supôs Booker, e em sua tristeza esquecera-se de se cobrir com um véu na presença do médico. Ao perceber isso, Booker desviou o olhar, sem querer ofender a ela ou aos afegãos.

Um dos afegãos ergueu um cobertor entre Booker e a mulher, de modo que ele ainda pudesse cuidar da perna do homem. Booker podia ouvir o homem gemendo do outro lado do cobertor, sua canção de dor misturada às suaves palavras de conforto da mulher. O médico sabia que eles estavam rezando, e que entendiam que ele talvez não resistisse.

A explosão da mina arrancara a maior parte da carne da perna. O ferimento começara na base do pé, e os estilhaços haviam carcomido a perna e raspado a tíbia. Tudo abaixo do joelho era um osso exposto, envolvido por uma fina camada de sangue. Booker segurou a perna e a manipulou, analisando se desarticularia ou não o joelho — em outras palavras, se a retiraria, como quando se tira a coxa de uma galinha. Mas ele queria deixar o sujeito com alguma coisa, caso algum dia ele pudesse se adaptar a uma prótese. Decidiu então amputar sete centímetros abaixo do joelho.

Para controlar a dor, Booker dera Nubane ao sujeito, uma morfina sintética semelhante ao ópio. Mas ele sangrava sem parar. O médico fez um gotejamento intravenoso, fornecendo o máximo de líquido que podia sem afinar demais o sangue do sujeito e estourar um coágulo, o que poderia resultar numa hemorragia. Temia que o homem tivesse perdido sangue demais, e tinha que fazer o melhor que podia para salvá-lo. Sabia também que o homem sobreviveria se estivesse numa sala de emergência nos Estados Unidos. A mulher do outro lado do cobertor chorava e ainda rezava. Pouco depois, Booker teve a impressão de que todos ali pensaram *Que importância tem isso?*, e o cobertor caiu. Ele podia ver o rosto pálido da mulher. Não queria que ela se sentisse ainda mais desconfortável em meio àquela sangueira e àquele sofrimento.

Agora, Booker serrava a tíbia e o sujeito gemia baixinho enquanto a lâmina fazia um ruído surdo ao cortar o osso. Geralmente, a essa altura, ele enrolava a ponta cortada com algo chamado cera para osso, uma substância usada para cobrir o corte. Mas ele não tinha isso também e, portanto, improvisou, recolocando a medula no centro do osso e tentando fazer dela uma tampa. Funcionou. Ele envolveu o toco com a borda da

PERIGO PRÓXIMO

pele e pôs uma atadura sobre ele. Quando terminou, tudo parecia muito bem-feito, mas ele achou que o homem não resistiria.

Em seguida, Booker ficou surpreso quando a família do homem lhe perguntou se o paciente deveria comer um pouco de ópio, ou injetá-lo. Obviamente a família estava pensando em medicá-lo, e Booker pensou: *Meu Deus, eu não sei.* Por fim, ele disse:

— Acho que eu diria a ele para fumar, porque assim a dose será menor. Se ele tiver que usar, que seja fumando.

Os parentes indicaram que haviam entendido.

Assim que Booker terminou de cuidar da perna, os afegãos lhe trouxeram um menino, de não mais do que 14 anos, que fora baleado no ombro. A bala entrara pela frente e saíra por trás. Esse tipo de ferimento era simples. O menino recebeu um curativo e foi dispensado. Mais complicado era o caso de outro jovem, que fora baleado no pulso.

Booker lhe aplicou uma injeção de um anestésico local, desembrulhou um par de luvas de látex e usou o invólucro como uma saia sobre o colo do rapaz. Estava atento à necessidade de conservar suprimentos, e imaginou que o lado de dentro do invólucro, esterilizado, funcionaria como uma superfície limpa para a operação. Ele pôs o braço do garoto sobre o invólucro branco e em seguida apanhou seu canivete suíço. O menino arregalou os olhos quando Booker expôs a lâmina serrilhada e segurou o canivete longe dele, sobre o chão de terra, derramando álcool no metal para desinfetá-lo. Booker se virou e viu cansaço nos olhos dele, mas não medo. Balançou a cabeça, admirando a coragem do rapaz.

Ele pressionou o canivete, com o cuidado de cortar ao longo da linha de tensão da pele, dos dois lados do pulso, para que o músculo do braço não pulasse para fora como aquele brinquedo em que um palhaço salta quando se abre uma caixa. Ele usou uma tesoura cirúrgica para cortar o músculo contundido e morto. Sabia que era aquilo que poderia matar o garoto: o tecido morto causaria uma infecção anaeróbica. Você podia deixar uma bolsa de ar na sutura e o ar logo escaparia, deixando o local úmido e escuro sem oxigênio. Fora esse tipo de infecção que havia matado muitos homens na Guerra Civil e na Segunda Guerra Mundial.

Em seguida, Booker cobriu o buraco com um curativo para estancar o sangue. O melhor a fazer teria sido fechar o ferimento com algumas suturas por três dias e depois pedir ao garoto para procurá-lo. Mas o médico não tinha a menor ideia se voltaria a ver algum daqueles rapazes.

Quando Booker terminou, os homens de Atta se aproximaram e agradeceram a ele. Havia sangue por toda parte — na porta e espalhado pelo chão. Booker notou um cachorro circulando pelo pátio. Parecia muito faminto.

Quando ele terminara de cortar a perna do primeiro homem, o osso fora posto de lado, e agora Booker o espiava, largado no pátio. Ele sabia que era só uma questão de tempo para que o cachorro fugisse com aquilo. Qual era o costume muçulmano?, pensou. O osso teria que ser enterrado de alguma maneira especial? E então começou a imaginar o cachorro roendo o osso da perna, apanhou uma pedra e jogou no animal. "Saia daqui!"

Finalmente, um soldado afegão se aproximou e carregou o osso embaixo do braço.

Booker não tinha a menor ideia do que fariam com aquilo, mas estava aliviado.

Enquanto pensava naqueles acontecimentos inesperados, um grito desconcertante cortou o pátio:

— Os talibás estão chegando! Os talibás estão chegando!

Booker se levantou num salto, e Dean, Mansfield e Highland saíram às pressas da casa onde estavam reunidos com Atta.

— Estamos sendo atacados? — perguntou Dean.

Os gritos vinham de fora da propriedade, mas não parecia haver uma multidão ali.

Com suas armas em posição, Dean e a equipe correram para fora da propriedade, foram para um morro pequeno e assumiram posição escondidos numa pequena depressão no chão. Dean percebeu que eles estavam num canal seco que fora cavado em volta da propriedade. Ele tentou ouvir a aproximação dos soldados inimigos.

PERIGO PRÓXIMO

Espiando por cima da superfície com seu binóculo, ele viu cerca de vinte homens de turbantes pretos caminhando por uma trilha sobre o espinhaço que cruzava o vale, a pouco menos de um quilômetro de distância.

Eles estavam sendo vigiados por vários homens de Atta, que os empurravam com o cano de seus AK. O grupo desapareceu por trás de algumas pedras. Mais ou menos um minuto depois, reapareceu na trilha, dessa vez mais perto da propriedade, no topo do espinhaço. Dean pôde ver — para sua surpresa — que as mãos dos homens estavam amarradas com tiras de pano.

Dean e seus homens saíram do canal e correram para dentro da propriedade, onde os prisioneiros começavam a ser agrupados.

Atta caminhava para lá e para cá diante dos presos em fila, falando lenta e solenemente, como se estivesse falando com colegiais. Dean não podia entender o que estava dizendo. Ele falou por vários minutos. Os prisioneiros de guerra estavam humildes diante de Atta, ainda amarrados, olhando para o chão. Atta, então, chamou seus assistentes, que se aproximaram dos prisioneiros.

Para espanto de Dean, o soldado começou a desamarrá-los. A equipe segurou suas armas com mais firmeza.

Um a um, os prisioneiros se aproximaram de Atta, puseram uma das mãos sobre o peito e humildemente juraram obediência.

Depois de fazer o juramento, cada prisioneiro se afastava. Ou saía da propriedade, indo para casa, imaginou Dean, ou pegava uma arma e se juntava aos soldados de Atta.

Estava claro que muitos dos combatentes da Aliança do Norte conheciam alguns daqueles talibás. Eles explicavam a Dean: "Este homem, tudo bem. Ele tem uma loja. Vende laranjas. É meu amigo." Ou os homens haviam se juntado aos talibás contra sua vontade, ou haviam visto o erro de sua atitude. Talvez, antes de mais nada, nunca tivessem querido ser talibás.

Dean não conseguia se conformar com aquela rendição. Achou que aquilo cheirava mal. Ele e a equipe estavam agora cercados pelos mesmos soldados que, minutos antes, planejavam matar.

268   **12 HERÓIS**

Atta chamou Dean a um canto e explicou que era preciso tratar bem todos os prisioneiros, de acordo com a Sharia, um sistema de leis que Dean conhecia de seus estudos do Alcorão.

— Vou tratá-los como eu gostaria de ser tratado se eu fosse capturado — disse Atta.

Dean concordou.

— Fiquem alertas — instruiu ele à equipe. — Esses prisioneiros podem estar se preparando para apagar todos nós.

Pouco tempo depois, a equipe de Dean deixou a propriedade de Atta sob chuva e neblina e cavalgou durante toda a tarde, descendo trilhas pedregosas até o vale do rio Balkh. Eram trilhas tão estreitas que um tropeço significaria cair num abismo de centenas de metros de profundidade. O cavalo do sargento Brett Walden empinou e a sela escorregou de repente por toda a traseira do animal, até o ânus. Walden teve que se agarrar ao rabo, logo acima dos cascos. Ele largou o rabo e se soltou do animal, por uma questão de segurança. Voltou a montar no cavalo teimoso, e os soldados retomaram o caminho.

Doze horas depois, eles chegaram à periferia castigada por ventos de Lalami Sul, um assentamento no alto de uma montanha, a 1.500 metros de altitude, com vista para Ak Kupruk. Dean calculou que eles haviam viajado aproximadamente 12 quilômetros desde o quartel-general de Atta.

Agora, Ak Kupruk parecia estar a pouco mais de um quilômetro de distância, escurecendo no poente, no fundo do vale. O guia se virou sobre a sela e lhes disse para ficarem onde estavam.

Ele seguiu em frente a cavalo com outros soldados, na direção de um agrupamento de casas a aproximadamente cem metros de distância, pela trilha. Essas moradias de barro rústicas pertenciam a afegãos simpáticos a Atta, mas os soldados redobraram a segurança da área.

Dean viu a porta de uma das casas se abrir exatamente quando os homens de Atta se aproximaram. Um homem ficou na entrada, ouvindo os soldados falarem, e então estendeu a mão e um dos soldados lhe deu

PERIGO PRÓXIMO

o que parecia ser um rolo de dinheiro. O dono da casa se virou, olhou na direção de Dean e acenou. Os afegãos montaram em seus cavalos e galoparam de volta.

— Está seguro — disse um deles. — Podemos entrar.

Dean percebeu que eles haviam acabado de se conectar ao que era chamado de "auxiliar" — palavra que se referia ao movimento clandestino de cidadãos que apoiava a guerra contra o Talibã. Assim como os combatentes que, na França, durante a Segunda Guerra Mundial, buscavam o apoio da Resistência local, Dean e os afegãos estavam à mercê do dono daquela casa. Dean pensou se eles estavam em situação de risco. Planejavam passar a noite ali e bombardear os talibás pela manhã.

O dono da casa os encaminhou a um quarto vazio. Eles estavam completamente escondidos de qualquer pessoa que passasse do lado de fora, e Dean viu que se tratava de um plano bem coordenado. Ele e os homens amontoaram as mochilas junto às paredes e se deitaram ao lado delas. Sem conseguir esticar as pernas no ambiente apertado, dormiram mal durante algumas horas, até o amanhecer, quando montaram em seus cavalos e seguiram adiante.

Cavalgaram com o sol nascendo às suas costas. Em certos lugares, parecia que os animais eram maiores do que a trilha, o que os forçava a seguir com cuidado, como se estivessem andando numa corda bamba. Dean quis saltar do cavalo e conduzi-lo, mas, como os afegãos permaneciam montados, tentou engolir seu medo. Seu animal marchava pesado, como se estivesse sendo puxado por uma corda. A viagem era lenta. Os animais seguiam tensos sob a carga pesada da bagagem dos americanos. Ele imaginou quantas vezes haviam feito aquela viagem, por aquele caminho, e supôs que centenas seria a resposta. Olhou para baixo enquanto eles passavam disparando contra posições cavadas na pedra e pensou nos homens que haviam lutado e morrido ali.

Os afegãos foram ficando mais impacientes e batiam nos burros esforçados. Um dos burros caiu e se levantou relutantemente. Dean olhou para trás e viu que um dos cavalos quebrara uma perna e estava deitado sobre a trilha. Mais tarde, quando eles pararam para descansar, Dean perguntou o que acontecera com o cavalo. Os afegãos disseram que não sabiam. Ele imaginou que o comeria no jantar naquela noite.

Eles subiram uma serra, cruzaram sua dura extensão e desceram pela extremidade. De repente, um dos homens de Atta ergueu a mão.

Dean olhou ao redor. Eles estavam expostos numa face rochosa, visível a quilômetros de distância. *Eles devem saber o que estão fazendo*, pensou. *Talvez estejamos perdidos. Tente não ser o americano controlador.*

Dean apanhou seu livro de frases, na esperança de falar com eles em dari. Desviou os olhos das páginas e viu centenas de pedras pintadas de vermelho espalhadas pela encosta. Calmamente, guardou o livro no bolso do casaco e anunciou ao restante da equipe:

— Estamos numa merda profunda.

Eles já sabiam.

Haviam chegado a um campo minado.

Dean procurou pedras brancas, que indicavam áreas de onde os explosivos haviam sido retirados. Não havia nenhuma.

Dean olhou para o guia.

— Sigam-me — disse o homem. Ele virou seu cavalo acentuadamente, nos confins de sua própria sombra. Voltaram a subir a encosta, viraram-se e pararam para analisar a situação.

Nesse momento, Dean ouviu batidas de cascos de cavalo e um jovem de cabelo preto se aproximou, galopando confiantemente, seu chapéu empurrado para trás na cabeça. Ele saltou do animal, caminhou diretamente para Dean e disse em russo:

— Sou Mohammed Sihed.

Russo! Uma língua que Dean podia falar.

— Obrigado por estar aqui — disse Sihed. — Obrigado por nos ajudar em nossa causa, acabar com a al-Qaeda.

— É uma grande satisfação e um privilégio lutar com vocês — disse Dean. — Ouvi dizer que há alguns inimigos em Lalami.

— Sim, há.

PERIGO PRÓXIMO

— Bem, quero matar os inimigos — disse Dean.

— Está bem, vamos, eu e você.

— Quero levar Boyle — disse Dean. — Ele fala com os aviões.

— Sem problema.

— Há minas terrestres — advertiu Dean.

— Conheço o caminho. Nós vamos caminhar.

Pelo rádio, Dean disse a Stu Mansfield que estava prestes a determinar um ataque aéreo, e em seguida segurou seu CamelBak, o sistema de hidratação usado como uma mochila, com o qual ele podia beber água por um tubo sobre seu ombro. Boyle pôs no ombro uma mochila contendo seus rádios e eles foram até a extremidade do topo do morro, por uma trilha que tinha um pouco de neve.

— Se você permanecer na trilha, não haverá problema — disse Sihed sobre o ombro.

— Vá na frente — brincou Dean.

— Eu vou — disse Boyle.

Depois de uma hora morro acima, a pé, eles se agacharam atrás de uma pedra diante de uma parede de montanha alta, a cerca de 2 mil metros de distância.

Regulando o foco de seu binóculo, Dean distinguiu as extremidades bem definidas e cinzentas de um bunker talibã emergindo da pedra.

Ele passou o binóculo para Boyle, que olhou através do aparelho, abaixou-o e o devolveu a Dean.

— Talibá ou *dost*? — perguntou Dean, usando a palavra em dari que significa "amigo". Ao pronunciá-la, a palavra soou como "*toast*".*

— Não *dost*. Talibá. — Sihed fez um gesto como se estivesse cortando a garganta com uma faca.

Boyle se virou para Dean.

— Não posso lançar bombas naquilo — disse.

Dean ficou chocado. — Por que não?

---

*Torrada, em inglês. (*N. do T.*)

— Como vou saber que é uma posição do inimigo? — disse Boyle.

Dean não podia acreditar. — O que você gostaria de ver para convencê-lo? Ouça, cara, essa gente não usa uniforme. O que você quer ver?

— Não posso lançar bombas neles, senhor — disse Boyle. — Sinto muito. Simplesmente não posso.

Essa era a última coisa que Dean esperava ouvir. Ele sabia que Boyle estava tentando fazer a coisa certa. Eles temiam lançar bombas no lugar errado.

Dean apontou para Sihed e perguntou a Boyle:

— Como você sabe que ele não é inimigo?

— Bem, eu não sei.

— Exatamente — disse Dean. — Mas ele está aqui e está nos dizendo que aqueles filhos da puta lá são homens maus.

Dean não sabia exatamente o que mais poderia dizer.

— Ouça — prosseguiu —, nunca vamos saber quem é o homem mau e quem é o homem bom, a não ser que eles nos digam, ou que alguém aponte uma arma para nós.

Boyle concordou em lançar as bombas. Eles pediram uma JDAM (*joint direct attack munition* — munição de ataque direto conjunto), chegando às coordenadas da grade usando o telêmetro. A bomba errou o alvo por pelo menos 800 metros. Dean e Boyle concordaram que seriam mais bem-sucedidos se usassem laser. Dean estava constrangido.

Ele falou pelo rádio novamente com a equipe de Atta e pediu que alguém trouxesse o SOFLAM, o marcador de alvos a laser.

— E venha andando, não a cavalo — disse Dean. — Há minas terrestres. Tenha cuidado! — Estaria escuro dentro de algumas horas. Dean sentiu que o dia estava escapando de seu controle.

Ao chegarem, Booker e Highland estavam ansiosos para começar a lançar bombas. Mas também temiam que o local onde estavam tivesse minas terrestres. Sihed assegurou que não tinha.

Para provar isso, ele ordenou a seus homens que corressem em círculo pela escarpa, arrastando os pés e saltando.

PERIGO PRÓXIMO

— Vejam, tudo limpo!

Pelo amor de Deus. A cada minuto Dean achava que alguém iria pelos ares. Vista dali, a tarde estava mais avançada lá embaixo.

Usando o laser, Boyle traçou o bunker que eles não haviam atingido antes. Inexplicavelmente, a bomba caiu fora do alvo e atingiu outro bunker próximo, por engano.

Dean queria muito impressionar Atta e não sentia nada além de frustração. Ao entardecer, porém, ele conseguiu descobrir o motivo da dificuldade de acertar o alvo. Ficou aliviado ao saber que não era um erro seu.

Quando as correntes de ar vindas do chão do vale circulavam durante o dia, sobrecarregadas pelo calor crescente do sol, o ar ficava espesso e se tornava um nevoeiro marrom. Esse nevoeiro é que estava distorcendo o laser, de modo que o feixe de luz invisível não estava mirando o que Boyle apontava.

Dean estava irritado com o impasse. Não comia há dois dias. Dormira pouco. Um vento frio soprou no alto da montanha e irrompeu na escuridão, castigando-os. De sua posição, olhando para baixo, Dean viu fogos brilhando a distância, na área de Ak Kupruk.

— O que está acontecendo? — perguntou a Sihed.

Sihed balançou a cabeça, com tristeza. Os talibás estavam chegando à cidade, disse ele, e queimando as casas de homens que haviam se juntado às forças de Atta.

— E as famílias deles?

— Se tiveram sorte, foram com eles.

Dean percebeu que não havia mais nada a fazer ali naquela noite a não ser assistir a Ak Kupruk queimando. Ele não conseguia suportar aquela visão. Não conseguia suportar a ideia de gritos e tiros sacudindo a vila.

Ele olhou para os combatentes que estavam com ele. *Essas pessoas estão morrendo de fome. O inverno está chegando. Faz frio.* Ele disse a Sihed que eles voltariam para a propriedade de Atta. No dia seguinte, retornariam àquele lugar e acertariam as coisas.

Cavalgaram no breu. Ao descer de seu cavalo, ele estava tremendo de frio. Sentiu o cheiro de arroz cozido e quente, e de pão esquentando numa frigideira de ferro em algum lugar. Sua boca salivava. Ele praticamente caiu de seu cavalo, morto de cansaço.

Foi recebido à porta por um dos homens de Atta. Havia uma notícia ruim. Eles não atacariam Ak Kupruk no dia seguinte. Tinham que esperar. Dean ficou decepcionado e quis saber por quê.

Porque as forças de Dostum ainda não estavam em seu lugar, disse o soldado.

Dean pensou na cidade ardendo, as crianças, as mulheres. Talvez elas estivessem sendo mortas, e ele estava ali. Mas não podia fazer nada. Sentiu frustração e tristeza.

Dean e sua equipe entraram no cômodo onde comiam e desabaram sobre o tapete, o ambiente iluminado por velas gotejantes. Um afegão se aproximou com uma toalha sobre o braço e uma jarra de água. Cada um deles estendeu as mãos e as lavou, pegando em seguida a toalha do braço do homem, secando-as e pondo as toalhas de volta no lugar. Isso era para mostrar a todos que estavam limpos. Eles se sentaram de pernas cruzadas sobre uma coberta de algodão vermelho. Dean enfiou os pés fedorentos sob si mesmo o melhor que podia, tentando abafar o cheiro. Não adiantou.

Meu Deus, como estava faminto. Ele sentiu o cheiro de algo bom e gorduroso: *bode*.

Ele não conseguia se lembrar de algum dia em que tivesse tido tanta fome. Ele e a equipe observaram os afegãos com os quais vinham viajando há três dias estendendo a mão esquerda, derramando no prato o arroz de um tigela conjunta e em seguida levando a mão à boca num movimento suave: eles estendiam a mão, levavam-na à boca, lambiam-na e repetiam.

Dean tentou fazer o mesmo e logo fez uma bagunça. Os grãos de arroz caíam sobre a coberta vermelha embaixo dele. Ninguém pareceu se importar.

Sua equipe tinha uma porção de carne de bode sobre uma extremidade da coberta e os afegãos tinham uma porção na outra extremidade, e todos comiam feito loucos. A carne tinha uma espécie de marinada sobre ela. Ele mordeu um pedaço de pão, e seus dentes mastigaram grãos contidos nele. Dean achou que jamais provaria algo tão bom novamente.

Ele compreendeu que Atta e seus combatentes estavam lhe dando o melhor que tinham, e que aquela comida provavelmente poderia alimentar suas famílias durante uma semana. Percebeu que a generosidade era proporcional ao que se tinha. Aquelas pessoas estavam entre as mais pobres que ele já conhecera, e ainda assim elas lhe dariam — ao que lhe parecia — até suas vidas, se precisassem. Em troca, ele queria que elas conquistassem sua liberdade.

Alguém da equipe apanhou um livro de frases em dari e, com suas sombras tremulando nas paredes, os americanos começaram dizendo "olá" em dari.

— *Namse-chase* Dean — disse Dean. Meu nome é Dean.

— *Namse-chase* Darrin — disse o sargento Clous.

— *Namse-chase* Brian — disse o sargento Lyle.

Cada vez que alguém xingava, dizendo "Porra, que comida boa!", ou "Que merda os bombardeios hoje!", Atta repetia o sacrilégio e ria.

— Como se diz "*mudder-futter*"?* — perguntou ele.

— Diga *muther-fuck-er* — ensinou Dean.

— *Mutha-fooker* — disse Atta.

Os afegãos e os americanos riram como se estivessem embriagados. Mas não estavam, exceto pelo vento, pelo sol forte e pela sensação de que a qualquer momento todos eles poderiam morrer.

Em pouco tempo, a carne de bode acabou. Eles haviam consumido todo o animal de mais de vinte quilos. Só sobrara gordura no fundo dos pratos de porcelana decorada com desenhos de peixes e pequenas flores. Eles esfregaram pedaços de pão árabe na gordura e os devoraram. Em

---

Mother-fucker, filho da puta. (*N. do T.*)

seguida, abriram o livro de frases, procuraram a palavra "bom", apontaram para os pratos vazios, ainda mastigando, e exclamaram: "Bom!" Dean se sentira muito mal ao voltar para o esconderijo, por causa das bombas que haviam errado o alvo e por causa dos incêndios em Ak Kupruk.

Mas agora estavam todos rindo.

Em 3 de novembro, enquanto Dean e sua equipe seguiam para seu posto de observação acima de Ak Kupruk, para preparar os ataques a bomba, o major Mark Mitchell continuava ocupado tentando conhecer o general Dostum em seu acampamento no Darya Suf. Mitchell e Dean estavam separados por pouco mais de 30 quilômetros de montanhas sem estradas, mas haviam sido empurrados para campos bem diferentes.

Dostum se revelara um anfitrião sociável, que ria facilmente e ficava sério de uma hora para outra, com os olhos apertados. Já Atta, magro, tímido, introspectivo, e cuja ambição de poder não era menor do que a de Dostum, sorria astutamente quando deveria falar diretamente — era uma espécie de gato de Alice, enquanto a fisionomia de Dostum lembrava um pastor-alemão.

Dean percebia que Atta era realmente um homem que estava ao seu lado, independentemente de às vezes parecer não querer demonstrar o que estava realmente sentindo. Mitchell admirava com relutância a estranha habilidade de Dostum de se transformar em qualquer homem que qualquer situação exigisse.

Dostum, Mitchell, Bowers e o oficial da CIA J.J. estavam sentados sobre um tapete, e Bowers explicava a estratégia para os dois dias seguintes. Em 5 de novembro, as forças de Dostum tomariam de assalto a vila de Baluch, cerca de 12 quilômetros ao norte, e dali se juntariam a soldados de Atta perto de Pol-i-Barak. O trabalho de Bowers e Mitchell era coordenar os bombardeios entre a equipe de Dean, a oeste, e a equipe de Nelson, a leste, enquanto elas estivessem seguindo para o norte em linhas paralelas.

Bowers explicou que o perigo era de que uma das equipes chegasse antes da outra e corresse o risco de ser bombardeada pelas próprias forças amigas. Bowers coordenaria toda a operação.

PERIGO PRÓXIMO

Bowers não tinha certeza se precisava explicar o campo de batalha nesses termos simples, porém mais tarde ficou feliz por tê-lo feito ao descobrir que muitos dos homens de Dostum não sabiam ler um mapa nem diferenciar leste de oeste numa bússola. Ao viajarem, aqueles homens sérios e analfabetos se orientavam por características do terreno, tais como as montanhas. Sabiam para que lado tinham que se virar para rezar (leste) porque essa era a direção em que o sol nascia.

Os homens de Dostum estavam com pouca munição. Haviam disparado milhares de tiros e granadas contra linhas talibás. Tinham tão poucas balas que apanhavam balas perdidas no chão e as guardavam no bolso. Se estivessem sujas, limpavam-nas, sacudindo-as dentro de um balde cheio de vidro moído, o que as polia e assegurava que funcionariam.

— Vocês usarão nossa munição — prometeu Bowers. Antes de deixar a K2, ele pensara numa frase que achou que poderia ser eficaz para ganhar a confiança de Dostum quando os dois se encontrassem.

— Nessa batalha que se aproxima — disse ele —, precisamos ser irmãos e beber do mesmo copo.

Dostum refletiu sobre essa opinião e em seguida indicou que concordava. Ele ofereceu a Bowers oito cavalos para seus homens — oito cavalos que mal podia emprestar, devido às necessidades de seus próprios combatentes.

Bowers ordenou à sua equipe — o major Mitchell, o subtenente Martin Homer, os controladores de combate Malcolm Victors e Burt Docks, os primeiros-sargentos Chuck Roberts e Pete Bach e o médico Jerome Carlo — que os montasse.

Criado numa cidade do oeste rural do Texas, Martin Homer se sentou confortavelmente em seu cavalo. Seu amigo Victors lutou sobre a sela, balançando de maneira incômoda sobre a estrutura de madeira apertada.

Liderados por Dostum e uma dúzia de seus homens, os oito americanos seguiram junto ao leito do rio, para o sul, por uma trilha que subia pelo vale até o campo de batalha, no alto, voltado para a margem sul da garganta do Darya Suf. Sua missão: examinar o campo da batalha, preparando o ataque de 5 de novembro.

Victors puxou as rédeas do cavalo para a frente e para trás, confundindo o animal. Ele empinou e disparou pela trilha, enquanto Victors, assustado, gritava e se agarrava com toda força à crina do cavalo.

Victors passou correndo por Dostum, gritando por cima de seu ombro: "Eu não sei andar a cavalo!" Continuou galopando até finalmente conseguir parar o animal. Homer se aproximou e deu um tapinha nas costas de Victors, dizendo: *"Muito bem."*

Eles passaram por cansativos caminhos em zigue-zague. O terreno acidentado impressionou Mitchell. Logo, toda a força dos Estados Unidos estava dispersa pela trilha. Tanto que, quando Mitchell chegou ao topo de uma subida, teve que forçar a vista até o horizonte para ver a silhueta saltitante de Dostum, que cavalgava bem à frente.

Mitchell estava se saindo apenas um pouco melhor do que Victors com seu cavalo. Suas botas para trilha escorregavam dos estribos estreitos e o tempo todo ele era obrigado a empurrar as botas de volta, temendo perder o equilíbrio, cair do cavalo e continuar caindo até chegar ao vale, lá embaixo.

Ele observava Burt Docks seguindo à sua frente pela trilha montanhosa de menos de um metro de largura. Numa curva acentuada, o cavalo escorregou e o derrubou da sela. Docks caiu além da beira do precipício. O cavalo se recompôs e saiu galopando. Mitchell balançou a cabeça, horrorizado. *Jamais encontraremos o corpo.*

Ele espiou sobre o precipício, esperando pelo pior. Viu Docks estendido num ressalto estreito, um pouco abaixo da trilha. Estava branco feito uma folha de papel. Mitchell riu enquanto o puxavam de volta à trilha.

A situação, então, piorou. Mitchell descobriu que os cavalos — todos eles garanhões — lutavam constantemente. O cavalo de Dostum deu um coice forte e atingiu Buckers, que seguia logo atrás.

Mitchel mal pôde acreditar no barulho do impacto. Achou que alguém havia quebrado um bastão de beisebol ao meio. Bowers fez uma careta e se curvou sobre a sela, segurando sua perna.

— Senhor, está tudo bem? — perguntou Mitchell.

PERIGO PRÓXIMO 279

— Sim — disse Bowers, arfando. — O cavalo do general — arfada — me *chutou*.

Mitchell admirou o autocontrole do tenente-coronel, sabendo que ele queria gritar. Qualquer sinal de agonia poderia ter levantado suspeitas na mente de Dostum sobre a estabilidade dos americanos. Bowers seguiu ereto sobre a sela e em silêncio.

Depois do incidente, ele manteve uma distância respeitosa da traseira do cavalo de Dostum. Todos fizeram o mesmo.

Em 5 de novembro, para dar início ao ataque final e coordenado a Baluch, Stu Mansfield — posicionado com Atta na propriedade do senhor da guerra, no alto da montanha — ordenou o lançamento de uma bomba chamada BLU-82, que Mansfield chamava de "a mais filha da puta de todas as bombas".

Minutos depois do amanhecer, deslocava-se em alta velocidade, na direção da terra, o maior dispositivo explosivo não nuclear do arsenal dos Estados Unidos.

Brian Lyle estava saindo da propriedade de Atta, examinando o terreno sem árvores, à procura de um lugar para urinar, quando viu um clarão no horizonte a leste, seguido de um longo e sonoro estrondo de um trovão avassalador. Lyle achou que eles estavam sofrendo um ataque nuclear. Um furioso cogumelo de nuvem cinza encheu o céu.

Com quase 7 mil quilos e o tamanho aproximado de um Fusca, a bomba rolara da extremidade de trás de um C-130 e mergulhara por milhares de metros antes de um paraquedas ser acionado para transportá-la delicadamente para a terra.

Armado com um detonador de pressão, o contêiner de aço, em forma de barril, explodiu sobre a terra e fez desaparecerem todas as plantas e animais num raio de mais de 200 metros. O impacto criou uma onda de pressão de 900 quilos para cada 6 centímetros quadrados — a mesma pressão que alguém sentiria se estivesse a 1.600 metros de profundidade no mar. Porém, ninguém morreu na explosão.

Intencionalmente, a bomba fora lançada sobre o deserto vazio, somente para assustar os talibás antes do dia da batalha.

Meia hora depois, outra dessas bombas escorregou da traseira de outro C-130, e sua explosão também fez tremer o chão sob os pés de Lyle. Lyle olhou na direção de Ak Kupruk e viu várias picapes com faróis acesos saindo às pressas da vila. Parecia que os desgraçados estavam fugindo. Dezesseis dias depois de a equipe de Nelson descer do helicóptero em Dehi e começar a lutar, todos eles — Nelson, Mitchell e Dean — pensaram que a vitória poderia estar perto.

As poucas dezenas de soldados que formavam a força americana estavam espalhadas por mais de 150 quilômetros quadrados de desertos e montanhas, numa formação em "U". O centro do "U" era a vila de Baluch, objetivo do ataque.

A oeste, no alto de uma montanha, Diller formava a segunda ponta superior do "U"; e os sargentos Milo e Essex, juntamente com o controlador de combate Mick Winehouse, posicionados a quase 50 quilômetros vale adentro, representavam a ponta leste da formação em "U".

Vários quilômetros a sudeste de Diller, Dostum, Mitchell e Bowers coordenavam a batalha da margem sul do vale do Darya Suf.

O capitão Mitch Nelson — removido de sua posição de influência oficial com relação a Dostum desde a chegada de Bowers — cavalgava com um comandante secundário chamado Ahmed Lal e mais uma centena de seus cavaleiros, posicionado no centro do "U".

Oito quilômetros a leste de Nelson, o controlador de combate Sonny Tatum, o sargento de armas Patrick Remington e o sargento de comunicação Fred Falls cavalgavam com outro subcomandante, chamado Ahmed Khan, que liderava 150 cavaleiros.

Situados cerca de 800 metros atrás de Khan, Cal Spencer e Scott Black comandavam o trem de logística e o posto de socorro. Ao todo, essa força de mais de 3 mil homens enfrentava 20 mil soldados talibás distribuídos por centenas de bunkers cavados nas encostas ao redor. Entoando seus

PERIGO PRÓXIMO **281**

gritos de guerra, armas erguidas, os cavaleiros afegãos estimularam seus cavalos e avançaram contra as linhas talibãs.

No meio da tarde de 5 de novembro, depois de várias horas de furioso combate armado, Milo, Essex e Winehouse se viram de repente em apuros. Eles haviam forçado ansiosamente um avanço para o norte em relação ao resto da força de combate, bem depois da vila de Charsu. Com eles havia alguns soldados de Dostum. Agora, estavam prestes a ser cercados e atacados.

Milo havia observado sobre a superfície de seu esconderijo e lá estavam eles, os talibãs, subindo a encosta, suas túnicas brancas esvoaçando ao vento enquanto avançavam na direção deles. Um minuto antes eles não estavam ali, e no minuto seguinte estavam atirando em Milo e seus homens, que estavam enfiados em trincheiras. Balas passavam sobre suas cabeças, atingindo a terra em volta deles.

O sargento Pat Essex pressionou o rosto contra a coronha de seu fuzil, atirando e gritando para Winehouse ficar no rádio e falar com o piloto, porque eles precisavam lançar algumas bombas, rápido.

Milo contou ao todo cinquenta talibãs correndo morro acima na direção deles, com seus AK pendurados na cintura, disparando no modo totalmente automático. Milo desejou que ele e seus homens tivessem trazido tubos de morteiros e pesadas metralhadoras calibre 50. Haviam deixado essas armas na K2 por acharem que iriam a pé para Mazar.

Os talibãs estavam a menos de um quilômetro de distância, saindo correndo do bunker à esquerda, no oeste.

Milo estava com o SOFLAM armado na boca da trincheira e puxava o gatilho com o laser. O bunker estava enfiado no terreno seco, a cerca de 1.600 metros de distância. Milo falava com o laser, embora na verdade não conseguisse vê-lo. Era invisível a olho nu. O que via era a retícula do visor, que lembrava uma mira de fuzil, e ele a ajustou para as vigas de madeira da entrada do bunker. Passara horas debruçado sobre os manuais do fabricante para se assegurar de que o aparelho estava ajustado corretamente. Confiava que estava. "Vamos lá, seu filho da puta, exploda."

Ele podia sentir a pressão firme do Zeus enquanto este disparava balas contra eles. Elas explodiam em volta da trincheira, em frente, atrás, ao lado. Os talibás haviam erguido o canhão e o apontavam na direção de Milo, esperando ter sorte.

O piloto veio ao rádio e disse que havia lançado a bomba. Milo começou a falar com a bomba enquanto ela caía guiada pelo laser, navegando na direção do bunker.

— Atinja aquela merda, atinja aquela merda... — murmurava ele.

Quando a bomba caiu e o bunker talibá voou pelos ares, Milo impulsivamente pulou e comemorou, e uma chuva de tiros de metralhadora vindos da posição talibá irrompeu à sua volta.

Ele podia ouvir as balas zunindo sobre sua cabeça. Ficou gritando para o buraco fumegante:

— Vocês enfezaram a minha mulher e me enfezaram!

Ele então fez um sinal obsceno com os dedos na direção do buraco fumegante.

Essex observava, chocado.

— Milo, que diabo você está fazendo aí? Abaixe-se!

Ele agarrou o braço de Milo e o puxou para dentro da trincheira, enquanto o fogo de metralhadora se intensificava.

Milo afundou na trincheira e se deu conta de que a situação estava piorando. Essex se erguia e disparava contra os talibás que subiam a encosta, enquanto atrás deles Winehouse estava ao rádio, gritando: — Lancem de novo! Estamos sendo atacados!

Rojões explodiam em torno da trincheira.

Essex gritou que estava ficando sem munição. Milo começou a atirar também.

Essex ordenou aos afegãos que estavam com eles — homens aterrorizados, com paletós de terno, sandálias e turbantes — que se espalhassem pela trincheira e reagissem ao fogo. Eles se ergueram sobre a boca da trincheira e começaram a atirar relutantemente. Essex disparava metodicamente, fazendo pausas para informar Winehouse sobre o avanço dos talibás morro acima. Milo segurava seu M4 com uma das mãos, apoiada

PERIGO PRÓXIMO

na trincheira, e o gatilho do SOFLAM na outra. Localizava um grupo de homens — cerca de 150 talibás — com o laser e atirava neles ao mesmo tempo. Essex distinguiu o que achou que era o líder do ataque talibá: um homem com uma túnica branca esvoaçante, que corria pela encosta, da esquerda para a direita, a mais ou menos metade do caminho. Tentava flanquear a posição deles.

Essex começou a atirar nesse homem. Seu fuzil M-4 era preciso a uma distância de pouco mais de 500 metros. O alvo estava a mais de 700 metros. Essex ergueu o cano e tentou acertar seus tiros.

Enquanto Essex olhava pela mira, o soldado talibá se virou e olhou diretamente para ele. Essex foi fulminado pela expressão confusa, quase cômica, no rosto do talibá, que parecia dizer: "Sei que você está atirando em mim." E então o soldado caiu subitamente no chão e começou a rolar morro abaixo.

Essex começou a atirar mais rapidamente enquanto o homem rolava. Sabia que nunca conseguiria atingi-lo, mas continuou atirando. Até que o perdeu de vista. O homem rolara para fora de seu campo de visão.

Quando ergueu a cabeça, afastando-a da mira, e olhou diretamente para a encosta, Essex ficou chocado ao ver que o combatente talibá estava agachado a menos de cem metros de distância, pronto para disparar um lança-granadas. Ele viu a espiral de granada vindo na sua direção e explodindo no chão, a menos de cinquenta metros de sua posição.

Essex apertou o gatilho e a bala atingiu o pé do sujeito. O talibá saltou no ar, e Essex riu. Outros talibás estavam subindo o morro correndo.

A voz do piloto gritou no rádio que ele havia lançado uma bomba.

A explosão fez o chão tremer, e Milo viu que quase todos os homens estavam mortos. Ele se virou para transmitir essa informação aos afegãos. Eles haviam ido embora.

Haviam fugido do morro. Haviam levado tudo — os cavalos, as mochilas e toda a munição extra que havia dentro delas. Milo tinha apenas o que havia em seu colete, algumas dúzias de balas. Essex e Winehouse gritaram que também estavam com pouca munição.

Essex ficou chocado ao notar que, dos afegãos, restava apenas o chefe de segurança deles. Assustado, o homem gritava: — Vamos! Vamos!

Essex só iria quando o avião chegasse com sua carga de bombas. Era preciso forçar os talibás a avançar mais devagar, para que eles tivessem tempo de sair do morro.

Ele olhou para o chefe de segurança e disse:

— Eu não vou!

O homem o ignorou e se inclinou para apanhar as mochilas dos americanos.

— Não! — gritou Essex.

Em seguida, o homem apanhou seu fuzil e o atirou no chão. Apanhou-o e repetiu o gesto, furioso. Fez isso várias vezes até a arma se partir em dois pedaços. Essex não podia acreditar no que estava vendo. O homem havia se descontrolado.

Essex achou que eles podiam resistir aos talibás até que mais aviões lançassem outras bombas e explodissem tudo. Agora, já não estava tão certo.

— Apenas continuem atirando — disse ele. E gritou para Winehouse:

— Onde estão as bombas?

Eles precisavam de tempo para sair do morro. Precisavam explodir o morro sem que eles próprios fossem mortos.

Winehouse estava no rádio, discutindo com o piloto. Este se recusava a lançar bombas tão perto dos amigos. As bombas cairiam a menos de 60 metros de Milo, Essex e Winehouse. Qualquer pessoa que estivesse numa área de aproximadamente 270 metros provavelmente seria morta.

Milo pôs a cabeça para fora. Os talibás caminhavam firmemente morro acima, disparando seus AK da cintura.

Milo se enfiou de volta na trincheira. Milhares de balas atingiam a barreira do abrigo. Terra voava por toda parte.

— Diga a ele para lançar agora! — gritou Essex para Winehouse.

— Ouça, estamos com problemas aqui — disse Winehouse, com toda a calma.

O piloto disse que lançaria.

— Preparem-se! — gritou Winehouse, ao encerrar a chamada.

PERIGO PRÓXIMO

Os três homens se agacharam com as mãos sobre a cabeça. Milo abriu a boca e a manteve aberta para reduzir a pressão excessiva que o choque da explosão produziria. Do contrário, seus tímpanos estourariam.

E então as bombas caíram. Sete.

Milo sentiu o ar fugir da trincheira. Não conseguia respirar. Sua cabeça sem som. Silêncio.

E então eles se levantaram, cobertos de terra vermelha, e a audição voltou enquanto uma chuva pesada de poeira e pedras caía em torno deles. Essex apanhou enlouquecidamente os rádios, seu binóculo, todos os equipamentos, e meteu tudo na bolsa. Então começou a correr, com Milo seguindo atrás.

Winehouse ainda estava no rádio. Ele então o fechou, guardou-o na mochila, pulou para fora e começou a descer a toda velocidade o lado de trás do morro.

— Vamos! — gritou ele para os dois companheiros. — Acabei de pedir um ataque gigantesco.

Atrás deles, os talibás chegaram à trincheira exatamente enquanto eles desciam o morro.

Os talibás ficaram no alto do morro atirando em Essex e seus homens enquanto estes corriam.

E então as bombas caíram na área da trincheira. Seis.

Essex sentiu as ondas do choque perseguindo-os morro abaixo e em seguida os derrubando completamente. Eles rolaram, levantaram-se e continuaram em frente. Era difícil correr em meio às pedrinhas soltas. Essex tinha a impressão de que suas pernas mal conseguiam se mexer.

Para avançar mais rapidamente, eles se sentaram e começaram a escorregar. Milo pulava sobre pedras grandes enquanto escorregava, produzindo uma nuvem de poeira. Eles escorregaram durante cerca de 20 segundos na descida de 60 metros, levantaram-se e voltaram a correr.

Seguiram na direção do cume de onde haviam saído mais cedo, naquela manhã. Essex gritava: "Livre à direita!"

Milo: "Livre à esquerda!"

Winehouse ainda falava com o piloto pelo rádio. "Lance, lance, lance!", repetia. Queria que bombardeassem um pouco mais a trincheira.

Cada homem tinha um setor para examinar enquanto eles corriam. Em determinado momento, Milo gritou: "Inimigos à frente!" E se jogou no chão e atirou. Não sabia se havia atingido alguma coisa. Os talibás haviam voltado a se esconder atrás de um morro. Eles continuaram correndo. Quando passaram pelo morro, os talibás haviam ido embora.

Dez minutos depois, eles haviam voltado à sua posição anterior, no cume.

Milo de repente se sentiu exausto, mais cansado do que podia se lembrar de ter estado na vida. Pelo binóculo, ele olhou para a área de onde eles haviam saído. Viu um soldado talibã se inclinar, apanhar uma MRE e começar a comer as balinhas que estavam ali dentro. Milo as reconheceu: era a MRE que ele acabara de abrir quando eles foram atacados. *Porra, ele está comendo o meu almoço*, pensou.

Winehouse anunciou que eles tinham que fazer um replanejamento e explodir o morro. Cerca de trinta soldados talibás estavam agora no alto do morro.

— Já temos as coordenadas — disse Milo.

— Temos?

— Sim. No GPS. Eu as digitei quando estávamos lá.

Milo olhou novamente o sujeito mastigando sua MRE. Estava irado. Pensou: *Coma tudo, meu irmão*.

Winehouse apanhou o rádio e pediu as coordenadas do GPS.

— Você consegue fixar o detonador para a proximidade? — perguntou.

O piloto disse que conseguiria. Winehouse, Essex e Milo se sentaram e esperaram.

Em proximidade, uma bomba explode a uma altura preestabelecida, acima do solo, pulverizando tudo num raio de 150 metros.

Milo viu a bomba caindo. Lá se foi o homem que comia seu almoço.

Enquanto isso, 16 quilômetros a oeste, o tenente-coronel Bowers viu pelo binóculo quando o comandante Lal e os soldados do comandante Khan se concentravam na planície para um ataque a cavalo. Centenas de cavaleiros estavam se reunindo em filas sob a proteção de pequenos morros.

Os talibás estavam bem escondidos na área da vila de Baluch. Durante todo o dia, os combates e a campanha aérea haviam sido intensos, mas com pouco efeito. Os talibás haviam ocupado posições cruciais na estrada que levava à vila, e a Aliança do Norte não podia passar por eles.

Nelson apanhou o rádio e disse a dois subcomandantes de Dostum que se preparassem para avançar sobre a linha. O ataque deveria ser coordenado com um bombardeio. As bombas atingiriam as posições fortalecidas dos talibás, e então os cavaleiros avançariam sobre eles. Na verdade, enquanto Nelson apresentava esse plano aos subcomandantes de Dostum, o piloto já estava no alto, preparando-se para lançar as bombas.

E, enfim, ele lançou.

Ao mesmo tempo, porém, Nelson notou que algo estava dando terrivelmente errado.

Os subcomandantes haviam entendido equivocadamente sua ordem para se preparar para o ataque como uma ordem para atacar imediatamente.

Nelson não pôde acreditar quando viu a primeira fila de cavaleiros avançando em disparada. Eles estavam seguindo diretamente para a zona de ataque, onde as bombas cairiam a qualquer momento.

Eram cerca de 400 cavaleiros, em grupos de cem, com as rédeas em uma das mãos e o fuzil na outra, enquanto avançavam. Nelson temeu que todos eles fossem mortos pelas bombas quando elas caíssem.

No calor do momento, Dostum estava em seu rádio, gritando "Atacar! Atacar! Atacar!", enquanto seus homens galopavam ao longo de cerca de 1.400 metros de campos gramados.

Quase imediatamente, disparos de tanques e rajadas de metralhadoras irromperam das posições talibás. O rádio de Dostum chiava com os gritos excitados de seus comandantes que avançavam sobre o campo.

Nelson viu que os cavaleiros tinham menos de 800 metros para percorrer antes de alcançar as linhas talibás. Percebeu novamente que as bombas poderiam atingir a linha justamente quando os cavaleiros chegassem ali.

Ao verem centenas de afegãos galopando aos gritos em sua direção, alguns soldados talibãs — em grupos de dez e vinte — começaram a se levantar e fugir.

Os cavaleiros desapareceram por trás do último morro. Nelson prendeu a respiração. A bomba caiu.

Os cavaleiros recuaram no morro, tornando-se visíveis, e cavalgaram em meio à nuvem de detritos segundos depois da explosão, saltando sobre trincheiras e parando atrás da linha. Milagrosamente, não haviam se ferido.

Nelson viu quando alguns cavaleiros desarmaram um caminhão com uma metralhadora montada na carroceria. Eles circundaram o veículo, disparando seus AK e matando todos os que estavam na carroceria.

Os outros talibãs que não haviam sido mortos no bombardeio estavam em plena fuga. Alguns voltaram para disparar contra os cavaleiros. Estes atiraram neles enquanto eles passavam. Mitchell achou que foi um massacre. Compreendeu também que aquele era um ponto de virada na ofensiva. Seu trabalho agora era continuar pressionando o inimigo.

Naquela noite, as forças de Atta, com o apoio da equipe de Dean, continuariam seu ataque a Ak Kupruk e a capturariam. As forças talibãs desmoralizadas começaram a cair quase tão rapidamente quanto a Aliança do Norte conseguia avançar. Apesar do reforço de milhares de voluntários de madrassas paquistanesas e de contingentes de forças da al-Qaeda, os talibãs logo estariam num recuo apressado para a depressão de Tiangi.

Na manhã seguinte, 6 de novembro, Milo, Essex e Winehouse atingiram novamente o bunker de comando que haviam conquistado e perdido na véspera. Quando foram lá para inspecioná-lo, Milo viu algo que sabia que nunca esqueceria. Um soldado talibã estava estendido de bruços sobre a terra, com as pernas destroçadas. Milo se inclinou para examinar a estranha aparência do pé daquele homem.

PERIGO PRÓXIMO

Não havia nenhum osso dentro do pé — era apenas pele e unhas. Nenhum osso, nenhuma carne, nenhum ligamento. O pé estava caído como uma bota.

Desse momento em diante, percebeu Milo, eles haviam derrotado o Talibá.

Um dia depois da vitória de Essex e Milo, Sam Diller foi apanhado numa emboscada em sua posição, pouco mais de 30 quilômetros a oeste nas montanhas. Ele e seus homens estavam cavalgando por uma encosta quando um canhão talibá — posicionado cerca de 700 metros à esquerda deles, na encosta do lado oposto — foi disparado. Entre eles havia um vale — ou uma vala — de 800 metros de extensão, com manchas de mato. Diller ficou irado. Um dia antes, seus oficiais da inteligência afegã o haviam informado que o bunker estava vazio. Ele achou que estava penetrando com sucesso no território talibá. Agora, desejava ter bombardeado aquele lugar.

Eles tinham apenas uma rota de fuga disponível, subindo o morro que estavam cruzando. Diller examinou o caminho rochoso, com mais ou menos um metro de largura. Eles não podiam avançar em massa por essa trilha. Alguém provavelmente pisaria numa mina.

E não podiam cortar o morro e descê-lo, como Diller havia planejado.

Tiros de armas pequenas começaram a atingir a encosta atrás deles. De início, eram leves, mas foram se intensificando como uma chuva.

— Abaixem-se! — gritou Diller.

Vieram, então, os rugidos das granadas. Eram lançadas do portal de madeira do bunker, voavam velozes pelo vale e se chocavam contra a encosta. Não era um fogo preciso, mas, se os talibás tivessem sorte, poderia ser mortal. Em seguida, Diller ouviu o som feio e crescente de metralhadoras calibre 50, as balas grandes começando a atingir partes gramadas, do tamanho de baldes, da encosta.

Diller raciocinou que eles tinham que subir o morro para ficar em segurança. Ordenou que todos buscassem proteção atrás das pedras altas dispersas ao longo do caminho. Em dez minutos, todos haviam chegado ao topo, de pedra em pedra. Diller foi o último. Carregava numa bolsa um rádio por satélite de 36 quilos e não conseguia se mover com rapidez.

Bennett e Haji Habib corriam atrás dele, empurrando-o. Diller achou que a qualquer momento seria atingido por um tiro nas costas.

"Corra, maldito", exigia Bennett. Diller percebeu que seu amigo estava salvando sua vida. Estava exausto ao chegar ao topo. Não sabia o quanto mais teria conseguido correr. Sentou-se num lado distante do morro, fora do campo de visão do bunker talibã, e recuperou o fôlego.

Virou-se para Haji Habib. — Está bem, pegue aqueles filhos da puta. Pegue seus homens e ataque aquele bunker.

Diller, Coffers e Bennett engatinharam até a extremidade do morro com o binóculo e começaram a calcular a posição do bunker. Diller pediria pessoalmente esse ataque. Estava irritado por ter sofrido a emboscada. Não havia margem de erro. Ele estava com pouca munição e comida novamente, e tinha mais de 60 quilômetros de marcha pela frente para chegar a Mazar. Estavam ainda muito longe de casa.

Pelo binóculo, Diller viu que os talibãs haviam construído mal o bunker. Eles tinham campos de fogo limitados. Devido ao tamanho dos portos de disparo, não podiam inclinar o cano de suas armas facilmente. Podiam atirar para o vale, mas não morro abaixo. Diller percebeu que, se os talibãs tivessem um pouco de perspicácia, poderiam atacar e destruir a força menos numerosa dos americanos e dos afegãos.

Habib e seus homens irromperam pelo caminho, os afegãos atirando por cima da cabeça de seus cavalos enquanto cavalgavam. Os soldados talibãs dispararam seus AKs e suas metralhadoras, mas continuaram errando. Diller imaginou que estavam chocados com a audácia da manobra. Ele esperava que os homens de Habib despencassem de suas selas. Nenhum deles caíra até então.

Quando chegaram ao fundo do vale, estavam mais seguros. As armas talibãs não poderiam alcançá-los agora.

Os homens de Habib incitaram seus cavalos, e os animais começaram a subir na direção do bunker. As metralhadoras disparavam inutilmente através das aberturas, ainda atingindo o morro oposto. Diller podia ver os soldados talibãs dentro dos portos apertados, esticando-se para mirar seus fuzis para baixo. Mas o movimento deles era limitado.

Os homens de Habib cercaram a frente do bunker e lançaram granadas através dos portos e no alto do telhado de terra. Em seguida, enfiaram seus fuzis lá dentro e dispararam com força total. O tiroteio durou dez furiosos minutos. Eles, então, montaram em seus cavalos e desceram para o vale, de volta ao morro, justamente quando o bombardeio começava. O bunker se transformou num turbilhão de poeira e madeira. Em meio à nuvem em redemoinho, Diller pôde ver que não restara nada além de um buraco fumegante.

Seus malditos, pensou ele. *Quero voltar para minha mulher. E vou voltar.* Eles montaram em seus cavalos e continuaram a seguir para o norte.

Enquanto avançavam ao longo do rio Darya Balkh, Cal Spencer, Scott Black, Vern Michaels e o intérprete afegão deles, Choffee, também seguiam para o norte nos Gators da John Deere trazidos pelo tenente-coronel Bowers em seu helicóptero. Black e Michaels viajavam em um Gator, e Spencer ao volante do outro, com Choffee ao seu lado.

Cuidando de um disco vertebral comprometido em sua coluna, e com uma dor lancinante nas costas, Spencer gostara da oportunidade de trocar o cavalo pelas rodas.

O veículo de pouco mais de 2,5 metros de comprimento estava com a traseira lotada de MREs e mochilas da equipe. A torre de bagagem, amarrada com cordas, tinha quase dois metros de altura. Spencer estava maravilhado com o modo como aquele *buggy* passava, silencioso como um trator de jardim, sobre pedras e canais, subindo e descendo morros.

Enquanto seguiam, Choffee mantinha uma firme vigilância em relação ao inimigo. Alto, magro e perto dos 40 anos, ele era do tipo que se preocupava com facilidade. Ex-gerente de fábrica, tinha o hábito irritante de repetir tudo o que Spencer dizia.

Spencer disse "Vamos dar cabo dos talibãs", e isso confundiu Choffee, que não entendeu o que ele disse.

— Você pode repetir essa frase? — perguntou o tradutor. — O que você quer dizer com "cabo"?

Spencer percebeu que finalmente encontrara alguém com um senso de humor peculiar como o seu, embora não intencionalmente.

Enquanto seguiam, Choffee se preocupava o tempo todo com um ataque.

— Há inimigos por aqui — disse ele a Spencer. — Não podemos vê-los porque estamos subindo e descendo morros.

Spencer deu a Choffee seu fuzil M-4.

— Você atira nos inimigos, porque eu estou dirigindo.

Choffee olhou para Spencer.

— Ah, não. Não posso fazer isso. — Ele não queria tocar no fuzil. Estava com medo da arma.

— Por que não? Você recebe o seu salário.

— Você quer realmente que eu faça isso?

— Claro que sim.

— Está bem.

Sentado ao lado de Spencer, Choffee segurou o fuzil cuidadosamente, enquando eles sacolejavam pelo caminho. Spencer riu ao observá-lo.

Ele sabia o que Choffee estava pensando: *Será que vou conseguir atirar em alguém?*

No meio do caminho, eles pararam e falaram com Nelson, que viajava para o norte a cavalo. Eles se encontraram ao longo do rio. Nelson queria saber como eles estavam se saindo.

— Estamos indo bem — disse Spencer. — Choffee está me protegendo.

Choffee abriu um sorriso de satisfação e deu um tapinha na arma. — Sim, estou fazendo um bom trabalho.

Spencer estava feliz. Realizara seu objetivo: fazer Choffee se sentir bem. E aliviar o medo do afegão de ser capturado e torturado pelos talibãs.

Mas Spencer estava preocupado. Sabia que eles poderiam ser atacados. Estavam com pouco combustível — não restavam muitos litros nos recipientes plásticos amarrados ao *buggy*. Se eles se deparassem com

PERIGO PRÓXIMO

alguns talibás, conseguiriam seguir mais rápido do que eles por algum tempo, mas não conseguiriam escapar para os morros, para o interior acidentado, onde os caminhões e tanques talibás não poderiam segui-los. Eles estavam viajando num veículo a gasolina do século XXI, que tinha suas desvantagens. Parte de Spencer sentia falta de seu cavalo.

Isso aconteceu especialmente quando eles cruzaram o rio Darya Balkh, depois de passarem pela vila de Shulgareh. O rio era largo — cerca de 200 metros —, com correntes que se entrelaçavam. Spencer não podia saber qual era a profundidade.

Black e Michaels entraram primeiro com o *buggy* no rio e começaram a atravessá-lo. Spencer viu o veículo pesado e volumoso flutuar e ser levado pela correnteza. Michaels saltou e segurou a traseira do veículo, inclinando--se sobre ela para fazer os pneus alcançarem o fundo do rio. Ele gritou ao entrar na água gelada. Black acelerou e os pneus robustos giraram e bateram nas pedras. Aos poucos, eles fizeram a travessia. Black subiu com o *buggy* pela margem do rio e o virou. Eles ficaram olhando para Spencer. Michaels pingava sobre a areia, morrendo de frio. Estava quase anoitecendo, e um poente alaranjado brilhava por trás de montanhas distantes.

Spencer olhou para Choffee.

— Está bem, vamos fazer a mesma coisa, Choffee. Você vai dirigir essa coisa.

Choffee assentiu.

— Vou saltar e empurrar. Entendeu?

Choffee balançou a cabeça novamente.

— O que quer que você faça, não pare. Entendeu?

— Sim, senhor!

— Não pare, senão você vai estragar tudo e eu vou ficar irritado.

Choffee acelerou e, no meio da correnteza, o *buggy* começou a flutuar. Assustado, temendo que o veículo tombasse, Choffee desacelerou.

— Não! — gritou Spencer. — Droga, continue!

Choffee pisou no acelerador, e o Gator engasgou.

O cano de descarga traseiro estava submerso. Quando Choffee desacelerou, havia entrado água no motor.

Cal saltou e começou a empurrar. E então o motor parou.

Black e Michaels estavam rindo dele na margem.

— Ei! O que aconteceu?

— Não importa! — gritou Spencer. Levantem o rabo e venham ajudar!

Spencer estava sem fôlego por empurrar o buggy. E gelado. Não tinha a menor ideia de como eles iriam fazer o resto da travessia com o veículo. Estava com água gelada pela cintura, e com as mãos nos quadris. Não podia acreditar no quanto aquele rio era gelado.

Foi quando Michaels gritou: "Atrás de você!" E estendeu o braço, apontando para a margem oposta do rio.

Atrás de si, Spencer ouviu batidas de cascos de cavalos sobre as pedras do rio e, ao se virar, viu algo que fez sua respiração parar.

— Meu Deus — disse ele. — Veja aquilo.

Na margem distante, milhares de cavalos surgiam na penumbra, um após o outro. Pareciam planos e sem dimensão à luz do poente. Ininterruptamente, os cavaleiros viravam os animais e marchavam diretamente para dentro do rio, formando anéis brancos de espuma diante deles, enquanto Spencer, Choffee e Black os observavam se aproximando.

Spencer gritou para Michaels:

— São nossos?

Ele queria dizer: eram homens de Dostum? Michaels deu de ombros, indicando que não sabia.

Eram tantos cavalos que Spencer achou difícil acreditar que eles estavam lutando na mesma guerra. Os homens sobre os cavalos, enrolados em lenços vermelhos, azuis e verdes (que ele se lembrou de que eram as cores de assinatura de Dostum), apoiavam seus fuzis nos joelhos enquanto passavam pelo trecho onde ele estava com sua máquina muda, no meio do rio. Spencer calculou que eram mais de quatro mil homens passando.

Eles olhavam para ele e nada diziam quando se aproximavam. Alguns riam do *buggy*. Os garanhões empinavam, agitavam as patas no ar e mostravam os dentes.

PERIGO PRÓXIMO 295

Alguns homens da fila assoviaram e jogaram cordas para Spencer, que as amarrou na barra de direção do *buggy*. Em seguida, os homens bateram em seus cavalos com os pés. Estes afundaram os quadris na água, fazendo força, e começaram a puxar o *buggy* pela correnteza, até o outro lado.

Spencer desamarrou as cordas. Os homens não pararam, e as cordas foram puxadas rapidamente da direção do veículo, passando pelo chão, num movimento brusco, enquanto os cavaleiros as enrolavam, sentados em suas selas e continuando a marcha. Logo, os cavaleiros desapareceram, penetrando em algum buraco da noite. Estava quase escuro.

Michaels e Black empurraram o Gator afogado de Spencer por várias centenas de metros, até uma casa de barro de dois andares junto à margem do rio, e perguntaram ao morador se poderiam ficar ali enquanto consertavam o veículo. O homem silenciosamente lhes serviu um jantar — carne de bode cozida, arroz e algumas cebolinhas de seu quintal. E eles comeram à luz amarela das lâmpadas nas janelas sem vidro da casa. Black perdera nove quilos nas duas últimas semanas. Não se sentia tão exausto desde os treinamentos na Ranger School, 15 anos antes.

Depois do jantar, eles saíram com as lanternas frontais e Michaels e Black começaram a desmontar o motor do Gator com uma chave de fenda de um estojo de couro de ferramentas Leatherman que Michaels carregava no cinto. Eles retiraram a tampa do motor, puseram-na de lado para secar e cobriram os cilindros abertos com uma lona que levavam, protegendo-os, caso chovesse.

Dormiram sobre o chão de terra entulhado da casa, enrolados em seus ponchos, e ao amanhecer estavam de pé, remontando o motor. Estavam sem comida e tinham pouca água. Mas Spencer podia sentir: Mazar estava ao alcance.

Assim disse a voz de Deus:

Ele usava uma túnica branca e um solidéu enquanto caminhava pelas ruas irlandesas, um pedinte. Seu pai, querendo passar algum tempo com o filho adolescente, levara-o para a Irlanda nas férias. Era o verão de 1998;

296   **12 HERÓIS**

John Walker Lindh tinha 17 anos. Nas ruas, crianças em idade escolar pararam e perguntaram a John se ele fazia parte de algum tipo de peça de teatro. Ele riu.

Ele e seu pai passaram por um açougue e uma placa que anunciava a venda de carne de porco. Como muçulmano, John não podia comer aquilo. Ele parou e, com boa vontade, posou para uma foto. Seu pai tirou a foto. Certa vez, ele dissera a John: "Não acho que você se converteu ao Islá tanto quanto você o encontrou dentro de si mesmo. Você meio que encontrou seu muçulmano interior." Eles riram da foto.

Ao fim das férias, voltaram para a Califórnia. Depois disso, em julho de 1998, John partiu para o Iêmen, na península Arábica. Planejava estudar no Centro de Língua Iemenita, na antiga cidade de Sanaa. Desembarcou do avião usando sua túnica, seu solidéu, e com uma barba espessa.

Mas em Sanaa ele descobriu que alguns estudantes (eram cerca de cinquenta, de vários países, incluindo os Estados Unidos) não levavam a vida espiritual tão a sério quanto ele. Faltavam às preces e usavam jeans, em vez de túnicas. Dizia-se que tomavam estimulantes, e coisas piores. As mulheres usavam blusas que deixavam os braços expostos. Para John, isso era irritante e insultante. Onde estavam as almas puras com as quais ele poderia conversar?

Ele foi ficando cada vez mais infeliz. Disse a seus colegas de sala que queria ser chamado de Suleyman al-Faris. Alguns riram dele. Responderam ao seu pedido referindo-se a ele como "Yusef Islam", nome adotado pelo cantor pop Cat Stevens depois de sua conversão ao Islá, em 1977. John acordava seus colegas ao amanhecer para que eles não perdessem as preces. Incentivava-os a rezar à meia-noite. Reclamava da indecência deles: "Queridos Habitantes desta Sala", escreveu em uma nota pública, "por favor, abstenham-se de ficar nus em frente às janelas. Nossos vizinhos do apartamento do outro lado da rua reclamaram".

Mais tarde, o diretor da escola chamaria John de um "pé no saco". Depois de cinco semanas de estudos, ele saiu da escola.

Naquele verão, em 7 de agosto de 1998, aconteceu também de os talibás estarem marchando para Mazar-i-Sharif, no Afeganistão. Eles massacraram

PERIGO PRÓXIMO   **297**

milhares de cidadãos, principalmente os hazaras. As ruas da cidade ficaram com pilhas de corpos. Nada menos do que 5 mil pessoas morreram.

Naquele mesmo dia, as embaixadas americanas em Nairóbi, no Quênia e Dar es Salaam, na Tanzânia, foram alvos de atentados a bomba de membros da al-Qaeda. Quatro homens seriam condenados por participarem dos ataques. A embaixada em Nairóbi explodiu primeiro, matando 213 pessoas e ferindo aproximadamente 4 mil. Doze americanos foram mortos. Na Tanzânia, minutos depois, a embaixada explodiu. Onze pessoas morreram.

No Iêmen, John Walker Lindh, incomodado com a falta de devoção de seus colegas, foi para uma mesquita diferente em Sanaa, um lugar mais simples, menos enfeitado, mais conservador, onde poderia ser levado tão a sério quanto ele próprio se levava. Estudara um pouco sobre o Talibã, a jihad e o Islã pesquisando na internet em casa, na Califórnia, onde as ideias de sacrifício e martírio eram pouco mais do que coleções ordenadas de pixels numa tela de computador.

Para alguns homens, porém, essas eram ideias pelas quais valia a pena morrer, ideias que se expressavam em derramamentos de sangue.

Em novembro de 2000, Lindh havia escapado da atmosfera liberal de sua juventude e chegara a uma das madrassas mais rígidas que conseguira encontrar. Sentado num banco no gabinete de seu professor, na empoeirada vila de Bannu, no Paquistão, ele frequentemente se recusava a discutir sua vida na Califórnia. Na primavera seguinte, em 2001, ele escreveu para casa: "Eu realmente não quero ver os Estados Unidos novamente." Mais ou menos quatro meses depois disso, incluindo um treinamento militar no campo terrorista de al-Farooq, ele viajou a pé e de táxi para o Afeganistão.

Mais tarde, ele diria sobre a viagem: "Fui para o Afeganistão com a intenção de lutar contra o terrorismo, e não de apoiá-lo." Ele queria ajudar o Islã a se libertar da corrupção de senhores da guerra como Abdul Rashid Dostum e Atta Mohammed Noor.

Quando chegou a Chichkeh, em setembro de 2001, ele ultrapassara um ponto do qual não tinha mais volta. Viu-se cercado de centenas de homens que haviam jurado lutar até a morte para derrotar os infiéis. Temia ser morto se demonstrasse hesitação em sua lealdade à causa deles. Temia ser acusado de espião. "Há uma espécie de paranoia no Afeganistão em relação à espionagem", relatou mais tarde. "Se eu tivesse me manifestado a favor dos Estados Unidos, teria saído."

Ele ficou.

Nos Estados Unidos, enquanto os homens passavam por Shulgareh e preparavam o ataque a Mazar-i-Sharif, Karla Milo, a mulher de Ben Milo, achou ter visto seu marido na TV. Ele estava andando a cavalo num lugar que parecia um prado nas Dacotas. *Ele parece bem? Está comendo direito?*

Ela se aproximou da TV para examinar a imagem, mas não podia dizer se o homem a cavalo era Ben. (Tempos depois, Milo lhe diria que a pessoa na imagem não era ele.)

Ela esperava que ele pelo menos telefonasse. Queria ouvir sua voz. Prometeu a si mesma que se ele ligasse não o incomodaria com nenhum de seus problemas, porque ele se sentiria culpado por não estar com ela. E se ele ficasse no Afeganistão preocupado com ela, isso significaria que não se preocuparia o bastante com si mesmo. E isso significaria que podia ser morto.

Como soldado das Forças Especiais, Ben participara apenas de longas missões de treinamento no exterior, e Karla sabia que ele nunca havia disparado uma bala com ira, ou para defender a sua vida. Ela imaginou como ele lidaria com isso. Apesar de suas bravatas, Ben era um soldado que tinha voz baixa e não faria mal a uma pulga. Depois de ele passar 14 anos nas Forças Armadas, Karla percebeu que aquele seria o primeiro contato de seu marido com a morte, como soldado. Isso a assustava.

Nos dias que se seguiram aos ataques do 11 de Setembro, o telefone tocara constantemente, familiares e amigos ligando para perguntar: "Ben foi, não foi?" Pessoas curiosas, esses parentes, e ela não podia lhes dizer nada. Ben não diria sequer para onde fora enviado.

Nas semanas anteriores à sua partida, ele espalhara suas roupas por toda a casa, uma verdadeira bagunça. Virou de cabeça para baixo o quarto e o porão, procurando seu testamento. Ela também o entreouviu fazendo ligações telefônicas para finalizar a organização de seu funeral. A função de Karla era assegurar que as crianças compreendessem que o pai estava partindo, mas voltaria para casa logo que terminasse seu "trabalho".

Isso acontecera há quase um mês. Agora, Karla tinha a tarefa de se mudar com a família e todos os seus pertences de sua casa em Clacksville para uma moradia menos cara do Exército em Fort Campbell, uma casa com dois andares num condomínio bagunçado chamado Hammond Heights. Os gramados ficavam cheios de triciclos, trampolins e casas de brinquedo, de plástico.

Karla estava de cócoras na cozinha, com uma esponja na mão, suando sobre um balde cheio de produto de limpeza, quando finalmente se deu conta de que Ben realmente havia partido. Ficou subitamente irritada por ter que fazer toda aquela limpeza sozinha.

Ela mergulhou a esponja no balde e a esfregou com mais força ainda. "Não acredito que você fez isso comigo", resmungou. E se sentiu uma estúpida. Sabia que ninguém a havia obrigado a se casar com Ben Milo. Sabia que nunca contaria a ele sobre esse sentimento quando e se falasse com ele ao telefone. Guardaria isso para mais tarde, quando ele voltasse, depois que sua raiva desse lugar ao bom senso.

Diller cavalgava ao largo da montanha Alma Tak, entrando no vale, na direção de Shugareh. Haviam se passado dez dias desde que ele se despedira de Nelson no posto avançado de Cobaki. Ele perdera mais de dez quilos e, exceto pelo festim de carne de bode, em três dias não havia comido nada além de migalhas de pão, nozes, passas e queijo. Ele, Bennett e Coffers seguiam eretos em suas selas, com a cabeça balançando solenemente para cima e para baixo diante da paisagem do interior. Os afegãos exaustos e sentados em seus cavalos trôpegos pareciam pedras. Levaram dois dias para chegar à cidade. Depois do primeiro dia, os cavalos estavam exaustos.

O cavalo de Diller se deitou e rolou sobre ele. Ele não teve coragem de bater no animal para levantá-lo. Mal conseguiu se sentar novamente na sela. Sentia que estava sangrando na parte de trás da calça. Ficou feliz por caminhar.

Suas pernas haviam ficado contraídas por tanto tempo na sela e nos estribos incômodos que a artrite latente em seus tornozelos se intensificara — uma lembrança dolorosa de centenas de saltos de paraquedas. Diller segurou as rédeas com uma das mãos e seguiu a pé, rígido.

Procurando melhorar o humor, Bennett falou de repente: "Isso está ficando cada vez melhor!" Ali estavam eles, vivendo à base de carne de carneiro frita e água estagnada filtrada, falando em rádios sofisticados e pedindo o lançamento de bombas guiadas por GPS sobre bunkers feitos de barro e tábuas de madeira, cercados de guerreiros talibãs. "Isso está cada vez melhor", concordou Diller. Ele abriu um sorriso e eles continuaram em frente.

Várias horas depois, chegaram à periferia de Shulgareh ao lado de seus cavalos cansados. Diller olhou para a rua principal cheia de gente.

Ele levantou a mão e os homens atrás dele pararam. "Mantenham suas armas erguidas", disse. Eles, então, conduziram seus cavalos pela cidade.

A rua principal e única estava ladeada por milhares de pessoas. Obviamente elas esperavam a chegada dos americanos. Algumas aplaudiram — todas observavam. Pareciam não saber o que fazer com aqueles americanos pálidos e imundos que haviam sobrevivido ao deserto. Diller cheirava a mijo e merda. Eles tiveram que passar pelos esgotos que corriam pela rua de terra.

Continuaram em frente, sem olhar para a esquerda nem para a direita, mas examinando os dois lados com a visão periférica.

Diller concluiu que não conseguia andar mais. Pegou o rádio e chamou Nelson.

— Cara, onde você está? — Ele deu a Nelson sua posição.

Viajando a norte de Diller, Nelson ficou chocado ao ouvir a voz de seu amigo no rádio.

— Estamos a um quilômetro e meio de você. Fique aí — disse Nelson.

— Estou mandando alguém.

Diller estava em pé, lateralmente à rua, quando viu um *buggy* de seis rodas se aproximando — um dos Gators sobre os quais ouvira falar.

Ele sorriu ao ver Spencer ao volante.

Eles se abraçaram, Diller e seus homens subiram a bordo, e Spencer acelerou o *buggy.*

Depois de passar dias no lombo de um cavalo, Diller se sentiu estranho sentado num veículo, vendo a rua passando rápido por ele. Teve que lutar para ficar acordado.

Nas primeiras horas de 9 de novembro, antes do amanhecer, o sargento Pat Essex estava dormindo perto de Shulgareh quando o telefone celular de um dos guardas da Aliança do Norte tocou. Dostum estava chamando: precisava que os americanos ajudassem a tirar o inimigo da depressão de Tiangi, a 8 quilômetros pela estrada, ao norte.

Juntamente com Milo e Winehouse, Essex apanhou sua bagagem e se comprimiu num pequeno jipe russo. Em meio a uma chuva fria e constante, eles foram levados para uma área de preparação, na base da depressão.

O general Dostum os aguardava com um mapa aberto diante dele. Numa comunicação por gestos — Essex não falava uzbeque e Dostum não falava inglês —, Essex compreendeu o que o general queria. Ele pedia aos americanos para subir até o alto de uma cadeia montanhosa — cerca de 1.200 metros acima deles — de onde se avistavam a depressão de Tiangi e o rio Darya Balkh, que a atravessava. A partir dali, o trabalho de Essex e Milo seria bombardear a artilharia talibã escondida e à espera no lado norte da depressão.

A depressão de Tiangi é um corte de aproximadamente 1.600 metros de extensão na cadeia de montanhas que divide o interior selvagem do país a partir de Mazar e sua metrópole mais civilizada, 32 quilômetros ao norte.

Ao longo do milênio, o rio Darya Balkh escavou seu leito através da parede de pedra de 1.800 metros que segue por várias centenas de quilômetros, a leste e a oeste. O corte no meio da parede de montanhas era um gargalo natural. Quem controlasse os cumes em volta da depressão controlaria a passagem por ela.

Essex, Winehouse e Milo se despediram do senhor da guerra e começaram a subir a cavalo a parede lisa da montanha. Seus óculos de visão noturna não ficariam no lugar durante a difícil subida, e Essex se agarrou à sela enquanto seu cavalo seguia pela trilha íngreme em zigue-zague. O trajeto acabou se tornando íngreme demais, e os três homens saltaram de seus cavalos, conduzindo-os até o topo. Durante todo o tempo, ouviam balas zunindo perto deles — soldados talibás atirando desenfreadamente no escuro. Temiam que os talibás já tivessem chegado ao alto da montanha. Esperavam uma luta quando chegassem ao topo.

Por fim, chegaram ao cume, por volta de 3h, e Essex ficou chocado ao descobrir que os talibás não haviam feito esforço algum para ocupar aquele mirante rochoso. Isso lhe dizia que eles estavam ainda mais desorganizados do que imaginara. Uma das primeiras regras de uma guerra era: controle sempre os terrenos altos.

A chuva diminuiu, tornando-se um chuvisco. Ben Milo entrou em seu saco de dormir com um casaco de lã e uma ceroula comprida, deitando-se numa das trincheiras de pedra cavadas no alto da montanha. Cinco afegãos — soldados da Aliança do Norte que haviam chegado ao topo antes — haviam simplesmente se enrolado em cobertores esfarrapados e sacos de lixo, e se enroscado sobre o chão frio. Outros haviam se virado com o celofane usado para embrulhar suprimentos das Forças Especiais lançados por aviões. Milo se sentiu um privilegiado com suas roupas de frio caras.

Ele e Essex temiam acordar e se deparar com os talibás a apenas algumas centenas de metros na montanha, subindo a encosta com vista para Mazar. Eles espalharam minas terrestres pelo perímetro e ficaram ouvindo o tilintar da chuva e o vento úmido correndo entre as pedras. Mesmo à primeira luz da manhã, por volta das 6 ou 7h, Essex não conseguia ver nada além da montanha. A neblina era espessa demais. E então, por volta das 9h, o sol apareceu e dissolveu a cobertura.

A luz do dia revelou uma paisagem que Essex achou parecida com a do Colorado. A face do penhasco — com cerca de 600 a 900 metros de

PERIGO PRÓXIMO **303**

altura — caía diretamente sobre o rio que formava lá embaixo a depressão de Tiangi. Nenhum mato — algumas poucas árvores salpicadas a distância, como palitos de fósforo.

Uma estrada cheia de crateras de bombas abraçava a corrente verde e gredosa do Darya Balkh, e o acompanhava para o norte. Em certos trechos, as paredes de pedra se fechavam e o corredor ficava apenas com a largura de uma estrada de três pistas.

Essex olhou para baixo e viu uma série de quatro trincheiras inimigas cavadas no alto de morros suaves. Começou a pedir bombardeios imediatamente, mas era difícil. Ele identificava um alvo — uma picape Toyota, por exemplo — e o piloto respondia pelo rádio: "Não podemos atacar aquilo."

— Olhe lá, cara — disse Essex. — Aquilo é um veículo para transporte de tropas.

— Veículo para transporte de tropas? Bem, parece uma... *camionete*.

Nelson, ao ouvir, entrou na linha e disse ao piloto hesitante:

— Sinta-se livre para destruir qualquer veículo militar em campo de batalha.

— Espere um pouco, como assim? — disse o piloto.

Nelson explicou:

— Todos os amigos estão ou a pé ou a cavalo.

O piloto pediu a Nelson para repetir a parte sobre os cavalos.

— Estamos andando a cavalo — explicou Nelson.

O piloto, obviamente novo no conflito, não pôde acreditar.

— Vocês estão fazendo o quê?

Essex, Milo e Winehouse pediram bombardeios sobre tudo que conseguiam localizar: armas montadas sobre caminhões, veículos e soldados talibãs. Milo identificou pelo menos doze alvos.

Eles haviam explodido mais ou menos metade deles quando de repente se viram sob um contra-ataque. Essex ouviu um *whoom, whooooom, whoooom*, e reconheceu aquele barulho de seu período na Guerra do Golfo.

Milo e Winehouse olharam para ele.

— Qual é o problema?

E então os foguetes caíram.

No vale, Dostum e o tenente-coronel Bowers, juntamente com várias centenas de homens de Dostum, haviam começado a entrar na passagem. Dostum havia escalonado a saída de seus homens para manter alguns deles de reserva, caso os talibás atacassem.

Depois do ataque de foguetes, Essex, em sua posição no alto da montanha, temeu que Dostum, Bowers e todos os soldados estivessem mortos.

Nelson, enquanto isso, estava na extremidade sul da depressão, a cerca de 800 metros da entrada dela, quando a barragem de foguetes talibás começou.

Os foguetes ricochetearam nas laterais do cânion, girando de ponta a ponta e explodindo. Estilhaços arranhavam as paredes da pedra. Nelson contou ao todo 21 foguetes. Achou que ninguém poderia sobreviver àquela tempestade.

Depois das primeiras explosões, os homens de Dostum haviam subido nas pedras e se enfiado atrás delas. Eles não sabiam ao certo o que fazer em seguida. Alguns estavam desnorteados de medo. As explosões haviam sido assustadoras.

Nelson sabia que esse tipo de foguete, chamado BM-21, era disparado em salvas. Era lançado de uma plataforma com rodas na qual cabiam quarenta projéteis de quase três metros de comprimento. Nelson achou que os talibás ainda não haviam lançado todos. Estava preocupado com Dostum e Bowers.

O cânion explodiu novamente, levando ainda mais homens a se esconder em cantos e fendas. Perto deles, cavalos deitados se contorciam, perfurados por estilhaços. Homens caminhavam segurando seus olhos, cegos. Braços e pernas que haviam ido pelos ares caíam ao longo da margem do rio, com um baque nauseante.

PERIGO PRÓXIMO

Sentado em seu cavalo, Nelson viu fumaça saindo da boca do cânion. Ele se virou em sua sela e examinou os afegãos que restavam. Eles estavam assustados. Ele também. Ele se virou de volta, encarou a boca do cânion e tentou pensar no que faria. Esperaria. Achou que enfrentariam mais salvas. Passaram-se vários minutos e não houve nenhuma salva.

Ele sabia que Diller estava em algum lugar à sua direita, no leste. Não sabia se estava morto ou vivo. Essex também estava à sua direita, no alto da montanha.

Nelson tentou falar com Bowers e Dostum pelo rádio. Nada. Então chamou Essex na montanha.

— Não tenho comunicação com Dostum. Você consegue vê-lo?

Essex disse que não conseguia ver dentro do cânion. Um cume bloqueava sua visão.

Nelson temeu que todos estivessem mortos.

Cerca de 1.600 metros a oeste de Nelson, na depressão, Diller margeava morros desmoronados e procurava uma trilha para subir a montanha quando os foguetes começaram a cair à sua volta. Depois de sair de Shulgareh, seu trabalho era continuar seguindo para leste e chegar à periferia de Mazar não pela estrada principal, como Nelson estava fazendo, mas pelo interior. O resto de sua equipe, bem como os homens de Atta e Dean, viajaria pela depressão e entraria em Mazar pela estrada principal que levava à cidade.

Ao longo do caminho, Diller caçaria soldados talibás escondidos que poderiam circundar e atacar por trás a principal força que se aproximava.

Diller ouviu os foguetes sendo lançados justamente quando estava subindo em seu cavalo. Ele congelou com o pé esquerdo no estribo e a perda direita passada sobre o lombo do cavalo. O foguete fez um chiado — *choo* — e explodiu a menos de cem metros. Seu cavalo empinou, ele foi jogado para trás e, por alguns instantes, ficou olhando o céu. Levantou-se e saiu correndo atrás do cavalo. Mais do que tudo, temia perder o animal e que um dos afegãos o pegasse para si próprio. De fato, depois de correr

uma curta distância em meio à fumaça, Diller viu um soldado afegão —
um dos homens de Dostum — pegando as rédeas.

Diller correu, tomou as rédeas do homem e gritou: "Não!" Em seguida,
tentou conduzir o animal assustado morro abaixo, mas ele não se movia.
Diller recuou e esmurrou o cavalo no maxilar. Puxou a cabeça do animal
para o chão justamente quando a segunda barragem de foguetes começou.

A explosão o derrubou de costas numa vala. O cavalo estava sobre
ele, com as patas nas extremidades do buraco profundo. Ele olhou para o
cavalo e viu sua silhueta contra o céu. O animal olhava para baixo, para
ele, enquanto os foguetes explodiam. Diller achou que Bennett e Coffers
provavelmente estavam mortos. Eles haviam seguido na frente poucos
minutos antes do ataque de foguetes e ele não sabia onde estavam.

Diller ficou ali, ouvindo o chiado que anunciava mais um lançamento.
Estava tudo quieto. A barragem viera do norte e do oeste, da parte de
trás da depressão, a cerca de 800 metros de distância. Ele imaginou que
os talibás não haviam mirado nele especificamente. Estavam disparando
indiscriminadamente.

Diller se virou ao ouvir o barulho de cascos de cavalos se aproximando.
Bennett e Coffers estavam cavalgando rápido. Puxaram as rédeas para
parar e Diller se levantou, sacudindo a poeira. Explicaram que, quando
a barragem de foguetes começou, seus cavalos dispararam e eles não
conseguiram fazê-los parar. Inclinaram-se sobre o pescoço dos animais
e se seguraram. Os cavalos correram talvez 800 metros e pararam. Em
seguida, os dois homens viraram os animais e correram de volta a Diller.

O comandante Ali Sarwar — que assistira ao desembarque de Nelson e
sua equipe do helicóptero três semanas antes, em Dehi — foi atacado por
foguetes BM-21 na depressão, quando deslocava os 25 soldados sob seu
comando. Ele viajava a cavalo com o comandante Kamal, inserido no grupo
de Essex. Ali vinha mostrando coragem durante toda a campanha, mas a
queda de foguetes ao seu redor fora aterrorizante, totalmente aleatória.
O cânion ressoou com as explosões.

PERIGO PRÓXIMO

Ele ouviu os ruídos sibilantes dos lançamentos dos foguetes, um após o outro. Os foguetes começaram a atingir seus cavaleiros. Quando a fumaça se dissipou, cinco foguetes haviam caído dentro do cânion; os outros haviam passado por cima do cânion e atingido encostas (perto de Sam Diller e Bill Bennett, que viajavam para o norte pela margem leste do cânion). Ali viu cerca de 65 homens mortos, estendidos no chão do cânion. Seus cavalos estavam em pedaços perto deles. As explosões haviam partido um cavalo ao meio, no sentido longitudinal, de modo que o animal estava sobre uma pilha de suas próprias vísceras, com as patas afastadas nas quatro direções, como que fincadas no chão.

Depois de sair de Shulgareh, Ali e seus homens haviam seguido pela estrada através da depressão e encontrado o caminho cheio de carros atingidos por bombas americanas. Alguns carros estavam queimados e derretidos; outros, intactos. Os motoristas talibás, apavorados, haviam abandonado seus veículos com a chave na ignição e corrido para o norte, para os morros, para escapar das bombas americanas que pareciam assombrar a estrada.

Quando passava a cavalo pelo cânion, depois do ataque de foguetes, Ali avistou algo à frente, na estrada, que o assustou. Seu primeiro pensamento foi fugir. Ele semicerrou os olhos e viu cerca de cinquenta carros e picapes correndo na sua direção.

Os veículos estavam ainda a quase mil metros de distância, mas estavam vindo, isso era certo. E estavam cheios de soldados talibás.

Ali e seus homens haviam lutado durante três semanas, sem descansar. Mas agora teriam que enfrentar mais uma luta, e difícil. Ali olhou para trás. Ele e seus homens poderiam recuar para o vale do rio. *Se formos adiante, poderemos ser mortos*, pensou.

Ele fez um movimento para baixo na sela e apertou com força o pente de balas no fuzil, certificando-se de que estava ali.

Ou é vitória ou é morte, pensou Ali. *Se Deus está comigo, vou para Mazar.*

Ali e seus homens cavalgaram para um combate furioso.

Eles lutaram durante duas horas, e Ali perdeu vários homens. Mas mataram muitos talibãs. Ele viu os sobreviventes de sua ira voltando pelo caminho por onde haviam chegado em suas picapes, seguindo para o norte pelo vale. Para Mazar.

Sentado em seu cavalo na boca da depressão, Nelson viu que o ataque de foguetes talibãs havia eliminado o ímpeto da Aliança do Norte de seguir adiante. Nelson percebeu que aquele era um momento crítico. Os homens de Dostum haviam se espalhado pelos morros. Ele sabia que tinha que fazer alguma coisa. Viu homens estendidos sobre as pedras, como lagartos atordoados.

Você tem que conduzir esses homens, pensou. Se eles pararem aqui, os talibãs poderão ter tempo para se reagrupar e atacar novamente.

Ele engoliu em seco e estimulou seu cavalo a seguir adiante.

Dentro do cânion, veículos talibãs estavam tombados e queimando. Os motoristas haviam sido queimados vivos e pendiam nas portas, pretos como pavios. Nelson olhou para o rio e viu mais homens e cavalos estendidos na água. Os talibãs haviam minado até o rio.

Nelson viu que, ao ruído de sua aproximação, homens se levantaram sobre as pedras e olharam para ele. Pareciam assustados e o observaram passando. Percebeu que lentamente, um a um, eles estavam saindo das pedras. Ouviu o barulho de seixos sendo pisados e rolando morro abaixo.

Ele fechou os olhos e agradeceu a Deus. Estava horrorizado com o que via ao seu redor, mas se sentiu cheio de energia. Era difícil explicar.

Nelson esperava que os afegãos o seguissem. Se não fizessem isso, ele acharia que fracassara como capitão do Exército dos Estados Unidos. Quando era adolescente, no Kansas, sempre admirara uma pintura de uma batalha da Guerra Civil. O quadro mostrava um general cavalgando num campo de batalha, seguido por homens com olhos fundos, confiantes, esperançosos. Achou que, o que quer que acontecesse em sua carreira militar, naquele momento ele estava conduzindo aqueles homens no meio de um inferno.

PERIGO PRÓXIMO **309**

Ele ainda não tinha a menor ideia se eles seriam atacados novamente por mais foguetes. Continuou em frente.

Olhou para trás e viu que cerca de trezentos afegãos estavam marchando com ele, alguns carregando armas, outros caminhando de mãos vazias. Seus fuzis haviam sido perdidos nas explosões.

Mais ou menos no meio do percurso do cânion, ele encontrou o tenente-coronel Bowers e o general Dostum. Depois de caminhar cerca de quatrocentos metros, Bowers havia sido apanhado pela barragem de foguetes, que explodiram a cerca de vinte metros de onde ele estava sentado em seu cavalo. Todos os animais começaram a empinar, ameaçando uma debandada. Bowers ordenou a seus homens que desmontassem e se escondessem numa encosta próxima. Eles se comprimiram no que parecia ser uma fenda na pedra, enquanto Bowers permanecia à frente deles, tentando protegê-los. Um homem tentou conter todos os cavalos segurando suas rédeas, mas a maioria dos animais se libertou e começou a correr para os dois lados do cânion.

Nelson abraçou Dostum, que lhe perguntou onde ele estivera. O senhor da guerra grandalhão temera que Nelson tivesse sido morto nos ataques.

— Vim para cá logo que pude — disse Nelson.

Eles voltaram pela depressão e encontraram Essex, Milo e Winehouse, que haviam saído de seu posto de observação no alto da montanha. Quando o major Mark Mitchell chegou num caminhão, juntamente com sua equipe, a força inteira estava pronta para seguir para Mazar.

A depressão estava livre.

Ao entardecer, Dean e Atta pararam na extremidade sul da depressão, para rezar. Atta planejava passar a noite ali, antes de seguir para Mazar ao amanhecer, com Dostum.

Os homens de Dostum foram mantidos 800 metros ao sul, na mesma estrada. A maioria deles estava a cavalo, enquanto os homens de Atta viajavam em veículos.

Atta havia comprado, roubado ou capturado dos talibãs todos os veículos que podia. Dostum, por outro lado, havia ultrapassado seus limites. Seus

310   **12 HERÓIS**

homens e cavalos precisavam descansar. Não podiam acompanhar a velocidade do avanço mecanizado de Atta.

Os dois senhores da guerra se reuniram e concordaram que ninguém partiria para Mazar-i-Sharif antes do amanhecer. A vitória seria deles como companheiros de guerra.

Dostum não sabia que Atta tinha outros planos.

Atta já tinha forças dentro de Mazar-i-Sharif, controlando alguns redutos, embora a cidade ainda estivesse cheia de combatentes talibás e da al-Qaeda. Ele estava ansioso para chegar antes de Dostum à estimada cidade.

Depois da reunião, Dean viu quando Atta se sentou no tapete estendido sobre a terra, cercado de diferentes telefones por satélite — todos eles adaptados para funcionar com bateria de carro —, e começou a falar com diversos comandantes talibás em Mazar-i-Sharif. Estava tentando conseguir deserções e aumentar sua própria força com soldados recém-rendidos. Dean admirava sua diplomacia suave e eficiente.

Enquanto isso, centenas de veículos talibás — seus faróis brilhando na escuridão, visíveis a quilômetros de distância — fugiam de Mazar para Konduz, oito horas a oeste, sacolejando por uma estrada. Os caminhões estavam cheios de combatentes inimigos em retirada.

Atta decidiu que não podia esperar mais. Tinha que chegar a Mazar antes que mais talibás fugissem para Konduz. Sua potencial base de poder estava escapando da cidade.

Quando soube que os talibás estavam partindo mais cedo, Dean concordou prontamente. Tinha imenso respeito por aquele senhor da guerra culto e devoto. Sabia que não podia ficar entre Atta e sua rivalidade com Dostum. Ele subiu no jipe e se sentou ao lado do general. Comprimido ao lado de Dean estava o médico James Gold, enquanto outros membros da equipe seguiam atrás, a cavalo ou em picapes. O segundo no comando de Dean, o suboficial Stu Mansfield, estava apertado na cabine empoeirada de um grande caminhão com carroceria de madeira que fechava a caravana. Esta se estendia por quase um quilômetro. Os vários milhares de homens de

PERIGO PRÓXIMO

311

Atta — a pé, a cavalo e ao volante de caminhões movidos com os últimos preciosos litros de gasolina disponíveis ao seu exército — seguiam cansados em meio à escuridão. Não comiam há vários dias. Aquele era um exército que estava no fim de suas forças.

Dean ficou satisfeito ao pensar que chegaria antes de Mitch Nelson na cidade. Na última semana, os dois jovens capitães do Exército haviam se tornado mais competitivos, ambos mais adaptados às necessidades psicológicas de seus senhores da guerra. Dean ergueu os olhos e viu que Atta estava sorrindo. Para o americano, parecia que a guerra estava acabando. Eles entrariam em Mazar, limpariam as ruas de qualquer talibã que se recusasse a se render e começariam a reconstruir o lugar: usinas de água e energia, escolas, um departamento de polícia, a mecânica da vida diária que necessitava desesperadamente de reparos.

Eles varreriam a cidade em busca de informações sobre o paradeiro de Osama bin Laden e outros soldados da al-Qaeda. Um relato recente situava Bin Laden na cidade de Balkh, 48 quilômetros a oeste de Mazar. A veracidade do relato era duvidosa. As equipes recebiam regularmente notícias sobre essas localizações, que na maioria eram pensamentos fantasiosos de cidadãos afegãos esperançosos de conseguir a enorme recompensa pela captura do terrorista. Ainda assim, as notícias animavam a equipe.

Eles prosseguiam pelo cânion com os faróis apagados. Dean não sabia se algum talibã ficara para trás, de tocaia, para atirar neles do alto da montanha, mas eles não se arriscariam.

Através de seus óculos de visão noturna, o oficial de comunicação Brian Lyle, sentado no caminhão grande, podia ver que a depressão tinha cerca de 800 metros de largura e que a estrada era estreita e fora esburacada pelas explosões. Estava também repleta de picapes talibãs destruídas que apareciam de repente no meio da noite.

O motorista ficava virando o volante para se desviar dos obstáculos carbonizados. A estrada seguia alta pela lateral do cânion, e várias centenas de metros abaixo ficava o rio Darya Balkh. Lyle imaginou que seria fácil seguir junto à beira. Ele tentava se agachar mais por trás das laterais de madeira do caminhão, mas era impossível. Suas costas ainda ficavam acima da madeira frágil. Ele pensou que seria terrível levar um tiro no escuro, sem sequer saber de onde partira a bala mortal. As mochilas da equipe formavam uma pilha tão alta que todos os homens tinham que deitar sobre os equipamentos e nenhum deles encontrava uma boa proteção. Lyle estava reclinado com seu fuzil pressionado contra as costelas. Ele desejou ardentemente que não houvesse talibãs por perto.

Mais ou menos na metade do percurso pelo cânion, eles começaram a passar por corpos de talibãs e soldados afegãos mortos no combate ocorrido mais cedo. Lyle viu braços e pernas arrancados que se projetavam sobre o chão, como se tivessem sido plantados ali. Era como se eles estivessem passando pelo jardim fantasmagórico de um gigante macabro.

Lyle pensou que era incrível o modo como as explosões haviam arrancado completamente algumas cabeças de seus corpos, que muitas vezes não eram encontrados. Uma cabeça parecia olhar para os homens quando eles se aproximaram. Como uma pintura cujos olhos seguem você pela sala, a cabeça os acompanhou quando eles passaram. Alguns homens riram nervosamente e tiraram fotos com suas câmeras digitais. Outros se viraram, enojados com a visão.

Trinta minutos depois, eles saíram do cânion mais frio e encontraram o ar seco da planície. A primeira luz do amanhecer estava se infiltrando acima da linha enrugada do horizonte, e à frente ficava a corcova escura de Mazar-i-Sharif. Pelos óculos de visão noturna, Lyle pôde ver centenas de outros caminhões com seus faróis acesos, saindo às pressas da cidade, a caminho de Konduz. Lyle recebera relatos de que os talibãs estavam preparando uma batalha final na cidade, onde agora havia uma barricada de milhares de soldados da Aliança do Norte. Todas as estradas para sair e entrar estavam cortadas. Aquele era um lugar sob cerco. Soldados da al-Qaeda determinados, vindos da Arábia Saudita e do Paquistão, haviam começado a executar talibãs locais entre eles — homens que só queriam se render, retornar para suas vilas e voltar a viver com suas famílias.

PERIGO PRÓXIMO

Vendo agora que Mazar-i-Sharif estava tão perto, os homens a cavalo se aprumaram, incitaram seus animais e começaram a galopar pela planície. Os homens nos caminhões aceleraram e dispararam em sua busca. Os que estavam a pé começaram a correr, pulando para algum dos caminhões que passavam quando conseguiam. Eles estavam em pleno voo em direção aos portões da cidade.

Perto da periferia da cidade, ainda a vários quilômetros do centro, surgiram as primeiras multidões de afegãos para lhes dar as boas-vindas. Centenas de homens, mulheres e crianças observavam Atta e Dean passando. Eles aplaudiam e festejavam. Aproximavam-se dos caminhões com mãos estendidas para tocar os americanos que passavam. Pediam aos soldados que os fotografassem. Scott Black tinha duas câmeras descartáveis e fez o melhor que pôde — o caminhão seguia rápido enquanto ele fotografava. Ele não conseguia imaginar por que as crianças queriam que tirasse fotos delas, já que nunca mais as veria de novo. Pensou, então, que talvez quisessem apenas que alguém se lembrasse delas.

De sua loja de tapetes, Nadir Shibab viu os americanos entrando na cidade.

Eles chegaram trotando em seus cavalos e zunindo em seus caminhões. Tinham barbas irregulares e cabelo longo, mais longo do que o da maioria dos soldados americanos, e pareciam moribundos. Ele notou, porém, que estavam segurando seus fuzis sobre suas selas e que apenas *pareciam* estar dormindo. Usavam óculos escuros, e ele viu que o tempo todo examinavam a multidão à procura de algum sinal de problema. Alguns protegiam seus rostos da poeira com lenços compridos, e havia buracos escuros e molhados no lugar das bocas.

Nardi estava a ponto de derramar lágrimas. Ele pensou: *De agora em diante, o Afeganistão vai ser livre — eu vou ser livre!*

PARTE QUATRO

OS PORTÕES DE MAZAR

Mazar-i-Sharif, Afeganistão

10 de novembro de 2001

Milhares de pessoas, muitas delas segurando flores de papel e doces como presentes para os americanos, logo estavam passando correndo pela loja de tapetes de Nadir Shihab, levantando nuvens de poeira enquanto corriam, gritando: "Os *ameriki* estão aqui. Eles tomaram a cidade!"

Shihab viu um homem passar correndo. Diferentemente dos outros, ele tinha um olhar nervoso. Era um policial talibã, supôs. Ou havia sido até cinco minutos atrás, quando provavelmente se enfiara atrás de um prédio, retirado seu turbante preto, rasgado sua túnica preta e começado a correr, na esperança de se misturar ao resto dos habitantes de Mazar-i-Sharif.

E agora as pessoas que ele havia atormentado como policial talibã queriam matá-lo. Não tardou para que vários homens virassem uma esquina carregando facas, pás e porretes. Eles o imprensaram contra a parede de uma loja de frutas e o espancaram. Rapidamente. *Um, dois, três golpes.* O homem deslizou pela parede, deixando uma listra vermelha vertical ao cair, desabando sobre o chão, morto.

Acabou, pensou Nadir. *Finalmente acabou.*

* * *

316   **12 HERÓIS**

A notícia da vitória em Mazar correu pelas cidades afegás, transmitida por walkie-talkies e rádios. Apenas dois dias antes, em 8 de novembro, Osama bin Laden recebera nacionalidade afegã do governo talibã em luta, liderado pelo mulá Omar.

"Agora ele não é [apenas] nosso convidado", anunciara o porta-voz talibã. "Ele é um cidadão do Afeganistão, e nós não o entregaremos aos Estados Unidos." Quando ouviram essa notícia, as pessoas imaginaram quando seu país estaria livre de monstros.

Homens e mulheres jovens, em lugares tão distantes quanto Cabul, 320 quilômetros a sudoeste, ajoelharam-se diante de suas pequenas telas de TV ligadas a antenas parabólicas piratas e viram quando Dostum, Nelson e Dean entraram em Mazar em meio à multidão que festejava. Aquilo era emocionante. Eles haviam temido as armas poderosas dos Estados Unidos, mas também haviam rezado para que os bombardeios americanos levassem seu país a um novo começo, de modo que este pudesse ser reconstruído das cinzas.

Depois de mais de vinte anos de guerra, esta parecia ser a única maneira de recomeçar. Um retorno ao zero.

Na estrada que dava na loja de tapetes de Nadir Shihab, ainda nos arredores da cidade, a picape de Atta havia quebrado. Seus homens a empurraram para o canto da rua. Dean ficou preocupado com a segurança de Atta no meio da multidão. Este lhe assegurou que seus guarda-costas poderiam consertar a camionete e que logo ele estaria a caminho novamente. Atta exortou Dean a continuar sem ele. Ele iria logo em seguida.

Enquanto isso, Atta estava preocupado com outra coisa: os repentinos rumores de que várias centenas de talibãs haviam se entrincheirado numa escola localizada num bairro de prédios de apartamentos de concreto. Dos prédios, com dois a quatro andares, via-se a Mesquita Azul, a cerca de mil metros de distância.

Esses talibãs, disse ele a Dean, eram homens duros. Soldados da Arábia Saudita, do Paquistão, da Chechênia. Recusavam-se a se render. Atta disse

OS PORTÕES DE MAZAR

que lutariam até a morte. Ele advertiu Dean que tivesse cuidado. Que não confiasse em ninguém. E que se assegurasse de que nenhum combate danificasse a Mesquita Azul, o local religioso mais sagrado da cidade. Os talibãs a haviam fechado ao assumir o controle da cidade, achando que seus domos adornados e suas paredes douradas eram ostensivos demais e inapropriados para um lugar de oração. Sua beleza era uma feiura para eles.

Relutantemente, Dean seguiu adiante com sua equipe. Eles tinham que entrar na cidade, rápido.

Cerca de quinhentos homens de Atta já haviam entrado na cidade. As ruas estavam vazias e repletas de lixo, pilhas de corpos à beira das calçadas. O zumbido de celofane das moscas soava no ar.

A maioria dos talibãs que ocupavam Mazar abandonara a cidade várias horas antes. Em algumas casas, ainda havia chá esfriando nas xícaras, intocado. Peças de vestuário — lenços, túnicas, sandálias — estavam espalhadas. Os talibãs haviam partido em pânico.

A cidade, os homens sabiam, parecia um tabuleiro de xadrez gigante, onde o adversário estava simultaneamente perdendo, resistindo, ou mesmo avançando, dependendo da praça ou do bairro que ele habitava. Era preciso ter cuidado. Pela cidade, ainda havia redutos de combatentes assustados, escondidos em casas, telhados e fachadas de lojas com barricadas. Eram homens que haviam sido deixados para trás quando a maior parte da força fugiu.

Ao entrar em Mazar, metade dos homens de Atta correu em suas picapes Toyota para o aeroporto, na extremidade oeste, e exigiu aquela área para seu líder. A mensagem foi enviada pelo rádio: *"Atta capturou o aeroporto!"*

Isso tornou Atta um ator importante na cidade. Qualquer pessoa que quisesse acesso ao aeroporto tinha agora que negociar com ele.

Dostum estava viajando pela depressão de Tiangi quando ouviu a notícia. Não ficou feliz. Faltavam ainda várias horas para ele entrar na cidade, liderando uma fila de cerca de 1.500 homens cansados, a cavalo e a pé.

Ele decidiu não ficar pensando nessa perda. Redobraria seus esforços para obter o enorme forte conhecido como Qala-i-Janghi. Dali, reconstruiria sua base de poder. No auge de seu domínio, no início dos anos 1990, ele imprimira seu próprio dinheiro, operara sua própria linha aérea comercial e até programara sua própria estação de TV. Fundara escolas e insistira que mulheres as frequentassem. Crianças haviam lotado cinemas nos fins de semana para assistir às últimas histórias de amor criadas pelos estúdios de cinema de "Bollywood", na Índia. A cidade tinha um dos poucos sistemas sanitários de água do país e os moradores tinham eletricidade 24 horas por dia. Dostum apoiara a classe média florescente, liberal para os padrões afegãos, e a cidade de 300 mil almas era uma metrópole próspera, ainda que atrasada.

Aqueles haviam sido os bons e velhos tempos. Dostum estava convencido de que eles voltariam.

Enquanto Dostum fazia planos e se afligia na depressão, os homens de Atta continuavam a investigar o coração da cidade, rua a rua. Tiroteios explodiram nas esquinas, armas de fogo pequenas atingindo laterais de prédios. As famílias que ali moravam se esconderam em armários e embaixo de camas, rezando para que os talibás finalmente fossem embora. Os combates eram furiosos e mortais. Atta perdeu trinta homens em várias horas de troca de tiros. Mas eles haviam posto os soldados talibás e da al-Qaeda em fuga.

O inimigo recuara para uma escola de meninas, um prédio simples de quatro andares, de aço cinza, com janelas altas nas salas de aula. Os talibás não acreditavam na educação de meninas. Haviam sacado suas facas e arranhado os olhos das figuras de todas as fotografias e quadros pendurados no prédio. Achavam que o Alcorão proibia a exibição dessas imagens.

No fim da manhã, os homens de Atta se esgueiraram pela grama esparsa que beirava a frente da construção. Eles olharam para baixo e para cima do prédio, cerca de trinta metros em cada direção. Estavam no meio.

OS PORTÕES DE MAZAR

Planejavam entrar e enfrentar os homens, que se recusavam a se render, de maneira suicida.

De repente, um grupo de soldados talibás irrompeu porta afora.

Os dois lados abriram fogo.

Quando alcançaram os homens de Atta, os soldados talibás puxaram os pinos de suas granadas e explodiram a si próprios, levando consigo alguns de seus inimigos.

Outros talibás irromperam pela porta e os homens de Atta abriram fogo novamente, tentando derrubá-los antes que se aproximassem.

Os homens de Atta rapidamente recuaram para uma distância segura, em casas próximas, e continuaram a trocar tiros dali. Os talibás quebraram as janelas da escola por dentro e começaram a atirar na rua.

A vizinhança se alvoroçou com o tiroteio.

Enquanto o combate se intensificava em volta da escola, o comboio de Dean entrava na cidade e abria caminho em meio à multidão que o festejava.

A equipe ficou impressionada com as centenas de homens, mulheres e crianças que os aplaudiam ao longo da rua, as mulheres espiando timidamente por cima dos ombros dos homens, através das aberturas para os olhos em suas burcas azuis. Crianças corriam pela rua chutando bolas de futebol; outras estavam em campos próximos, soltando pipas.

— O que essas pessoas estão dizendo? — perguntou Dean a Wasik, um dos tradutores que Atta fornecera à equipe.

— Estão gritando bênçãos — disse Wasik. — Elas gostam de vocês!

As lojas de tapetes, as borracharias, as inúmeras barracas que vendiam kebab de carneiro, esses e outros estabelecimentos haviam fechado devido à expectativa de uma batalha final com os talibás. Agora, os proprietários das lojas as estavam reabrindo, varrendo as entradas. Barbeiros punham suas cadeiras de madeira na rua, e homens faziam fila impacientemente para raspar suas barbas cultivadas por exigência dos talibás.

Dean viu homens sorridentes se levantarem revigorados da cadeira, esfregando seus rostos lisos, maravilhados. Ele ouviu música pop indiana tocando num radiogravador que era carregado pela rua. Mais tarde, saberia que uma estação de rádio comercial começara a transmitir músicas às 3h daquela manhã. Um dia antes, os responsáveis por esse entretenimento teriam sido presos.

Dean parou o comboio e a equipe desembarcou para apertar a mão das pessoas. Uma criança correu e abraçou James Gold, que a segurou nos braços e a ergueu para o céu. Gold sentiu saudade de seus filhos que estavam no Tennessee ao pôr a criança de volta ao chão, com lágrimas nos olhos.

De repente, tiros foram disparados e a equipe voltou para os veículos. Dean examinou a multidão, procurando o atirador. Viu um homem com seu AK erguido. Estava disparando tiros inofensivos, para celebrar. Dean respirou aliviado.

De seu escritório no segundo andar, na rua principal de Mazar, Najeeb Quarishy, de 21 anos, viu que os rumores sobre a retirada dos talibãs eram verdadeiros.

Já não estavam nas ruas os policiais geralmente sinistros e santarrões, girando seus bastões de couro, membros do Esquadrão da Verdade e da Prevenção ao Vício. Certamente os policiais haviam sido menos destemidos nos últimos dias, enquanto a luta se intensificava nas montanhas ao sul da cidade. *Uma boa libertação*, pensou Najeeb.

Najeeb sempre se divertira zombando dos talibãs excessivamente sérios. Quando era alguns anos mais novo, teve pernas para escapar quando eles o repreenderam por cortar o cabelo no estilo *"Titanic"* — extremamente popular e assim chamado por ter sido o corte de cabelo exibido por Leonardo DiCaprio no filme de mesmo nome.

— Por que você usa o cabelo *Titanic*? — importunaram os policiais talibãs.

— Porque *eu gosto*, dane-se! — E então ele correu, provocando-os por cima do ombro.

Najeeb aprendera inglês ouvindo a BBC e conversando com todo trabalhador de ONG estrangeira que aparecera em Mazar durante os anos

OS PORTÕES DE MAZAR

da devastação da guerra. Isso significa que ele falava com um leve sotaque britânico, com sua voz esganiçada que beirava o sarcasmo. Ele crescera em Mazar durante a longa ocupação soviética e a guerra civil que se seguiu, e testemunhara quase todas as formas de misantropia selvagem. Mas mantinha em seu passo elegante uma irresistível alegria de viver.

Nunca fora tão feliz em sua vida quanto agora, quando os talibãs partiam. Naquele dia, mais cedo, seu pai, o prefeito, dissera-lhe que a casa deles fora escolhida como aparelho para alguns soldados americanos.

Era uma chance única na vida! Najeeb sonhava em ser correspondente de um noticiário na TV. Sonhava em visitar os Estados Unidos. Que maneira de praticar seu inglês poderia ser melhor do que fazendo amizade com soldados americanos?

Ele subiu em sua motoneta e, seguindo o fluxo dos vizinhos que celebravam, correu para casa.

Em meio às contínuas celebrações, o general Dostum e o capitão Mitch Nelson entraram a cavalo em Mazar várias horas depois de Atta.

Seguindo-os de perto, estavam o major Mark Mitchell e sua equipe, liderados pelo tenente-coronel Bowers.

Mitchel e sua equipe haviam entregado seus cavalos aos homens de Dostum na extremidade sul da depressão. Burt Docks, controlador de combate de Mitchell, mal conseguiu andar de seu cavalo até o caminhão de duas toneladas que os levaria através da depressão. Ele fez cara de dor quando o veículo começou a sacolejar pela estrada dentro do cânion.

Companheiro de equipe de Dock, o controlador de combate Malcolm Victors olhou em volta os doze soldados afegãos que seguiam a cavalo com eles, e, como eles não sabiam falar inglês, pensou que eram mais burros do que ele. Sabia que não eram, sabia que era uma ignorância pensar isso, mas não conseguiu evitar o prejulgamento.

Um dos afegãos, em pé na frente da carroceria do caminhão e olhando para a frente, gritou algo que Victors não conseguiu entender.

Um tradutor lhe disse que o sujeito queria que todos mantivessem seus braços e pernas dentro do caminhão.

Sim, está bem, pensou Victors. *O que esse cara está querendo dizer?*

Minutos depois, Victors viu o caminhão passar entre duas paredes de pedra a apenas centímetros de distância de cada lado. *Caramba. Tenho que prestar atenção.*

Cal Spencer, usando o boné de beisebol de seu filho — agora com a aba surrada, decorado com a inscrição em vermelho "F.C.", de Fort Campbell —, estava emocionado com a recepção da multidão. Não podia acreditar que eles haviam capturado Mazar tão rapidamente. Ele estava dirigindo um dos Gators carregados de mochilas da equipe. O general Dostum se aproximou, depois de parar seu caminhão à frente e caminhar até Spencer.

— Leve-me para passear — disse ele.

Spencer compreendeu que Dostum queria ser visto ao lado dos americanos ao entrar na cidade.

— Pule para dentro, general.

Dostum acenou para a multidão enquanto eles passavam.

Ele sugeriu que eles hasteassem uma bandeira americana num mastro preso ao *buggy*. Spencer e Nelson acharam que era uma boa ideia.

Max Bowers discordou. "Esta é uma vitória deles", disse. Ele explicou que os afegãos não deveriam ver os americanos como vitoriosos. Spencer e Nelson perceberam que Bowers estava certo.

Depois de um curto passeio, Dostum voltou para seu veículo. Sua unidade de segurança estava preocupada porque a multidão aumentara demais — quase 5 mil pessoas. Seria fácil para um soldado talibã ainda à espreita na cidade disparar um tiro. À frente surgia um prédio estranho, uma fortaleza imponente toda de barro. Parecia saída de *As mil e uma noites*.

— O que é aquilo? — perguntou Spencer, apontando para a rua.

— Nosso novo lar! — gritou Nelson.

O comboio de vitoriosos passou por um portão alto e entrou no forte. Spencer perguntou se o lugar tinha um nome.

OS PORTÕES DE MAZAR

Alguém do grupo — um afegáo — respondeu: "Qala-i-Janghi." Ele explicou que o nome significava Casa de Guerra.

Nadir Shihab saiu de sua loja de tapetes e começou a correr como todo mundo para receber os americanos quando estes passavam pelos portões da cidade.

Nadir se lembrou da primeira vez em que os talibás apareceram em sua casa, em 1998, procurando seu pai. O idoso havia sido oficial da Aliança do Norte, e os talibás suspeitavam de que ainda era um soldado leal depois de haver se reformado (o que não era).

Nadir ouvira uma picape Toyota parando na rua empoeirada. Vários policiais talibás saltaram e caminharam até sua casa. Ele esperou que batessem e abriu a porta.

— Seu pai está em casa? — perguntou um policial.

Seu pai o advertira a se conter e não criticar aqueles homens. Eles haviam matado vizinhos e tido a audácia de se mudar para a casa deles. Cada dia com eles era como acordar numa terra de demônios. Só que você nunca dormia.

— O que o senhor quer com o meu pai?

— Precisamos falar com ele.

Nadir chamou seu pai pelo telefone celular.

— Eles estão aqui. Querem que você venha para casa.

— Temos que revistar sua casa — disse o policial ao pai de Nadir quando este chegou.

— O que vocês estão procurando? Armas? Munição? Não temos nada!

O soldado talibá ergueu um machado e começou a destruir os armários. Jogou as roupas deles na rua, empilhadas, e ateou fogo nelas. Em seguida, saiu da casa e voltou logo depois, com uma pá.

Ele avisou que encontraria armas enterradas no chão de terra, armas que o pai de Nadir esconderia como um favor ao infiel general Dostum.

Ele levou a pá ao chão e começou a cavar. Não encontrou nada na cozinha. Nada nos quartos. Percorreu cada cômodo, deixando pilhas de terra aonde ia.

324   **12 HERÓIS**

Por fim, foi embora. Nadir e seu pai ficaram na casa e examinaram os danos. Em seguida, apanharam suas próprias pás e começaram a cobrir os buracos. A vida é assim, pensou Nadir. Alguém fica cavando buracos em sua vida e você fica cobrindo-os.

Uma semana depois, o policial talibã retornou.

Ele disse ao pai de Nadir:

— Você me disse que não tem nada, mas alguém me disse que tem.

Ele começou a cavar novamente.

— Oh, irmão! — gritou o pai de Nadir. — Não temos nada enterrado em nossa casa!

Depois de cavar vários buracos, o homem se aproximou do pai de Nadir e lhe deu uma bofetada.

— Sabemos que você tem munição. Levaremos seu carro e seu dinheiro.

O pai de Nadir ficou em silêncio e com raiva quando o oficial da polícia talibã o instruiu a ser um muçulmano decente.

— Você quer escandalizar o Islã? Quer desacreditar sua família?

O oficial disse a Nadir:

— Irmão, diga a sua irmã para não ir à escola. Do contrário, vamos matá-la.

Estava falando sério. Recentemente, a rádio em Mazar transmitira uma mensagem assustadora: "Só há dois lugares para uma mulher afegã", dissera o locutor da rádio. "A casa do marido. E o cemitério."

Nadir estudara inglês na escola de idiomas de Najeeb, em Mazar-i--Sharif, e tinha orgulho de sua educação. E tinha orgulho da educação de sua irmã.

— Temos que estudar — disse ele ao policial — porque este país precisa de pessoas educadas.

— Diga a sua irmã que, se ela for à escola, nós a mataremos.

Nadir apenas balançou a cabeça.

Certo dia, ele descia a rua quando percebeu que estava sendo vigiado. Viu um soldado talibã apontando um AK-47 para ele, segurando-o na altura da cintura.

OS PORTÕES DE MAZAR

— Menino, venha cá! — gritou o homem.

— Qual é o problema, senhor?

— Não fale! O que você fez com sua barba? Por que a raspou?

Nadir pensou cuidadosamente na resposta, mas não conseguiu se conter.

— Minha barba! — gritou. Ele apontou para seu queixo bem-barbeado. — Esta é a minha barba. Não é a sua barba!

O talibã amarrou os punhos de Nadir com um lenço e o arrastou para uma prisão em Mazar, onde o guarda o espancou com uma mangueira de borracha.

Nadir gritou para eles:

— O Islá não depende apenas da barba, vocês sabem! O Islá diz: Não mate uma pessoa. Não mate um ser humano. O ser humano é uma criatura de Deus.

Ele ficou preso três dias. O talibã telefonou para seu pai e disse: "Estamos com seu filho." Em seguida, prenderam o pai de Nadir e o levaram para a prisão.

O pai tentou argumentar com o talibã:

— O que há de errado com meu filho?

— Ele não tem barba.

— Ele é jovem. Além disso, é ele quem escolhe se deixa a barba crescer.

O talibã ergueu a mangueira de borracha e bateu com ela no ombro do idoso. O pai de Nadir ergueu os braços para se proteger dos golpes. — Meu filho não fez nada de errado! — gritou.

— Cale a boca. — Continuaram batendo nele. — Ele está violando a lei de Deus.

— Ele vai deixar a barba crescer. Isso vai deixá-lo feliz?

O talibã jogou o pai na mesma cela. Bateu nele diante de Nadir. Tudo o que o jovem não podia fazer era protestar. Ele estava impressionado e orgulhoso da coragem de seu pai.

Quando o talibã parou de bater no pai de Nadir, este concordou em pagar para eles saírem da prisão. Depois de dar algum dinheiro ao talibã, pai e filho saíram cambaleando, piscando ao contato com a luz do sol, caminhando abraçados para casa.

Dostum e seu comboio de segurança não pararam no forte e continuaram a penetrar em Mazar-i-Sharif até a Mesquita Azul. Dostum chegou triunfantemente para reabri-la. As salas haviam ficado trancadas durante a ocupação talibã.

Ele saltou de seu jipe e olhou para os minaretes reluzentes. Pareciam flutuar no alto, ao sol do meio-dia. Suas botas enlameadas atravessaram o pátio ladrilhado, tão inigualável que parecia que ele estava caminhando no próprio céu. Dostum entrou na mesquita.

Ele retirou as botas e se ajoelhou para rezar. Sob o chão de pedra da mesquita, numa cripta fechada, estava o corpo de um genro e primo de Maomé, Ali bin Abi Talib, o quarto califa do Islã.

Depois de sua morte, onde é hoje o Iraque, os seguidores do homem santo o enterraram em Bagdá. Mais tarde, porém, temendo a profanação do túmulo, eles o desenterraram e puseram seus restos sobre um camelo branco que vagou durante dias, percorrendo quilômetros no deserto até tombar aí, naquele lugar, em Mazar-i-Sharif.

Dostum nunca fora um homem religioso, mas agora ele rezava. Rezava pelo capitão Nelson, com o qual se preocupava como se fosse seu filho. *Estive em guerra a minha vida inteira e matei muitos homens.*

E ainda estou vivo.

Subiu de novo em seu jipe e mandou o motorista levá-lo para seu quartel-general.

No fim do dia, todas as equipes haviam chegado a Mazar, exceto a de Diller.

Finalmente ele apareceu diante de Qala-i-Janghi, no fim da tarde, faminto e imundo. Nas últimas doze horas, ele e sua equipe, juntamente com seu contingente de afegãos, haviam marchado 48 quilômetros para chegar à cidade. Ele usara seu rádio o suficiente para se comunicar com

OS PORTÕES DE MAZAR

Nelson e informar sua posição antes de desligar o aparelho. Estava com pouca bateria e economizando cada volt. Na véspera, eles haviam marchado 32 quilômetros.

Agora, parado na rua, a menos de 200 metros do imenso forte à sua frente, suas pernas estavam dormentes. Não conseguia senti-las. Estava sangrando por baixo das pernas de sua calça, resultado de dolorosas feridas causadas pelo contato com a sela.

Depois de seu cavalo tombar de exaustão na trilha de pedras, Diller o puxara durante os últimos 16 quilômetros.

Diller olhou para o forte à sua frente e depois para o cavalo.

— Eu sei que você não quer — disse ele ao animal cansado e paciente —, mas, que diabo, eu saí a cavalo de Dehi ao começar essa luta. E gostaria de chegar a cavalo.

Diller pôs o pé no estribo e se sentou cuidadosamente na sela. Deu um chute no cavalo. Cada movimento do animal era excruciante. Diller ria como um idiota para evitar gritar de dor. Logo ele se aproximou dos quatro homens que estavam na entrada do forte, puxou as rédeas e parou.

Estavam ali Nelson, Spencer, Essex e Milo. Diller parou e ficou olhando para eles. Ele se deu conta: estava *aqui*. Em Mazar. Desceu da sela com um gemido.

Seus colegas se aproximaram, apertando sua mão e abraçando-o. Haviam se passado duas semanas desde que todo o grupo de doze homens deixara a K2, e onze dias desde que eles haviam saído do acampamento de Dostum nas montanhas. Não era tanto tempo, realmente. Mas durante a maior parte desse tempo eles haviam esperado morrer a cada minuto. Agora, estavam juntos novamente.

Isso é bom, pensou Diller, desabando sobre uma faixa de grama fresca à sombra do forte.

Logo ele adormeceu.

Enquanto Nelson e sua equipe se estabeleciam no forte, Dean se sentava para um banquete no aparelho de Atta. Os homens passavam pratos de carne de bode, arroz e frutas, molhando os bocados com muito café instantâneo. A casa era cercada de jardins e com um lago — um oásis entre muros de segurança de metal cheios de marcas. Um jovem gorducho de cabelo preto e olhos tristes se apresentou a Dean como filho do proprietário. Falava inglês perfeitamente e disse que seu nome era Najeeb. Najeeb Quarishy.

O interesse de Dean ao encontrar alguém que falava inglês e que poderia ser um intérprete murchou quando Najeeb começou a fazer perguntas. "Você tem uma família? Onde você mora nos Estados Unidos? Que tipo de treinamento militar você fez?"

Dean imaginou (incorretamente!) que Najeeb era uma espécie de espião do Talibã. Se aquela não fosse a sua casa, ele o teria chutado para a rua. Dean resolveu que tinha que se mudar para um novo aparelho logo que possível.

Na verdade, havia muito mais coisas para se preocupar. Cidadãos locais estavam chegando ao portão da casa com notícias de que homens--bomba estavam mirando em Dean e sua equipe. *Como nos encontraram tão rapidamente?*, pensou ele.

Dean instruiu Brian Lyle a enviar à K2 notícias sobre a ameaça. Eles estabeleceram um perímetro de segurança em torno da casa e verificaram uma rota de fuga em caso de ataque. Chamaram isso de "plano vá para o inferno".

O sargento de operações Brad Highland pôs um pano cor de laranja no telhado. Agora, se eles tivessem que ser retirados de helicóptero, o piloto poderia encontrá-los facilmente. Criaram também um sinal "vá para o inferno": uma palavra que qualquer um deles poderia pronunciar se tivessem que sair da casa imediatamente. A palavra significava apenas uma coisa: *saia agora*. A palavra escolhida foi "Titãs", por causa do time de futebol americano Tennessee Titans.

Enquanto ouvia tiros pela cidade, Dean recebeu mais notícias ruins. Vários dos homens de Atta haviam sido baleados quando passavam pela escola de meninas Sultão Razia.

OS PORTÕES DE MAZAR

Dean disse à equipe que verificasse a situação na escola e a relatasse pelo rádio. Ele ficaria no aparelho e dirigiria as operações dali.

Os talibás estavam atirando das janelas quando Stu Mansfield e Brian Lyle chegaram num caminhão minutos depois.

Mansfield recuou o veículo para trás de uma esquina, fora da linha de fogo. Da carroceria do caminhão, ele podia ver a entrada da escola numa posição favorável o suficiente para ter uma ideia da situação. A escola era um prédio de vidro fumê e metal. Agora, suas salas estavam cheias de lixo, lenha, armas e fezes.

Atta estava convencido de que podia render os combatentes inimigos dentro da escola. Eles eram soldados da al-Qaeda militantes, na maioria paquistaneses, que haviam sido abandonados pelos talibás durante a retirada destes.

O raciocínio de Atta se devia à proximidade da escola com a Mesquita Azul, situada a vários quarteirões de distância, e com as centenas de casas de barro e concreto da vizinhança. Ele não poderia atacar a escola sem causar mortes ou danos colaterais. Era uma situação complicada, que exigia um leve toque — o gênio do senhor da guerra.

No aparelho, durante uma reunião com Atta, antes de a equipe partir, Dean havia sugerido que bombas guiadas por laser poderiam ser jogadas na escola. Era perigoso, mas possível.

Atta discordara. Explicou que mais nove de seus soldados já estavam dentro do prédio tentando negociar uma rendição. Essa notícia surpreendeu Dean.

— Bem, o que o senhor quer fazer? — perguntou ele.

— Quero esperar.

Eles decidiram que dariam uma segunda chance à diplomacia e que, se esta falhasse, Dean derrubaria o prédio.

Agora, Mansfield olhava para dois enviados de Atta estendidos mortos no gramado em frente à porta de entrada da escola e imaginava se a diplomacia era realmente uma opção ali.

Os enviados haviam se aproximado da porta levando o Alcorão aberto diante deles, as páginas viradas para a frente, visíveis aos combatentes lá dentro, em sinal de paz. As balas que os mataram atravessaram os livros e perfuraram seus corpos.

Quando soube da tomada da escola, Dostum, em seu posto em Qala-i--Janghi, decidiu que queria bombardear o prédio imediatamente. À sua volta, seus operários já estavam martelando, varrendo, pintando e consertando os danos causados pela ocupação talibã. Fios elétricos pendiam do teto, arrancados pelos combatentes em fuga.

Mas então Atta telefonou para Dostum e o informou que a escola fora cercada por seus homens, e que as pessoas de Mazar se opunham ao lançamento de uma bomba em sua vizinhança. Isso poria vidas em risco e ameaçaria o apoio a Atta e Dostum entre os cidadãos de Mazar. Dostum resmungou, concordando relutantemente.

A essa hora, Mitch Nelson estava no pátio da fortaleza com o tenente--coronel Bowers. Nenhum dos dois havia sido informado sobre a conversa entre Dostum e Atta, nem sobre a insistência de Atta de que ele estava controlando a situação.

Dostum disse aos americanos que um clérigo havia sido morto numa troca de tiros na escola, e que os combatentes inimigos lá dentro se recusavam a se render. Dostum explicou que queria bombardear o lugar e acabar rapidamente com a ocupação.

Nelson e Bowers questionaram Dostum sobre a conveniência de um ataque desse tipo. Dostum os lembrou de que havia visto o quanto Nelson e seus homens podiam ser precisos com as bombas.

Bowers, entretanto, achou que Dostum queria agir rapidamente demais, e ele e Nelson temiam que centenas de civis morressem. Entretanto, depois de discutir a situação, eles decidiram enviar uma equipe à escola.

Sonny Tatum, Fred Falls, Patrick Remington e Charles Jones estacionaram a um quarteirão do prédio. Com eles estava o oficial da CIA Mike Spann. Enquanto os outros permaneciam no caminhão, Tatum e

OS PORTÕES DE MAZAR 331

Spann percorreram centenas de metros, correndo de esquina em esquina, à procura de um prédio de onde pudessem observar a escola. Para passar despercebido, Tatum vestira um jeans e uma camisa escura de botão.

Tatum escolheu um prédio da vizinhança, e ele e Spann subiram a escada dos fundos.

No alto do prédio, Tatum retirou seus equipamentos a laser e rádios e preparou uma aproximação para dois jatos F-18 que estavam a postos no céu. Usando o telêmetro, mediu a distância entre ele próprio e a escola, que ficava a pouco menos de 300 metros. Perto. Perto demais.

Ele e Spann correriam o risco de explodir.

Ele também não tinha uma linha de visão clara. Muitos prédios da vizinhança tinham a mesma altura. Para conseguir uma pontaria certeira com o laser, ele teria que se aproximar ainda mais. Estava ferrado.

Tatum mirou o SOFLAM verde, em formato de caixa, na escola e apertou o gatilho.

O aparelho chiou ao disparar o laser, mas ele não conseguiu mirar bem o prédio — apenas uma quina e parte da extremidade sul do telhado. Ele precisava pôr o laser no meio do telhado para garantir um lançamento preciso sobre o alvo.

Isso lhe deixava uma opção final, a mais perigosa de todas.

Tatum se virou para Spann e disse:

— Precisamos chegar ao prédio da escola.

Eles precisavam de coordenadas em GPS da posição do prédio. Tatum tinha um plano.

Desceram a escada e correram de prédio em prédio, até a escola. Ficaram encostados nela, com as costas pressionadas contra a parede leste, perto da quina. Tatum apertou o botão na frente de seu GPS, registrando as coordenadas da latitude e da longitude de sua posição.

Em seguida, correram junto à parede até a quina oeste, e Tatum apertou o botão novamente. Correram para outra quina e repetiram o processo. Não poderiam obter coordenadas mais perfeitas, a não ser que pudessem subir no telhado.

Tatum pensou que a qualquer momento eles seriam localizados por um dos soldados da al-Qaeda lá dentro. Acima, no segundo andar, a maioria das janelas havia sido quebrada. Tatum podia ouvir vozes, vozes iradas. Afastando-se da parede, eles correram a toda velocidade uma distância curta, até um prédio próximo, e recuperaram o fôlego. Nenhum tiro os acompanhou.

Rapidamente, eles subiram de novo a escada do prédio de observação e prepararam o ataque. Pelo rádio, Tatum perguntou aos dois pilotos:

— Vocês estão vendo uma casa danificada, com as janelas cobertas de tábuas? Agora olhem à sua esquerda. — Tatum teve o cuidado de visualizar a si próprio dentro da cabine de cada piloto, orientando-se a partir do alto, enquanto os próprios pilotos eram orientados.

Do alto, a escola tinha um formato de "T". O piloto principal disse que conseguia ver a forma de T. Agora eles tinham uma identidade visual. Em seguida, Tatum transmitiu também as coordenadas em GPS.

Tatum e Span se agacharam no telhado e esperaram.

Dentro da escola, os homens que haviam entrado como enviados de Atta — depois de o primeiro grupo ser atacado — estavam no meio de uma negociação com o grupo de soldados inimigos. Até então, haviam conseguido evitar serem baleados.

Ao mesmo tempo, Remington, Jones e Falls estavam posicionados em torno do quarteirão, com vista para a escola, mas fora do campo de visão de Mansfield e Lyle.

Cada uma das equipes não tinha a menor ideia de que a outra estava ali.

Em sua picape, Brian Lyle tentava se comunicar com a equipe de Nelson em Qala-i-Janghi, mas por algum motivo seu rádio não estava funcionando direito. Ele não conseguia. Queria que Nelson soubesse que ele e Mansfield estavam na escola.

Lyle não tinha a menor ideia de que Nelson já sabia da ocupação da escola.

No aparelho de Atta, Dean também tentava se conectar com Dostum e Nelson. Ele se deu conta de que as equipes haviam entrado na cidade

OS PORTÕES DE MAZAR

tão rapidamente, e em ritmos tão diferentes, que não haviam atualizado uma à outra suas localizações. Dean nem sabia ao certo se Dostum já chegara a Mazar.

A situação era incerta. *Incerta* demais, pensou Dean.

Curiosos com o desenrolar dos acontecimentos, ele e Brad Highland estavam prontos para ir de carro até a escola quando ouviram a explosão.

Eles olharam para cima. Dean ficou chocado ao ver como a nuvem em forma de cogumelo estava próxima — a apenas três ou quatro quarteirões de distância. *Quem jogou a porra dessa bomba?* Dean queria saber. E então: *Os homens de Atta acabaram de ser apagados.*

Como ele explicaria a Atta que os Estados Unidos da América haviam acabado de matar seus homens?

No telhado, com vista para a escola, Tatum checou com os pilotos. Olive Trinta e Um, aqui é Tomcat. Peço um segundo lançamento.

A bomba, guiada por um GPS dentro dela, atingira o meio do telhado da escola, exatamente como Tatum planejara. A parede de trás e o lado leste do prédio haviam desabado. Um grupo de soldados inimigos saíra cambaleando do prédio e desaparecera pela rua.

O piloto do segundo jato anunciou que estava pronto para o lançamento. Tatum se abaixou quando o projétil caiu. A terra se moveu sob ele, sob o prédio. Um trovão ecoou pelas ruas da cidade.

A dois quarteirões de distância, a explosão abalou Stu Mansfield e Brian Lyle. Com o rádio ainda à mão, Mansfield estava furioso e confuso. Os afegãos que estavam com eles — homens de Atta — olharam para eles, igualmente sem saber o que acabara de acontecer.

Mansfield não sabia quantos homens de Atta estavam no prédio, mas sabia que eles estavam mortos. E essa não era uma boa notícia.

Ele interrompeu o rádio.

— Eu não fiz isso! — disse aos soldados de Atta. — Eu não pedi essas bombas!

Eles pareciam não engolir a declaração.

334 12 HERÓIS

Mansfield e Lyle concordaram que deviam sair da área imediatamente. Mansfield se sentia péssimo com o que acabara de acontecer. Dean podia estar naquele prédio. E se estivesse? Eles deram a partida no caminhão e seguiram velozes de volta ao aparelho.

De sua posição, Tatum examinou os danos do segundo ataque aéreo. Metade da escola era um monte de escombros fumegantes. A bomba entrara pelo buraco no telhado feito pela primeira bomba, um tiro perfeito.

Mais combatentes talibás e da al-Qaeda saíram correndo dos escombros, disparando suas armas aleatoriamente contra os prédios vizinhos, em meio à fumaça. Tatum temeu que eles escapassem pela cidade. Ele falou com os pilotos pelo rádio:

— Vejam, acabamos de mexer numa casa de marimbondos: vocês terão que lançar outra bomba.

— Pronto para novo ataque imediato — disse um deles. — Requisitando liberação.

— Livre.

Outras partes das paredes de concreto e aço que restavam explodiram, derrubando as árvores em torno da escola. Apenas a parede da frente, diante da rua, e algumas partes das outras paredes ainda estavam de pé. Tatum viu mais alguns homens saindo trôpegos dos escombros, os rostos manchados de branco e vermelho, de poeira e sangue. Ficou impressionado por ainda estarem andando. Uma cerca de tela de arame circundava parte da escola, e alguns dos sobreviventes atordoados a pularam e correram pela vizinhança, lançando-se entre as casas.

Tatum viu que moradores e soldados afegãos os perseguiam. Os mais cruéis entre eles eram os xiitas hazaras. Os talibás haviam massacrado milhares deles ao tomarem a cidade em agosto de 1998. Agora, era a vez dos hazaras. Eles batiam nos combatentes com pás e pedras.

Na escola, cerca de trinta combatentes talibás e da al-Qaeda haviam sobrevivido aos ataques. Eles se refugiaram nos escombros, escondendo-se numa quina do prédio que não havia desabado. Ficariam ali mais dois dias,

OS PORTÕES DE MAZAR

trocando fogo com os homens de Atta, antes de finalmente se renderem —
famintos, exaustos e, de algum modo, escolhendo a vida em vez da morte.

Dean caminhava para lá e para cá no aparelho, à espera do retorno de
Atta. O senhor da guerra estava em algum lugar da cidade, reunindo-se
com líderes tribais e restabelecendo relações que haviam sido cortadas três
anos antes, quando os talibãs capturaram a cidade.

Dean se sentia péssimo com a morte dos homens de Atta na escola,
achando também que havia perdido o prestígio com Atta. E se isso tivesse
acontecido, a missão poderia fracassar. Embora não tivesse bombardeado
a escola, ele estava ligado ao ataque por ser um soldado americano.

Na escola, os homens de Atta estavam arrastando os homens mortos
para fora dos escombros e pondo-os num caminhão. Logo, o caminhão
chegou ao aparelho. Dean viu alguns corpos serem postos em caixões de
madeira simples. Outros foram deixados no chão, embaixo de árvores.

Um dos homens de Atta se curvou sobre os corpos e, com um alicate e
arame, amarrou seus pés e mãos, para que quando enrijecessem em *rigor
mortis* estivessem em posições que coubessem num caixão.

O coração de Dean doeu quando ele viu meninos de 15, 16 anos mortos.
Ele viajara com alguns daqueles combatentes. *Conhecia-os.* Decidiu acertar
as coisas com Atta de algum modo.

Pensativo, o senhor da guerra grisalho chegou ao esconderijo mais tarde.
Parecia cansado. Dean percebeu que ele já recebera a notícia.

Não sabia se ele estava chateado. Aproximou-se de Atta e se desculpou
profusamente pela morte de seus soldados.

Atta ficou ouvindo e acariciando a barba.

Dean caminhou mais à frente, apertou a mão dos comandantes dos
homens mortos e os abraçou. Continuou dizendo o quanto lamentava
pessoalmente as mortes, tentando transmitir seu pesar com cada gesto de
sua linguagem corporal.

Atta pediu para falar com Dean em particular.

Eles se afastaram dos outros homens.

336   **12 HERÓIS**

Atta o olhou nos olhos. Podia ver que Dean estava chateado.

Essa coisas acontecem numa guerra — disse ele. — Essas nove pessoas não vão mudar o resultado da guerra. É muito triste. Mas nós entendemos.

Dean o fitou incrédulo, percebendo que o que parecia frieza da parte de Atta era, na verdade, sabedoria. Depois disso, sentiu-se melhor.

Naquela noite, alguns moradores de Mazar levaram à porta de Dean dois soldados paquistaneses que haviam se ferido no bombardeio da escola.

De algum modo, depois de fugir dos escombros pelas ruas da cidade, eles haviam escapado de morrer nas mãos de cidadãos de Mazar furiosos. Agora, eram prisioneiros de Atta. Dean olhou para as mãos deles, amarradas frouxamente com turbantes. Imaginou por que alguém chegara a se importar em amarrá-las.

Os prisioneiros olharam com raiva para Dean e lhe disseram que haviam ido para o Afeganistão para travar uma jihad contra os americanos. Dean pensou: *Entendido, e vocês vão me matar se tiverem uma chance.* O médico Jerry Booker cuidou de limpar as feridas dos prisioneiros.

O primeiro deles estava no fim da adolescência. Era pequeno e magro. Tinha um cabelo no estilo pajem, espesso e pesado. O garoto lembrou a Booker o ator de cinema Johnny Depp.

Booker lhe fez algumas perguntas sobre o paradeiro dos agentes da al-Qaeda na cidade. O garoto não disse nada. Assim como Dean, Booker viu ódio nos olhos do rapaz.

Ele bateu no peito do garoto e ouviu um ruído surdo. Percebeu que sua cavidade pleural estava cheia de sangue e ar, e que isso fazia pressão sobre o pulmão. Booker o deitou no chão, sobre um velho cobertor de lã, e apanhou um par de fórceps na bolsa a seus pés.

O garoto arregalou os olhos, como se achasse que Booker ia feri-lo.

Um dos comandantes mais novos de Atta fez sinal para Booker se afastar — *não trate desse pedaço de lixo humano.* Mas um comandante mais graduado disse a Booker para operá-lo.

OS PORTÕES DE MAZAR

A bala entrara no ombro esquerdo e saíra pelo peito, também do lado esquerdo. O garoto estava ofegante e pálido. Cada respiração aumentava a pressão sobre seu pulmão enfraquecido — era um legítimo pneumotórax.

Booker nunca tratara de um pneumotórax, mas sabia o que fazer. No treinamento médico das Forças Especiais, haviam lhe dito que num aperto ele poderia recorrer a um tubo endotraqueal, normalmente usado para uma inserção na garganta durante uma cirurgia a fim de permitir ao paciente respirar. Mas primeiro ele tinha que drenar o ar e o sangue da cavidade do peito.

Ele anestesiou as costelas esquerdas com lidocaína, fez uma incisão entre elas, inseriu o fórceps e afastou os ossos. Em seguida, inseriu um cateter no peito. Booker pôde ouvir o ar que estava preso saindo pelo tubo num pequeno assovio, seguido do sangue, que escorreu pelo chão.

Os homens de Atta seguravam o garoto, que gritava em urdu.

Wasik, tradutor de Dean, contou aos americanos o que o garoto dizia: "Estão tentando me matar!"

O menino gritou que queria que Alá acabasse com os americanos. Embora a região das costelas estivesse anestesiada, Booker sabia que a incisão devia doer muito.

Para drenar o sangue completamente, ele teve que inserir um tubo maior nas costas do garoto. Mais uma vez, anestesiou a pele antes de enfiar o fórceps pelo músculo. Depois de drenar o ar e o sangue, ele cobriu o buraco no peito com um curativo que funciona de maneira semelhante a um lacre de embalagem de café. O lacre deixa o ar sair, mas não o deixa entrar de volta.

Aos poucos, o rosto do garoto relaxou e sua respiração ficou mais fácil. Finalmente ele percebera que os americanos não o matariam.

Booker se virou para o outro prisioneiro — um homem mais velho, careca, com uma blusa azul solta e sandálias. Em seu rosto escorria sangue. Seu couro cabeludo estava aberto, provavelmente pela ponta de um fuzil AK. Ele era ainda mais desafiador do que Johnny Depp. Parecia que ia cuspir em Booker. Seus olhos se mexiam nervosamente enquanto Booker estudava o ferimento. Sem que fosse provocado, o homem explodiu num turbilhão de palavras agressivas. Gritou que também viera ao Afeganistão para matar os americanos.

Ignorando o acesso, Booker limpou o ferimento no couro cabeludo e cuidadosamente o costurou. Depois, recuou e olhou o sujeito diretamente nos olhos.

— A propósito, companheiro — disse ele —, eu sou americano.

Quando as palavras foram traduzidas, o homem examinou Booker e resmungou um agradecimento. Em seguida, foi levado. Booker não tinha a menor ideia do que aconteceria a ele. Os homens de Atta lhe disseram que o prisioneiro mais jovem seria levado para um hospital.

Quando um dos afegãos mais velhos piscou os olhos para Booker por causa dessa informação, o médico pensou: *Merda, por que consertamos esses caras se vão levá-los e matá-los?*

Dias depois, porém, quando visitava um hospital, Booker viu Johnny Depp barbeado e algemado à sua cama. Booker ficou satisfeito por ele estar saudável e vivo.

Um dia depois do bombardeio na escola, Dean e Nelson voltaram sua atenção para a restauração da paz numa cidade arrasada. Ainda incomodado com o interrogatório persistente de Najeeb Quarishy, Dean ordenou que a equipe deixasse a casa de Quarishy e se mudasse para outro aparelho.

Foi uma mudança propícia. O novo lar era praticamente um palácio de acordo com os padrões de Mazar, com água corrente quente, chuveiros que funcionavam e vasos sanitários com descarga. Dean pôs guardas no telhado e estabeleceu um perímetro de segurança. Em seguida, a equipe começou a realizar na cidade o que chamou de "caça aos insetos".

Essas "caçadas" consistiam em percorrer a cidade de carro e visitar moradores, perguntando a eles se sabiam de alguma atividade de inimigos em sua vizinhança. Toda noite, quando subia no telhado do aparelho, Dean ouvia cada vez menos tiros. Ele imaginava quando eles poderiam voltar para Fort Campbell. Essa pergunta estava cada vez mais na cabeça de todos os homens.

OS PORTÕES DE MAZAR

Quando a paz retornou, repórteres começaram a chegar à cidade. Alex Perry, contratado pela *Time*, estava tentando entrar no Afeganistão pelo Uzbequistão havia quase um mês, desde os atentados nos Estados Unidos. Perry havia logo suposto que as forças americanas responderiam aos atentados invadindo o Afeganistão, e esperara por uma chance de entrar no país numa hospedaria com diária de 25 dólares.

Perry trabalhara com um telefone por satélite, ligando para Dostum, Atta, Mohaqeq e seus subcomandantes enquanto eles seguiam para o norte em seus cavalos, com Nelson, Dean e Mitchell. Escrevia suas reportagens num cibercafé em Tashkent, cada vez mais ansioso para ver a guerra em primeira mão.

"Os talibás estão saindo de Mazar?", dizia o título de uma reportagem publicada em 7 de novembro de 2001 (dois dias depois de Essex, Milo e Winehouse serem atacados em sua trincheira). Ninguém na imprensa sabia a resposta exata para essa pergunta. Não havia repórteres nos campos de batalha. As equipes atuavam em sigilo quase total.

No dia seguinte, 8 de novembro, Perry publicou outra reportagem que descrevia suas dificuldades para cobrir "uma guerra em que ninguém quer que jornalistas cheguem — nem os talibás, nem os americanos, nem os guardas da fronteira uzbeque e nem, suspeita-se, os chefes de propaganda da Aliança do Norte".

Hora após hora, ao telefonar para contatos no Afeganistão, Perry conseguia números errados e explicações fáceis, tais como: "Desculpe, o comandante X está numa batalha neste momento, você pode ligar mais tarde?"

O estranho era que a pessoa do outro lado da linha estava às vezes dizendo a verdade. O comandante X realmente *estava* em campo, lutando. Os telefones por satélite e os e-mails haviam multiplicado e acelerado as linhas de comunicação. Quando Nelson, Dean e Mitchell seguiram a cavalo para o vale do rio Darya Balkh, aquela foi a primeira guerra lutada numa era de comunicação barata, onipresente e instantânea. Essa ironia não passou despercebida a Nelson quando ele viu Dostum carregar seu telefone por satélite portátil Thuraya numa bateria de carro que guardava num alforje.

Perry estava frustrado com a capacidade de fazer contato facilmente e ao mesmo tempo não conseguir compreender a situação. Trabalhar à noite em Tashkent era especialmente difícil porque seus entrevistados afegãos — frequentemente comandantes de níveis mais baixos e soldados da Aliança do Norte — estavam com a cabeça fora do ar, sob o efeito de haxixe e ópio, as drogas preferidas da classe baixa afegã. A classe alta bebia vodca. Muita vodca. Frequentemente, suas entrevistas por telefone corriam o risco de virar um monte de bobagens de bêbados e silêncios de drogados.

Ele passara horas tentando conseguir uma rota segura para Mazar-i-Sharif, até que finalmente um chefe da imprensa de Tashkent convidou várias centenas de jornalistas para ir à cidade de Termez, na fronteira do Uzbequistão, junto ao rio Amu Darya.

Do outro lado do leito de 800 metros de largura ficava Heryaton, no Afeganistão. O chefe da imprensa tentava desesperadamente convencer os repórteres a escrever sobre a fabulosa generosidade do Uzbequistão ao abrir sua fronteira para enviar ajuda humanitária ao Afeganistão. Ele pôs uma dúzia de repórteres na primeira barca que levaria alimentos, com instruções para que voltassem na mesma embarcação.

Quando os jornalistas chegaram a Heryaton, Perry viu seus companheiros filmando obedientemente o descarregamento dos alimentos da barca.

Perry escapou sorrateiramente do porto e tomou um táxi que o levou diretamente ao aparelho do general Atta em Mazar, 48 quilômetros ao sul. Embora fosse um repórter experiente, Perry nunca trabalhara numa zona de combate.

Mas ficou surpreso ao descobrir que se tornara um dos primeiros jornalistas a entrar em Mazar-i-Sharif depois da queda da cidade. Percebeu que estava diante de alguma coisa grande.

Quando se sentou para jantar com Atta — arroz, passas, cenoura e carne de carneiro cozida —, conheceu um jovem dinâmico e entusiasmado que falava um inglês excelente e sonhava em se tornar correspondente da CNN (ou pelo menos foi o que dissera aos hóspedes anteriores de sua casa, soldados americanos grosseiros que haviam se mudado dali abruptamente).

Perry contratou o jovem na mesma hora, como tradutor e "organizador", ou guia. O jovem o apresentou a Najeeb Quarishy.

No dia seguinte à sua chegada, Perry visitou a escola Sultão Razia. Cinco dias depois do bombardeio, trabalhadores da Cruz Vermelha ainda estavam ocupados com a amarga tarefa de recolher aproximadamente quatrocentos corpos de soldados da al-Qaeda e do Talibã.

Perry escreveu: "O odor fétido da morte pairava sobre as ruínas. A equipe se concentrava em corpos intactos que podiam ser erguidos por braços e pernas... Em outros lugares, o fogo reduzira tudo — móveis, roupas, pessoas — a cinzas."

Quando soube que havia repórteres em Mazar-i-Sharif, Dean tomou medidas imediatas, ainda que simples, para evitar que os americanos fossem encontrados. Homens e mulheres carregando laptops e câmeras estavam invadindo a cidade à caça de reportagens sobre a vitória rápida como um relâmpago de um grupo de misteriosos soldados americanos a cavalo, armados com lasers. Como os soldados haviam saído secretamente dos Estados Unidos, e como nenhum repórter tinha sido enviado com eles (um conceito que não entraria na pauta das relações-públicas do Pentágono durante mais dois anos), ocorria praticamente um blecaute de notícias. Nada se sabia de concreto sobre Nelson, Dean e Mitchell — com certeza nem seus nomes nem seus rostos haviam sido publicados em nenhum tipo de mídia pública.

Mas os repórteres ainda estavam em grande parte impedidos de conseguir uma reportagem. Passavam os dias vagando pelo único hotel que funcionava em Mazar, falando principalmente uns com os outros sobre o que poderia estar acontecendo nas ruas. Hoje é difícil imaginar, mas em 2001 poucos repórteres tinham alguma ligação com moradores — nenhuma rede preexistente de contatos e tradutores, o mesmo tipo de linha de suprimento da qual os soldados dependiam para continuar vivos.

Para Dean, cujo *modus operandi* dependia de sua habilidade para se misturar aos cidadãos locais e atuar nos bastidores, a mídia era uma nova espécie de metainimigo da era digital. Em questão de minutos, seu rosto poderia ser divulgado em todo o mundo, tornando-se acessível a qualquer pessoa que tivesse TV ou conexão com a internet. A ideia o aterrorizava. No mínimo, essa revelação poderia dar ao mundo da jihad a impressão de que os americanos haviam invadido e capturado o Afeganistão, criando má vontade com relação a toda a reconstrução do país no pós-guerra. Na pior das hipóteses, a divulgação de seu nome, seu rosto e sua localização poderia resultar em seu assassinato. Havia ainda uma recompensa por todos os soldados: 100 mil dólares pelo corpo de cada soldado americano morto, a serem pagos pela rede al-Qaeda de Osama bin Laden. Outro possível cenário assombrava os homens. Eles temiam que alguma espécie de maluco aspirante à al-Qaeda aparecesse em suas casas nos Estados Unidos... A possibilidade era assustadora demais para ser considerada.

Em resumo, ter um repórter tirando sua fotografia era como posar para seu próprio cartaz de "procurado". Nas caçadas aos insetos, as equipes se movimentavam com rapidez e determinação pela cidade, mantendo-se atentas a qualquer pessoa que apontasse uma câmera para elas. Quando eram localizadas, saíam da área. Os soldados se escondiam por trás de óculos escuros grandes, lenços e *pakol* para evitar serem reconhecidos em qualquer foto.

Vários dias depois de eles se mudarem para o novo aparelho, o sargento de comunicação Brian Lyle e o sargento de armas Mark House foram localizados na movimentada área do mercado pelo que parecia ser um grupo de fotógrafos.

Dean estava no aparelho, organizando um trabalho de segurança, quando seu rádio deu sinal de vida. Lyle relatou que os homens estavam carregando câmeras que pareciam preocupantes. Lyle e House haviam pulado para dentro da camionete e se mandado, mas não conseguiram despistar seus perseguidores. Dean podia perceber o pânico em suas vozes.

OS PORTÕES DE MAZAR

Os fotógrafos estavam ziguezagueando pelo caminho, mal se desviando de crianças que brincavam nas ruas. Lyle disse a Dean que os soldados temiam que alguém fosse atropelado.

— Passem pelo aparelho — disse Dean. — Não olhem para cá. Simplesmente sigam e vamos ver quantos são.

Ele viu a picape deles passar correndo, seguida de um carro amarelo onde três homens apontavam câmeras pelas janelas.

Dean voltou ao rádio: — Está bem, levem-nos para uma área isolada e fechem-nos ali de algum modo. Parem o carro, saiam e imprensem eles. Digam a eles para parar de fotografar vocês, e que, se continuarem, vocês destruirão o carro deles.

"E, por último, expliquem a eles todo o incidente de Massoud", acrescentou Dean, lembrando que o líder da Aliança do Norte, Ahmed Shah Massoud, fora assassinado dois meses antes por agentes da al-Qaeda que fingiam ser fotógrafos.

Lyle e House entraram numa rua, chegaram ao fim dela, viraram e começaram a voltar. Deixaram o carro dos fotógrafos passar e fazer a mesma manobra, e quando este estava atrás deles Lyle virou com força o volante e parou a camionete atravessada na rua, bloqueando a passagem. Ele e House saltaram e correram até o carro dos fotógrafos.

Os homens dentro do carro pareciam que iam urinar na calça.

— Não tirem fotos de nós — disse Lyle, calmamente. — Isso vai nos pôr em perigo, bem como nossas famílias.

Os fotógrafos reclamaram e xingaram em francês:

— *Foda-se!* E a liberdade de imprensa?

Mas Lyle permaneceu calmo e repetiu o que dissera. Ele viu que eles estavam aceitando. Sabia que se continuasse calmo e amistoso eles teriam poucos motivos para reagir.

Os fotógrafos discutiram sobre o pedido de Lyle e disseram a ele que não tirariam sua foto — pelo menos por enquanto.

— Obrigado — disse Lyle.

344 12 HERÓIS

Ele e House se afastaram velozes, tão anônimos quanto estavam ao saírem para a rua.

Enquanto as equipes de Dean e Nelson "caçavam insetos" na cidade, Mark Mitchell coordenava operações pós-guerra de um escritório no segundo andar, em Qala-i-Janghi. O escritório fazia parte do espaçoso quartel--general de Dostum, que se abria para uma varanda comprida, com vista para o jardim de rosas, bosques plácidos e o riacho gelado e estreito que corria pelo pátio norte.

Do outro lado do pátio, a mais de cem metros da varanda, havia um muro de barro de quase 20 metros de altura que dividia o forte em dois. No pátio sul, do outro lado do muro alto, havia vários prédios misteriosos em meio a pedras e espinhos, relíquias da ocupação do forte pelos soviéticos, que o usavam como quartel-general, assim como Dostum e mais tarde os talibãs fariam. Um dos prédios era pintado de um cor-de-rosa espantoso, da cor da mais delicada das rosas, em contraste absoluto com o bege e o cinza dos muros de barro áridos do forte. Nenhum dos americanos sabia exatamente para que o prédio rosa era usado — Dean e Nelson achavam que devia ser uma escola, porque sua área tinha mais ou menos o tamanho de uma escola com uma única sala de aula nos Estados Unidos, pouco mais de 20 metros de cada lado.

Mas era o porão que dava calafrios. Entrava-se nele por uma escada que ficava a cerca de 15 metros da lateral do prédio. A entrada era feita de tijolos sobrepostos. Os degraus de barro se estendiam por mais de 20 metros e davam numa escuridão. O porão podia ter sido um depósito de munição, já que as paredes e o teto tinham vários centímetros de espessura e eram reforçados com barras de metal. Nenhum dos americanos sabia ao certo, e nem mesmo os afegãos. Todas as histórias pareciam duvidosas, principalmente aquela que dizia que o porão — escuro e silencioso como um túmulo — havia sido um calabouço. Os americanos simplesmente começaram a chamar o prédio de Casa Rosa.

Na parede de trás do escritório de Mitchell, na extremidade norte do forte, fora pintado um mural que mostrava um fundo do mar fantasioso, com plantas marinhas verdes e peixes exoticamente coloridos. Mitchell supôs que os talibãs não haviam destruído a pintura porque ela não retratava o rosto de pessoas nem animais. Peixes, imaginou, eram permitidos pelo Talibã.

Logo depois de se mudarem para o forte, quase todos nas equipes ficaram seriamente doentes. Como a água potável não havia chegado, eles haviam se arriscado a beber das torneiras, e agora todos se arrependiam da decisão. Ben Milo fora derrubado por uma diarreia que achou que o mataria (duraria nove dias). Ele e o restante de sua equipe estavam acampados em três quartos miseráveis na extremidade norte do forte, no segundo andar. Em determinado momento, Milo ficou tão mal que teve que dormir no banheiro, para poder correr a tempo do saco de dormir até o buraco escuro no chão, uma distância curta.

O próprio ar do forte parecia infectado. Os homens exploraram seu labirinto de salas úmidas e corredores escuros, a luz halógena de suas lanternas passando sobre as rudes paredes de barro de onde brotavam tufos de pelos de animais e palha — material de construção bruto — e revelando aspectos estranhos. Alguns cômodos estavam cheios de gravetos do chão ao teto; outros tinham grandes pilhas de sapatos. Alguns pareciam ter sido cenários de lutas terríveis, os chãos com marcas de botas pesadas e poças de sangue que haviam secado. Depois de meia hora vagando por ali, os homens saíram por uma porta e entraram em outra parte do forte sem ter a menor ideia de como haviam chegado ali. O Castelo Mágico, disseram alguns.

Como parte das operações do pós-guerra, Mitchell estava ocupado procurando se desfazer da imensa quantidade de armas e munição que os talibãs haviam deixado para trás. Seis trailers Conex estavam no meio do mato, na parte sul da propriedade. As portas de trás dos trailers rangiam ao serem abertas. Dentro deles havia centenas de fuzis, foguetes, munição, granadas, morteiros e foguetes BM-21 — material suficiente para equipar um exército. Aquele era o butim da guerra do Talibá depois de três anos de ocupação de Mazar.

Mitchel ficou impressionado ao ver fuzis da Primeira Guerra Mundial, de origem francesa, armas russas compridas e metralhadoras da época da Segunda Guerra Mundial. Ele apanhou um Enfield britânico e admirou o brilho de sua baioneta à meia-luz trêmula do trailer de metal.

Uma baioneta! A data estava gravada: 1913.

No dia em que ele levaria as armas para uma área distante do deserto, onde elas seriam explodidas, o depósito de munição começou a explodir sozinho. A barulheira foi incrível. De início, Mitchell achou que eles estavam sendo atacados. Ele saiu correndo de seu escritório para ver o que estava acontecendo. (Mitchell nunca descobriria o motivo da explosão espontânea.)

Ele levou mais ou menos um minuto para correr da varanda norte até o pátio sul. Ao passar pelo portão alto no meio do muro que dividia o forte, ouviu um barulho de munição de armas pequenas — *craque, craque, craque* — e de morteiros — *chhhuuuooom* — seguido dos foguetes BM-21. Os foguetes ficavam batendo dentro dos trailers de metal e saíam pelas portas abertas, atingindo os muros internos do forte ou voando livremente e explodindo no campo do lado de fora.

Mitchell recuou imediatamente. As explosões duraram várias horas. Quando foi examinar os trailers, ele viu que a maioria deles havia explodido e queimado. O interior era uma bagunça tostada, com canos de armas retorcidos e pedaços de aço carbonizados.

Alguns trailers estavam mais ou menos intactos. Mitchell queria cuidar deles também, e fez uma anotação em seu bloco verde, de capa dura, para que isso fosse feito o mais rapidamente possível.

Se por acaso o forte fosse atacado e caísse nas mãos dos talibás, bem, Mitchell não queria nem imaginar *isso*.

Dois dias depois de chegarem à cidade, os americanos receberam a boa notícia de que as batalhas em outras partes do país também estavam indo bem. Soldados da Aliança do Norte haviam capturado Herat, 96 quilôme-

OS PORTÕES DE MAZAR

tros a oeste de Mazar, e Cabul, 240 quilômetros ao sul. Logo, outras vilas — Tashkurgan, Hairatan, Pul-e-Khumri, Taloqan, Bamiyan — cairiam também. De Cabul, os talibás haviam seguido para o sul até Kandahar, sua base espiritual. No norte, eles recuaram para Konduz, 96 quilômetros a leste de Mazar. O governo talibá estava desmoronando.

Em Cabul, jovens como Rocky Bahari, lutador de boxe amador e professor, ficaram em êxtase ao verem os talibás deixarem a cidade.

Depois de os talibás tomarem Cabul, no auge da guerra civil, em 1997, haviam ocorrido menos assaltos nas estradas. E menos explosões no meio da noite. Mas Rocky havia descoberto que a segurança trazida ao país pelo Talibá tinha um preço alto. A própria liberdade.

Rocky não entendia por que os talibás faziam a religião parecer uma prisão. Eles não deixavam as mulheres ir à escola ou trabalhar. Se o marido morria, a mulher tinha que mendigar na rua: "Pelo amor de Deus, me dê algum dinheiro!" Muitas vezes, ela e os filhos passavam fome.

Desafiando uma regra do Talibá, Rocky se recusara a deixar a barba crescer. Certo dia, ele foi preso quando estava a caminho da universidade para fazer um teste. Acabou passando uma semana na prisão porque estava barbeado. Era quase cômico.

No estádio de futebol, os talibás executavam mulheres por dormirem com homens que não eram seus maridos. E cortavam as mãos de ladrões. Médicos de jaleco anestesiavam os condenados no gramado quente do campo de futebol e faziam a operação diante de milhares de pessoas que festejavam. Era repugnante. Além da compreensão humana. Ele achava que o futuro tinha que ser mais claro do que o passado sombrio.

Rocky perdera o pai, a irmã e o irmão durante a luta contra as forças soviéticas. Eles estavam num táxi que batera num caminhão do Exército russo. Depois disso, Rocky teve que trabalhar vendendo leite para sustentar a família. Quando os soviéticos se foram e os afegãos lutavam uns contra os outros, havia pouco trabalho na cidade para qualquer homem, exceto se juntar aos talibás e combater a Aliança do Norte.

Rocky ficava o dia inteiro em sua pequena loja de alimentos, esperando que a vida mudasse.

Certo dia, ele estava andando por uma rua em Cabul quando viu no céu um jato da Força Aérea de uma das facções em guerra. Rocky viu o jato lançar uma bomba sobre uma casa próxima e o telhado da casa se soltar, voar pela rua e se espatifar.

Ele ouviu um ruído que parecia de borracha — *plop* — e olhou para o chão.

Aos seus pés estava a mão de uma mulher. Caíra do céu.

A mão estava caída com os dedos estendidos sobre a terra, a palma para baixo, como se agarrasse a terra.

O que Rocky notou foram as unhas da mulher. Eram pintadas de esmalte vermelho. Ela usava uma aliança. Era a esposa de alguém, disse para si mesmo. Era mãe de alguém.

Em Qala-i-Janghi, Mark Mitchell ouviu histórias sobre soldados talibás que haviam "punido" crianças cortando seus braços e pernas para vingar a tentativa de seus pais de fugir da cidade de Taloqan, a 40 quilômetros de Konduz. As histórias o horrorizaram e o levaram a pensar que qualquer batalha nessas cidades seria um enorme desafio. Na verdade, enquanto os talibás perdiam o controle sobre o restante do país, parecia que Konduz seria sua última fortaleza, que eles defenderiam até a morte.

Em 13 de novembro, a mídia britânica relatou que Osama bin Laden havia gravado em vídeo uma declaração em que assumia a responsabilidade pelos ataques em solo americano nove semanas antes. "A história deve ser testemunha de que somos terroristas", disse ele. "Sim, nós matamos [americanos] inocentes."

Apesar das garantias diplomáticas do Paquistão de que era aliado dos Estados Unidos, as ligações da al-Qaeda com o Afeganistão e o Paquistão estavam cada vez mais claras. A CIA obtinha informações secretas de que aproximadamente 35 membros da al-Qaeda baseados no Paquistão estavam planejando bombardear o consulado americano em Peshawar.

Além disso, parecia que a al-Qaeda planejava usar o poderio nuclear do Paquistão para novos ataques.

Essa notícia lembrou Mitchell de que a guerra estava longe de acabar.

Quatro dias depois de chegar a Mazar, Bowers convocou uma série de reuniões em Qala-i-Jinghi com Dostum, Atta e o general hazara Mohammed Mohaqeq, na esperança de reduzir a tensão entre os três senhores da guerra. Ele se referiu ironicamente a esses encontros como "os diálogos de paz de Paris", por causa das discussões de 1972 sobre um cessar-fogo entre o Vietnã do Sul e o do Norte.

Bowers percebeu que precisava unir esses homens — unidos pela guerra — em torno de uma causa comum ou se arriscar a repetir a guerra tribal que havia estourado depois da saída dos soviéticos. "Este é o país de vocês, e não nosso", começou ele. "Vamos ajudá-los com tudo que pudermos. Não temos a intenção de levar nada, nem de sermos responsáveis pelo governo de vocês." Ao fim das reuniões, os senhores da guerra haviam decidido quem dirigiria a usina de energia elétrica, o sistema de água e os esforços humanitários — a miscelânea crítica da rotina de uma cidade do século XV com comerciantes, médicos e professores enfrentando o século XXI.

Em seguida, Bowers e os senhores da guerra voltaram sua atenção para Konduz, a 96 quilômetros de distância, no leste do país.

Konduz era uma cidade sitiada, um lugar de espetáculos infernais. À medida que as informações secretas chegavam, as indicações eram de que a cidade de 220 mil habitantes estava transbordando de soldados talibás e da al-Qaeda. As ruas fervilhavam de bandidos independentes, sem qualquer tendência política, que tiravam vantagem da situação caótica. Soldados invadiam restaurantes e lojas à procura de comida. Famílias matavam seus burros para comê-los. Refugiados saíam da cidade rumo a acampamentos nos arredores de Mazar — ou tentavam sair. Homens eram mortos a tiros à queima-roupa quando ultrapassavam os limites da cidade.

Aqueles que escapavam falavam de atrocidades cometidas pelos talibás, de cidadãos obrigados a correr em campos minados para divertir soldados talibás que os observavam. Para impedir soldados de abandonar seus postos, líderes talibás determinaram que os suspeitos entre eles enchessem seus sapatos de espinhos.

Os cidadãos que conseguiam chegar a campos de refugiados encontravam condições que não eram muito melhores.

Alex Perry, o repórter da *Time*, descobriu milhares de pessoas vivendo em barracas feitas de paus e sacos plásticos de lixo pretos, na periferia de Mazar. Famílias de oito, nove pessoas eram obrigadas a compartilhar um cobertor nas noites cada vez mais frias.

Perry viu que os refugiados não tinham nada além de alguns potes e panelas. Quando os soldados americanos apareceram em suas picapes, homens, mulheres e crianças cercaram os veículos, dizendo "Obrigado, obrigado", e fazendo o gesto de levar a mão à boca: *Estou com fome.*

Stu Mansfield, da equipe de Dean, deu a um de seus guardas um par de botas novas para substituir seu par de sandálias surradas. O guarda lhe agradeceu profusamente e em seguida deu as botas para um garoto que correu até a cidade, vendeu-as e voltou com algum dinheiro, que o homem pôs no bolso. Mansfield só pôde dar de ombros, pensando que ainda assim havia feito a coisa certa.

Numa tentativa de fazer os soldados talibás e da al-Qaeda se renderem em Konduz, jatos B-52 sobrevoaram a cidade, lançando bombas sobre caminhões e tanques que fugiam. À noite, aviões de artilharia Spectre AC-130 atacavam encostas onde as forças inimigas estavam acampadas em trincheiras. No escuro, os aviões especialmente equipados voavam em altitudes elevadas e permaneciam invisíveis ao inimigo em solo. O Spectre podia disparar milhares de tiros de metralhadora Gatling por minuto e bombas de artilharia. Canos de armas se projetavam de sua lateral. Os soldados inimigos em solo, achando que estavam escondidos pela escuridão, muitas vezes não sabiam de onde vinha o fogo mortal.

A bordo de cada avião de artilharia, um oficial de armas rastreava movimentos do inimigo numa tela de vídeo. Corpos humanos pareciam

OS PORTÕES DE MAZAR

grãos de arroz brilhantes. Os motores dos caminhões pareciam pontos de luz intensa sob a ótica do avião, sensível ao calor. A mira das armas era feita por meio de um joystick.

A torrente de tiros do avião era implacável e precisa. Dostum ficara encantado ao saber que um dos tripulantes do Spectre era uma mulher. Ele estava escutando seu rádio quando ouviu a voz dela em meio à conversa dos pilotos. Dostum, que estava ao lado de Nelson quando o ataque noturno foi lançado, não pôde acreditar: "É uma mulher?" Embora se declarasse de tendência igualitária, ele conhecera poucas mulheres em posições de poder em toda a sua vida.

— Rá! — disse ele rindo pelo rádio, falando com os soldados talibãs. — Os americanos acham vocês tão insignificantes que mandaram uma mulher para matá-los!

Os talibãs gritaram em seus rádios, amaldiçoando Dostum e os americanos.

— Vou chamá-la de Anjo da Morte — brincou Dostum com os talibãs, que ficaram enfurecidos.

Depois de vários dias de bombardeios diurnos e noturnos de jatos B-52 e aviões de artilharia Spectre, todas as estradas dentro e fora de Konduz estavam fechadas. Para os soldados talibãs e da al-Qaeda presos ali, só havia uma escolha a fazer: render-se ou morrer.

Os combatentes cercados se encaixavam em dois grupos. Um deles era o de talibãs "afegãos", que, caso se rendessem, tinham permissão para ingressar na Aliança ou voltar para suas vilas e ajeitar suas vidas. A lealdade recém-jurada de um homem era seu certificado. Esses homens recrutados não eram nem revistados quando mudavam de lado.

O outro grupo compreendia os talibãs "estrangeiros" — soldados da Chechênia, do Paquistão e da China e sua irmandade inflexível, a al-Qaeda, com a qual o Talibã havia se aliado. As rendições entre esses homens eram raras e frequentemente pérfidas. Um soldado inimigo se aproximava de um membro da Aliança do Norte e explodia a si próprio com uma granada escondida em sua roupa.

"Seremos mártires", anunciou à imprensa um dos combatentes inflexíveis. "Não sairemos de Konduz." Os soldados da Aliança do Norte concluíram que não tinham outra escolha a não ser atirar nos soldados talibás "estrangeiros" assim que os vissem.

Havia aproximadamente 3 mil desses soldados comprometidos em Konduz, e Bowers sabia que a próxima ação de sua equipe seria varrer da cidade esses candidatos a mártires.

Enquanto isso, uma facção desses possíveis combatentes suicidas cogitou se render — se pudesse ficar com suas armas e sair livre da cidade. Quando soube da proposta em Washington, o secretário de Defesa, Donald Rumsfeld, recusou-se a aceitá-la. Ele advertiu que se esses prisioneiros específicos tivessem permissão para sair livres viveriam para lutar mais um dia, e esse não era um resultado aceitável.

— Minha esperança — disse ele à imprensa — é que eles sejam ou mortos ou aprisionados.

Para preparar a batalha em Konduz, a equipe de Bowers e Mitchell transferiu seu quartel-general das condições esquálidas de Qala-i-Janghi para um lugar mais hospitaleiro. Durante os dez dias anteriores, Mitchell, assim como todos os outros, ficara doente no forte e agora estava feliz por se instalar mais perto do centro de Mazar, num prédio de cinco andares moderno conhecido como a Escola Turca.

O novo centro de comando oferecia uma vista dominante da cidade. Do telhado, Mitchell podia ver a Mesquita Azul, localizada pouco mais de um quilômetro a oeste, no meio da cidade. O trânsito era permanente na rua em frente à escola, e perfurava o ar com o guincho das freadas e o zurro das buzinas dos carros.

O governo turco construíra a escola secundária para meninos nos anos 1970, como um presente ao governo afegão. O prédio já fora um monumento resplandecente à elegância burocrática, com suas fileiras de pequenas janelas de vidro fumê e sua fachada de concreto decorado. Os talibás haviam arrancado das paredes o encanamento e as instalações elétricas

OS PORTÕES DE MAZAR

ao saírem às pressas doze dias antes. E agora o prédio estava uma bagunça. Mas, comparado a Qala-i-Janghi, era um lugar limpo e bem iluminado.

Ao mesmo tempo, a equipe de Nelson se mudara para um aparelho pertencente ao general Dostum, localizado a vários quilômetros do forte. Spencer e sua equipe contrataram trabalhadores locais para pintar as paredes, consertar o encanamento e ladrilhar o chão. Como se um feitiço tivesse sido quebrado, a saúde de todos os homens melhorou depois que eles se mudaram.

Mike Spann e Dave Olson se mudaram para o quinto andar da Escola Turca, juntamente com vários outros oficiais paramilitares.

Mitchell, Bowers e mais oito soldados das Forças Especiais se instalaram no terceiro andar, e os intérpretes locais, no quarto. O segundo andar se tornou o centro de operações e apoio, ocupando o que havia sido uma mesquita quando os talibãs moravam no prédio. Sensível ao fato de que estava usando um espaço religioso para seus objetivos, Mitchell teve habilidade suficiente para pedir a clérigos afegãos locais permissão para isso. A permissão foi dada, e seus colegas afegãos no prédio apreciaram o gesto. *Cérebro antes de balas*, refletiu Mitchell. *Pense melhor do que eles e você não precisará atirar melhor do que eles.*

O andar térreo consistia em um saguão ladrilhado, um grande refeitório e uma cozinha em funcionamento, com água corrente e aquecimento. Trabalhadores colaram papelão nas janelas que haviam sido quebradas pelos talibãs. A eletricidade provinha de geradores a gás que quebravam regularmente, mas eram consertados por trabalhadores afegãos, que usavam, ao que parecia a Mitchell, pouco mais do que um martelo e um pedaço de fita adesiva. Ele estava maravilhado com a animação depois da guerra.

Parecia que a vida em Mazar começava a ganhar um ritmo previsível. O sargento Brad Highland, da equipe de Dean, desenhou um projeto de uma churrasqueira num pedaço de papel e os homens de Atta a construíram com metais encontrados na cidade. Eles mataram uma vaca e Highland lhes ensinou a grelhar hambúrgueres, que eles nunca haviam comido.

O aspirante Cal Spencer, da equipe de Nelson, gostava de observar as travessuras de crianças locais, que provocavam Garful, um idoso afegão escalado para ser um dos guarda-costas da equipe.

Aonde quer que Spencer fosse na cidade, as crianças muitas vezes o seguiam bem de perto. Ele tinha que dizer a elas que estava ocupado e que elas deviam deixá-lo sozinho. Tentava ser severo, mas era difícil. As crianças queriam apertar sua mão. Garful era menos diplomático. Espantava as crianças agitando uma vara: "Deixem os americanos em paz! Eles têm mais o que fazer!"

As crianças pulavam para trás e riam, e Garful, olhando por cima do ombro, piscava para Spencer e sorria. *Minha nossa*, pensou Spencer, *Garful é como nós. Está fazendo piada.* Spencer e Garful começaram a rir.

Mas, tirando essa proximidade, nas ruas da cidade as equipes se viam cada vez mais empurradas para o meio de brigas de família que haviam sido suprimidas durante a ocupação talibã. E havia batalhas étnicas maiores e mais violentas para enfrentar. Seis homens de Atta foram mortos numa troca de tiros ao tentarem impedir que alguns soldados hazaras roubassem um táxi dirigido por um pashtum. Embora não tivesse qualquer relação com os soldados hazaras, o motorista era membro da mesma tribo étnica dos talibãs, e isso despertara a sede de sangue dos hazaras. Os homens de Atta impediram o assalto, mas o custo foi grande.

Incidentes desse tipo estavam se tornando mais frequentes. Uma facção de combatentes ficava pedindo a Dean e Nelson para bombardear residências específicas, alegando que eram aparelhos de talibás. Sem exceção, os dois descobriam que as casas não pertenciam a soldados talibás, mas a velhos inimigos do grupo que solicitara o ataque. Dean começou a chamar isso de "tentativa de assassinato a bomba". Estava claro para ele e Nelson que quanto mais rápido eles organizassem a cidade, mais rápido os soldados afegãos poderiam baixar suas armas e retomar a vida civil.

Em meio aos conflitos permanentes e aos escombros da guerra, havia, porém, sinais de vida, inclusive desejo. Onde quer que fosse nas ruas da cidade, o sargento Brett Walden, louro e de olhos azuis, conseguia atrair uma multidão de mulheres cobertas por véus. Elas passavam por ele com suas burcas, eretas e rígidas como dedos gigantes, seus rostos escondidos por trás da tela de tecido que se mexia para dentro e para fora por causa da respiração delas.

Walden ficou chocado quando uma mulher o chamou com um aceno: *Venha cá*. Ele se aproximou e ela ergueu o véu, só uma espiada. Sua beleza impressionou Walden. Ele percebeu que fora estúpido ao presumir que todas as mulheres eram feias só porque não podia ver seus rostos. Essa mulher havia sido apedrejada pelos talibás justamente por esse comportamento. Walden tentou desestimulá-lo. A equipe se orgulhava de ser culturalmente sensível, e, para ele, não era apropriado ver o rosto de nenhuma afegã. Mas o problema só piorou.

Algumas mulheres começaram a retirar seus véus completamente e a flertar com Walden ao passarem por ele na rua. Dean o apelidou de "Casanova". Walden ficava vermelho cada vez que ouvia essa palavra.

Também começou a temer que algo ruim acontecesse com ele ou com as mulheres que encontrava nas ruas, caso fosse flagrado olhando seus rostos descobertos. Ao mesmo tempo, essa experiência o levou a reconhecer a situação difícil dessas mulheres, muitas das quais eram espancadas por seus maridos simplesmente por serem mulheres. Ele achou que aquilo era uma forma de protesto silencioso delas, um flerte com um homem do mundo exterior.

De seu novo escritório, Mitchell coordenava a reconstrução do hospital e suas usinas de água e eletricidade, e supervisionava a remoção de bombas que não haviam explodido e minas terrestres que ainda estavam espalhadas nas ruas e no aeroporto de Mazar. Trabalhava com ele o major Kurt Sonntag, seu amigo, que desembarcara de helicóptero em Mazar, vindo da K2, depois de os americanos chegarem à cidade. O major Steve Billings, que vinha dirigindo as operações da equipe do conforto de uma mesa na K2, também chegou, com seu pior pesadelo transformado em realidade: a guerra acontecera sem ele. Com Billings estava o sargento Roger Palmer, seu companheiro, igualmente feliz por entrar na zona de

356   **12 HERÓIS**

guerra, e um jovem capitão entusiasmado, Paul Syverson, de 30 anos, vindo de Lake Zurich, Illinois.

Nenhum desses homens disparara uma arma numa batalha recentemente, se é que algum dia haviam disparado. E todos eles estavam felizes por terem escapado da monotonia da K2, que nas semanas anteriores recebera vários de milhares de homens. A K2 era agora uma cidade acampada, com uma população de soldados de todos os setores das Forças Armadas americanas. E eles haviam esperado que Mitchell, Dean e Nelson capturassem Mazar. Ao longo das semanas seguintes, chegariam à cidade para manobras posteriores. Exatamente como haviam planejado, Mazar era uma base de onde o restante do Afeganistão podia ser controlado. A batalha para conquistar a cidade provara ser decisiva, mas Mitchell, Dean e os outros sabiam que os talibás ainda estavam à solta, aos milhares, e que Mazar podia ser perdida quase tão rapidamente quanto fora conquistada.

Com essa incerteza em mente, o sargento Betz — que também viera da K2 para integrar o novo quartel-general — começou a se preocupar com a segurança na escola. O prédio era acessível por todos os lados. Betz temia sua proximidade com a rua movimentada — um alvo fácil para aspirantes a homem-bomba.

Um ataque desse tipo poderia ter consequências devastadoras. O sentimento de Mitchell era: *Não relaxe ainda.*

Com o cessar temporário dos grandes confrontos militares, veio o jogo repentino e obscuro de apostas estratégicas arriscadas, com homens, armas, território, liberdade e dólares americanos sendo as fichas à mesa. E logo Dostum fez uma jogada. Como sempre um astuto diplomata, ele atraiu a Masar um arquirrival talibá — o mulá Faisal, vice-ministro da Defesa e comandante de cerca de 10 mil soldados talibás — para negociar os termos de sua rendição. Se conseguisse essa rendição, Dostum reduziria a força inimiga que, de outro modo, enfrentaria em Konduz; e acrescentaria soldados às suas fileiras. Ele marcara sua marcha para Konduz para 25 de novembro, portanto o tempo era vital.

OS PORTÕES DE MAZAR

Em 21 de novembro, onze dias depois de expulsar o exército talibá de Mazar, um exultante Dostum recebeu o circunspecto e derrotado Faisal de volta a Qala-i-Janghi. Faisal atravessou os portões da fortaleza num comboio de cerca de quarenta veículos e quinhentos homens, todos eles fortemente armados. Eles pararam num estacionamento dentro da fortaleza e os homens de Dostum imediatamente os cercaram.

Enquanto cada um dos lados mantinha suas armas apontadas para o outro, o solene Faisal, com a cabeça enrolada por um turbante preto e um casaco esportivo marrom, marchou até o gabinete de Dostum para discutir os termos da rendição. Foi seguido por várias dezenas de seus pistoleiros, que assumiram posições na sala. A sala ficou tensa.

Numa demonstração de poder de Dostum, helicópteros do 160º SOAR americano — a mesma unidade que levara Nelson e Dean ao país — faziam uma patrulha do alto enquanto os dois senhores da guerra conversavam diante de chá e biscoitos, Bowers ouvindo discretamente num canto. Dostum esperava que Faisal ordenasse aos soldados da al-Qaeda de sua força que se rendessem. Muitos talibás locais já estavam ansiosos para desistir.

Dostum queria evitar a todo custo um combate urbano em Konduz. Assim como os combatentes da al-Qaeda acuados na escola Sultão Razia, os soldados inimigos em Konduz eram fanáticos e se opunham à rendição. Subjugá-los significaria outro massacre sangrento.

De sua parte, Faisal queria passagem de Konduz para Herat, pouco menos de 100 quilômetros a oeste de Mazar, onde grupos talibás ainda não haviam se rendido. O mulá geralmente desafiador tinha uma proposta para Dostum: pagaria 500 mil dólares ao senhor da guerra uzbeque se ele e seus companheiros talibás tivessem permissão para viajar em segurança para Herat.

Depois de alguma discussão sobre o plano geral, os inimigos se olharam nos olhos e apertaram as mãos. Haviam chegado a um acordo.

Os dois homens saíram do gabinete de Dostum e anunciaram aos soldados talibás e afegãos reunidos ali que quase 13 mil talibás se renderiam em Konduz.

358 **12 HERÓIS**

— Acabou a luta dos talibás no Afeganistáo — proclamou Dostum alegremente. — Eles estáo se preparando para se render a nós. — Sempre diplomático, ele descreveu cuidadosamente a rendição não como um momento de derrota para o Talibá, mas como uma chance para todos os afegáos em guerra voltarem a se unir.

Dostum percebeu que estava prestes a aumentar enormemente seu exército, contanto que conseguisse convencer os combatentes inimigos a passar para o seu lado. Em Konduz, os talibás tinham tanques e armas valiosos, e uma frota de velhos caminhões Toyota. Tinha que parecer um bônus o fato de o acordo o tornar 500 mil dólares mais rico.

Os talibás afegáos teriam permissão para ingressar na Aliança do Norte ou voltar para suas casas, fazendas, negócios e famílias, contanto que não estivessem filiados à al-Qaeda. O destino de aproximadamente 3 mil árabes, paquistaneses, chechenos e chineses — os talibás "estrangeiros" — seria decidido mais tarde. Com o tempo, Dostum os selecionaria, anunciou ele, decidindo quem era terrorista da al-Qaeda e quem não era. Mas por enquanto eles estariam em segurança.

Faisal e seus homens voltaram para seus Toyotas e caminhões de entrega e deixaram o forte numa nuvem de poeira. Bowers os observou partindo. Não gostou da sensação que teve em relação à reunião. Parecia que Dostum estava tendo um surto de excesso de confiança. (Mais tarde, Bowers ficaria surpreso ao saber que Dostum achava também que poderia convencer a al-Qaeda e os combatentes talibás estrangeiros a se render a ele.)

Durante a reunião, Bowers achara Faisal vago em relação a seus planos para a rendição em Konduz, e desconfiou do senhor da guerra (Bowers também não sabia do pagamento de Faisal em dinheiro). Mas achou que não havia nada em que pudesse interferir. Além disso, era preciso cuidar da questão urgente de Konduz.

Ao voltar de seu encontro com Dostum, Faisal informou a seus soldados que qualquer talibá que pusesse uma foto de Massoud ou Dostum no para-brisas de seu veículo teria passagem em segurança para Mazar e Herat. Faisal não mencionou que de início eles seriam mantidos prisioneiros e

OS PORTÕES DE MAZAR

que os talibãs locais seriam libertados, enquanto o destino dos estrangeiros ainda não fora decidido. Os estrangeiros também foram levados a acreditar que provavelmente teriam permissão para seguir até Herat. Faisal os enganou para fazê-los obedecer.

Sua mentira foi ainda mais longe, numa avaliação posterior de Max Bowers: com Dostum pacificado pela rendição, Faisal planejava um ataque em Mazar. Com seu pagamento a Dostum, ele ganhara tempo e espaço para fazer isso.

Combatentes talibãs posicionados em Balkh, a nordeste de Mazar, aguardavam uma ordem do comando talibã sobre quando atacar. Outros ataques viriam de soldados talibãs em Konduz e daqueles ainda escondidos em Mazar.*

Se eles conseguissem retomar Mazar, a batalha dos americanos pelo norte estaria perdida. Com isso, a batalha por Cabul, assim como pelo resto do país. Os americanos logo se atolariam num conflito que atravessaria um inverno longo e amargo. Sem Mazar, eles não teriam acesso ao aeroporto de Mazar nem à Ponte da Liberdade, para o Uzbequistão, pelos quais planejavam trazer ajuda humanitária e suprimentos militares para o país.

Sem Mazar, eles perderiam tudo.

Enquanto as negociações para a rendição prosseguiam, Diller temia ser deixado fora da luta em Konduz. Bowers, mais uma vez, parecia ter um ressentimento com a equipe de Diller. Sam Diller imaginava que tipo de ação ele veria se tivesse que ficar em Mazar. Não muita, supôs. Ele não conseguia se imaginar fora da luta.

Para remediar a situação, ele bateu à porta do oficial responsável pela operação em terra, o almirante Bert Calland, que chegara em meados de novembro como contato de alto nível com as forças da Aliança. Seria de

---

*Embora acredite que Faisal fosse um arquiteto da pérfida rendição dos talibãs, Bowers, assim como outros soldados americanos, sugere também que outros "vilões" da organização talibã tiveram uma participação na traição.

360 **12 HERÓIS**

Calland a decisão final sobre quem iria a Konduz. Diller sabia que estava passando por cima de Bowers. A atitude poderia pôr fim à sua carreira.

Calland estava examinando alguns papéis quando Diller entrou. Ele ergueu os olhos.

— Sim?

Diller retirou seu boné e disse:

— Senhor, logo haverá uma luta em Konduz e queremos estar lá. Ouvi falar que talvez não estejamos.

— Ninguém me levou a fazer isso — prosseguiu ele. — O capitão Nelson não me pediu para falar com o senhor. Portanto, se houver alguma consequência, eu a assumirei.

Obviamente surpreso com a iniciativa de Diller, Calland sorriu e pensou por um momento.

— Não haverá nenhuma consequência para você, sargento. Vou ver o que posso fazer.

Depois disso, Diller e sua equipe foram incluídos na lista dos que iriam a Konduz.

Naquela noite, o sargento Dave Betz seguiu de carro até uma zona de aterrissagem de helicópteros ao norte da cidade, para apanhar alguns soldados que haviam acabado de chegar da K2. Esses homens ajudariam a formar uma equipe de apoio na escola. Betz estava aliviado por receber mais homens para suplementar a equipe reduzida. Ansiava por ver o capitão Kevin Leahy, seu companheiro. Leahy estivera fora da guerra, na K2. Agora, caminhava e batia com entusiasmo no ombro de Betz.

— Meu sargento, como você está?

Os dois haviam trabalhado em escritórios adjacentes em Fort Campbell, e Leahy se lembrava do dia em que a notícia dos ataques em Nova York chegou pelo rádio, quando ele se preocupara com seu irmão que trabalhava numa firma de corretagem em Wall Street. Betz havia sido uma presença constante enquanto Leahy aguardava a notícia de que seu irmão não estava no World Trade Center quando este desabou.

OS PORTÕES DE MAZAR

Como nem todo mundo coube na camionete já cheia de armas e equipamentos, Leahy se dispôs a permanecer na zona de aterrissagem com oito soldados, enquanto Betz levava oito soldados do BSB (Special Boat Service — Serviço Especial de Barcos) britânico para a cidade. Os britânicos haviam chegado para ajudar Mitchell a cuidar da segurança da Escola Turca depois da guerra. Betz também ficou feliz por vê-los.

Mais ou menos uma hora depois de Betz partir, Leahy viu projéteis traçantes vermelhos no horizonte, a talvez 400 metros de distância. Aquilo era estranho. Ao entrar no helicóptero, haviam lhe dito que não deveria haver qualquer resistência quando eles desembarcassem. Ordenou aos outros homens que pusessem seus óculos de visão noturna e buscassem proteção nos muros destruídos de alguns prédios de barro próximos. O segundo-sargento do Exército americano Jason Kubanek não integrava uma equipe de combate ativa, como as de Newman e Nelson, mas estava louco para lutar. Talvez agora fizesse isso, pensou.

Leahy ouviu o ronco enfurecido de um veículo se aproximando, os pneus derrapando ao pararem na periferia da zona de aterrissagem. Três homens de uniforme camuflado para o deserto — Leahy pôde ver que eram soldados das Forças Especiais — saltaram do carro. O capitão Paul Syverson e os sargentos Andrew Johnson e Gus Forrest haviam recebido ordem de Betz para voltar e apanhar Leahy e os outros homens.

— Começaram a atirar em nós num posto de controle! — gritou um dos soldados. — Foi uma emboscada. Estão vindo atrás de nós agora!

Isso explicava o fogo dos projéteis traçantes, pensou Leahy.

— Vamos levar o veículo para os prédios — disse Leahy.

— Se fizermos isso — disse um dos soldados —, alguém poderá ver que estamos aqui por causa das lanternas traseiras.

— Está bem — disse Leahy —, então quebrem essas lanternas.

Ele esperou e ninguém se mexeu. Então, percebeu que alguns dos homens hesitavam em dar umas pancadas na camionete. *Como se fosse uma guerra, mas você não pudesse quebrar nada*, pensou Leahy.

— Assim — disse ele, erguendo a ponta de seu fuzil e destruindo uma das lâmpadas. Logo alguém destruiu a outra.

Aqueles homens eram de um grupo de apoio, não eram guerreiros que tivessem visto uma batalha recentemente, Leahy lembrou a si mesmo. Na verdade, ele próprio se considerava um deles. Mas pôde sentir seu próprio medo ao lembrar a eles a gravidade da situação.

— Alguém consegue se comunicar com a escola? — perguntou.

— Senhor — disse um sargento de 35 anos, de Midwest, que estava mexendo num rádio retirado de sua mochila —, não consigo contactar a escola.

Leahy sabia que tinha que enviar a Betz uma mensagem explicando por que eles ainda não haviam voltado.

Bates tirou outro transmissor de sua bolsa.

— Senhor, com isto *podemos* enviar um sinal de perigo à K2 — sugeriu ele.

Leahy refletiu.

— Não, porque não estamos em perigo, ainda. Ouçam, todos têm que relaxar.

Na Escola Turca, Betz estava, de fato, imaginando por que Leahy ainda não havia retornado. Impaciente, agarrou outro sargento, Bob Roberts, e eles saltaram para dentro de um veículo, Betz dirigindo feito um louco para a HLZ.

Pouco depois, Leahy ergueu os olhos por trás de seu monte de escombros e viu uma camionete correndo pela estrada deserta, na sua direção.

— É nossa? — gritou.

— Achamos que é Betz — respondeu um dos homens.

— Fique de olho — disse Leahy. Ele disse a todos que se preparassem para disparar suas armas automáticas.

A porta se abriu e surgiu à luz dos faróis a silhueta de um homem corpulento, esbravejando. *Betz.*

Ele se aproximou de Leahy.

— Ei, senhor! *Que diabo?* O que vocês estão fazendo?

OS PORTÕES DE MAZAR

Leahy reagiu:

— *Que diabo?* Estou aqui e *atiraram* em nossos homens!

E eles ouviram algo caindo na direção deles, vindo de cima. Em volta deles, o chão vibrou. *Uma entrega aérea*, pensou Leahy. *Estamos numa zona de entrega aérea!*

Eles se distribuíram pela periferia do campo de cascalho e ouviram gritos ecoando na noite. Havia pessoas ali, correndo na escuridão, rasgando os pacotes de alimentos e cobertores.

— Alguém sabe quem são esssas pessoas? — perguntou Leahy.

— São locais — disse Betz. — Elas têm atacado nossos suprimentos lançados de aviões.

— Vamos fazer um reconhecimento desse grupo e ver — decidiu Leahy. Ele se voltou para o sargento Roberts.

— Entre e dirija. E acenda os faróis.

Leah, Betz e Roberts seguiram na direção do grupo.

Leahy viu os saqueadores se levantarem com os braços carregados de ataduras, cobertores e caixas de MRE. Ele saltou à luz dos faróis e ergueu a mão em sinal de paz. *Salaam alaikum*, disse. A paz esteja contigo, irmão.

Leahy pôde notar que os saqueadores estavam nervosos, com os dedos engatilhados em velhos AK.

Betz não podia imaginar. Eram cidadãos locais, com alguns soldados da Aliança do Norte entre eles. O que os estava deixando tão nervosos?

Leahy decidiu que ele, Betz e vários outros correriam até a Escola Turca. Teriam que deixar o restante do grupo para trás até o amanhecer. Leahy queria informar a Mitchell que eles haviam chegado e estavam bem. Queria saber: — *Que diabo está acontecendo?*

PARTE CINCO

EMBOSCADA

Mazar-i-Sharif, Afeganistão

24 de novembro de 2001

Sondando perto dos limites da cidade, mas sem ser vista, sem ser ouvida e completamente inesperada, uma força de seiscentos guerreiros talibás armados, cansados, sujos e hesitantes, à beira de um colapso físico total, parou na areia fria do deserto, a cerca de três quilômetros da posição de Leahy nas ruínas.

Eram esses homens que haviam deixado os afegãos locais tão nervosos.

Eles vinham de Konduz, viajando vários dias a pé e de caminhão. Eram parte dos soldados estrangeiros enganados pelo mulá Faisal, levados a acreditar que o general Dostum lhes daria passagem livre para a antiga e próxima cidade de Herat, a leste de Mazar, um dos bastiões restantes do Talibá.

Seis grandes caminhões reduziram a marcha na estrada. Entre os combatentes talibás estava um jovem americano tão cansado que não conseguia falar. Ele se agachou na poeira e fez um acampamento sem fogueira, esperando o amanhecer.

Durante a noite, os americanos na cidade ouviram tiros cada vez mais intensos, como se estivesse acontecendo uma batalha sobre a qual ninguém lhes havia contado. Por volta das 3h, Betz e Leahy estavam na escola,

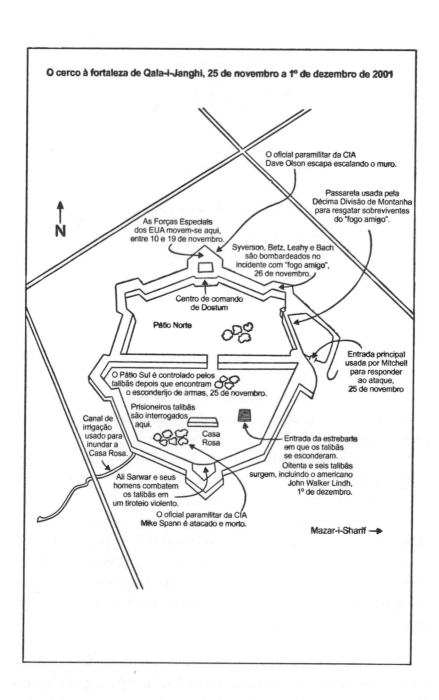

ainda tentando entender por que os moradores haviam ficado tão nervosos na zona de aterrissagem. Na mesma hora, Dean estava cochilando intermitentemente em seu aparelho quando um membro da equipe entrou subitamente e o sacudiu para acordá-lo.

O membro da equipe acordara para ir ao banheiro e vira uma luz acesa num escritório frequentemente usado por Atta, uma sala adjacente.

O homem achou que não era comum Atta estar ali tão tarde. Dean saltou de seu saco de dormir, que estava estendido sobre uma grande almofada no chão. Ele se vestiu, pôs uma camiseta marrom do Exército, calçou suas botas de trilha e correu pelo pátio até o escritório improvisado do general.

Atta olhou surpreso quando Dean entrou.

Aparentemente, o senhor da guerra geralmente elegante havia se vestido rapidamente também e corrido para seu escritório. Sua blusa marrom estava mal abotoada no pescoço, e o chapéu — sua marca registrada — estava caindo sobre um olho.

Dean notou o olhar aflito no rosto fino do homem e perguntou com gestos: *O que há de errado?*

Atta desenrolara um mapa do norte do Afeganistão sobre a mesa. Ele se debruçou sobre o mapa e, lápis à mão, traçou uma linha ao longo da estrada de Konduz para Mazar.

— Talibás e al-Qaeda! — disse Atta.

Ele correu o dedo sobre a estrada que saía de Konduz. Em seguida, bateu com o lápis no mapa, perto da cidade de Mazar, e disse novamente:

— Talibás e al-Qaeda!

— Aqui? — perguntou Dean, apontando para Mazar.

Atta balançou a cabeça.

— Sim.

Dean se levantou.

— O senhor está brincando comigo — disse ele, em inglês, esquecendo-se por um momento que o senhor da guerra não podia entendê-lo.

368   **12 HERÓIS**

— O senhor quer dizer que os talibãs estão aqui? Na cidade? — perguntou Dean, apontando para o mapa.

— Em Mazar, sim — disse Atta.

O pior pesadelo de Dean — o pesadelo de todas as equipes — havia se tornado realidade.

Ao chegar à escola, Leahy subiu a escada até o centro de operações, onde encontrou o major Kurt Sonntag.

Ele contou sobre a emboscada, o nervosismo dos saqueadores, e disse que os homens restantes estavam na HLZ esperando a picape. Perguntou a Sonntag por que os amistosos afegãos estariam tão nervosos.

Sonntag disse que não sabia.

Ninguém na escola sabia o que estava acontecendo fora dos limites da cidade.

Leahy viu o oficial paramilitar da CIA Garth Rogers sair de seu escritório no quinto andar e descer a escada de cimento. Ele não parecia feliz.

— Há alguns talibãs lá fora.

Leahy e Sonntag balançaram a cabeça, sem entender.

— Cerca de seiscentos — disse o oficial grisalho. — Eles querem se render. Estão perto do campo de pouso.

Leahy e Sonntag pensaram imediatamente em como manteriam o controle sobre seiscentos talibãs se a maioria dos combatentes americanos e soldados da Aliança do Norte estava em Konduz.

As equipes de Dean e Nelson, acompanhadas de Atta e Dostum, estavam programadas para sair de Konduz dentro de algumas horas, enquanto Leahy fora designado para ficar na Escola Turca. O major Sonntag supervisionaria a equipe na escola, enquanto o major Mitchell coordenaria o movimento de soldados que patrulhavam a cidade. Leahy deixou de lado suas preocupações por um momento e perguntou se havia algum perigo em voltar de carro à zona de aterrissagem. "Não", disse-lhe o oficial da CIA. Devia ser seguro.

EMBOSCADA

Os talibás haviam se confinado na área próxima ao campo de pouso. Na verdade, estavam pedindo para serem feitos prisioneiros ali.

Sonntag, Leahy e Betz saíram pela porta.

Leahy pulou para a traseira da picape e Betz acelerou. A notícia sobre os talibás deixara Betz nervoso. De repente, a guerra parecia incrivelmente próxima. Leahy teve que segurar com firmeza a metralhadora calibre 50, montada sobre um tripé na carroceria do veículo, para evitar que desmontasse quando Betz arrancou.

Quando eles se aproximavam da zona de aterrissagem, Betz viu um bloqueio à frente, na estrada: um punhado de homens com armas diante de seus faróis. Ele reduziu a velocidade da picape, os pneus triturando os cascalhos. Leahy se ergueu na traseira, segurando a metralhadora enquanto a camionete deslizava.

Para Leahy, os acontecimentos das últimas seis horas estavam se esclarecendo. Ele percebeu que a Aliança do Norte soubera da chegada dos talibás mais cedo, naquela noite, e que a notícia os assustara. Eles haviam começado a ver demônios em cada sombra. Por isso haviam atirado na segunda camionete que viera para apanhá-lo.

Ao mesmo tempo, os americanos não perceberam que haviam acabado de instalar um posto de controle durante um toque de recolher imposto para manter os talibás fora das ruas. O fato de a notícia sobre a chegada dos talibás não ter sido transmitida antes para ninguém na Escola Turca — incluindo os oficiais da CIA no quinto andar — lembrou a Leahy o quanto aquele seu novo mundo era volátil. A informação ficara presa em algum redemoinho na relação entre Dostum e Atta — era impossível saber como.

Betz abriu o vidro da janela para que o garoto do posto de controle, com um AK-47, pudesse ver seu rosto e saber que ele era americano.

— Como vai? — disse Betz.

O garoto estava com o dedo no gatilho do fuzil, e parecia inquieto.

Betz ainda não havia parado o veículo. Eles já estavam passando. Betz estava pronto para pisar no acelerador. Seus olhos cruzaram com os do garoto. O jovem soldado finalmente acenou para eles passarem.

Foi nesse momento que Betz soube que algo estava dando errado na guerra. O garoto parecia saber algo que ele não sabia, e não poderia saber, e não saberia até que fosse tarde demais.

O que ele havia visto nos olhos do garoto era *medo*.

Quando Betz chegou momentos depois à HLZ, os homens ainda escondidos atrás dos muros de barro estavam exaustos devido ao estresse de passar a noite inteira com tiros pipocando em torno deles. O primeiro-sargento Jason Kubanek percebeu que a pedra na qual seu pé estava apoiado era na verdade uma bomba de artilharia que não havia explodido. Ele olhou ao redor e viu que havia material bélico a cada metro e meio — eles haviam passado a noite inteira num enorme campo cheio de explosivos. Era um milagre que ninguém tivesse ido pelos ares. Agora era seguro entrar nos veículos. Kubanek ficou aliviado quando eles chegaram à escola em Mazar. Agora ele poderia descansar tranquilo.

No aparelho de Atta, Dean caminhou até a porta ao lado, do quarto de Mark House.

— Ei, cara, levante esse rabo. Temos talibãs na cidade!

House se levantou.

— O quê?

— Acorde — disse Dean. — Temos *inimigos* na cidade.

House se vestiu em questão de segundos. Na véspera, ele participara do jogo de *buzkashi* com alguns cavaleiros locais, no campo de Mazar. No jogo, dois times a cavalo tentavam arrastar uma cabra sem cabeça para o gol do time adversário. House não podia acreditar que apenas horas antes eles estavam jogando para comemorar a vitória e agora os talibãs pareciam ter voltado.

Ele apanhou seu fuzil e o pôs numa camionete estacionada do lado de fora do aparelho.

EMBOSCADA

House mostrara a coronha de sua arma, que tinha o nome de sua filha — *Courtney* — escrito em tinta branca. Ele deu um tapinha na arma e rezou uma prece enquanto eles seguiam velozes para o local de rendição.

John Walker Lindh saíra de Konduz tão rapidamente, agarrado à lateral do caminhão, que não levara nenhuma comida, água, nem roupas adequadas. As noites no deserto estavam frias e negras, e os dias, secos e escaldantes.

Ele temia estar morrendo. À medida que as horas passavam, as lembranças deviam pulsar em sua cabeça. De ler o Alcorão numa madrassa perto de um shopping center na Califórnia. De seu pai e sua mãe, e o divórcio deles. O divórcio mudara tudo — a família se dissolvera.

Seus sentimentos em relação ao seu pai eram complicados. Havia homens naquele acampamento que chamariam seus pais de infiéis. Seu pai anunciara mais ou menos um ano antes que era gay. Abdul deixara o ambiente permissivo do Condado de Marin, na Califórnia, e viajara para uma das madrassas mais rígidas do Paquistão, onde as 6.666 *shuras* do Alcorão haviam sido como ferro em sua boca, firmes e inflexíveis. Ele decorara metade delas.

Sentado num cibercafé em Peshawar, no Paquistão, ele escrevera: "Eu sou Suleyman Lindh, comedor de muita safra de trigo, bebedor de muito chá." E em seguida enrolou seu saco de dormir e partiu para o Afeganistão.

Isso havia sido cinco meses antes, em outra vida. Agora, Abdul Hamid viera se render em Mazar-i-Sharif. Ele queria ir para sua casa na Califórnia. Não queria morrer.

Quando soube que aviões haviam se chocado contra edifícios nos Estados Unidos da América, ficou desconsolado. Por que pessoas inocentes haviam morrido?

Abdul temia homens como Dostum tanto quanto temia os radicais combatentes da al-Qaeda que o cercavam. Depois de se render, ele esperava que Dostum pusesse todos eles em fila e os executasse a tiros.

Seguindo atrás do general Atta, em seu comboio de seis caminhões que se dirigia para o local de rendição, o médico James Gold encostou seu

372   **12 HERÓIS**

veículo na beira da estrada, estacionando ao lado de um arco de madeira primitivo que atravessava o asfalto bombardeado.

Ao lado do arco havia uma tosca cabine de guarda, uma cabana. Sentado ao lado de Gold, Dean estudou a massa disforme de talibás pelo binóculo. Eles estavam a menos de dois quilômetros, sobre uma superfície de areia vermelha. Os turbantes de alguns homens brilhavam ao sol, reluzentes e negros.

É um bocado de inimigo, pensou Dean.

Dean imaginou se havia combatentes da al-Qaeda misturados ao grupo. Ele estudou os homens e viu várias etnias — paquistaneses, chechenos, árabes — e feições do que supôs serem de fazendeiros, comerciantes e médicos afegãos recrutados para a jihad.

Dean sabia que aqueles últimos soldados odiavam os "estrangeiros" e, se tivessem uma oportunidade, provavelmente os derrubariam a tiros. Dean saiu do caminhão e começou a seguir Atta por uma trilha cortada em meio a uma duna de cerca de trinta metros de altura, com vista para a planície e os prisioneiros a distância.

— Ande por onde eu andar — disse Atta, virando-se. — Este lugar está minado.

No alto, Dean pôde ver que o deserto que se estendia diante deles estava cheio de carcaças enferrujadas de tanques e jipes russos remanescentes da guerra soviética com o Afeganistão.

Ele perguntou a Atta como se chamava aquela área dos arredores de Mazar. Atta disse que o nome era pitoresco: "O túmulo de cobras."

No topo do morro, haviam sido cavadas posições de combate — também deixadas para trás pelos russos — das quais Dean viu que era fácil defender a cabine de guarda.

Ao lado da cabine, havia um pedaço de metal inclinado que podia ser posto no meio da estrada como um portão. Dean calculou que a estrada próxima do portão estava minada também, e que quem quer que controlasse o topo do morro controlava o trânsito na estrada.

Atta chamou um de seus homens. Ele pôs a mão no ombro do mensageiro e lhe deu instruções.

EMBOSCADA

O homem se foi, descendo a duna até a picape. Ele ligou o veículo e seguiu na direção dos talibás.

Pelo binóculo, Dean o viu dirigindo durante talvez trinta segundos.

O homem não levava nenhuma bandeira branca, apenas um velho AK-47 e alguns cartuchos pendurados no tórax por um cinto de couro surrado. Dean viu quando vários combatentes talibás se aproximaram para recebê-lo.

Os homens conversaram por vários minutos. E então o mensageiro de Atta começou a voltar.

Ele subiu a duna caminhando com dificuldade, sem fôlego.

— Eles querem ficar com as armas — anunciou.

Atta balançou a cabeça.

— Não. Não podem.

O homem desceu a duna e foi até a camionete.

Atta se virou para Dean.

— Isso pode demorar um pouco — disse.

Dean estava em pé no alto do morro, olhando para a estrada, quando ouviu pelo rádio o tenente-coronel Bowers, na Escola Turca, falando com Dostum, enquanto o senhor da guerra seguia de carro para o local de rendição. Dean achava que alguém tinha que resolver o que fazer com aqueles prisioneiros em Mazar e em seguida ir para Konduz logo que possível. Ao que lhe parecia, o problema era que não havia ninguém no comando.

Dean achava agora que Atta tinha o controle sobre a rendição, já que ele e seus homens haviam chegado primeiro ao local. Também esperava que Dostum exigisse uma parcela igual do butim das negociações, principalmente qualquer um dos soldados talibás locais dispostos a desistir e mudar de lado.

Dean pegou o rádio, chamou Stu Mansfield, que estava no aparelho, e disse: "Temos que organizar os caras aqui." Dean disse a Mansfield que precisaria de mais armas apontadas para aqueles prisioneiros depois que eles se entregassem.

374   **12 HERÓIS**

Mas, enquanto ele falava, o rádio falhou. Dean bateu nele com a mão. Nada. De repente, parara de funcionar. Agora ele estava sem comunicação tanto com seu comando na Escola Turca quanto com sua equipe no aparelho.

Mais ou menos nessa hora, Bowers entrou em seu veículo e seguiu para a área de rendição.

Todos estavam prestes a convergir.

O aspirante Stu Mansfield estava no aparelho, cozinhando um peru, por incrível que pareça, quando recebeu um chamado para se encontrar com o capitão ansioso. Relutantemente, ele deixou a ave na panela, entrou numa camionete e começou a dirigir. Mansfield — que no Tennessee tinha uma corretora de imóveis que funcionava em sua casa e levava uma vida tranquila, pescando e jogando golfe quando não estava servindo como soldado — não se alterava facilmente. Agora, estava um pouco perturbado. A ideia de que todos aqueles talibás haviam aparecido em Mazar era uma notícia ruim.

Seguiam com Mansfield os sargentos Walden e Lyle. Lyle tinha um rádio extra. Dean o usou para chamar Mitchell na escola e disse a eles o que Atta explicara: que aqueles talibás queriam se render e estavam na estrada, cerca de vinte quilômetros a leste da cidade.

Do alto do morro, Dean viu quando Dostum e sua *entourage* de veículos apareceram no horizonte e roncaram até parar no pé do morro.

Atta explicou a Dean como a rendição afegã seria.

— Esses homens não vão se render imediatamente. Você não pode se render assim. — Atta estalou os dedos. — Se fizer isso, ficará desacreditado.

Dean viu quando Dostum e o tenente-coronel Bowers saíram de seus veículos. Atrás deles havia mais pessoas... com máquinas fotográficas e blocos de anotação... *Oh, meu Deus*, percebeu Dean. Era a imprensa.

Dean viu cerca de cem repórteres ao todo. Estavam acompanhando Dostum! Dean e sua equipe estavam encurralados no alto do morro. Dean estava convencido de que seu rosto acabaria na primeira página de uma dúzia de jornais.

EMBOSCADA

Ao ver aquilo, Atta anunciou que queria se encontrar com Dostum e dizer a seu rival que tinha a situação sob controle.

Dean achou que era melhor acompanhar o senhor da guerra, para garantir que algum atrito entre Atta e Dostum não se transformasse em briga. Apreensivos, eles desceram a duna pela estrada estreita, com o cuidado de evitar as minas terrestres que Atta avisara que haviam sido plantadas ao longo do caminho.

Quando chegaram embaixo, Dean pôs seu lenço sobre o nariz e se manteve distante do grupo, na esperança de que ninguém o fotografasse.

Ele viu Atta e Dostum conversando, cada um deles gesticulando para o outro: *"Eu estou no comando."*

Dean percebeu que não havia como assegurar que não houvesse combatentes talibãs na multidão — homens que haviam ficado para trás em Mazar, na esperança de voltar sorrateiramente para a vida civil, sem serem notados. Aquele seria o momento perfeito para alguém atacar os dois senhores da guerra de uma vez. Dean viu a rendição como um completo pesadelo de segurança.

Ele podia ouvir o enxame de câmeras fotográficas em ação: *clique--claque, clique-claque.*

Gafanhotos, pensou Dean. Pequenas mandíbulas metálicas ruminando diante de seu anonimato, sua segurança. Sua missão.

Dean ficou aliviado quando o encontro terminou sem briga. Mas ficou terrivelmente desapontado ao ver que Dostum estava voltando para o morro.

Um dos repórteres pôs a câmera a centímetros do rosto de Dean, e ele a afastou com um golpe. Ouviu uma cacofonia de vozes — francesas, alemãs, espanholas. O mundo inteiro estava ali para registrar aquela rendição. Dean e Gold se apressaram em subir o morro.

Dean viu que Dostum vinha atrás e de vez em quando parava para apontar na direção da rendição, que na verdade ninguém conseguia ver a olho nu com alguma clareza, enquanto as câmeras clicavam e zumbiam.

Dean pensou: *Ele está se achando o general George S. Patton.* Em parte, o americano estava encantado com a habilidade do general.

376 **12 HERÓIS**

Dean olhou para o alto e viu um B-52 voando em círculos preguiçosamente, deixando um rastro de fumaça que parecia um fio de cabelo. Victors localizara a posição dos talibás e estava pronto para pedir um ataque a qualquer momento.

Agora, pensou Dean, só o que falta é fazer os talibás realmente entregarem seus fuzis e se renderem. Dean olhou para seu relógio. Eles haviam planejado partir para Konduz horas antes. Estavam seriamente atrasados.

Duas horas depois, a rendição havia terminado. Dostum concordara com a exigência dos talibás de que eles fossem mantidos no aeroporto de Mazar. Embora não houvesse cerca na pista de decolagem para conter os prisioneiros, eles teriam que correr quase mil metros em qualquer direção para chegar a algum lugar seguro. A essa altura já teriam sido derrubados por guardas.

No posto de vigilância no alto do morro, Dean se virou para Mark House, seu sargento de armas, em pé ao seu lado.

— Sabe de uma coisa? Eles não estão realmente revistando esses caras.

Quando os talibás disseram a Dostum que estavam se rendendo, essa declaração foi aceita como sempre acontecia no campo de batalha: sem maiores análises, como se fosse inviolável.

— Não estou gostando do que estou vendo — disse Dean.

— O que podemos fazer?

— A rendição é deles. — Dean estava certo. Todo o sucesso da campanha se apoiava na ideia — e na realidade — de que aquela era uma guerra dos afegãos. Mudar a marcha agora, no meio daquela série de acontecimentos confusos, seria algo mais fácil de falar do que de fazer.

Para Dean, parecia que um em cada cinco talibás estava sendo revistado superficialmente por um soldado da Aliança do Norte.

Dean viu os fuzis dos talibás sendo confiscados e empilhados na carroceria de um grande caminhão de entrega. Logo havia centenas de armas na pilha.

Na Escola Turca, Mitchell estava acompanhando as negociações pelo rádio. Ele não achou uma boa ideia usar o campo de pouso, mas, por outro lado,

EMBOSCADA

não havia uma prisão grande o bastante para abrigar todos os prisioneiros. E então seu rádio deu sinal de vida.

Mais notícias estavam chegando. Dostum havia subitamente mudado de ideia.

Os prisioneiros seriam levados para Qala-i-Janghi, onde Dostum decidira que seriam mantidos em segurança entre os muros da fortaleza.

Não, pensou Mitchell.

Ele se lembrou das armas, foguetes, RPGs, fuzis e toda aquela munição... ainda estocados na fortaleza. Ele e seus homens não haviam acabado de explodi-los.

Depois que a rendição no campo de pouso parecia ter sido concluída, Dean e sua equipe desceram o morro e entraram em suas camionetes, esperando para ir para Konduz.

Já era tarde, por volta das 15h. Eles partiriam diretamente do local da rendição.

Sentado em sua picape em marcha lenta, Dean observou os prisioneiros recém-rendidos sentados a apenas cerca de 15 metros, em seus próprios veículos.

Dean ficou chocado ao olhar em seus olhos. Eles não pareciam derrotados.

Dois caminhões de talibás avançaram e ficaram ao lado de Brian Lyle e Mark House, que também acharam que os soldados detidos pareciam homens preparados para a batalha.

Atta ordenou a seus homens que subissem nos caminhões.

O plano era chegar a posições nos arredores de Konduz, num perímetro em meia-lua em volta da periferia da cidade, a cerca de 20 quilômetros do centro. Ali, eles receberiam os prisioneiros e pediriam ataques aéreos para convencer mais os talibás a se render. Um bom plano, talvez. Mas, se eles se tornassem necessários em Mazar — onde os seiscentos prisioneiros ficariam abrigados no forte —, seria uma longa viagem de volta.

Na Escola Turca, várias horas depois de Dean e Nelson partirem para Konduz, o major Kurt Sonntag estava à sua mesa quando ergueu os olhos e viu os prisioneiros recém-rendidos passando em caminhões.

Bem, estou ferrado, pensou ele. *Isso é novidade.*

Os prisioneiros ainda estavam dirigindo seus veículos, seguindo para o forte. Sentado ao lado de cada um deles, porém, havia um soldado da Aliança do Norte com uma arma apontada para a cabeça do prisioneiro. Era quase cômico.

Mas por que eles pararam em frente ao quartel-general?

Sonntag pôde ver os prisioneiros olhando para a escola como se a examinassem, como se estivessem tentando memorizar uma passagem lá dentro.

Ao saber que os prisioneiros estavam indo para a fortaleza, Sonntag não ouviu nenhuma opinião firme nem contra nem a favor, exceto que o major Mitchell manifestara seu descontentamento com o plano. Mas ambos sabiam que Dostum seria o responsável por aqueles combatentes inimigos, já que eles seriam vigiados em sua propriedade. Mitchell e Sonntag ficariam por perto enquanto fosse necessário.

Mas Sonntag não esperava que eles parassem em frente ao seu prédio. Ele percebeu que não sabia se os homens com seus AKs apontados para a cabeça dos motoristas eram realmente soldados da Aliança do Norte. Aquilo tudo poderia ser a preparação de uma emboscada.

Ele chamou o sargento Betz, que saiu voando para a ação. "Qualquer um que pareça americano permaneça dentro", ordenou. Um punhado de soldados assumiu posições perto do refeitório, com seus fuzis M-4 apontados para a rua.

Mitchell desceu de seu escritório no segundo andar, preocupado. *Por que esses caras se renderam? Você não se transforma simplesmente num...*

Havia prisioneiros pendurados nas laterais de alguns caminhões. As carrocerias estavam lotadas de homens. Mitchell não podia acreditar que aqueles homens estavam sendo trazidos diretamente para dentro da cidade. Ele se deu conta de que eles teriam que passar pela Mesquita Azul e pela praça do mercado, onde poderiam escapulir dos caminhões.

O comboio era liderado por dois veículos da Aliança do Norte, e outros dois ou três cuidavam da retaguarda, mas para Mitchell isso certamente não era suficiente para conter uma insurreição, caso isso acontecesse.

EMBOSCADA

Enquanto os caminhões passavam lentamente, Mitchell viu um dos prisioneiros sendo puxado de um caminhão por moradores e desaparecendo por trás do veículo. Ali mesmo ele foi pisoteado até morrer, por cidadãos locais e soldados da Aliança do Norte que haviam corrido até o local.

Os caminhões seguiram em frente. Dentro da Escola Turca, Mitchell e seus homens respiraram aliviados.

Mais tarde, naquela noite, um caminhão civil avançou contra a barreira de segurança na rua, e soldados afegãos que protegiam a escola abriram fogo, nervosos. O caminhão se afastou veloz, sem ser atingido, enquanto mais tiros eram disparados em torno da escola. Os homens de Mitchell correram para se proteger. Algumas janelas foram quebradas quando tiros de metralhadora atingiram o prédio. Ninguém podia dizer onde estavam os atiradores. O fogo parecia vir de direções indeterminadas, como se os atiradores tivessem esperado para atacar. E então os disparos cessaram.

Mitchell soube que parte do tiroteio podia ter sido entre soldados de Atta e Dostum. Ele não sabia por que eles lutavam entre si. A situação piorou ainda mais quando Mitchell soube que um dos assistentes de Dostum morrera numa explosão, num ataque suicida na fortaleza. Quando os prisioneiros estavam sendo retirados dos caminhões, no pátio sul, um homem com uma câmera de vídeo, trabalhando sob a direção de Dostum, filmava o acontecimento para a posteridade. O homem ficou nervoso ao ser cercado por tantos combatentes inimigos. Aqueles homens com expressões de raiva, imundos, não pareciam dispostos a se render.

"Esta é uma situação muito ruim", repetia o homem enquanto filmava a cena. "Uma situação muito ruim."

Um dos soldados talibãs chamou o assistente de Dostum, e, quando este se aproximou, o homem retirou uma granada de sua roupa e puxou o pino.

O cinegrafista viu pelo visor da câmera um pequeno estouro no fundo de seu quadro, seguido de uma nuvem de fumaça. Pelo menos dois homens caíram mortos no chão.

Em retaliação, os guardas rapidamente levaram os prisioneiros para o porão da Casa Rosa. Como medida de precaução, jogaram uma granada deles próprios em um dos respiradouros quadrados da estrutura de tijolos. A granada caiu lá dentro, vinda de cima, e explodiu.

Quando soube das novidades, Mitchell temeu que a cidade estivesse fora de controle.

Na escola, Betz já havia acionado o mais alto alerta de segurança, ThreatCon Delta, com soldados posicionados no telhado e nas janelas, armas prontas para a ação.

Em determinado momento, alguém parou uma camionete na escola e o motorista saltou e fugiu, não sendo encontrado.

Betz e Mitchell acharam que o veículo estava cheio de explosivos e chamaram uma equipe para desarmar a bomba. Mas depois de examinar cuidadosamente o carro, a equipe descobriu que não havia nada.

Parecia uma advertência: *Da próxima vez.*

Ao se deitar naquela noite, o major Leahy pensou no último telefonema que dera para sua esposa nos Estados Unidos, vários dias antes.

"Por favor, tenha cuidado", dissera ela.

"Sou o comandante da companhia de apoio", dissera Leahy. "O que poderia dar errado?"

Na manhã seguinte, os prisioneiros foram levados aos pares do porão da Casa Rosa para o pátio de terra no lado oeste da propriedade. Suas mãos estavam amarradas frouxamente nas costas, com seus lenços.

Os árabes vieram primeiro, seguidos dos paquistaneses e depois dos uzbeques. Spann e Olson esperavam interrogar metodicamente cada um daqueles homens na esperança de extrair informações preciosas sobre o paradeiro de Osama bin Laden e os planos da al-Qaeda para futuros ataques, em qualquer lugar do mundo.

Diante deles estavam várias centenas de rostos zangados e imundos. Enquanto oficiais paramilitares da CIA marchavam para cima e para baixo diante dos prisioneiros sentados, alguns destes praguejavam contra os americanos: "Viemos aqui para matá-los."

EMBOSCADA

Spann se inclinou e olhou para um jovem, suspeitando de que ele sabia falar inglês. Ele usava um suéter militar de estilo britânico — havia alguma coisa naquele garoto que despertou sua curiosidade e, por fim, sua ira.

O garoto não falava.

O que Spann não sabia era que o jovem tinha medo de que, se falasse, seria separado como terrorista estrangeiro desafiante.

Na noite anterior, no porão, muitos prisioneiros estavam preocupados de que seriam mortos de manhã pelos homens de Dostum. Embora um dos guardas tivesse jogado uma granada no porão, ferindo vários homens, os prisioneiros haviam sido informados mais tarde de que poderiam continuar a viagem para Herat, como fora combinado nas negociações entre o general Dostum e o mulá Faisal.

Ainda assim, os uzbeques, em particular, estavam preocupados. Como tinham a mesma etnia de Dostum, achavam que este seria especialmente duro com eles. Ele os torturaria e os mandaria de volta ao Uzbequistão, onde o governo anti-islâmico os executaria. Para os uzbeques, não havia nada a perder. Todos os prisioneiros haviam compartilhado a história que haviam ouvido falar sobre o que acontecera com alguns prisioneiros talibãs que se viram encurralados numa escola em Mazar, depois de Dostum capturar a cidade. O lugar era chamado de Sultão Razia. Os talibãs que estavam ali dentro haviam sido bombardeados e mortos por aviões americanos.

Muitos do grupo de jovens achavam que o porão era o último lugar para onde haviam viajado na vida. Eles tocavam com os dedos as granadas e pistolas que haviam escondido em suas roupas. Talvez fosse possível atacar os guardas de manhã. Provavelmente eles seriam mortos, mas também seriam mártires.

Sentado no tapete sobre a terra, o jovem diante de Mike Spann não queria nenhuma participação nesse plano. Imaginou quem seria aquele homem louro de olhos azuis. O oficial gritou com ele para erguer a cabeça a fim de, que pudesse tirar sua fotografia. Poderia ser um russo. Parecia trabalhar para o general Dostum.

Nem o homem louro nem seu amigo — um homem alto, de ombros largos, com uma *shalwar kameez* escura — haviam protestado quando os guardas de Dostum chutaram e esmurraram os prisioneiros. Qualquer um que falasse sem permissão era espancado.

Não, ele manteria a boca fechada, a cabeça abaixada, e rezaria para viver.

Spann se inclinou perto do prisioneiro. Imaginou que fosse britânico por causa do suéter militar de aparência europeia.

— Qual é o seu nome? — perguntou Spann. — Quem o trouxe aqui para o Afeganistão?

O jovem olhava para o chão.

Spann o observou, procurando um ângulo, alguma maneira de fazer o garoto falar.

— Levante a cabeça. Não me faça ter que levantar a sua cabeça. Puxe o cabelo para trás para que eu possa ver seu rosto.

Spann ergueu a câmera e fez uma foto.

— É melhor você falar comigo — disse ele. — Eu sei que você fala inglês.

Nada.

Por fim, Spann se ergueu. Ele pararia o interrogatório, por enquanto.

Seu parceiro Dave Olson se aproximou com um punhado de passaportes que confiscara dos prisioneiros. Olson queria saber se Spann havia levantado alguma informação.

— Eu estava explicando ao cara que só queremos falar com ele, descobrir qual é a sua história — disse Spann.

— Bem, ele é muçulmano, você sabe — disse Olson. — O problema é que ele tem que decidir se quer viver ou morrer, e morrer aqui... Vamos deixá-lo e ele vai ficar na prisão pelo resto de sua vida curta... Só podemos ajudar os caras que quiserem falar com a gente.

Spann se dirigiu ao jovem:

— Você sabia que as pessoas com as quais está trabalhando aqui são terroristas e mataram outros muçulmanos? Várias centenas de muçulmanos foram mortos no atentado em Nova York.

EMBOSCADA

— É isso que o Alcorão ensina? — prosseguiu Spann. — Você vai falar com a gente?

— Está bem, cara — disse Olson. — Tínhamos que lhe dar uma chance. Ele teve sua chance.

Spann decidiu parar de tentar falar com o prisioneiro.

Um guarda levou o jovem alto, de aparência frágil, de volta ao grupo principal de prisioneiros, que estava sentado organizadamente em filas no lado oeste da Casa Rosa.

O prisioneiro se sentou. Conseguira. Não falara. E não o haviam matado, ainda.

Momentos depois, houve uma explosão súbita no lado leste da Casa Rosa, enchendo de poeira e fumaça a entrada alta do porão, feita de tijolos.

Um prisioneiro uzbeque começara a subir os degraus quando de repente retirou uma granada da roupa e tentou jogá-la escada acima, num guarda.

Ele errou o alvo, a granada rolou de volta em sua direção e explodiu. Agora ele estava estendido morto na escada.

No pátio, um inferno se formara.

Gritando *Allah Akbar* — Deus é grande —, alguns prisioneiros pularam e avançaram contra os guardas, matando-os num instante com granadas ou armas que retiraram de suas roupas.

Mike Spann começou a correr. Seguiu pelo meio do pátio, a leste, como se estivesse tentando entrar na própria Casa Rosa, onde talvez se protegesse e atirasse em prisioneiros com seu AK-47. Ele tinha um pente de munição e duas pistolas — uma delas escondida na cintura de seu jeans.

O tiroteio provavelmente não duraria muito tempo, mas ele poderia levar um monte de prisioneiros consigo. E talvez conseguisse resistir por tempo suficiente até que o apoio chegasse por ar, ou por terra, vindo dos soldados das Forças Especiais que estavam na Escola Turca. Tudo dera muito errado muito rapidamente.

Três dias antes, ele telefonara para sua mulher nos Estados Unidos e lhe dissera que tinha novos prisioneiros para cuidar. Disse a ela que a amava. Sentia saudade de suas duas filhas e de seu filho pequeno. Disse que não via a hora de segurar o menininho. Shannon raramente esperava notícias de Mike, e adorou ouvir sua voz. Mas aquela conversa por telefone a tinha, de alguma maneira, quase misteriosamente, ao que parecia, levado às lágrimas. Ela desligou sentindo que algo terrível aconteceria com Mike.

Antes de adormecer, ela rezou: "Deus, proteja Mike de ver loucuras demais hoje."

Agora, enquanto corria, Mike sentia braços segurando-o por trás, e ele caiu numa tempestade de corpos. Punhos e pés choveram sobre ele. Ele alcançou uma das pistolas e conseguiu atirar em vários atacantes. Mas ainda assim eles o esmurravam e chutavam.

Um dos prisioneiros se aproximou e disparou duas vezes, à queima--roupa, em Mike Spann.

Mike Spann estava morto.

Ao som da explosão da granada na escada, Dave Olson voltara para ver qual era o problema.

Depois de conversar com Mike sobre os prisioneiros, ele decidira voltar para o quartel-general de Dostum, na metade norte do pátio, e chegara ao meio do muro quando viu Mike caindo sob uma confusão de corpos, todos esmurrando-o.

Ele se virou. Ficou chocado ao ver que todos os seus guardas estavam mortos.

Olson disparou com sua pistola contra alguns prisioneiros que corriam para ele. Outros corriam pelo meio do pátio e apanhavam armas caídas junto aos guardas mortos. Eles começaram a atirar em Olson.

Um homem correu diretamente para ele até que Olson o derrubou com sua pistola. Ele tentou atirar de novo, mas estava sem balas.

Então correu.

Correu a toda velocidade, olhando para a esquerda e para a direita e notando que alguns soldados de Dostum e Atta haviam subido os muros do forte ao primeiro barulho de tiro. Agora eles atiravam nos prisioneiros rebelados. O volume dos tiros era ensurdecedor.

EMBOSCADA

Um dos soldados de Dostum se juntou a ele, correndo ao seu lado, ambos impulsionando os joelhos para o alto e se esforçando para conseguir velocidade enquanto balas passavam zunindo por suas cabeças.

Olson temia que eles fossem baleados pelos homens que estavam sobre os muros, se estes os confundissem com combatentes talibãs. Ele transmitiu esse medo ao seu novo companheiro, dizendo que eles precisavam sair do pátio rapidamente.

Eles correram para um muro, na esperança de que este os protegesse do tiroteio.

— Deixe eu ir — disse o homem, pulando primeiro sobre a barreira e se certificando de que não havia combatentes inimigos escondidos ali atrás. — Está livre! — gritou ele.

Olson não podia acreditar na ousadia do homem. Ele pulou o muro da altura do peito e continuou a correr.

Ao chegar ao prédio do quartel-general de Dostum, Olson entrou imediatamente e subiu a escada, dando de cara com um homem baixo, magro, louro, que estava em pé no patamar.

Arnim Stauth, repórter da TV alemã, olhou-o surpreso. Ele buscara proteção no patamar ao ouvir a explosão de tiros a várias centenas de metros de distância, no pátio sul. Não tinha a menor ideia do que estava acontecendo no forte. Chegara a Qala-i-Janghi de manhã cedo, vindo de Mazar, para filmar alguns trabalhadores da Cruz Vermelha que monitoravam as condições dos prisioneiros recém-chegados.

Olhou para aquele homem alto, de barba escura, em pé à sua frente. Parecia estar sem fôlego, confuso, atordoado até. Segurava a pistola pelo cano, e não pela coronha, como se tivesse se esquecido de como empunhá-la, e ficava tentando pô-la de volta no coldre, sem conseguir.

Stauth perguntou a ele o que havia acontecido.

Olson respondeu com uma voz seca, trêmula. Provavelmente lhe ocorrera agora que seu status secreto de oficial paramilitar da CIA havia sido repentina e permanentemente descoberto.

386 **12 HERÓIS**

Explicou a Stauth que os prisioneiros haviam se rebelado no pátio sul e que achava que um americano estava morto. Ele não tinha certeza. Eles foram para uma sala do centro de operações, mais ao fundo, onde Olson surpreendeu Stauth ao lhe pedir emprestado o telefone.

Como Olson não estava usando um "uniforme" padrão — uma longa *shalwar kameez* —, Stauth supôs que ele era oficial da CIA e achou difícil acreditar que não estava carregando algum tipo de aparelho de comunicação. Ele ofereceu ao americano seu telefone por satélite.

Agora Olson tinha outro problema. Não tinha um número para telefonar para a Escola Turca.

Então ele telefonou para a Embaixada americana em Tashkent, no Uzbequistão, que o pôs em contato com o Comando Central do Exército, na Base McDill da Força Aérea, em Tampa, Flórida, que por sua vez o direcionou para a Escola Turca. O telefonema urgente viajou mais de 30 mil quilômetros até chegar ao quinto andar do quartel-general improvisado da CIA em Mazar-i-Sharif.

Ali, um oficial rude, de barba espessa, chamado Garth Rogers, recebeu a notícia. O escudo aparentemente à prova de balas sob o qual a CIA vinha viajando durante toda a missão havia sido perfurado. Era quase inconcebível que isso fosse verdade.

Rogers desligou, chocado.

Na escola, Mark Mitchell vinha recebendo relatos ao longo do final da manhã sobre um tiroteio constante, mas inexplicado, que ocorria em algum lugar da cidade. Ele sabia alguma coisa sobre isso? Não, disse Mitchell. Estava tudo em ordem, até onde ele sabia.

Mais cedo, naquela manhã, o almirante Bert Calland, juntamente com o cirurgião do Exército Craig ("Doc") McFarland, havia percorrido hospitais da área e analisado suas condições. McFarland ficara horrorizado com a situação. As ultrapassadas máquinas de raios X mal tinham força suficiente para os exames mais simples, e os equipamentos de anestesia pareciam antiguidades dos anos 1950. Quase nenhum dos responsáveis

EMBOSCADA

tinha antibióticos ou curativos. McFarland viu que tinha um grande desafio pela frente como oficial médico-chefe em Mazar.

Quando eles voltavam para a Escola Turca, McFarland teve a impressão de ouvir tiros fortes vindos da área de Qala-i-Janghi. Achou aquilo estranho. Sabia que Mike Spann e Dave Olson haviam ido para lá interrogar os prisioneiros.

Logo que chegou ao escritório de Mitchell, McFarland perguntou sobre os tiros. Disse a Mitchell que aquilo soara como se uma verdadeira batalha estivesse acontecendo no forte.

Kurt Sonntag estava recebendo o mesmo tipo de pergunta pelo rádio, feitas por soldados das Forças Especiais que circulavam pela cidade: "Ei, tem um tiroteio no lado oeste. O que está acontecendo?"

"Parecia alguma coisa?"

"Não, só um bocado de fogo intermitente."

Por fim, Sonntag recebeu um telefonema de um oficial da K2, no Uzbequistão. "Recebemos um relato de que há dois americanos mortos em Mazar."

Sonntag disse que não ouvira falar nada sobre isso. Achou que devia ser algum engano.

Naquele momento, Mitchell recebeu uma mensagem de que havia um visitante esperando para vê-lo com urgência. Um dos amigos de Dostum — um civil chamado Alam Razam — irrompeu no escritório com um paletó mal-ajustado e gravata. Razam estava em pânico.

— Houve um acidente terrível — disse ele. — Vocês precisam vir. Acho que há americanos mortos. Os prisioneiros tomaram o controle da fortaleza. Vocês precisam vir imediatamente!

Kurt Sonntag entrara no escritório com Razam, e Sonntag e Mitchell olharam um para o outro, sem acreditar.

Mitchell e Sonntag se esforçaram para manter a compostura. Mitchell havia morado no forte mais tempo do que qualquer um dos recém-chegados a Mazar, e conhecia a maior parte do labirinto de quartos e corredores.

— Olhe — disse ele. — Eu me disponho a controlar alguns caras lá.
— Ele pensou que talvez apenas alguns prisioneiros infelizes estivessem causando um grande e ruidoso distúrbio.

Vários minutos depois, uma nova notícia ruim chegou, uma mensagem mais triste. Garth Rogers, oficial de CIA, desceu do quinto andar e anunciou que Mike Spann provavelmente estava desaparecido ou morto.

Mitchell notou que Rogers recebera mal a notícia. Mitchell o respeitava. Rogers usava um boné da Harley-Davidson e óculos de sol grandes. Parecia mais um ciclista fora da lei do que um oficial veterano da CIA. Mitchel quis que ele se juntasse à equipe de busca e resgate. Rogers concordou prontamente, sugerindo que eles deveriam partir imediatamente.

Sonntag o interrompeu:

— Vamos fazer um plano — disse. — Temos que ter cuidado aqui. — Ele viu que Rogers estava agitado e se coçando para lutar.

Sonntag arrastou um quadro-negro para o centro de operações, e ele e Mitchell desenharam uma planta baixa do forte. Marcaram a última posição conhecida de Spann, perto do lado oeste da Casa Rosa, localizada no pátio sul.

Concordaram que a missão era encontrar Dave Olson, que, segundo relatos, ainda estava vivo, e procurar Spann e remover seu corpo, se de fato ele havia sido morto.

Quando terminaram, Mitchell olhou pela janela. Eles tinham mais ou menos três horas de luz do sol, na melhor das hipóteses. Precisavam correr. Quando a noite caísse, seria impossível diferenciar amigo de inimigo no forte. E os talibãs provavelmente aproveitariam a oportunidade para escapar sob o manto da noite.

Sonntag estimou que cerca de cinquenta soldados da Aliança do Norte estavam posicionados no forte, e talvez mais cem espalhados pela cidade, disponíveis para um combate. Em suas próprias forças, Mitchell tinha oito homens com os quais podia contar para puxar o gatilho. Era um número reduzido para enfrentar uma fortaleza com seiscentos combatentes inimigos.

EMBOSCADA

Mitchell mobilizou os oito soldados do Serviço Especial de Barcos britânico que haviam chegado a Mazar na noite anterior, na conturbada zona de aterrissagem. Ele não sabia sequer os nomes desses soldados, exceto um, Stephen Bass, um *seal* da Marinha inserido entre os SBS por meio de um programa de intercâmbio entre governos. Para complicar a situação, os SBS não tinham permissão para disparar suas armas contra o inimigo, a não ser que fossem atacados primeiro. Isso porque não haviam recebido suas ordens para regras de engajamento, que os instruíam sobre quando e onde disparar contra combatentes inimigos. Mitchell considerou que autodefesa seria uma justificativa razoável para reagir a tiros, e estava certo de que eles estavam prestes a entrar num combate armado sério.

Além de Garth Rogers, Doc McFarland e os oito SBS, a força de resgate de 15 homens incluía dois tenentes-coronéis da Força Aérea, ligados à Agência de Inteligência de Defesa, que por acaso estavam visitando Mazar. Mitchell considerava esses homens "turistas militares" — nome dado aos oficiais que gostam de voar para zonas de guerra e observar, sem participar oficialmente da ação. Agora, aqueles oficiais da Força Aérea veriam a coisa de perto.

Ainda assim, Mitchell estava feliz por tê-los ali. Um deles falava russo, o que poderia ajudar. Todos os intérpretes que trabalhavam no centro de comando haviam partido com o restante da força de combate para Konduz, e Mitchell percebeu que ele não tinha nenhuma outra maneira de se comunicar com as pessoas locais. Levou também dois sargentos de confiança: Pete Bach e Ted Barrow. Precisaria de ambos. Barrow era um excelente especialista em armas. Bach, firme e bem-disposto, dirigiria as comunicações.

Quando estava no Exército comum, 15 anos antes, Bach fora enviado para o Alasca e treinara para ficar em forma para o curso de qualificação para as Forças Especiais pedindo a sua mulher para levá-lo de carro até um descampado para, em seguida, ele voltar para casa correndo mais de 30 quilômetros com neve pelos quadris.

Nenhum dos homens havia trabalhado um com o outro como equipe de combate, mas eles tinham um treinamento em comum. Mitchell esperava que esse conhecimento fosse suficiente para ajudá-los a sobreviver a um combate.

Depois de resolver o problema de montar uma equipe, ele teve que decidir como eles iriam para o forte. Além dos intérpretes, Nelson e Dean haviam levado para Konduz quase todos os veículos do quartel-general.

Mitchell teve que vasculhar uma pilha de chaves de carro e, por tentativa e erro, encontrar um veículo que funcionasse com alguma delas.

Por fim, trinta frenéticos minutos depois de eles receberem a notícia de que Mike Spann estava desaparecido, a equipe estava indo para o forte.

Mitchell dirigiu a toda velocidade.

A suspensão do Land Rover era macia, e o veículo pesado deslizava sobre a estrada. Mitchell teve dificuldade para passar a marcha com a mão esquerda e dirigir com a mão direita, no estilo de carro europeu, e achou que a qualquer momento poderia perder o controle e tombar.

O trânsito de meio-dia em Mazar era pesado, e ele foi obrigado a costurar entre carros em fila, buzinando o tempo todo e mal reduzindo a velocidade em cruzamentos.

Roger seguia no banco de passageiro, avisando sobre obstáculos à vista.

— Carroça de bode!

Mitchell:

— Estou vendo.

— Carroça de burro!

— Está bem.

— Homem carregando tijolos.

— Eu vi.

Enquanto dirigia, Mitchell temia que eles sofressem uma emboscada de prisioneiros que haviam escapado do forte e estivessem à espreita, com seus veículos estacionados em algum cruzamento. Quando os dois se aproximavam do mercado, no centro de Mazar, uma carreta apareceu na

EMBOSCADA **391**

frente de Mitchell e ele teve que frear bruscamente. O trânsito era intenso atrás dele, e ele o checava nervosamente pelo espelho retrovisor. Rogers examinava a área em frente a eles.

Pronto, pensou Mitchells. *Agora vão nos matar.*

Depois de vários minutos de tensão, o caminhão comprido finalmente passou e Mitchell disparou novamente, cantando pneus.

Quando foi dado o alerta urgente para o combate no forte, Dean, em Konduz, soube que Mike Spann estava desaparecido e que Dave Olson estava encurralado em algum lugar entre os muros da fortaleza. O telefone por satélite de Dean tocou: era alguém da Escola Turca em Mazar perguntando se ele estava com todos os seus homens.

— Apenas checando — disse a pessoa que chamava. Ela afirmou que as informações eram imprecisas, mas definitivamente algo ruim estava acontecendo na cidade. Parecia que o telefonema estava sendo feito do forte.

Dean agradeceu e em seguida chamou pelo rádio Brad Highland, em Mazar. Este, juntamente com seus colegas de equipe, Martin Graves e Evan Colt, haviam ficado para trás, no aparelho, para cuidar da logística.

— Ouça — disse Dean. — Prepare-se para se mudar para a Escola Turca. Não embrome. A cidade está pegando fogo.

Highland começou a recolher objetos importantes — mapas, rádios, relatórios.

Em seguida, Dean chamou Mark Mitchell pelo rádio. Assim como Dean, Mitchell estava acabando de compreender a dimensão da intensa luta no forte.

— Tenho homens no interior de Mazar — disse Dean. — Você precisa saber que eles estão lá antes que enlouqueça. — Dean queria dizer que não queria que seus homens fossem atingidos num ataque aéreo direcionado a combatentes inimigos.

Em seguida, perguntou ao tenente-coronel Bowers se eles seriam deslocados para Mazar para participar dos combates. Nelson, que estava ao seu lado, queria saber também.

392 **12 HERÓIS**

A pergunta era razoável, considerando o quanto os homens trabalhavam juntos. Mas Bowers, preocupado porque a situação em Mazar havia subitamente fugido ao controle, temia agora que o mesmo acontecesse com eles em Konduz. Ele lembrou a seus homens que eles estavam prestes a assumir o comando de milhares de furiosos prisioneiros talibãs e da al--Qaeda armados. Não, eles não iriam imediatamente para Qala-i-Janghi.

Nelson queria participar da luta em Mazar. Mike Spann era seu amigo. Agora, ele queria vingança.

Ao se aproximar do forte, Mitchell pôde ouvir o toque-toque dos tiros e o assovio sonoro de rojões lançados entre os muros altos de barro.

Trilhas de fumaça subiam do interior do forte e se curvavam no espaço azul antes de cair no campo agrícola em torno do Land Cruiser de Mitchell.

Várias centenas de prisioneiros haviam subido nos muros e atiravam para impedir a entrada de carros. Tiros batiam em volta do veículo quando Mitchel passou pelo corredor polonês e parou o carro dentro dos muros do forte, ao lado da cabine de guarda.

Agachados junto à cabine estavam quarenta soldados da Aliança, todos eles apavorados com o tiroteio. Mitchell os ignorou. Eles teriam que ser razoáveis e se reorganizar como força de combate por conta própria.

O repórter da *Time* Alex Perry estava passando perto da fortaleza de Qala--i-Janghi quando, pela janela do táxi, viu algo que o fez querer parar. Ele deu um tapinha no ombro do motorista e disse: "Vamos até ali."

Apontou para rolos de fumaça preta que se erguiam sobre muros altos a distância.

O combate acontecia há 45 minutos quando Perry chegou, parando diante do portão da frente, sem se dar conta do perigo lá dentro. Ele sabia que algo ruim estava acontecendo, algo grande...

Ele estava em pé ao lado do táxi, ouvindo os tiros, quando um Land Cruiser branco chegou ao portão, correndo em meio a uma chuva de balas que caía do alto do muro. Um grupo grande de homens armados saltou.

EMBOSCADA

Um deles se aproximou apressadamente e perguntou a Perry o que ele sabia sobre o combate lá dentro. *Esses caras não sabem o que está acontecendo*, pensou Perry. Ele percebeu que era a primeira pessoa a chegar ali depois de o combate começar.

Perry lhes disse que o maior volume de tiros parecia vir do pátio sul, que ficava à esquerda deles, do outro lado dos muros de barro de três metros de espessura.

O soldado agradeceu e se afastou. Perry ficou pensando no que faria em seguida. Aquela era sua primeira missão como correspondente de guerra, e ele compreendeu que havia tirado a sorte grande. Mas não sabia se isso significava sua sorte ou sua maldição.

Dentro da cabine de guarda, junto ao portão da frente, uma escada de cimento levava ao alto do muro. Mitchell ordenou a Stephen Bass e ao restante do pessoal do SBS que fossem até o alto. Queria que eles determinassem de que área do enorme pátio sul vinha o fogo talibã.

Eles se agitaram e montaram metralhadoras sobre tripés por trás do longo muro de barro de pouco mais de um metro de altura. Virando os canos de suas armas para um lado e para o outro, eles começaram a disparar contra o pátio sul. Mitchell viu que estavam matando um bocado de prisioneiros.

Entretanto, os soldados da Aliança do Norte que haviam chegado ao forte e que agora se alinhavam junto aos muros eram outra questão. Eles atiravam no pátio, erguendo seus velhos AK sobre suas cabeças e fazendo algo que os americanos chamavam de *"praying and spraying"*.* Esse método de atirar era totalmente impreciso. Era difícil saber se algum tiro atingia alguém. Por estranho que pareça, era esse o objetivo do método. De acordo com a crença daqueles soldados, que Mitchell estudara, se um afegão matasse um homem de propósito — ou seja, se deliberadamente mirasse e atingisse alguém —, a alma do morto se tornaria uma responsabilidade

---

*Rezar e pulverizar. (*N. do T.*)

sua. Por outro lado, se o homem fosse atingido acidentalmente — por uma bala perdida disparada de qualquer jeito —, então ele morria por vontade de Deus. Mitchell esperava que Deus estisse olhando para baixo e incentivando os combatentes da Aliança.

Morteiros caíam continuamente de alguns estábulos de cavalos erguidos junto ao muro abaixo de Mitchell, e ele não conseguia identificar a posição exata da qual eram lançados. Pensou em pular sobre o telhado de um dos estábulos e se arrastar até encontrar o local de lançamento. Poderia abrir um buraco e jogar dentro dele uma granada. Mas em seguida se deu conta de que o pulo provavelmente o faria cair através do telhado de barro espesso e parar dentro de um estábulo, numa clara missão suicida. Relutantemente, Mitchell cancelou o plano.

Na Escola Turca, Sonntag preparara para as 16h um ataque aéreo ao forte. Mitchell olhou seu relógio. Tinha apenas uma hora para resgatar Dave e procurar Mike antes de encontrar proteção contra o ataque aéreo. Pelo rádio, Mitchell informou a Sonntag que estava seguindo ao longo do muro norte do forte, na direção do quartel-general de Dostum, a última posição conhecida de Dave Olson.

Em seguida, ele disse ao sargento de comunicação para fazer seus contatos e rastrear as condições do apoio aéreo que viria. Eles precisariam daquelas bombas. Já estava claro para Mitchell que não havia como ele e seus 14 homens enfrentarem o volume de tiros vindo do forte. Eles teriam que bombardear os talibás para dominá-los.

Quando eles se arrastavam pela base do muro, seguindo para o quartel--general de Dostum, Mitchell se deparou com um dos subcomandantes do senhor da guerra, um homem de aparência cansada, coberto de poeira, que claramente suportara o impacto do início da batalha.

Mitchell não tinha um rádio que funcionasse na frequência do de Dave. O homem lhe ofereceu seu walkie-talkie.

— Aqui — disse ele. — Estou falando com Baba Dave. — Mitchell chamou Olson e logo ouviu a voz do oficial da CIA.

EMBOSCADA

— Eles explodiram algum tipo de bomba — disse Dave. Mataram os guardas e estão controlando metade do forte.

Apesar da má notícia, Mitchell ficou imensamente aliviado por ouvir a voz de Olson. Ele estava vivo.

— E Mike? — perguntou Mitchell.

— Da última vez que o vi — disse Dave — ele estava lutando corpo a corpo. Ele fez uma pausa. — Acho que não conseguiu.

— Estamos aqui por você — disse Mitchell.

Ele e sua equipe seguiram em frente, conscientes da possibilidade de serem baleados por talibãs que poderiam estar posionados acima deles, sobre o muro. Não haviam avançado muito quando a posição que tinham acabado de deixar explodiu numa chuva de fogo e poeira — um morteiro havia caído diretamente ali. Mitchell achou que não havia sido um disparo mirado, mas isso não teria muita importância se ele tivesse sido atingido.

Mais cedo ou mais tarde, porém, os talibãs teriam sorte. Mitchell se lembrava das pilhas de armas nos trailers Conex. Agora, ele estava sendo informado pelos britânicos — de suas posições com metralhadora, ao longo do muro de cerca de noventa metros atrás dele — que os talibãs haviam encontrado o depósito de armas improvisado, bem como um prédio de barro, do tamanho de uma garagem, localizado perto do muro do meio, e que haviam sido vistos carregando todo tipo de arma — fuzis, munição, morteiros e até foguetes BM-21 — pelo pátio sul, para intensificar o ataque.

Tão rápido quanto conseguiam carregar seus tubos, os prisioneiros lançavam morteiros, tentando alcançar a ampla e longa fachada do quartel--general de Dostum. E *haviam* começado a atingir o prédio. Pedaços de argamassa e concreto despencavam da parede e rolavam pelo pátio norte.

Depois de cerca de vinte minutos correndo junto à base do forte, Mitchell e Rogers estavam agora olhando para um parapeito de quase 20 metros de altura, no canto noroeste. (Os outros membros da equipe haviam se dispersado ao longo do muro, com o sargento Bach mantendo contato pelo rádio, enquanto Mitchell e Rogers seguiam em frente.)

Na base, juntou-se a Mitchell um dos homens de confiança de Dostum, o comandante Fakir, que fora para o forte logo depois de o tiroteio começar. Fakir lutara contra os talibás a cavalo, durante a batalha a caminho da cidade, e enfrentava com a mesma coragem o desafio seguinte, de romper o muro do forte.

Metendo os dedos de seu pé esfolado no muro de barro, Fakir começou a subir rapidamente, firmando cada pisada com um impulso da perna. Com habilidade, ele chegou ao parapeito, que corria ao longo do topo dos muros de todo o forte, e ficou de pé.

Em seguida, ele desenrolou seu longo turbante verde e jogou uma ponta para Mitchell, que estava quase dez metros abaixo dele.

Fakir deu uma sacudida no pano: *Rápido, segure firme.*

Mitchell alcançou o pano, agarrou-o, amarrando-o em torno das mãos, e começou a subir o muro enquanto Fakir o puxava pela outra ponta, firmando-se no parapeito.

Mais tarde Mitchell se lembraria de que se sentiu como se estivesse numa versão violenta do conto de fadas "Rapunzel". Ele chegou rapidamente ao alto. Fakir repetiu o processo com Rogers, e os três homens fizeram o resto do percurso — mais dez metros acima — subindo de quatro pelo muro que se desintegrava.

Deitando-se de barriga para baixo, Mitchell analisou o cenário e viu balas atingindo a frente do centro de comando de Dostum, que apenas alguns dias antes havia sido sua casa.

Ele pegou o rádio e chamou Dave Olson.

— Onde você está?

Mitchell e Olson calcularam que ele estava em algum lugar nos escritórios situados diretamente abaixo de Mitchell, a cerca de 10 metros, sob uma estrutura de barro e madeira.

— Você está ferido? — perguntou Mitchell.

Olson disse que estava bem. Mas disse que estava preocupado com sua segurança. Rojões se espatifavam na varanda, balançando o lugar. Os talibás haviam descoberto como disparar os longos e pesados foguetes

EMBOSCADA **397**

BM-21 sem a ajuda de uma plataforma de lançamento padrão. Estavam mirando esses foguetes semelhantes a garrafas gigantes no prédio do quartel-general. As explosões sacudiam os muros do forte.

Devido à quantidade de tiros, Mitchell concluiu que não poderia avançar mais sem se arriscar a ser atingido. Ele teria que correr cerca de cinquenta metros pelo telhado compacto do quartel-general de Dostum, descer uma longa rampa que levava ao chão do pátio norte e, em seguida, subir uma escada para entrar no prédio. Achou que a corrida seria arriscada demais.

A cerca de cem metros de distância, no pátio sul, ele podia ver prisioneiros talibãs surgindo por trás de veículos destruídos para disparar suas armas contra o prédio, escondendo-se rapidamente em seguida. Os prisioneiros não o haviam visto, ele esperava. Mas ele estava prestes a fazê-los saber que as bombas americanas haviam chegado.

Ele examinou o chão do forte em busca de algum sinal do corpo de Spann, um vislumbre de um jeans ou um suéter preto, uma massa de cabelo louro em meio a dezenas de cadáveres espalhados pelo pátio sul. Mitchell não queria que bombas fossem lançadas se Mike ainda estivesse vivo no pátio. Mas não conseguia ver nada que se parecesse com seu amigo. Ele decidiu pedir o ataque aéreo. Com alguma sorte, isso silenciaria o fogo inimigo e permitiria a eles chegar até Olson, ainda escondido dentro do quartel-general de Dostum. Formando um grupo grande e bem armado, eles poderiam então tentar sair do prédio em segurança.

Bach chamou Mitchell pelo rádio e informou que havia um jato F-18 a postos, pronto para lançar uma bomba.

Mitchell chamou Olson e lhe disse:

— Quando a bomba cair, vá para o muro norte. Use a explosão como cobertura.

Bach voltou em seguida e informou a Mitchell que o piloto insistia em lançar a bomba de uma altitude de seis mil metros.

Mitchell não pôde acreditar. Daquela altura, o piloto poderia atingir qualquer coisa.

— Estamos em perigo próximo — disse ele a Bach. Estava querendo dizer que ele, Rogers e Fakir estavam a menos de trezentos metros do alvo, correndo o risco de serem feridos ou mortos pela explosão. Ele precisava que o piloto voasse o mais baixo possível para minimizar esse risco.

Bach voltou ao rádio pouco depois: "Ele vai para 5.500 metros." Bach explicou com sarcasmo que o piloto temia ser atingido pelo fogo em solo.

Atingido?, pensou Mitchell. *Posso contar a ele como é isso.*

As notícias sobre o combate em Qala-i-Janghi continuavam a chegar à equipe de Nelson em Konduz. Nelson ainda estava se coçando para voltar para Mazar. Diller pensava diferente. Não havia nada que eles pudessem fazer por Spann — não poderiam ajudá-lo agora. Mas o que assustou Diller foi saber que membros da equipe de Dean não haviam sido chamados a ir para o forte para retirar os companheiros de lá.

Diller achava que uma equipe treinada como a de Dean teria sido útil. Além disso, outra equipe, dirigida por um soldado do Quinto Grupo de Forças Especiais chamado Don Winslow, chegara recentemente à cidade, aparentemente para se ligar ao general Mohaqeq, o senhor da guerra hazara, plano que ainda não fora efetivado.

Winslow estava animado para a luta. Começara a carregar uma machadinha de acampamento no cinto da calça como sinal de força, explicando aos guerreiros violentos e agressivos de Mohaqeq que a usava em batalhas para matar homens com seus golpes. Os hazaras acharam que o americano carregava uma espécie de amuleto. Mas Winslow também não iria para o forte. Estava baseado na Escola Turca, como membro da força defensiva que protegia o quartel-general.

Na verdade, membros de outras equipes não haviam sido incumbidos de lutar no forte porque o combate começara de repente, e enquanto os acontecimentos continuavam se desenrolando com Mitchell e Sonntag eles achavam que estes estavam vencendo. Além disso, a ligação entre a unidade de comando e controle de Mitchell e a equipe de Nelson e Dean era na melhor das hipóteses forçada, e na pior das hipóteses inexistente, como ficara claro no bombardeio acidental aos homens de Dean pela equipe de Nelson, na escola Sultão Razia. Em suma, Mitchell acreditava corretamente que tinha sob seu comando, nas figuras de seus homens, o poder de fogo e a experiência para sufocar a insurreição. Se fosse obrigado a invadir o forte, ele convocaria os membros da equipe reserva. Mas, por enquanto, tentaria matar os homens lá dentro com bombas — algo bem menos arriscado do que entrar na enorme fortaleza e percorrer sala por sala, corpo a corpo, em meio a disparos.

Olhando para a Casa Rosa, Mitchell calculou que o prédio abrigava a maior concentração de prisioneiros. Usando seu telêmetro — que disparava um laser contra um objeto e em seguida mostrava a distância do objeto num visor —, ele calculou as coordenadas do prédio no GPS.

Ele as transmitiu a Bach, que em seguida as passou pelo rádio para o piloto do F-18.

— Você tem uma imagem? — perguntou Bach.

— Positivo, estou vendo o prédio — disse o piloto.

Mitchell o autorizou a soltar a bomba.

A explosão sacudiu o chão perto de Mitchell. Quando a fumaça e a poeira se dissiparam, ele observou a área com o binóculo e viu que a bomba caíra a cerca de cem metros da Casa Rosa.

Mitchell pediu ao piloto para corrigir as coordenadas e a segunda bomba atingiu em cheio a Casa Rosa, derrubando uma parte do telhado, lançando pedaços de barro e concreto escada abaixo e iluminando subitamente uma parte da câmara principal. Lá dentro, várias centenas de prisioneiros que haviam se refugiado no prédio se agacharam nos cantos. O cômodo se encheu de fumaça e poeira.

Um número ainda maior de prisioneiros estava comprimido no corredor estreito e na escada que levava à saída. Apavorados com as explosões, eles se preparavam para outro ataque. Alguns haviam começado a pensar em se render, saindo do porão e se entregando aos homens de Dostum. Eles poderiam ser executados, mas certamente suas chances seriam menores se continuassem no porão.

O talibã estrangeiro do grupo gritou para os homens apinhados que ninguém se renderia. Eles lutariam na fortaleza até a morte.

Mitchell ordenou que mais três bombas fossem lançadas contra o prédio, seguidas de outras duas, que explodiram ao longo do muro sudeste, onde alguns prisioneiros haviam buscado refúgio no estábulo.

Mitchell estava desanimado com o resultado dos ataques. O fogo vindo de posições talibãs espalhadas pelo pátio parecia apenas aumentar depois de cada explosão. Ele percebeu que aqueles homens não desistiriam facilmente.

Em meio à intensidade do combate, ele não havia percebido que a noite caía sobre o forte. A equipe americana, em número amplamente inferior, teria que sair logo ou arriscar ser cercada por prisioneiros quando estivesse voltando para o portão e para seus veículos.

Mitchell tentou falar com Olson pelo rádio, mas dessa vez ele gelou. Ou Olson havia sido ferido ou morto por tiros ou pelas explosões dos ataques aéreos em Perigo Próximo. Ou talvez simplesmente estivesse fora de contato por motivos menos sérios. De qualquer modo, Mitchell agora não podia ter certeza sobre sua localização. Ele percebeu que tinha que partir para encontrá-lo.

— Temos que sair daqui — advertiu Rogers.

Mitchell concordou. Ele chamou Bach.

— Jogue mais uma — disse. Ordenou que essa fosse lançada sobre a Casa Rosa. Eles correriam sobre o muro sob a cobertura do ataque aéreo.

Assim que a explosão ocorreu, e juntamente com sua bola de fogo abrasadora, eles desceram o muro de trás até o chão deserto. Uma vez ali, Mitchell e Rogers tiraram seus pesados coletes táticos. Conservando suas pistolas, seus fuzis M-4 e um rádio, eles conseguiram escalar novamente o muro e ir até uma janela que haviam descoberto e que levava ao quartel--general de Dostum.

Mitchell entrou e gritou por Dave, disparando pelo corredor e abrindo portas enquanto as paredes começavam a tremer sob o impacto de mais granadas.

Mitchell balançou a cabeça, incrédulo. Mesmo depois de todo o fogo lançado contra eles, os prisioneiros ainda conseguiam atingir o prédio.

Num corredor, ele se deparou com um grupo de afegãos assustados que ficara encurralado ali dentro quando o tiroteio começou. Falando em dari e apontando freneticamente para o fim do corredor, eles indicaram que Olson conseguira sair por uma parede de trás quando o bombardeio começou.

Mitchell ficou aliviado, mas decidiu que precisava checar isso por si mesmo. Não podia confiar a segurança de Dave à informação de uma fonte secundária como aquela. Ele e Rogers revistaram outras salas, mas ainda assim acabaram de mãos vazias. No portão principal, eles reencontraram o restante da equipe, e Mitchell perguntou se alguém vira Olson.

Ninguém o havia visto.

Mitchell ainda não tinha certeza de que seu amigo conseguira sair vivo da fortaleza, e ao mesmo tempo ouvia os tiros se intensificando no interior do forte. Os talibás estavam do outro lado dos grossos muros de barro, a cerca de 150 metros de distância.

Até mesmo uma vila próxima, Deh Dedi, mergulhara no caos. Algumas casas ficavam junto ao quadrante sudeste do forte, e o assentamento se tornara uma zona de fogo livre, com soldados da Aliança do Norte e prisioneiros fugitivos indo de casa em casa, atirando uns nos outros. A maioria dos moradores da vila fugira para Mazar.

Mitchell percebeu que era hora de sair da área. E rápido.

No caminho de volta à Escola Turca, Mitchell soube pelo rádio que uma força de reação rápida (*quick reaction force* — QRF) de 24 soldados da Décima Divisão de Montanha estava desembarcando num campo de pouso de terra a menos de dois quilômetros de distância, perto de Deh Dedi. Ele achou a vinda da QRF uma ideia excelente. Esses soldados poderiam fornecer segurança extra ao prédio da escola, e eram treinados para atuar como equipe de busca e resgate.

Sonntag requisitara o deslocamento deles quando, em determinado momento, durante os ataques aéreos, não conseguiu entrar em contato com Mitchell pelo rádio. Sonntag temeu que ele tivesse sido capturado, ou morto. (Na verdade, Mitchell só havia mudado a frequência do rádio para uma frequência de "ataque", necessária para falar com pilotos.) Acreditando que a maior parte de sua força de segurança na escola poderia ter sido eliminada, Sonntag telefonou para a K2 e pediu a QRF.

O soldado da Décima Divisão de Montanha Eric Andreason, de 19 anos, da Flórida, estava sentado em sua cama portátil, numa barraca apertada na K2, e deu um pulo de excitação ao saber que ele e seus colegas estavam indo para a batalha. Eles arrumaram suas bagagens às pressas e logo estavam na pista de decolagem, onde John Garfield — comandante da missão Nightstalker, que, pouco mais de um mês antes, ajudara a inserir as equipes de Nelson e Dean no país — dirigia-se ao grupo de 24 homens.

Garfield estava preocupado com os olhares apreensivos nos rostos deles. Aqueles eram alguns dos mais dispostos e mais bem treinados soldados da infantaria dos Estados Unidos, mas pareciam inseguros quanto a serem inseridos no meio de um tiroteio furioso. Alguns estavam paralisados de medo, percebeu Garfield.

Sempre bem-humorado e afável, Garfield não ajudou a acalmar os ânimos ao se dirigir ao grupo de jovens pouco antes da decolagem. Ele estava tenso e não raciocinou (como perceberia mais tarde) ao dizer: "Muitos de vocês não voltarão dessa missão. Estamos indo para uma zona de conflito. E haverá tiros."

Para Garfield, essa era uma maneira de aliviar o terror do combate que se aproximava. Ele se lembrou da sensação de ser atingido por um tiro pela primeira vez, quando era um jovem soldado comum do Exército americano, e depois, mais tarde, quando era operador secreto da Força Delta.

Da primeira vez, tudo o que conseguia se lembrar era que ficara irritado. E, em seguida, conseguiu se concentrar em simplesmente disparar sua arma. Mas, para os soldados da Décima Divisão de Montanha, o discurso de Garfield soou como uma sentença de morte.

EMBOSCADA

Alguns que já estavam no helicóptero começaram a vomitar. *O que foi que eu fiz?*, pensou Garfield. Ele viu um soldado fugindo do helicóptero. Notou que ele não estava fugindo em direção a nada — só queria sair da aeronave. Garfield, que talvez fosse 15 anos mais velho do que o garoto e estava fora de forma, começou a correr atrás dele.

Ele conseguiu alcançar o soldado magro e alto e, ainda correndo ao seu lado, disse calmamente:

— Ei, aonde você está indo?

O soldado olhou em volta, como se finalmente percebesse o que estava fazendo.

— A lugar nenhum — disse ele.

— Então você se importa se caminharmos? — riu Garfield.

— Não, tudo bem.

O rapaz parou de correr. Garfield ficou feliz. Estava sem fôlego. Pôs o braço no ombro dele. Sabia que aquele jovem não era um covarde; estava apenas assustado e cedera àquela emoção.

— Seus homens precisam de você — disse Garfield. — Precisam que você esteja com eles.

Ele apontou para os três grandes helicópteros Chinook na pista de decolagem, os longos rotores girando.

— Que tal voltar e assumir o controle dessa situação?

O soldado concordou.

Ao chegar ao helicóptero, ele subiu a rampa e falou confiantemente com seus colegas sobre a necessidade de todos eles se prepararem psicologicamente para a batalha. Ele se sentou junto à parede. Garfield estava orgulhoso, e aliviado.

Aquela seria uma aterrissagem perigosa, numa zona de combate ativa. Ele precisava que aqueles homens estivessem preparados. Ainda acreditava que muitos deles não sairiam vivos, incluindo ele próprio. Garfield decidiu que morreria atirando.

Agora, no campo de pouso de Deh Dedi, Mitchell ajudava a embarcar os soldados da Décima Divisão de Montanha em veículos. O comboio seguiu por ruas escuras até a Escola Turca.

A notícia do combate no forte fizera muitos moradores da cidade se refugiarem em casa, temendo uma volta dos talibás em breve.

Por volta das 18h30, Mitchell saltou do Land Cruiser antes mesmo de o veículo parar em frente à escola. Ele ainda não sabia se Dave Olson conseguira sair vivo do forte. Temia o pior. Correu para dentro e perguntou sobre o oficial da CIA ao primeiro soldado que encontrou.

Nesse momento, ele olhou para cima. Olson estava descendo a escada. Mitchell relaxou. Olson chegara à escola aproximadamente meia hora antes. Mitchell perguntou novamente sobre Mike Spann.

O rosto de Olson se fechou.

— Acho que ele não está vivo — disse ele.

Mitchell sentiu uma onda de exaustão tomar conta dele. No segundo andar, no centro de operações, ele e Sonntag convocaram uma reunião de emergência para analisar o dia e planejar o próximo ataque.

Eles sabiam que cerca de cinquenta homens de Dostum haviam sido mortos até então e que outros 250 haviam sido feridos. A estimativa era de que trezentos talibás — de um grupo inicial de seiscentos prisioneiros — estavam mortos dentro do forte. Quando reuniu as informações sobre a situação, Sonntag chegou à conclusão de que os prisioneiros haviam se rebelado em Qala-i-Janghi para obrigar os americanos a correr para socorrer o forte, deixando a cidade desprotegida e vulnerável a ataques de soldados talibás agora posicionados no norte. As forças americanas seriam apanhadas por trás e dizimadas. Em seguida, as forças talibás se reagrupariam, voltariam a se armar com o arsenal mantido nos trailers Conex e correriam para o leste, para Konduz, encurralando Bowers, Nelson e Dean entre os grandes exércitos do Talibá e da al-Qaeda posicionados em Konduz.

Depois da reunião, mais uma informação assustadora chegou à escola, dessa vez vinda de um dos soldados hazaras do general Mohaqeq. A notícia era a de que uma força reunida de soldados talibás estava se preparando para atacar a cidade.

EMBOSCADA

A informação parecia corroborar outra que Mitchell recebera antes, naquele dia, de que várias centenas de soldados talibãs haviam escapado de Konduz e se posicionado a nordeste de Mazar, a cerca de 24 quilômetros da escola.

Ao ouvir aquilo, Mitchell imediatamente chamou Sonntag pelo rádio. Ele já estava a par. Ordenara que um avião de artilharia AC-130 Spectre sobrevoasse as tropas inimigas e as prendesse em sua localização deserta. A tripulação do avião tinha ordens para atirar se a força inimiga se deslocasse para Mazar.

Mitchell e Sonntag podiam ouvir tiros e explosões vindos do lado oeste da cidade. Mazar-i-Sharif já não estava segura. Todos eles resolveram que não recuariam.

Na manhã seguinte, 26 de novembro, Mitchell estava deitado de bruços no alto do muro do meio, na extremidade leste do forte. O muro, que dividia a fortaleza em seus pátios norte e sul, dava-lhe uma excelente posição de vantagem. Olhando para baixo, à direita, a cerca de 60 metros de distância, viu três combatentes talibãs de túnicas cinza e verdes rasgadas, as calças pretas tremulando enquanto corriam disparando seus AK e atingindo os muros do norte. Um deles pôs um morteiro num tubo montado sobre um tripé.

Mitchell ouviu o ruído — *tup* — e acompanhou o lançamento.

O morteiro caiu longe, mas logo outros morteiros estavam caindo perto dele, e ele temeu que o homem o acertasse e o matasse.

Olhando à sua esquerda, do outro lado do pátio norte, Mitchell viu os capitães Paul Syverson e Kevin Leahy, juntamente com o primeiro-sargento Pete Bach e o primeiro-sargento Dave Betz, a menos de trezentos metros de distância, também recebendo tiros de morteiros. Esses vinham de uma outra posição, que Mitchell não conseguia localizar.

Bach falava pelo rádio com o piloto do F-18, que estava no céu, tentando fazê-lo soltar uma bomba. Betz, Leahy e Syverson estavam agachados, disparando com seus M-4 contra o pátio sul.

Mitchell abaixou seu binóculo. *Esses caras simplesmente não vão morrer.* Ele não tinha a menor ideia de como algum homem podia ter resistido ao bombardeio na véspera. Ao olhar para a fortaleza abaixo, para o sangue ensopando o chão de terra, ele via centenas de combatentes suicidas do Talibá e da al-Qaeda disparando fuzis, foguetes e lançando granadas.

Se aqueles combatentes escapassem da fortaleza, se rompessem aqueles muros e fugissem para a confusão das ruas de Mazar-i-Sharif, talvez fosse necessário o inverno inteiro para recuperar o terreno perdido. Se escapassem, refletiu Mitchell, talvez fosse impossível conter a força inimiga maior.

Ele pensou em suas filhas, sua mulher, a quem adorava dizer: "Posso não ser bonito, Maggie, mas sou confiável." Queria voltar para casa.

No parapeito nordeste da fortaleza, Paul Syverson ouvia os tiros atingindo o muro de barro atrás dele, produzindo pequenas baforadas de poeira, como se o muro estivesse sendo picado por centenas de abelhas invisíveis. No alto, o piloto estava pedindo a Syverson que transmitisse as coordenadas de sua posição, o que nem Bach nem ele queriam fazer. Bach ajustou o microfone para que o piloto pudesse ouvir os tiros.

— Ei, você poderia andar rápido com isso! — gritou ele pelo rádio.

Um morteiro caiu a menos de 15 metros de distância. A explosão foi alta e Bach gritou: "Maldito!" Ele ajustou o microfone de novo e disse:

— Ouviu isso?

Ele e Syverson temiam que, se informassem sua posição ao piloto, esse a confundiria com os alvos.

— Repito — disse Bach. — Você não vai lançar sem as coordenadas!

— Positivo — disse o piloto —, preciso de sua posição antes de lançar.

Já ocorrera a Syverson que eles podiam ser vencidos.

Embaixo, no pátio sul, correndo no bosque de álamos, havia várias centenas de talibás dispostos a matá-lo. Nenhum dos inimigos queria ser apanhado vivo. Todos haviam decidido morrer atirando. Syverson ouvira histórias sobre o que os talibás faziam com seus prisioneiros. Ser pendurado pelas entranhas no cano de um tanque não era preferível a esvaziar sua 9mm em algum paquistanês rude antes de ele o matar.

Syverson finalmente concordou com Bach e disse:

— Está bem, dê a eles as coordenadas.

Bach transmitiu sua posição. Três mil metros acima, o piloto digitou no teclado a designação de alvo para a JDAM.

A bomba comprida e pesada despertou, seu cérebro eletrônico — um GPS — zumbindo com a informação recém-inserida. Ela se soltou do jato e começou a voar para seu alvo.

Mitchell ouviu a contagem regressiva pelo rádio. Ele fechou os olhos e abriu a boca para aliviar o excesso de pressão que sabia que a bomba criaria na detonação.

O chão de barro tremeu sob ele. Ele sentiu o ar sendo sugado para fora da fortaleza. O barulho foi tão intenso que um silêncio pesado se abateu sobre Mitchell. Nessa quietude, ele abriu os olhos e olhou diretamente para o pátio sul, onde ficava a posição do morteiro.

Ela ainda estava lá. O pátio estava intacto. Mitchell se virou e viu a nuvem em forma de cogumelo se erguendo sobre a posição de Syverson.

No último segundo, Syverson havia visto a bomba se aproximando, acompanhada de um som que parecia uma crepitação. Houve um clarão no ar. A bomba caiu diretamente no parapeito de barro onde ele e outros três soldados estavam, penetrou a estrutura e continuou em frente.

Enterrada aproximadamente sete metros abaixo do muro de barro seco e compacto, a bomba finalmente explodiu, jogando pelos ares um tanque da Aliança do Norte que estava por perto. O tanque voou e aterrissou sobre três soldados afegãos. Eles caíram mortos sob a torre de ferro verde do tanque, suas pernas finas e marrons estendidas para fora.

Syverson também voou, batendo e quicando dentro de uma nuvem de poeira cinza. Não sentiu nada ao aterrissar, mas ouviu um ruído — um *vupf* que fez cada osso de seu corpo ranger num tom oco e exasperado.

O sargento Dave Betz balançou a cabeça depois de aterrissar, tentando recuperar o raciocínio. Ele fora catapultado a cerca de 20 metros e, ao fim do arco que descreveu, achou que estava caindo numa caverna fria e escura. Sentiu um mau cheiro, de bicho morto, de cabelo queimado, e percebeu que vinha dele próprio. A explosão queimara seu rosto superficialmente. Milagrosamente, apenas seus cílios e seu bigode haviam sumido. O nariz ficou ferido no ponto onde seus óculos Oakley haviam derretido; estes também haviam desaparecido. Ele olhou para Bach e riu — e até isso doeu. O cabelo de Bach estava todo em pé, espetado. Seu rosto estava completamente branco de poeira; apenas o branco dos olhos era visível, molhado, com sangue correndo dos cantos em linhas finas. As orelhas de Bach também sangravam. Betz tocou as próprias orelhas e encontrou sangue ali também. Estava impressionado com o impacto que suportara. Virou-se e olhou atrás do parapeito, onde ele estava quando a bomba caiu.

Em seguida, Betz olhou para sua cintura. A metade inferior de seu corpo havia desaparecido. Ele entrou em pânico e começou a cavar os seixos e a areia. Suas coxas apareceram e, em seguida, os joelhos. A explosão o enterrara até a cintura nos escombros. Ele percebeu que até a parte de trás de sua camisa havia sumido.

Betz olhou em volta e não conseguiu encontrar Syverson. Ouviu Leahy gemendo. Ele se virou e viu Kevin num monte de escombros no fundo do muro do forte, que desabara para dentro, formando uma pilha de seixos e areia. Kevin estava torto como um boneco. Parecia que dois dedos o haviam alcançado do céu e o balançado até ele se quebrar. *Ah, não, Kevin não.*

Kevin Leahy era seu companheiro. Betz cuidava dele como a mãe que cuida de um filho rebelde. O sogro dele era o general que comandava todas as Forças de Operações Especiais dos Estados Unidos em ação no mundo. Quem daria o telefonema?

— Hum, general Brown? Seu genro foi morto por uma de nossas próprias bombas.*

---

*No bombardeio equivocado, quatro soldados do BSB britânico — com os quais Stephen Bass, *seal* da Marinha dos EUA, foi deslocado — também se feriram. Pelo menos oitenta soldados afegãos ficaram seriamente feridos.

EMBOSCADA

Betz se contorceu para se livrar da areia e das pedras e cambaleou até Kevin. Em seguida, começou a gritar por ajuda. Tudo parecia se mover em câmera lenta. Ele não sabia dizer se haviam se passado horas ou minutos desde a explosão. Ficou ali gritando para que alguém ajudasse seu amigo.

Era quase meio-dia. Betz temia que eles estivessem prestes a ser atacados por soldados talibás, que poderiam aproveitar o caos do momento para agredi-los. Em questão de minutos, a campanha militar que era a resposta dos Estados Unidos aos ataques que haviam aterrorizado Nova York e Washington dera terrivelmente errado.

Mitchell olhou para o forte e, através da enorme nuvem de poeira, tentou ver o que acontecera. Estilhaços e fragmentos passavam zunindo por sua cabeça quando ele olhou através do binóculo.

"Está bem", pensou, "onde essa coisa caiu?"

Toda a extremidade nordeste do forte estava escondida pela nuvem de poeira.

Ele apanhou o rádio e chamou:

— Syverson, aqui é Mitchell. Câmbio.

Silêncio.

— Syverson, aqui é Mitchell. Câmbio.

Nada.

Mitchell começou a pensar que talvez Syverson estivesse tão perto da explosão que seus tímpanos tivessem estourado e ele estivesse surdo.

Ele chamou novamente:

— Syverson, aqui é Mitchell. Câmbio. — E, então, com mais urgência:

— Qualquer estação, vocês estão ouvindo? Aqui é Mitchell. Câmbio.

Um dos soldados da Décima Divisão de Montanha, localizado no muro ao longo da estrada, respondeu:

— Diga lá, Mitchell.

Aliviado, Mitchell perguntou:

— O que você consegue ver? Você está em contato com alguém?

O soldado lhe deu então a notícia arrasadora: a bomba atingira a posição de Syverson.

A essa altura, a poeira estava se dissipando, e, com seu binóculo, Mitchell pôde ver alguns homens se erguendo dos escombros. Eles ficaram em pé e começaram a vagar, tontos. Ele engoliu em seco diante do que viu.

Em seguida, pegou o rádio e ordenou que todos se reunissem no portão principal. Apanhou seus equipamentos e correu.

Betz olhou através de seus olhos embaçados. Nove soldados da Décima Divisão de Montanha estavam andando na direção dele e dos outros homens feridos. Quando a bomba caiu, eles haviam se agachado em sua posição, atrás de um muro que corria ao longo de uma estrada próxima. Quando a nuvem cinza se ergueu, eles ficaram chocados ao ouvir os gritos de outros soldados das Forças Especiais que estavam ali: "Oh, meu Deus, pode ser que tenhamos matado as pessoas erradas!"

— Isso foi errado, foi muito, muito errado! — gritaram alguns afegãos.

Homens feridos — afegãos e alguns soldados do BSB britânico — já estavam cambaleando na entrada do forte, caminhando tontos como zumbis, os cabelos arrepiados, os rostos brancos.

O sargento Jerry Higley, de 26 anos, olhou para o alto e viu o céu escurecendo enquanto a nuvem de escombros se deslocava por várias centenas de metros, na direção de seu grupo. Uma chuva forte e barulhenta começou a desabar quando os estilhaços e pedaços do prédio explodido se moveram pelo ar empoeirado e caíram em volta deles.

— Parece que estamos no meio de uma briga — brincou um amigo de Higley, o especialista Thomas Beers, de 22 anos, da Pensilvânia.

Rapidamente, eles se amontoaram numa minivan e partiram velozes na direção do forte, saltando diante do portão da frente e subindo a escada que levava ao caminho sobre o muro, onde, depois de uma corrida ofegante em meio ao fogo talibã, encontraram Dave Betz sangrando e arrasado.

Quando eles chegaram, Betz não sabia onde estava, e nem mesmo *quem* ele era. Engolindo seus temores anteriores, os soldados levantaram

EMBOSCADA

o troncudo e musculoso Betz e os outros. E caminharam com eles, amparando-os e esquivando-se dos tiros furiosos, ao longo da estreita passarela no alto do muro. Eles se movimentavam lentamente. Os prisioneiros talibás aproveitaram a oportunidade para atingir a posição destruída. Tiros de metralhadora ziguezagueavam pelos muros destruídos.

O taifeiro de primeira classe Eric Andreason, que na véspera estava em sua barraca na K2 lendo relaxadamente um romance, teve certeza de que eles seriam baleados. Tontos e em choque, os homens feridos tentavam às vezes fugir, voltando pelo caminho na direção do local da bomba. Andreason e seus companheiros os perseguiam, abaixando-se enquanto balas atingiam o muro atrás deles. Andreason achou que o barulho dos tiros era incessante. Mas, de repente, ele foi tomado por uma calma aliviante. Finalmente, ele e os outros conseguiram descer uma escada íngreme perto do portão principal, onde Doc McFarland esperava.

Kevin Leahy estava quase morrendo, e teve que ser reanimado várias vezes. Todos os homens tinham ossos quebrados e contusões, mas milagrosamente estavam vivos. Syverson tinha, entre outros ferimentos, o quadril e a coluna quebrados. Com sangue ainda escorrendo de suas orelhas e do canto dos olhos, o sargento Pete Bach se afastou do posto de socorro e encontrou um caminhão com a chave na ignição. Depois de tatear a porta durante vários minutos, ele conseguiu entrar e voltar dirigindo para a Escola Turca, onde chocou todo mundo ao entrar no saguão com sua aparência macabra, parecendo um personagem de desenho animado. Ao ouvirem pelo rádio sobre o ataque a bomba equivocado, todos na escola haviam pensado que todos os homens haviam sido mortos. (Depois de se recuperarem completamente de seus ferimentos, os quatro homens receberam o Coração Púrpura e a Estrela de Bronze, e voltaram à atividade.)

Ao se aproximar dos homens feridos, Mitchell lutou sob o peso de 27 quilos de equipamentos que recheavam seu colete tático. As intermináveis escaladas em cordas, levantamentos de peso e exaustivas corridas de mais de trinta quilômetros em Fort Campbell estavam compensando. Mitchell se sentia como se fosse desabar no chão, mas se forçou a seguir adiante, dando um passo de cada vez.

Ele tentou falar com os bombardeiros pelo rádio. Tinha que impedi-los de lançar mais bombas.

— Shasta um-um — disse, usando o código para chamar o avião. Nenhuma resposta. Em meio à confusão, ele não conseguiu se lembrar do código de chamada de nenhum outro avião, portanto disse impulsivamente: — *Qualquer* aeronave dos Estados Unidos, *qualquer* aeronave dos Estados Unidos, cessar fogo, cessar fogo, temos baixas de amigos em solo.

Por fim, ele ouviu uma voz no rádio:

— Positivo, aqui é Shasta um-um, entendo que você tem baixas americanas em solo. Cessar fogo.

Em seguida, o piloto perguntou a Mitchell se queria que ele permanecesse em posição de espera, pronto para outro ataque aéreo.

Mitchell refletiu e em seguida disse, com tristeza:

— Negativo. Terminamos esta manhã.

Ele tinha que reunir todo mundo, inclusive Betz, Leahy, Syverson e Bach, e recuar para a escola. Ali, eles fariam um novo plano para destruir o forte de uma vez por todas.

Mike.

Ele pensou em Spann, caído em algum lugar no pátio.

Temos que encontrar Mike.

Agora, sua missão era encontrá-lo.

Enquanto a batalha se intensificava, Najeeb Quarishy tomou um táxi em Mazar e seguiu para Qala-i-Janghi para ver a destruição. Ele ficou do lado de fora da fortaleza, na estrada principal, junto a várias centenas de outros homens, muitos deles armados. A todo instante, mais um táxi chegava da cidade e mais um soldado saltava, inclinando-se para retirar seu longo tubo de lança-granadas do banco traseiro e pagar o motorista, para em seguida atravessar o campo agrícola que conduzia à altiva fortaleza.

EMBOSCADA

Najeeb podia sentir as explosões de bombas e morteiros em seu peito. O ar estalava sobre ele com a passagem de balas, como centenas de chicotes batendo. Ele queria entrar e ver com seus próprios olhos o que estava acontecendo, mas sabia que era perigoso demais. Estava feliz por ver os talibãs recebendo tanta punição das bombas americanas.

Na cidade, Nadir Shihab, que fora seriamente espancado por talibãs e cujo pai tivera sua casa invadida por soldados talibãs vingativos, subira no telhado da casa de um amigo e assistia ao espetáculo a distância, o céu com clarões que pareciam relâmpagos enquanto a luz do dia se esvaía. O barulho das bombas caindo estremecia as janelas da casa de seu amigo. O céu estava cheio de fumaça preta.

Ele viu um avião grande, um B-52, voando bem alto. Em seguida, o avião lançou bombas guiadas e a fortaleza explodiu. Depois de algum tempo, ele foi para casa. Nadir estava sentado em casa quando de repente as paredes explodiram à sua volta.

Um foguete partira da fortaleza — um dentre as centenas que estavam explodindo sozinhos nos incêndios no pátio — e entrara pelo telhado de sua casa, a vários quilômetros do forte. Nadir era a única pessoa em casa, e, quando recuperou a consciência em meio aos escombros, percebeu que por sorte estava vivo. Estava sangrando. Apalpou as costas e sentiu que estavam molhadas. Ele sentiu gosto de sangue na boca. Suas pernas haviam sido cortadas por estilhaços. Ele não conseguia andar.

Ficou caído em meio à poeira e aos pedaços de barro que haviam caído. Até que seu pai entrou correndo na casa, carregou-o para um carro e seguiu para o hospital de Mazar. Os médicos afegãos fizeram curativos nele e o enviaram para casa mais tarde, na mesma noite. Nadir riu dos danos que ele sabia que as bombas estavam causando nos homens que o haviam atormentado quando ocupavam sua cidade.

A notícia da bomba equivocada logo chegou por ondas aéreas aos Estados Unidos. Karla Milo, a mulher de Ben Milo, ouviu-a de manhã cedo, quando arrumava seus três filhos para irem à escola. Ela estava diante da tábua de passar roupa, na sala de estar, quando imagens da explosão apareceram na televisão. Quase simultaneamente, o telefone tocou na cozinha.

Era uma amiga da família, esposa de um dos companheiros de Ben dos tempos do Exército comum, querendo saber se ele se ferira no bombardeio.

Karla congelou. Ficou ali parada, com seu roupão de banho, o ferro suspenso no ar, acima da tábua.

— Não tenho a menor ideia — disse ela à mulher, desligando o telefone.

Então o telefone tocou de novo e não parou de tocar. As outras esposas ligavam umas para as outras, perguntando: "O que você soube? O que você sabe?"

Elas não sabiam de nada. A espera ao longo dos vários dias que se seguiram foi torturante. Geralmente, quando algo ruim acontecia, quando alguém era morto ou ferido num exercício de treinamento ou numa missão de treinamento no exterior, demorava apenas alguns dias para alguém receber uma explicação oficial sobre o que acontecera. Isso porque o comando queria identificar com certeza quem havia se ferido, ou quem estava morto, antes de notificar a família. Não que as esposas não pudessem descobrir quem estava morto ou ferido antes da confirmação oficial. Karla desejava apenas que Ben telefonasse. O telefone parecia enorme pendurado em silêncio na parede da cozinha.

Depois do bombardeio equivocado sobre a posição de Syverson, Sonntag e Mitchell decidiram destruir o pátio sul com fogo de canhão de um avião de artilharia AC-130 Spectre. Os dois oficiais achavam que seu tempo estava se esgotando. Os talibãs tinham que ser esmagados *agora*. Os soldados inimigos continuavam protegidos nas diversas salas, estábulos e depósitos que se espalhavam pelo pátio. E podiam se armar de novo muito facilmente com as armas e a munição guardadas em diversos depósitos próximos.

O ataque americano foi programado para aquela noite.

Enquanto isso, a Aliança do Norte lançou um ataque à luz do dia e começou a abrir caminho para o pátio sul, passo a passo. Muitas vezes, o combate era corpo a corpo. Ali Sarwar e vários outros homens haviam

EMBOSCADA 415

começado pela extremidade norte, que era segura, e se arrastaram ao longo da passagem estreita no alto do muro da fortaleza, envolvendo-se em diversas trocas de tiros cruéis durante o caminho. Em determinado momento, um dos homens de Sarwar se inclinou para recarregar sua arma em frente a uma pequena abertura de 15 centímetros no muro de barro e foi baleado no estômago por um soldado talibã. O homem olhou para cima surpreso e tombou, caindo dentro do forte. Ficou estendido lá embaixo, gemendo.

Ali teve que deixá-lo para trás em meio à pressão para avançar.

Ele e seus homens passaram a noite escondidos numa casa na vila de Deh Dedi, ali perto, enquanto o avião de artilharia Spectre atacava o forte. O principal depósito de armas e munição dos talibãs foi atingido por um tiro de canhão, do Spectre, que produziu uma bola de fogo lançada a centenas de metros de distância. As explosões eram vistas por alguns homens de Sonntag que estavam no telhado da Escola Turca, a 17 quilômetros de distância.

Na manhã seguinte, Ali e seus homens chegaram à extremidade sul, por trás do parapeito principal, o último bastião dos talibãs. Eles abriram caminho por uma parede de barro para chegar a um cômodo pequeno — uma cabine de guarda improvisada com vista para o amplo parapeito. Quebraram a parede rapidamente, porque dentro do cômodo havia soldados talibãs disparando contra o pátio norte do forte e eles queriam apanhá-los de surpresa.

Os soldados talibãs se viraram e viram Ali e seus homens diante deles, num buraco aberto repentinamente na parede. Os homens de Ali derrubaram a tiros os talibãs e ocuparam a posição, chegando ao parapeito, de onde tinham uma visão clara das forças talibãs restantes abaixo, no pátio sul.

O combate se intensificou tanto que Ali e outros soldados da Aliança que se uniram a eles arrastaram corpos de soldados e fizeram com eles uma pilha, que usaram como barricada por trás da qual podiam atirar em segurança.

416   **12 HERÓIS**

Depois de várias horas, quando escurecia, Ali e o restante da força da Aliança — agora com várias centenas de homens — conseguiram descer a rampa que dava no pátio sul.

De um dos estábulos de cavalos, cerca de cinquenta metros a leste, do outro lado de um campo aberto e coberto de capim, um talibã começou a atirar contra a linha de soldados da Aliança, gritando com raiva. Seu grito de guerra foi interrompido por uma chuva de tiros. Ainda assim, o homem continuou correndo, com uma granada apertada em uma das mãos, erguida sobre sua cabeça. Ali pôde ver o homem se sacudindo quando as balas o atingiram. Mas ele não caiu.

Ele conseguiu se aproximar de um dos homens de Sarwar e parou para arremessar a granada. O pesado objeto de metal cruzou o ar e atingiu o soldado na cabeça, explodindo e matando-o instantaneamente. O soldado talibã finalmente caiu sob uma última e longa saraivada de balas.

Os homens de Atta caminharam mais trinta metros no meio do mato que batia na altura da cintura e de repente cerca de cinquenta soldados talibãs saltaram de seu esconderijo no chão e abriram fogo, espalhando balas com seus AKs pendurados nos quadris.

Quando o tiroteio terminou, cerca de 150 soldados talibãs e da Aliança estavam mortos. Uma fumaça acre e os gritos de homens sangrando se espalharam pelo pátio subitamente silencioso. De algum modo, Ali não estava ferido. Cautelosamente, ele pensou — assim como pensara no cânion, ao enfrentar os talibãs e sobreviver — que seu dia de morrer ainda não havia chegado. Ali continuou avançando pelo forte, lutando e vencendo.

Shannon Spann estava visitando seus pais na Califórnia quando bateram na porta da frente. Do lado de fora estava uma "equipe de pêsames" de cinco funcionários da CIA. Um deles era o oficial paramilitar a quem Mike pedira para ser a pessoa que daria qualquer má notícia a sua esposa.

Shannou ouviu o homem falando, mas mal podia acreditar que ele estava falando a verdade. Mike *não podia* estar morto.

EMBOSCADA

Os oficiais explicaram o que acontecera em Qala-i-Janghi, dizendo a ela que seu marido fora baleado. Shannon pensou imediatamente nas duas filhas jovens de Mike e em seu filho de 6 meses com ele. A primeira mulher de Spann, mãe das meninas, estava morrendo de câncer, e a expectativa era de que não vivesse por muito tempo mais. Shannon resolveu se manter firme, mesmo quando uma das meninas mais tarde começou a chorar e perguntou: "Quem vai ensinar a Jake as coisas de papai?"

Em 28 de novembro, Ali Sarwar e o restante dos soldados da Aliança haviam capturado o pátio sul. A área era sombreada por pinheiros cujos troncos frondosos estavam quebrados e cheios de buracos de balas. Galhos cortados estavam estendidos no chão. Ali perto havia uma pequena mesquita, com suas paredes lisas manchadas por centenas de buracos de bala.

A Casa Rosa também estava marcada por tiros, e milhares de pedacinhos de concreto rosa estavam espalhados pelo chão duro.

Naquela manhã, o general Dostum e seus soldados voltaram para recuperar o forte para eles. Dostum voltara de Konduz na noite anterior trazendo o agora prisioneiro mulá Faisal, juntamente com Dean, Nelson e Bowers.

O cinegrafista de vídeo freelance Dodge Billingsley — que estivera dentro do forte filmando grande parte da batalha — estava dormindo em seu hotel no centro de Mazar quando ouviu a coluna armada de Dostum passando pela rua principal e estremecendo todas as janelas do prédio. Billingsley se levantou da cama e foi até a varanda. Contou aproximadamente seis caminhões de transporte de tropas, vários caminhões de carga grandes e diversos Land Cruisers Toyota. Achou que o senhor da guerra não ficaria feliz quando visse os danos que os talibãs haviam causado ao seu quartel-general.

No forte, Dostum agarrou o mulá Faisal — general talibã com o qual negociara a rendição que acabou se revelando pérfida — e o empurrou para um passeio pela destruição.

Acompanhavam-nos também centenas de repórteres e câmeras de televisão que registraram o olhar furioso de Dostum enquanto ele apontava para os danos físicos, bem como para as pilhas de corpos espalhadas por toda parte. O odor fétido de morte tomava conta do lugar.

Quando os soldados e repórteres caminharam pelo pátio sul, vários prisioneiros talibãs ainda estavam presos no porão da Casa Rosa. Nenhum soldado da Aliança ou americano sabia exatamente quantos estavam ali. As estimativas variavam de um punhado a várias centenas. Independentemente do número, estava claro para todo mundo que eles se recusavam a se render.

No porão, os prisioneiros sentados perto dos respiradouros e dos buracos que haviam sido perfurados na estrutura podiam ouvir as vozes ansiosas e animadas de seus guardas, que achavam que tinham matado quase todos lá embaixo. Na verdade, os prisioneiros ainda estavam armados de fuzis, morteiros e granadas, e estavam cogitando subir correndo a escada e atacar.

Em cima, Dostum perguntou irritado a Faisal:

— Você sabia alguma coisa sobre isso?

O líder talibã balançou a cabeça. Não.

Ao inspecionar a carnificina, Dostum disse a um repórter que estava "enjoado de morte". Logo, a Cruz Vermelha começaria a remover os corpos aparentemente incontáveis, que seriam enterrados numa cova coletiva fora da cidade.

No escritório do quartel-general, Dostum recebeu admiradores mirando além da confusão da batalha, na direção de seu futuro político. Ele explicou que queria construir um novo país. Mulheres deveriam estudar, disse, insistindo que elas teriam representatividade no novo governo. Explicou ainda que queria passar mais tempo com sua família.

No porão da Casa Rosa, os últimos combatentes talibãs esperavam e cogitavam lançar um ataque final.

Num esforço para fazer os prisioneiros restantes se renderem, os soldados da Aliança começaram a lançar foguetes e granadas no porão, através dos buracos irregulares que haviam aberto na parede de tijolos. De vez

EMBOSCADA

em quando, soldados também se aproximavam, enfiavam os canos de suas armas nos buracos e esvaziavam seus pentes de balas.

Ainda assim, não havia sinal algum de rendição.

Em determinado momento, vários trabalhadores de ajuda humanitária estrangeiros começaram a descer a escada para o porão e foram atingidos por tiros de metralhadora. Depois de receberem curativos, todos os envolvidos decidiram que não haveria mais esse tipo de tentativa. Em seguida, os homens de Dostum derramaram óleo combustível pelos buracos e atearam fogo.

Lá embaixo, homens foram queimados vivos. Outros se comprimiram junto à parede, distantes das labaredas.

Ainda assim, nenhuma rendição.

Por fim, Ali Sarwar encontrou uma pá e uma enxada e começou a cavar uma vala atravessando todo o pátio sul.

Um pequeno córrego entrava no forte pelo canto sudoeste. Em tempos prósperos, pré-talibãs, a água era usada para irrigar férteis plantações de milho e pepino que pontuavam o forte. Agora, Sarwar estava desviando o riacho para que ele fluísse para a Casa Rosa.

Na parede de tijolos, alguém de seu grupo abriu mais um buraco que saía no teto do porão. Nesse momento, um prisioneiro pôs o cano de sua arma para fora do novo buraco e atirou, atingindo alguns homens de Sarwar nos tornozelos. Eles caíram e tiveram que ser levados rapidamente para um posto de socorro.

Logo, porém, a corrente de água lamacenta, marrom, estava chegando ao prédio e entrando pelo buraco na parede. A água gélida começou a encher o porão.

Um dia depois, apenas 13 soldados talibãs haviam saído do porão. A água lá dentro chegara a quase dois metros de altura, obrigando os homens a nadar cachorrinho, com suas cabeças roçando o teto. A maioria dos que estavam feridos ou doentes se afogou. O porão se tornou uma mistura de partes de corpos humanos, excrementos e até carne de cavalo crua, que alguns homens haviam comido, depois de cortar em pedaços alguns dos animais mortos que estavam estendidos no pátio.

420   **12 HERÓIS**

Ao verem que o porão estava agora inundado, com água na altura aproximada de 2,5 metros — o que deixava sessenta centímetros de espaço com ar —, Ali Sarwar e seus homens interromperam o fluxo. Enquanto a água escoava pelo solo poroso abaixo deles, os sobreviventes, congelando e delirando, fizeram uma votação para decidir se iriam se render.

Eles podiam morrer naquele buraco fedorento ou morrer à luz do sol, em terra firme. Se se rendessem, pelo menos teriam uma chance de viver. Ficar no porão certamente significaria incitar uma nova inundação.

Assim, quatro dias depois de Mitchell tentar derrubar a Casa Rosa com uma chuva de bombas, 86 prisioneiros talibãs molhados e em condições miseráveis saíram do porão, piscando os olhos à luz do sol, que muitos viam pela primeira vez em sete dias. John Walker Lindh estava entre eles. Logo depois do início dos combates, ele havia sido baleado na perna e caíra no pátio enquanto a batalha se intensificava ao seu redor. Por fim, foi arrastado por outros para o porão. Ali, temera por sua vida, tanto nas mãos dos soldados que atiravam lá em cima quanto junto a seus companheiros prisioneiros agachados na sala escura. Nos primeiros dias da batalha, qualquer conversa sobre rendição era silenciada pelos colegas linha-dura de Lindh. Ele temia ser baleado nas costas se corresse para a escada, para o que esperava que fosse sua liberdade.

Lindh achou que não tinha escolha a não ser permanecer no porão e esperar o melhor desfecho.

Quando o forte ficou em segurança, Ben Milo finalmente telefonou para sua mulher, Karla, no Tennessee. Ele estava abalado com o bombardeio equivocado no forte, bem como com a selvageria da batalha entre os muros da fortaleza. Sabia que Karla estava preocupada com ele, por causa de todas aquelas notícias extremamente ruins.

Ela sabia que era Ben quem estava chamando por causa das palavras "Fort Campbell" acesas no identificador de chamadas de seu telefone em casa. Para fazer a chamada, Ben telefonara para a mesa telefônica de Fort Campbell, que então a direcionara para sua casa, no bairro de Hammond Heights, no posto do Exército.

EMBOSCADA

Ela nem disse alô.

— Diga que você está bem.

— Estou bem.

— A equipe está bem?

— Sim. — Karla percebeu que ele relutava em falar. Ela queria que ele falasse mais.

— Foi o batalhão? — perguntou ela. Karla queria dizer: vocês se feriram no bombardeio em Qala-i-Janghi? *Ele* havia se ferido?

— Não posso dizer.

Por medida de segurança, ele não podia dizer a ela que não estava sequer nas redondezas do bombardeio. Eles conversaram mais cinco minutos talvez, até que Ben disse que tinha que desligar, que tinha que trabalhar. Os ruídos na conversa, causados pela ligação por satélite, eram terríveis. A voz de Ben soava como se ele estivesse falando dentro d'água. Karla acabava interrompendo metade das frases dele. Mas, pelo menos, *ele estava vivo*.

Ela estava aliviada, mas não havia ninguém no grupo de esposas das Forças Armadas com quem pudesse compartilhar a notícia. Oficialmente, a presença de Ben no Afeganistão ainda era um segredo (embora as reportagens tivessem atestado a presença deles naquele país). Na verdade, vários dias antes, o presidente Bush estivera em Fort Campbell para jantar com soldados comuns do Exército no Dia de Ação de Graças, mas, até onde Karla sabia, nenhuma esposa de um membro das Forças Armadas fora convidada.

Ei, e nós? Meu marido está no Afeganistão lutando também!, pensou Karla.

Em seguida, ela voltou a passar as roupas a ferro e a preparar as crianças para irem ao colégio.

O corpo de Spann foi resgatado e levado para a Escola Turca, onde foi posto numa bolsa de vinil azul lacrada e guardado num dos enormes congeladores da cozinha adjacente ao refeitório.

A bolsa com o corpo foi enrolada numa bandeira americana oferecida por Martin Homer, companheiro de equipe de Mitchell. Na Guerra do Golfo, Homer levara a bandeira para a batalha como soldado das Forças Especiais, e agora ela o acompanhava naquela campanha. Ele se sentira honrado por dá-la a Mike. O corpo foi levado da escola para o aeroporto de Mazar, onde dois helicópteros Chinook aguardavam para escoltá-lo até a K2. No aeroporto, a bandeira foi cuidadosamente dobrada e oferecida a um dos colegas de Mike na CIA, que se sentou dentro do helicóptero segurando-a com força. O corpo de Spann foi embarcado no helicóptero principal.

Sentado em sua própria aeronoave, Jerry Edwards, o piloto do Nightstalker que no mês anterior soubera, durante uma conversa ao telefone com sua mulher, que seria pai novamente, assistiu numa tela de vídeo à guarda de honra se apresentando solenemente. Ele ligara o radar FLIR do helicóptero, que captou uma imagem granulada dos soldados subindo a rampa do helicóptero principal com os restos mortais de Spann amarrados a uma prancha.

Edward e seus colegas tripulantes estavam abalados com a morte de Spann, embora a maioria deles não o conhecesse bem, ou sequer o conhecesse. Mas a morte de Mike diminuíra a sensação de invulnerabilidade deles. Eles não queriam perder a cerimônia — que souberam que aconteceria à noite (na única hora em que os Nightstalkers gostavam de voar em suas missões) —, e Edwards se sentiu um felizardo por ter descoberto como usar o FLIR para testemunhar aquele momento. Ele permaneceu preso ao seu assento, refletindo sobre sua própria mortalidade e sobre o nascimento iminente de um novo bebê.

Quase ao mesmo tempo, o diretor da CIA, George Tenet, anunciava publicamente a morte de Mike Spann:

— Mike estava na fortaleza de Mazar-i-Sharif, onde os prisioneiros talibás eram mantidos e interrogados. Embora esses presos tivessem se entregado, sua promessa de rendição — assim como muitas outras promessas do grupo malévolo que eles representam — provou não ter valor.

"[Mike] tinha uma carreira promissora numa vida de energia e conquistas. Uma vida preciosa dada a uma causa nobre." Logo a morte de Spann dominou os noticiários. O presidente Bush emitiu uma declaração de condolências.

EMBOSCADA

Na cidade de Mike, Winfield, no Alabama, vizinhos foram à casa de seus pais levando comida e solidariedade. Muitos moradores ficaram chocados ao saber que Spann trabalhava para a CIA. Um vizinho ao lado lembraria que ele nunca parecia ficar muito em casa. Na Main Street, um laço preto foi pendurado na porta da frente do escritório da corretora imobiliária de Johnny Spann, pai de Mike. Bandeiras tremularam a meio mastro no posto dos Correios.

O sr. Spann deu uma entrevista coletiva na casa de um vizinho:

— Ele era um filho querido, era um irmão incrível, um pai dedicado e um marido afetuoso. Nossa família quer que o mundo saiba que temos muito orgulho de nosso filho Mike e que o consideramos um herói. — O sr. Spann estava quase às lágrimas quando falou.

A morte de um funcionário da CIA geralmente é mantida em segredo, sendo uma estrela de prata colocada depois num memorial ao falecidos, num muro na sede da CIA em Langley. No caso de Mike Spann, ele teve a triste distinção de ser o primeiro americano morto na primeira guerra do século XXI; e George Tenet, como diretor da CIA, tomou a decisão sem precedentes de tornar sua morte um assunto de registro público. Um complicador de qualquer ideia de que sua morte deveria ser mantida em segredo foram os repórteres que estavam no forte cobrindo o levante. Tenet não teve outra escolha a não ser revelar a morte de Spann naquele combate.

O resultado foi que Mike Spann se tornou um herói da noite para o dia, uma glória que ele teria evitado em vida. Ele se tornou uma imagem de tudo que a nação considerava honroso em si mesma, ou seja, o sacrifício abnegado numa guerra contra uma ameaça nova e misteriosa.

Outro resultado foi tornar Shannon Spann a face da tristeza de uma nação que enfrentava essa nova ameaça. A publicidade em torno da morte de Mike Spann rasgou o véu de segredo que encobria o cargo de oficial da CIA que sua esposa ocupava, e ela se viu empurrada para as câmeras de TV. Repórteres acamparam em frente à sua casa em Manassas Park, Virgínia.

* * *

424   **12 HERÓIS**

A notícia da Batalha de Qala-i-Janghi começou a ganhar as manchetes no mundo.

Mais chocante para os americanos talvez tenha sido a descoberta de John Walker Lindh agachado no porão da Casa Rosa, bem como a morte de um oficial paramilitar da CIA. Quem é que sequer sabia que os Estados Unidos tinham esses homens lutando no Afeganistão?

No Condado de Marin, na Califórnia, a mãe de Lindh, Marilyn, conectou-se à internet ao ouvir a notícia de que haviam descoberto um americano no Afeganistão. Teve uma sensação incômoda de que podia ser John, e essa sensação foi confirmada quando ela se deparou com uma foto dele na fortaleza.

Mas Marilyn ficou chocada. Ela nunca esperava que Johnny se metesse em algum tipo de problema.

— Ele sabe que não aprovaríamos — disse seu pai, Frank Lindh, a um repórter, um dos muitos que logo cairiam em avalanche sobre sua casa.

Marilyn achou que John com certeza sofrera uma lavagem cerebral para se misturar aos talibãs.

— Ele congelaria diante de um perigo disse ela. — Ele é totalmente despreparado.

Por sua vez, Lindh estava vivendo sob guarda cerrada num cômodo no segundo andar da Escola Turca. Mas não havia sido identificado imediatamente. Na verdade, depois de sair do porão da Casa Rosa, ferido e sujo, ele fora posto num caminhão e enviado para Sheberghan, 120 quilômetros a oeste. Em Sheberghan, ele e outros prisioneiros ficariam numa grande prisão.

Quando o caminhão estava prestes a partir, aconteceu de um repórter da *Newsweek* chamado Colin Soloway passar ao lado do veículo e espiar, curioso, aquela figura imunda, de aparência ocidental, encurvada ali dentro, na penumbra. Soloway fora para Qala-i-Janghi, assim como centenas de outros repórteres, para reportar a batalha e a morte de Spann. Mas agora seu intérprete se aproximara dele e lhe dissera que havia um americano a bordo de um dos caminhões. Soloway viu a carroceria do veículo cheia de homens que gemiam e sangravam. Estava impressionado

EMBOSCADA

por terem sobrevivido às bombas lançadas contra a fortaleza. O jovem em questão usava uma túnica preta e um suéter azul. Estava coberto de terra. Seu rosto parecia queimado.

Um dos guardas do caminhão cutucou Soloway e apontou novamente o prisioneiro. Insistiu que ele era americano.

— Você é americano? — perguntou Soloway ao jovem.

— Sim — respondeu ele.

Soloway ficou impressionado, porque isso era incomum — na verdade, chocante. Ele perguntou a Lindh o que achava dos ataques nos Estados Unidos, que haviam acontecido cerca de onze semanas antes. Ele apoiara essa ação?

Debilitado, falando lentamente, Lindh respondeu:

— Isso exige uma explicação bastante longa e complicada. Não como há dois ou três dias, e minha mente não está realmente em condições de lhe dar uma resposta coerente.

Soloway perguntou novamente sua opinião.

— Sim, eu apoiei — disse Lindh.

Acompanhavam Soloway o tradutor Najeeb Quarishy, que naquele mês havia hospedado Dean em sua casa, e um fotógrafo francês chamado Damien Degueldre, que relatou o encontro surreal da seguinte maneira:

Na manhã daquele dia, um dos sobreviventes da batalha no forte saíra do porão [da Casa Rosa] perguntando se suas vidas seriam poupadas se eles se rendessem. O comandante afegão local concordou, e eles começaram a sair, 86 ao todo.

Eu estava no escritório da Cruz Vermelha quando recebi uma chamada pelo rádio dizendo que os sobreviventes haviam sido descobertos. Tentei encontrar Alex Perry [da *Time*], mas não consegui. Então, peguei um táxi e fui diretamente para Qala-i-Janghi. Foi onde encontrei Najeeb, que disse que havia um americano entre os prisioneiros.

Lindh estava sentado na frente do caminhão, com alguns outros. Como era americano, Soloway começou a conversar com Lindh enquanto eu filmava por perto. Lindh não gostou muito de ser filmado.

426   **12 HERÓIS**

Eu não queria realmente entrevistá-lo, porque percebia que aqueles caras estavam voltando do inferno. Eles pareciam completamente em choque. Achei realmente incrível a aparência daquele jovem americano de cabelo comprido e barba, com o rosto coberto de terra. A imagem falava por ele.

Ainda acho que ele estava em choque quando respondeu às perguntas de Soloway. É verdade que ele respondeu "sim" quando lhe perguntaram se ele aprovava os ataques do 11 de Setembro, mas ele não se concentrou nesse assunto nem estendeu a discussão. Estava constrangido.

Também me lembro perfeitamente de sua resposta quando lhe perguntaram por que ele fora para o Afeganistão. Ele disse que era a mais ideal república islâmica do mundo, a *mais pura*.

Na mesma noite, a entrevista de Colin Soloway foi publicada no website da *Newsweek*. Quando finalmente chegamos à prisão de Sheberghan [no dia seguinte], era tarde demais. As Forças Especiais americanas o haviam levado.

Na verdade, depois de Lindh chegar a Sheberghan, um dos assistentes de Dostum conversou com o jovem e descobriu que ele falava inglês. Imediatamente, o assistente informou a Dostum que entre os presos havia um americano.

Quando o médico Bill Bennett tratava de Lindh, que estava desidratado e morrendo de fome, esse momento foi registrado por uma câmera de vídeo (um freelance da CNN, Robert Pelton, fez uma entrevista durante o exame médico). E quando o vídeo apareceu na TV, a odisseia de John Lindh Walker da Califórnia para a fortaleza de Qala-i-Janghi se tornou uma notícia internacional.

Entre aqueles que assistiam à transmissão do exame médico estavam Frank e Marilyn Lindh. Eles não viam seu filho nem tinham qualquer sinal dele havia sete meses. Achavam que ele estava no Paquistão, onde dissera a eles que estava estudando árabe numa madrassa austera e exigente. A visão dele na TV, sem camisa e muito magro, deixou-os arrasados.

EMBOSCADA

Logo começaram os trotes por telefone e as ameaças de morte:

— Belo trabalho como pais.

— Vocês deveriam ser mortos com a mesma arma usada para matar seu filho.

Frank Lindh, um advogado da Pacific Gas & Electric em São Francisco, tinha orgulho dos disciplinados estudos de árabe e do Islã de seu filho. Mas nunca imaginara que John estivesse no Afeganistão, lutando com os talibás. Quando viu seu filho na TV, começou a chorar.

Não muito tempo depois da morte de Mike Spann, Shannon recebeu um pacote de um dos antigos amigos dele. Era uma série de páginas rasgadas e queimadas do diário de Mike.

Na manhã em que foi morto, Mike estacionara a camionete na fortaleza e caminhara com Dave Olson até o pátio sul, para interrogar os prisioneiros. Dentro da camionete estava um diário que ele guardava. Nos ataques aéreos que se seguiram, enquanto o major Mitchell lutava para sufocar a rebelião, a camionete foi atingida por uma explosão.

Agora, Shannon segurava o que restara do diário queimado. "Uma coisa tem me preocupado", escreveu Mike enquanto seguia para o norte, para Mazar. "Não tenho medo de morrer, mas tenho um medo terrível de não estar com você e nosso filho... Penso em segurá-la em meus braços e tocar em você. Penso também em segurar aquele nosso menino gorducho..."

Cinco dias depois de deixar o Afeganistão, o corpo de Spann chegou à Base Andrews da Força Aérea num avião militar. Shannon, juntamente com a família de Mike, entrou a bordo para ver o caixão com privacidade. Em seguida, o caixão foi levado para um carro fúnebre que o aguardava, enquanto Shannon e a família observavam em lágrimas. Johnny Spann, pai de Mike, estava consumido pela tristeza.

Tentando preparar seu pai para a natureza perigosa e clandestina de seu trabalho, Mike sempre o advertira: "Pai, nunca acredite que estou morto até você ver o meu corpo."

Pouco antes do enterro de Mike no Cemitério Nacional de Arlington, o sr. Spann visitou seu filho pela última vez. Ficou diante do caixão e olhou para baixo. Tocou a testa de Mike. Em seguida, ergueu a cabeça de seu menino, inclinou-se e olhou.

Viu dois buracos na cabeça de Mike. Repousou de novo a cabeça sobre o travesseiro de cetim e olhou para as têmporas de seu filho. Havia um buraco de cada lado. Calculou que as balas haviam entrado ali e saído nos locais dos dois ferimentos que ele vira na parte de trás da cabeça. Tocou os braços e as pernas de seu filho e os examinou. Estavam contundidos. Imaginou se Mike havia sido torturado. Os ferimentos não lhe disseram nada.

Em Mazar, Mark Mitchell não conseguia evitar a lembrança do exato momento em que a batalha em Qala-i-Janghi terminara. Ele examinara os escombros fumegantes com um M-4 empoeirado à mão, mal conseguindo ficar em pé depois de lutar por sua vida durante sete dias seguidos.

Homens mortos e morrendo e cavalos feridos estavam espalhados pelo pátio, num coro convulsivo de zurros e gemidos em meio ao capim bruto, na altura dos joelhos. Os cavalos que haviam morrido primeiro haviam inchado e tinham o dobro do tamanho. O chão de barro do forte estava esponjoso de sangue.

Os companheiros de Mitchell estavam igualmente arrasados. Com cada nervo de seu corpo atiçado, o major Kurt Sonntag subiu trôpego a escada da escola e disse a Doc MacFarland: "Me dê alguma coisa." O que quer que tenha sido, logo Sonntag estava inconsciente, e dormiu um dia inteiro. A escola estava cheia de homens que haviam sido forçados além de seus limites.

Eles haviam estado a minutos de perder toda a guerra no Afeganistão. Isso é que era assustador, pensou Mitchell. Era realmente assustador. Mas haviam vencido. Mitchell participara do "primeiro ataque de cavalaria dos Estados Unidos do século XXI", um feito proclamado em fotos de notícias que mostravam americanos barbados cavalgando numa planície ensolarada do Afeganistão. "Era como se guerreiros do

EMBOSCADA 429

futuro tivessem sido transportados para um século antigo", observou mais tarde o general Tommy Franks.

Em 14 de novembro de 2003, Mitchell se viu desconfortavelmente em pé num pódio no Comando de Operações Especiais, na Flórida. Naquele dia, o *USA Today* trazia a manchete: "Soldado Recebe Honraria por Bravura no Afeganistão."

"O major Mark Mitchell não gosta de falar sobre o que aconteceu no Afeganistão no fim de novembro de 2001", dizia a reportagem. "Mas o Exército acha que foi algo muito importante."

Mitchell ficou em posição de sentido quando o general Bryan D. Brown, comandante do Comando de Operações Especiais, alfinetou em seu uniforme a Cruz de Serviço Distinto por seu "heroísmo extraordinário". A plateia era uma mistura de parentes e colegas do mundo secreto das operações especiais, a equipe de especialistas americanos na guerra contra o terror. Os pais de Mitchell haviam vindo de Green Bay, Wisconsin; a esposa de Mike Spann, Shannon, estava sentada quase na frente, lutando contra as lágrimas. A mulher de Mitchell cuidava de duas filhas inquietas que conheciam seu pai mais como alguém que lia *Boa noite, lua* para elas e depois ficava meses fora.

O mestre de cerimônias era um ex-comandante da Força Delta, o general de brigada Gary Harrell, que sobrevivera à angustiante luta de 1993 em Mogadíscio, na Somália. Harrell descreveu as 96 horas de luta que Mitchell e os homens do Quinto Grupo de Forças Especiais enfrentaram como "as mais intensas condições de combate urbano até hoje na Operação Liberdade Duradoura". O general Brown descreveu a tarefa de Mitchell como uma "missão impossível".

"A fortaleza [era] quase inexpugnável", relatou Brown. "Dezessete guerreiros atacaram o que, num bom dia, teria [envolvido a participação de] milhares de soldados."

Meio calvo, sorridente, parecendo mais um professor de biologia de escola secundária do que um frio matador, Mitchell era de repente o soldado mais famoso dos Estados Unidos.

Muito bom, pensou ele, *para um garoto de Milwaukee que quase abandonou as Forças Especiais um ano antes.*

Um pequeno grupo de homens montara em cavalos selvagens e derrotara o Talibã.

Mitchell teve que rir. Ele se lembrou do dia em que não conseguia sequer montar um cavalo.

EPÍLOGO

Depois da vitória em Mazar e da Batalha de Qala-i-Janghi, as operações de combate no norte do Afeganistão começaram a diminuir. O Talibá fora derrotado e a Aliança do Norte estava no controle. Forças convencionais do Exército e da Marinha dos Estados Unidos logo chegaram em grandes números e iniciaram o esforço a longo prazo de dar segurança ao país e de caçar Osama bin Laden e a al-Qaeda.

O sucesso épico dos Soldados a Cavalo — como eles foram apelidados — foi impressionante em padrões tanto históricos quanto contemporâneos. A campanha é, na verdade, um modelo para o modo como as guerras atuais — e as futuras — devem ser travadas. Em vez de ocupações em larga escala, devemos recorrer a pequenas unidades das Forças Especiais que têm provado ser infinitamente mais eficientes para trabalhar com os soldados e cidadãos de um país no mesmo nível que eles. Os soldados das SF acreditam que agora precisamos resolver os problemas básicos que atormentam o Afeganistão; eles são treinados e equipados de maneira única para fazer exatamente isso.

Na época da captura de Mazar-i-Sharif, havia menos de cinquenta militares americanos como Nelson e Dean em solo. Eles realizaram em dois meses o que os estrategistas do Pentágono haviam dito que demoraria dois anos. Ao todo, cerca de 350 soldados das Forças Especiais, cem oficiais da CIA e 15 mil soldados afegãos foram bem-sucedidos num lugar onde os britânicos, no século XIX, e os soviéticos, nos anos 1980, fracassaram. Entre 19 de outubro de 2001, quando a equipe do capitão Mitch Nelson desembarcou no Afeganistão, e os primeiros meses de 2002, quando Nelson e outras equipes das Forças Especiais deixaram o país permanentemente, os Estados Unidos gastaram meros 70 milhões de dólares para derrotar um exército de 50 mil a 60 mil combatentes talibás. A história dos Soldados a Cavalo não foi diferente de um faroeste, mas com lasers de alta tecnologia em vez de revólveres nas lutas a cavalo.

— Foi como se os Flintstones tivessem encontrado os Jetsons — disse-me o soldado Ben Milo, das Forças Especiais.

A vitória política provou ser tão decisiva quanto a militar. "Até hoje, a al-Qaeda considera a campanha sua maior e mais arrasadora derrota", explicou Dean. Estrategistas militares americanos e líderes afegãos como os generais Dostum e Atta fizeram grandes esforços para assegurar que a guerra continuasse sendo uma guerra dos afegãos, e não da ocupação americana. Afegãos locais consideraram Nelson e Dean seus libertadores. Em 2001, quando as hostilidades começaram, os talibás tinham uma pequena base de apoio entre as pessoas locais. E quando sua liderança começou a desabar, eles não tiveram nenhum lugar para recuar. Não puderam se misturar no interior e fazer uma insurgência a partir dali.

Ao entrarem no Afeganistão como uma pequena força, e ao se alinharem com grupos que antes se enfrentavam e apontá-los para a mesma direção, contra os talibás, as forças americanas encontraram um apoio robusto entre os afegãos. Provaram a utilidade de compreender e prestar atenção nas "vontades e necessidades" de um inimigo e da população que poderia apoiá-lo. A conscientização é a ferramenta número um do soldado, juntamente com seu fuzil M-4. Para vencer guerras contra inimigos como os talibás — que muitas vezes são apátridas —, você se adapta.

Você come o que eles comem, dorme onde eles dormem e pensa como eles pensam. As informações e o discernimento obtidos com isso eram a essência do treinamento e da experiência dos soldados das Forças Especiais.

EPÍLOGO

Como escreveu o general chinês Sun Tzu no século XVI a.C.: "O máximo da habilidade não é obter cem vitórias em cem batalhas. O máximo da habilidade é subjugar o inimigo sem lutar." O sargento Sam Diller, membro da equipe de Nelson, carregou esse aforismo num bloco de anotações, e o leu muitas vezes quando estava em seu posto de observação no alto de uma montanha.

O sucesso da missão foi "uma atuação tão perfeita de uma força de guerrilha que merece ser estudada", refletiu o comandante das Forças Especiais americanas em Fort Bragg, general de divisão Geoffrey Lambert. Infelizmente, disse Lambert, "pode ser que isso nunca se repita".

Suas palavras provariam ser prescientes.

Em 10 de dezembro de 2001, Nelson e seus homens tiveram que deixar repentinamente seu aparelho em Mazar — e o Afeganistão. Eles não voltariam como soldados cavalgando ao lado de Dostum. Para todos os efeitos, o tempo deles no Afeganistão acabara. A ordem foi tão chocante quanto abrupta. Partir? Sem se despedir de ninguém? De Dostum? Aquilo era impensável. Quando recebeu a notícia, Dostum ficou magoado e zangado. Mas Nelson e sua equipe não tiveram escolha. Haviam sido convocados para voar para a K2 e se encontrar com o secretário de Defesa, Donald Rumsfeld, que, gozando de uma onda de popularidade nos Estados Unidos, queria ouvir em primeira mão as histórias da guerra.

Eles tinham apenas algumas horas para arrumar a bagagem. Precisavam de um banho quente, de roupas limpas e de cortar o cabelo, mas não havia tempo. Assim estava bem, dizia a ordem. *Venham como estão.* O secretário de Defesa queria conhecer os homens que haviam tomado o Afeganistão.

Ben Milo apanhara uma baioneta em Qala-i-Janghi para levar como lembrança. Ele a poliu para tirar a poeira e decidiu que a daria a Rumsfeld.

Cal Spencer não quis que ninguém além do animado Milo entregasse o presente ao secretário. Milo era um soldado que, depois de quase ser vencido numa troca de tiros com os talibás, saltara de sua trincheira e fizera com os dedos um sinal obsceno para os combatentes inimigos.

— Apenas tenha cuidado com o que você vai dizer a ele — disse Spencer. — Será que você consegue contar uma história sem dizer um palavrão?

— Posso tentar — disse Milo.

— Bem, então tente — disse Spencer.

Eles aterrissaram na K2 e voltaram a pôr os pés naquele solo do qual haviam se esforçado tanto para sair seis semanas antes, preocupados de que nunca vissem um combate. Enquanto estavam ausentes, surgira uma verdadeira cidade de barracas. Milhares de soldados, aeronaves e veículos se moviam por ruas pavimentadas e de cascalhos, com nomes como Broadway, Main e Lexington, todas elas com placas de sinalização. Os homens do acampamento que os reconheciam assistiram com atenção à sua passagem como se Milo e os outros tivessem saído das páginas de um espetáculo fantástico.

Eles entraram numa grande barraca próxima ao quartel-general do coronel Mulholland. Donald Rumsfeld estava sentado a uma mesa, esperando.

Milo lhe deu a baioneta, apertou sua mão e ficou mudo. Aquele era o secretário de Defesa dos Estados Unidos da América. Sem jeito, recuou para a fila de homens. Rumsfeld rompeu a formalidade do momento:

— Muita gente diz que vocês são heróis — disse ele.

Os homens balançaram a cabeça.

— Vocês estavam fazendo seu trabalho — disse Rumsfeld.

Eles concordaram que estavam.

Rumsfeld explicou que muita gente nos Estados Unidos estava surpresa de que um número tão pequeno de homens tivesse sido capaz de fazer tanto, e tão rapidamente.

Os homens disseram que aquela fora uma vitória dos afegãos e que simplesmente haviam ajudado. E estavam sendo sinceros. Não estavam sendo modestos.

O encontro terminou tão rapidamente quanto havia começado, depois de aproximadamente meia hora.

EPÍLOGO

Em 20 de dezembro de 2001, Nelson e cinco membros de sua equipe voltaram da K2 para Mazar por um curto período, para uma difícil e lacrimosa cerimônia de despedida de Dostum.

O general, assim como muitos de seus comandantes e soldados, queria que os homens ficassem enquanto eles tentavam reconstruir o país.

Em meados de janeiro de 2002, praticamente todos os Soldados a Cavalo foram enviados para casa. Ao chegarem, repórteres imploraram pela história daqueles homens a cavalo, galopando sob tiros ao entardecer afegão. Mas, depois de um breve período de notoriedade na TV e nos jornais, os homens mergulharam no silêncio, fiéis ao seu lema de Profissionais Silenciosos. Eles não deram entrevistas. Não escreveram livros.

Uma das muitas coisas que a equipe não discutiu foi John Walker Lindh, embora eles tivessem ficado chocados com a descoberta do jovem no forte, durante a batalha.

Quando Sam Diller soube que um americano fora encontrado entre os prisioneiros, não pôde acreditar:

— Um americano *o quê?*

— Americano talibã.

Diller disse a seus companheiros de equipe para se manterem afastados daquele homem. "Vocês todos querem ir parar num tribunal?"

Diller compreendeu muito bem as implicações da descoberta de um cidadão americano no meio de uma multidão sanguinária e desafiante de prisioneiros talibãs e da al-Qaeda. Calculou que Lindh seria enviado a um tribunal, assim como qualquer soldado americano que tivesse feito contato com ele.

Nelson disse a Lindh, em sua cela improvisada no segundo andar da Escola Turca:

— Você está seguro aqui. Mas se pular aquela janela, provavelmente vai quebrar uma perna. A mensagem era: *fique onde está.*

Lindh ficava perguntando: — O que vai acontecer comigo?

— Cara, eu não sei. Não cabe a mim decidir.

Em 7 de dezembro de 2001, uma semana depois de sair do porão de Qala-i-Janghi, Lindh foi transferido para Camp Rhino, uma base da Marinha americana em Kandahar. Teve os olhos vendados, foi despido e amarrado a uma cama portátil colocada dentro de um trailer de metal. À noite, a temperatura no deserto despencava. Música alta tocava do lado de fora do contêiner escuro, quase sem ar. De vez em quando, alguém batia nas paredes de metal e gritava insultos.

Lindy anunciara que queria falar com um advogado. Seus interrogadores do FBI lhe disseram que certamente ele teria direito a um advogado, mas, "como você pode ver, não há nenhum aqui no Afeganistão". De fato, Frank Lindh contratara um advogado de São Francisco, James Brosnahan, para representar seu filho. Brosnahan entrou em contato com o FBI para dizer que a família o contratara, mas essa informação não foi transmitida a John no Afeganistão.

Em 15 de janeiro de 2002, o procurador-geral John Ashcroft anunciou, numa entrevista coletiva televisionada para todo o país, que John Walker Lindh estava sendo acusado de ajudar e incentivar os talibãs no Afeganistão. A acusação implicava a possibilidade de prisão perpétua.

Uma semana depois, Lindh voltou para os Estados Unidos, pondo os pés em solo americano pela primeira vez em sete meses, dessa vez algemado.

Em 3 de fevereiro, ele entrou no tribunal federal de Alexandria, na Virgínia, onde alegou ser inocente das dez acusações contra ele.

Depois disso, Shannon Spann disse à correspondente da CNN Deborah Feyerik que preferiria a pena de morte para Lindh, se ele fosse condenado.

Ela ficara sentada no tribunal pensando em seu marido.

— A vida de Mike era toda voltada para assumir responsabilidades. Eu quis vir hoje para ver se John Walker Lindh assumirá a responsabilidade pelo que fez — disse ela a Feyerik.

Quando a audiência acabou, Shannon e os pais de Spann saíram do tribunal e caminharam até o elevador.

Frank Lindh estava deixando o tribunal na mesma hora. De repente, Lindh viu os Spann e caminhou rapidamente na direção deles.

EPÍLOGO

Diante de Johnny Spann, Frank Lindh estendeu a mão para cumprimentá-lo.

Spann permaneceu com as mãos nos bolsos, impassível.

— Sinto muito por seu filho — disse Frank Lindh, por fim. — Meu filho não teve nada a ver com isso. Tenho certeza de que o senhor entende.

Johnny Spann se virou e se afastou. Mais tarde, ele comentou sobre o encontro com Lindh:

— Eu deveria ter descarregado nele um pouco da minha vingança.

Johnny Spann culpava Lindh pela morte de Mike. É claro que Lindh não era realmente a pessoa que disparara os tiros que haviam matado Mike Spann. Mas ele havia ajudado o inimigo, e, para a família de Spann, ele era o rosto do inimigo, talvez fácil de odiar, mas não de compreender.

Em 15 de julho de 2002, pouco antes de o julgamento começar, os advogados de Lindh e os promotores fizeram um acordo. Lindh se confessaria culpado de realizar "serviços de colaboração com o Talibã e carregar explosivos a serviço de um crime capital". Promotores do governo, por outro lado, não teriam que apresentar à corte revelações sobre operações secretas e sobre a presença de oficiais da CIA no Afeganistão. No que se referia ao governo, era um bom acordo.

Para os advogados de Lindh, foi o melhor resultado que eles acharam que seu cliente poderia obter, considerando as opiniões dominantes sobre Lindh. Ele se tornara conhecido como um traidor de seu país — um "talibã americano". O acordo significava também que as acusações contra Lindh de que ele havia conspirado para matar Spann e fornecido material de apoio aos talibãs seriam retiradas. Lindh não seria considerado responsável pela morte de Mike Spann.

John Spann estava em Winfield, no Alabama, na pista do drive-thru de uma lanchonete, quando seu telefone celular tocou e ele recebeu a notícia do acordo. Ele teve que parar o carro e se recompor. Estava chateado porque a participação de Lindh na morte de seu filho nunca seria investigada.

Ele não entendeu por que Lindh não pedira ajuda a Mike. Achava que Mike teria feito qualquer coisa para ajudar Lindh a escapar da prisão.

Mais do que nunca, considerava Lindh responsável pela morte de seu filho. Achava também que a justiça pela morte de seu filho fora sacrificada para impedir que soldados americanos e oficiais da CIA testemunhassem no tribunal. A barganha do acordo com Lindh significava que o julgamento estava encerrado.

Mais tarde ele disse a um repórter de TV:

— Nunca achamos que ele receberia menos do que a prisão perpétua.

Em 4 de outubro de 2004, Lindh foi condenado a vinte anos de prisão. Depois da sentença, Frank Lindh disse a repórteres:

— John não tem amargura alguma. Ele nunca expressou a menor amargura pelo tratamento que sofreu... Nem uma única vez ele disse qualquer coisa contra os Estados Unidos. Nem uma única vez, nem uma palavra.

— John ama os Estados Unidos e nós amamos os Estados Unidos.

Hoje, Lindh cumpre sua sentença numa prisão federal em Indiana. Será libertado em 2022, quando tiver 41 anos.

Desde 2004, seu pai pede ao governo dos EUA para comutar a sentença de seu filho. Seus pedidos até agora foram negados.

Quanto a Shannon Spann, na manhã fria e cinzenta de 10 de dezembro de 2001, duas semanas depois de seu marido ser morto em Qala-i-Janghi, ela enterrou Mike no Cemitério Nacional de Arlington, numa área onde também repousam os restos de Ira Hayes, um dos soldados que ergueram a bandeira em Iwo Jima.*

Quando morava ali perto, em Manassas Park, ele gostava de caminhar pelo cemitério e observar as lápides. Mesmo quando era garoto, durante as viagens da família a Washington, gostava de caminhar entre as lápides.

Isso entediava uma irmã, que lhe disse:

---

*Uma foto histórica mostra cinco fuzileiros navais erguendo a bandeira americana no alto do monte Suribachi, durante a Batalha de Iwo Jima, no Japão, na Segunda Guerra Mundial. (*N. do T.*) Mike ficaria satisfeito com a feliz coincidência da escolha do lugar onde seus restos repousam.

EPÍLOGO

— Mike, vamos! São todas iguais!

— Não, Tanya, não são — disse ele. — Há histórias por trás delas.

Numa cerimônia fúnebre no Alabama vários dias antes, uma das filhas de Mike leu uma carta que escrevera para ele: "Querido papai, sinto muito sua falta. Obrigado, papai, por tornar o mundo um lugar melhor." A carta foi depositada no caixão. A igreja estava lotada com quinhentos vizinhos de Mike, sua professora de catecismo, ex-colegas do time de futebol americano e um ex-companheiro fuzileiro naval. Bandeiras americanas foram erguidas a meio mastro na cidade, e nas luzes de Natal penduradas se lia: DEUS ABENÇOE OS ESTADOS UNIDOS.

Agora, em Arlington, a multidão de duzentas pessoas — incluindo George Tenet — ouvia Shannon dirigindo ao grupo um discurso fúnebre sobre Mike. Em determinado momento, ela falou diretamente a Mike: "Querido, se você estivesse aqui hoje, eu lhe diria que o amo com todas as partes do que sou, e eu lhe agradeceria por me dar a maior honra de toda a minha vida, que era ser chamada de sua esposa."

Mais tarde, ela escreveria sobre o vazio deixado em sua vida pela morte de Mike. "Há momentos em que me deito no chão e digo: 'Meu Deus, por que isso tinha que estar em seus planos? Sinto tanta falta de meu marido.'" Depois da cerimônia, ela se aproximou do caixão, beijou a própria mão e pôs a palma sobre ele.

— Adeus, meu amor — disse ela, quase num sussurro.

Ao voltar para casa, o capitão Mitch Nelson teve uma recepção de herói na assembleia legislativa estadual de Topeka, Kansas.

Ao lado de sua mulher e de sua filha — um bebê nascido enquanto ele cavalgava no vale do Darya Suf, durante a primeira ação a cavalo —, Nelson ouviu a leitura de uma resolução reconhecendo que ele fora "instrumental para a libertação de mais de cinquenta cidades; para a destruição de centenas de veículos talibãs, bunkers e equipamentos pesados; e para a rendição, captura ou destruição de milhares de talibãs e membros da al-Qaeda".

440   **12 HERÓIS**

— Foi uma situação extremamente desafiante — disse Nelson, normalmente contido. — Você nunca sabia como as coisas seriam.

— Não sou um herói — acrescentou ele. — Os homens de meu destacamento são os heróis. — Ele explicou que o general Dostum o chamara de "meu irmão". Nelson se sentira honrado com essa declaração.

Dostum também elogiara Nelson por sua habilidade como guerreiro.

— Eu pedi alguns americanos — dissera Dostum. — Eles trouxeram com eles a coragem de um exército inteiro.*

A esposa de Cal Spencer, Marcha, decorara a sala da equipe com fitas e bolas de soprar vermelhas, brancas e azuis. Apoiado sobre uma mesa estava um quadro-branco no qual uma das esposas escrevera BEM-VINDOS!

Spencer e alguns de seus companheiros de equipe haviam chegado mortos de cansaço depois de três dias de voo, mas estavam sorridentes. Spencer apreciou o esforço de Marcha, mas tudo o que ele realmente queria era ir para casa e tomar uma cerveja.

Ele deixou sua bolsa sobre o carpete encardido e contemplou o ambiente. Os azulejos do teto ainda estavam se soltando, manchados pela infiltração no telhado. Era bom ver que as coisas não haviam mudado. Os corredores com luz fluorescente tinham o mesmo cheiro de umidade, de giz.

Na falta de uma autêntica comemoração pública de boas-vindas, como aquelas que os homens do Exército comum tinham, as esposas queriam tornar aquele momento especial. Haviam preparado biscoitinhos e SunnyD, uma bebida de frutas não alcoólica (oficialmente, a cerveja não era permitida nas salas das equipes).

— Querida — disse Spencer —, vamos para casa.

No caminho de volta, ele e Marcha deram-se as mãos. Ela estava dirigindo. Fazia tanto tempo que Spencer não dirigia numa rua civil, num

---

*O primeiro-sargento da Marinha Stephen Bass também recebeu um reconhecimento: ganhou o Prêmio Cruz da Marinha por seu "heroísmo extraordinário" durante a missão para localizar Mike Spann e Dave Olson.

EPÍLOGO

país que não estava em guerra, que ele achou melhor Marcha assumir o volante. Ele não confiava em si próprio. Qualquer barulho alto, como uma porta batendo repentinamente, fazia-o pular.

Depois de chegarem em casa, uma das primeiras coisas que eles fizeram foi ter uma briga enorme, que pareceu limpar o ar. Depois disso, eles ficaram bem.

Ben Milo chegou em casa no meio da noite, em 15 de janeiro de 2002.

Fora uma longa espera para todas as esposas em Fort Campbell. Primeiro, elas foram informadas pelo comando que os homens chegariam num determinado dia. Depois, a data de retorno foi inexplicavelmente cancelada. Muitas haviam passado a noite esperando na sala da equipe, bebendo café e comendo o bolo que tinham preparado para seus maridos.

Karla acabou desistindo de prever a chegada de Milo. Mas ainda assim passou por todos os rituais normais que as esposas cumpriam antes da chegada de seus maridos. Ela fez listas de tarefas. "Segunda-feira, vou comprar roupas. Terça, vou ao Sam's Club comprar comida. Quarta, limpar a casa. Quinta, vou cortar a grama..." Karla terminou a semana dando banho nas três crianças e cortando o cabelo e as unhas delas. Tudo tinha que parecer perfeito: *Ficamos bem na sua ausência. Tudo bem que você tenha estado fora. Amamos você.* Depois de várias semanas de alarmes falsos, ela estava dormindo quando o telefone tocou e acordou sobressaltada às 5h da manhã.

— Cheguei.

Era Ben. Ela deu um suspiro. Foi tudo o que conseguiu fazer.

— Você pode me apanhar no estacionamento? — perguntou ele.

Ela pôs uma roupa e correu até o quarto das crianças.

— Papai chegou e vou apanhá-lo!

Pediu ao filho mais velho para cuidar dos menores e dirigiu feito uma louca até o estacionamento da igreja, a menos de dois quilômetros de distância. Esperava encontrá-lo no meio de uma multidão, e que eles corressem um para o outro e se abraçassem, como nos filmes.

Karla entrou no estacionamento e Milo estava em pé sob um poste de luz, com a mochila de lona a seus pés. Estava sozinho. Parecia cansado. Ele olhou quando ela estacionou e sorriu quando ela saiu do carrro. Eles se abraçaram e ele a beijou, e então disse baixinho: "Vamos para casa."

Eles entraram no carro e seguiram em silêncio. Havia tanta coisa a dizer e tão poucas maneiras de dizê-las. Como pôr em dia quatro meses, que dirá quatro meses em guerra? *Vai levar tempo*, pensou Karla. Ela o examinou e notou que ele envelhecera.

Sabia que Ben aprendera alguma coisa, mas não gostara da experiência de aprendê-la.

O casal acabara de se deitar quando as crianças chegaram correndo e começaram a pular. "Papai chegou! Ele chegou!"

Os dois mais novos não sabiam quem era Milo. Tinham apenas 1 e 2 anos quando ele partira. Milo se inclinou, apanhou-os e os beijou. Sabia que teria que se reapresentar a eles. E isso também levaria tempo.

Durante as semanas seguintes, Karla imaginou quando ela e Ben começariam a brigar por pequenas coisas necessárias para se cuidar de um lar. As outras mulheres haviam contado histórias de que seus maridos haviam voltado de missões e insistido em assumir o comando da casa, como se elas tivessem que ficar esperando para saber o que fazer.

Com Ben, ela não sentiu essa beligerância. Ele dividia meio a meio os cuidados com os filhos. Pediu a Karla para lhe avisar quando fosse preciso lidar com um problema de disciplina com alguma das crianças. Queria saber como ela lidara com as coisas antes. Ele parecia pensar primeiro e depois abrir a boca.

No fim de janeiro, eles comemoraram 15 anos de casamento. Foram visitar os pais de Milo em Chicago. Eles ficaram cuidando das crianças. Foram para um hotel e depois saíram da cidade. Ela surpreendeu Ben pensando e imaginou o que deixava seu rosto tão perturbado. Com o tempo, ele lhe disse: *matar*.

Aquilo havia sido certo? Karla supôs que ele já havia disparado sua arma antes, mas que aquela tinha sido a primeira vez que tinha matado alguém.

EPÍLOGO 443

Karla não achava que eles fossem uma família estritamente religiosa, mas viu seu marido lutando com o fato de que matara alguém. Ele contou que estivera numa trincheira com Essex e Winehouse, fora atacado e atirara em pessoas.

Ben conversou muito com sua irmã sobre esses sentimentos. Karla achou que assim era mais fácil para ele desabafar. Ele contou à irmã que matara pessoas e não sabia quantas. Queria saber se Deus o perdoaria. Sabia que fora bem recebido no Afeganistão e que os soldados talibãs o teriam matado se não tivesse atirado neles antes, mas, ainda assim, matar era algo que o incomodava. Achava que era algo que carregaria pelo resto da vida.

Quanto ao major Mark Mitchell, sua esposa fez uma festa de Natal quando ele voltou para casa, no Tennessee. Foram convidados os homens que haviam sido atingidos pela explosão no forte, muitos dos quais Mitchell não via desde que os observara de binóculo, momentos depois de eles tombarem no chão, sangrando e cobertos de poeira.

Como todos eles, Mitchell se sentia com sorte por estar vivo. Ele refletiu sobre como exatamente sobrevivera. Em seu treinamento nas Forças Especiais, aprendera a ignorar a dor e a exaustão mental. Mas aprendera algo mais importante e complexo: *a pensar primeiro e atirar depois*. Ele conseguira afastar suas ideias sobre como achava que os afegãos, paquistaneses e sauditas poderiam agir numa determinada situação e, em vez disso, passou a prestar atenção no que eles diziam ou faziam em resposta a uma pergunta ou a um acontecimento inesperado. Ele fora treinado para ver o mundo através dos olhos das outras pessoas.

Sabia que, se pedisse a um afegão para fazer algo e este respondesse *"Inshallah"* — se Deus quiser —, o que o homem estava querendo dizer era: eu não quero fazer isso para você. Essa era uma percepção importante se o que você perguntara era se ele podia ou não fornecer soldados para uma batalha no dia seguinte.

Essa percepção obrigava Mitchell a fazer novas perguntas a si mesmo, tais como: "O que eu posso fazer por ele para que ele faça algo por mim?"

444　　　　　　　**12 HERÓIS**

Sua arma ficava no coldre; a coerção raramente funcionava numa tentativa de obter a colaboração de uma população já aterrorizada nas mãos de um opressor como o Talibã.

Logo depois da batalha, Mitchell telefonou para sua mulher no Tennessee. "Você viu o que aconteceu?", perguntou ele. "Eu era o comandante em terra durante aquele combate." Maggie sabia que ele estava arrasado. Ele ficava tentando explicar a ela a enormidade da batalha. Parecia frustrado e cansado. Meses depois, mesmo quando se preparava para receber a Cruz de Serviço Distinto numa cerimônia no Comando Central, ele ainda não compreendera o impacto da batalha. Um de seus tios, um veterano da Segunda Guerra Mundial, explicou a Mitchell que a cerimônia traria recordações do combate, e que nem todas seriam boas. E ele estava certo.

O que acontecera naquele período parecia de repente mais vívido e real do que nunca, e Mitchell começou a reviver tudo. Ele sentiu de novo o cheiro dos corpos, ouviu o barulho das bombas. Não era algo agradável, e ele tentou pôr uma pedra sobre aquilo. Ao subir no palco, olhou para a plateia, viu Maggie e sorriu. Ela abriu um sorriso. Ele sentiu que voltara para casa, finalmente.

Logo, porém, teria que partir novamente.

Em fevereiro de 2003, juntamente com a maioria dos soldados do Quinto Grupo de Forças Especiais — muitos dos quais haviam lutado no Afeganistão —, Mitchell foi enviado para o Iraque. Alguns homens das Forças Especiais não eram fãs dessa guerra desde o início, mas, como soldados verdadeiros e leais, lutaram naquele país.

E morreram.

Bill Bennett, um médico jovial e simpático que cavalgara com Sam Diller e cantara canções do interior e do oeste montado em sua sela, foi baleado e morto numa troca de tiros em Ramadi, em 12 de setembro de 2003.

Dez meses depois, o capitão Paul Syverson, que voara pelos ares no bombardeio equivocado em Qala-i-Janghi, foi atingido por um morteiro

EPÍLOGO

inimigo que caiu em seu acampamento-base em Balad. Syverson estava caminhando e conversando com um amigo a caminho do refeitório do acampamento.

E Brett Walden, que as afegás haviam achado bonito, e que ficava constrangido com os flertes, foi morto em Rubiah, em 5 de agosto de 2008, quando cumpria uma missáo em comboio.

Antes de ir para o Iraque, o sargento Kevin Morehead, médico que se juntara à equipe de John Bolduc (soldado do Quinto Grupo que fora para a K2 supervisionar a construção da base), parou para refletir sobre os ferimentos a que dois amigos próximos haviam sobrevivido no Afeganistáo.

— Eu nunca poderia me imaginar dizendo: "Mike [um colega da equipe], seu braço direito vai explodir. E Corey, você vai levar um tiro na barriga."

Na época, eu estava visitando Morehead na sala de sua equipe, em Fort Campbell. Pela sala, estavam espalhados rádios, armas e manuais sobre tanques iraquianos, que homens como Morehead estavam estudando antes de serem enviados para Bagdá.

— Para mim — disse Morehead — esta é a parte incrível da história. Você está sentado aqui, falando comigo, e talvez você vá olhar para trás e dizer: "Conheci esse cara — foi esse cara que foi morto quando estava se infiltrando, entrando em algum lugar."

Morehead foi morto na mesma troca de tiros em que Bill Bennett morreu.

Quando perguntei a Morehead como seu pressentimento de que poderia morrer afetava sua rotina, ele disse: "Vou lhe falar honestamente: não afeta, porque acredito em Deus e acredito nos Estados Unidos."

Quando muitos dos mesmos homens que haviam cavalgado contra os talibás no Afeganistáo foram enviados para o Iraque, os piores temores dos afegáos que haviam lutado com eles contra os talibás se confirmaram.

Nadir Shihab, cuja casa fora explodida pelos talibás durante o combate em Qala-i-Janghi, me disse:

446 **12 HERÓIS**

— Estávamos muito felizes, senhor, depois de os americanos virem para o Afeganistão. *Muito felizes.*

"O Talibã era um regime ruim. E agora nós queremos ter segurança. Queremos reconstruir nosso país mais uma vez, senhor." Ele imaginou se os americanos ficariam e os ajudariam nessa enorme tarefa.

O comandante Ahmed Lal, subcomandante que lutara ao lado de Nelson, manifestou mais tarde a mesma preocupação a um oficial do governo americano.

— Somos homens — disse Lal. — Se damos a mão a alguém, ficamos com ele até a última gota de nosso sangue.

Lal, que se sacrificara muito lutando contra os talibãs — ficara mais de cinco anos sem ver sua família, que morava em exílio no Iraque —, sentia que havia um laço com seus colegas americanos que ele não queria que fosse rompido.

Em maio de 2003, quando o embaixador Paul Bremer, diretor de reconstrução e assistência humanitária no Iraque, "demitiu" o Exército Nacional Iraquiano, desmantelando-o, recebi um telefonema de um soldado que lutara no Afeganistão com o general Dostum.

— Perdemos o Iraque — disse o oficial, referindo-se à decisão de Bremer.

Isso foi bem antes de especialistas e repórteres começarem a fazer avaliações semelhantes sobre a luta dos Estados Unidos naquele país.

Perguntei o que ele queria dizer.

— O embaixador Bremer enviou 500 mil jovens para casa com suas armas, depois de bombardearmos o país deles. Eles estão com raiva. No fim das contas, não ficarão do nosso lado.

O oficial das Forças Especiais estava certo. Em vez de assimilar e trabalhar com esse antigo exército inimigo, os americanos o puseram na clandestinidade, onde ele se transformou numa forte insurgência.

Não foi surpreendente o oficial ter previsto esse resultado. Durante o curso de minha pesquisa, ficou claro que soluções para problemas como esses provavelmente seriam encontradas no etos da comunidade das Forças

EPÍLOGO 447

Especiais. Assim como um pintor não estudaria a luz sem estudar a sombra, ou como um compositor não consideraria um ritmo sem seu contraponto, temos que estudar a guerra conforme praticada por esses homens para estudar e criar a paz. As guerras, como observou o antigo pensador militar Carl von Clausewitz, não são travadas para matar pessoas, mas sim para efetuar mudanças políticas. São violentas, caras e representam uma das grandes fissuras do universo no contrato social. Então, estudar a paz é, na verdade, estudar a guerra. Qualquer movimento político ou social, de qualquer espécie, que não compreenda o grau em que esses opostos são, na verdade, correspondentes é inútil.

Nesse sentido, a história recontada aqui é também uma bandeira erguida contra a face brutal do fundamentalismo, em todas as suas formas, aqui e no exterior. Este livro é, eu espero, um relato sobre a arrogância e a misantropia religiosa e cultural. O que me impressionou durante minha pesquisa foi saber o nível em que a violência foi muitas vezes uma terceira ou quarta opção para resolver o conflito. Na verdade, alguns homens deste livro nunca dispararam suas armas, mesmo quando fazer isso teria significado dar um "fim" a um problema. Em vez disso, a crise de um momento específico era reparada agachando-se no chão com uma vara, de frente para o "oponente", e riscando uma solução. Esse método, embora exija muito tempo, pode ser bem mais eficiente e duradouro do que chutar portas ou disparar armas, uma percepção mais comum (embora frequentemente incorreta) do *modus operandi* de um soldado moderno.

Em suma, a história recontada aqui parece acontecer em outro tempo, antes de novos períodos repletos de histórias sobre abusos e raciocínios militares às vezes confusos. Como os Soldados a Cavalo estavam muito mal equipados quando foram enviados, e como os Estados Unidos na verdade não estavam preparados de maneira alguma para lutar uma guerra no Afeganistão, esses guerreiros desembarcaram no Afeganistão e se comportaram com a consciência sutil de antropólogos, diplomatas e trabalhadores sociais. Eles perceberam que sua missão era histórica. De fato, as Forças Especiais, e os Estados Unidos, nunca haviam lutado uma

448　　　　　　　**12 HERÓIS**

guerra dessa maneira. Esses soldados eram contrários a ofender qualquer costume de pessoas locais e a parecerem imperialistas hegemônicos. Essa conduta é praticada por eles durante seus duros treinamentos. Como me disse recentemente o major Dean Norosog, é precisamente esse etos que explica o sucesso deles.

No Iraque, os Estados Unidos seriam percebidos pela população local como o invasor, o imperialista opressor. No Afeganistão, os talibás — principalmente os soldados talibás "estrangeiros — eram vistos com essa distinção infeliz. Mas, enquanto mais homens, mais dinheiro e mais vidas eram perdidos no Iraque, os talibás se reagruparam no Afeganistão, alimentando-se da crescente insatisfação dos moradores das vilas que não viram a promessa de uma vitória pós-Estados Unidos trazendo um futuro novo e próspero.

Milhões de dólares de ajuda foram derramados no país, mas os fundos permaneceram restritos a Cabul, uma cidade hoje fervilhando de trabalhadores não governamentais e diplomatas temerosos de ataques talibás no interior. Isso é lastimável, porque muitas vezes é nas regiões rurais e remotas que os bens e serviços são mais necessários. Carros-bombas, sequestros, emboscadas, todas as ferramentas da guerra no Iraque são agora endêmicas no Afeganistão.

À luz desses acontecimentos, funcionários americanos chegaram ao ponto de anunciar uma nova disposição para negociar com elementos moderados da organização talibá, uma atitude evoluída que homens como Dean aprovariam.

— Nós enfraquecemos a liderança deles — disse-me ele — pedindo a eles para desertar e se juntar a nós. Eles começaram a lutar uns contra os outros. A organização deles ruiu por dentro também.

Teremos que nos aprofundar na questão deles e também fazer uma mágica diplomática ali. A realidade de trabalhar com facções muito diferentes e uni-las pode estar repleta de armadilhas, como quando, depois da Batalha de Qala-i-Janghi, os homens de Dostum foram acusados de isolar centenas de soldados talibás em caminhões-baús e sufocá-los, um método antigo de assassinato também praticado pelos talibás.

EPÍLOGO

Atualmente, no início de 2009, os talibãs mais uma vez controlam grandes porções do Afeganistão, e, para subjugá-los, o governo americano prometeu alocar forças maiores em todo o país. Ao mesmo tempo, o Paquistão está se tornando menos estável politicamente, um desdobramento que afeta a capacidade tanto do Afeganistão quanto dos Estados Unidos de derrotar o Talibã. Os ponteiros do relógio estão girando.

Um dito corrente é o de que o presidente do Afeganistão, Hamid Karzai, é na verdade apenas o prefeito de Cabul.

Em 11 de fevereiro de 2009, porém, até essa afirmação pareceu duvidosa. Homens-bombas — segundo relatos, apoiados por fundamentalistas paquistaneses — chocaram os 4 milhões de moradores de Cabul ao atacarem o Ministério da Educação, o Diretório de Prisões e o Ministério da Justiça, matando, de acordo com o *New York Times*, "pelo menos vinte pessoas e ferindo 57". Os ataques aconteceram a apenas algumas centenas de metros do palácio presidencial de Karzai.

Mais tarde, pessoas perguntariam ao sargento Pat Essex:

Nós fizemos a coisa certa lutando no Afeganistão? O senhor acha que fizemos diferença?

Essex achou que podia responder:

Você não poderá dizer hoje ou amanhã se foi a coisa certa. Você terá que voltar ao Afeganistão dentro de dez ou quinze anos e perguntar: "Foi certo?"

Ele acreditava que foi.

Em memória dos soldados do Quinto Grupo de Forças Especiais
do Exército dos Estados Unidos que morreram nas operações
Liberdade Duradoura e Liberdade Iraquiana

Dustin Adkins, especialista
William Bennett, primeiro-sargento
Jason Brown, segundo-sargento
Nathan Chapman, primeiro-sargento
Jefferson Davis, primeiro-sargento
Gary Harper Jr., segundo-sargento
Aaron Holleyman, segundo-sargento
Matthew Kimmell, segundo-sargento
Paul Mardis Jr., segundo-sargento
Ryan Maseth, segundo-sargento
Kevin Morehead, primeiro-sargento
Daniel Petithory, primeiro-sargento
Brian Prosser, segundo-sargento
Michael Stack, aspirante
Paul Syverson III, major
Ayman Taha, segundo-sargento
Michael Tarlavsky, capitão
Benjamin Tiffner, capitão
Brett Walden, primeiro-sargento
Justin Whiting, segundo-sargento
Daniel Winegeart, especialista

AGRADECIMENTOS E FONTES

Eu gostaria de agradecer às seguintes pessoas por sua assistência e apoio quando viajei pelos Estados Unidos e pelo Afeganistão fazendo entrevistas, reunindo material de pesquisa e visitando lugares-chave. Ao todo, fiz aproximadamente cem entrevistas com pilotos (de helicópteros e aviões), soldados, civis e membros de famílias, e consultei materiais como artigos de jornais e revistas, livros, documentos acadêmicos, diários de soldados, monografias, "relatórios pós-ação", centenas de fotografias (tiradas por soldados em batalhas) e diversos documentos detalhados descrevendo os movimentos de soldados das Forças Especiais no Afeganistão, bem como entrevistas com seus colegas afegãos.

Grande parte de minha pesquisa foi extraída de minhas próprias entrevistas com as principais pessoas envolvidas, bem como de observações que fiz ao visitar lugares-chave no Afeganistão. Por causa disso, pude olhar a campanha dos Soldados a Cavalo de muitas perspectivas importantes — da terra, do ar e das salas de estar de famílias deixadas para trás quando seu pai e marido foi enviado para o Afeganistão. Em suma, pude falar com alguma pessoa (e, na maioria das vezes, com muitos indivíduos) envolvida em quase cada elemento da campanha.

Também gostaria de expressar meus agradecimentos aos soldados e membros da comunidade de defesa que se encontraram comigo, mas cujos nomes eles pediram que não fossem revelados. (Alguns aparecem a seguir usando seus pseudônimos.) Exceto observação em contrário, todas as patentes militares citadas aqui são contemporâneas da época da história.

Primeiramente, quero agradecer especialmente ao general de divisão Geoffrey Lambert (agora reformado) por abrir as portas para mim dentro de toda a comunidade de Forças Especiais, tanto nos Estados Unidos quanto no Afeganistão. Sua astuta percepção da batalha, bem como da mente do Soldado Especial, é inestimável. Da mesma forma, quero agradecer ao então comandante do Quinto Grupo, coronel John Mulholland (hoje general), por sua hospitalidade todas as vezes que visitei Fort Campbell, e reconhecer também a ajuda do sargento Danny Leonard e do major James Whatley, secretário de imprensa *ad hoc*. E no Afeganistão, o coronel Jeffrey Waddell forneceu um apoio muito apreciado quando viajei pelo país.

O general de brigada David Burford, o coronel Charles King e o major Rob Gowan, secretário de Imprensa, foram de ajuda inestimável todas as vezes que visitei Fort Bragg. Na Base MacDill da Força Aérea, o vice-oficial de assuntos públicos, Ken McGraw, do Comando de Operações Especiais dos Estados Unidos, ajudou-me quando eu marcava as entrevistas. Os seguintes indivíduos também me receberam bem durante minhas viagens: coronel John Knie, coronel Warner "Rocky" Farr, aspirante de comando Lawrence Plesser, major Gary Kolb, major William Owen, major Christopher Fox, tenente-coronel Kent Crossley, Carol Darby, coronel Robert L. Caslen, Tommy Bolton, coronel Manuel Diemer, major Christopher Miller, coronel John Fenzel, Barbara Hall, Marie Hatch, Jim Ivie, Gabe Johnson, general Mike Jones, major Rich Patterson, major Scott Stearns e Kevin Walston.

Quero agradecer também ao trabalho duro e ao conhecimento do dr. Charles H. Briscoe, historiador do Comando de Operações Especiais do Exército americano, em Fort Bragg, que forneceu conselhos e apoio e me apontou a direção certa para obter informações inestimáveis sobre soldados afegãos e o pessoal americano em terra. Também agradeço o apoio recebido da arquivista Cyn Harden e do dr. Kenn Finlayson, historiador do Centro e Escola Especial de Guerra do Exército dos Estados Unidos.

AGRADECIMENTOS E FONTES

O dr. Briscoe, juntamente com uma equipe de escritores — Richard L. Kiper, James A. Schroder e Kalev I. Sepp —, escreveu uma história definitiva e especialmente útil sobre as forças de Operações Especiais no Afeganistão intitulada *Weapon of Choice*, à qual me referi ao escrever o livro, particularmente quando descrevo aspectos do acampamento-base K2; a luta intertribal entre grupos étnicos do Afeganistão; e a situação difícil de Massoud em setembro de 2001, além dos movimentos de soldados em geral. Obrigado, Chuck et al.

Quero agradecer ao major Dean Nosorog por me visitar em minha casa para uma semana de conversas e entrevistas intensas e intelectualmente desafiadoras, abrangendo desde a história do Oriente Médio até os desafios do Irã nos dias de hoje, passando pelo desafio de ir para a guerra a cavalo. Dean, assim como muitos soldados das Forças Especiais, é um observador voraz, possuindo uma orientação altamente sincrética. Foi ele quem, em meio a suas inúmeras histórias, incluiu uma descrição dos campos de refugiados próximos a Mazar-i-Sharif e ofereceu observações perspicazes sobre Atta, o senhor da guerra. Ele também ditou um relato fascinante sobre a chegada de sua equipe à cidade. Quero agradecer também a outros membros da equipe de Dean por conversarem comigo, incluindo Jerry Booker, Darrin Clous, Mark House, Brad Highland, Stu Mansfield e James Gold. Da mesma forma, Cal Spencer, Sam Diller (agora reformado), John Bolduc (reformado) e o tenente-coronel Max Bowers (reformado) também me abriram suas casas. Bowers me emprestou seu mapa da campanha, que ele carregou no lombo do cavalo, e sobre o qual o movimento de todos os soldados americanos na região foi planejado depois de 2 de novembro. Foi extremamente significativo segurar em minhas mãos esse documento cheio de dobras nas pontas e estudar as marcações a lápis, que indicavam as posições.

Sou grato também pela oportunidade de entrevistar extensamente o capitão Mitch Nelson e os membros de sua equipe, incluindo Sam Diller, Cal Spencer, Pat Essex, Ben Milo, Sonny Tatum (da Força Aérea dos EUA) e Bryan Lee. Quero agradecer ao major Mark Mitchell (hoje coronel, comandante do Quinto Grupo de Forças Especiais) por dispor de seu tempo para responder pacientemente às minhas perguntas, especialmente durante um longo período na Biblioteca Pública de Tampa, e em incontáveis conversas por telefone e e-mails. Todas as constatações e lembranças desses homens e de seus colegas foram essenciais para reconstituir os pensamentos, as palavras e as ações dos Soldados a Cavalo e a batalha em Qala-i-Janghi. Em todo o livro, os diálogos são extraídos de entrevistas originais, relatos publicados anteriormente, videoteipes, transcrições, diários e monografias sobre os acontecimentos, bem como de pessoas que mais tarde compartilharam seus segredos. Além de Mitchell, quero agradecer a Kurt Sonntag, Pete Bach, Martin Homer, Steve Billings, Roger Palmer, Burt Docks, Malcolm Victors, Kevin Leahy, Dave Betz e Ernest Bates. Muitas pessoas me acolheram em suas vidas e confiaram a mim suas histórias. Sou grato a elas.

Para entender uma guerra de guerrilha, ajudou imensamente uma visita de uma semana a um exercício de treinamento das Forças Especiais chamado Robin Sage, do qual participei, nos bosques da Carolina do Norte. Ali, soldados que desejam integrar as Forças Especiais são submersos, em tempo real, num cenário da vida num acampamento de guerrilheiros estrangeiros. Os americanos chegam e precisam agradar a "população local", compreender a vontade dos moradores e lutar junto ao senhor da guerra deles para promover uma mudança política e social desejada. Sou grato ao major Scott Stearns (reformado), à major Kathleen Devine (reformada) e ao major-general Jerry Boykin, que me receberam no Centro e Escola Especial de Guerra John F. Kennedy, em Fort Bragg, e me apresentaram aos membros da comunidade de treinamento, entre eles o divertido Brian Bolger.

Beneficiei-me também imensamente das discussões sobre o Afeganistão e o Paquistão — do passado e do presente — com Greg Mortenson, autor de *A terceira xícara de chá*. O trabalho de Mortenson em prol dos cidadãos desses países é inspirador e revolucionário, e seu senso de abnegação é algo louvável. Da mesma forma, beneficiei-me de meu encontro com

AGRADECIMENTOS E FONTES 457

Thomas Gouttierre, diretor do Centro para Estudos do Afeganistão, na Universidade de Nebraska, em Omaha. Esses dois educadores estão na vanguarda da criação de uma nova diplomacia em lugares turbulentos do mundo.

Para uma lista completa de fontes secundárias, ver a bibliografia. Em particular, quero reconhecer os seguintes autores e seus trabalhos:

Para informações sobre os últimos dias do sequestrador Mohammed Atta e seu grupo, os ataques de 11 de setembro de 2001 e a resposta militar americana a esses ataques, recorri a inúmeras reportagens de Terry McDermott, do *Los Angeles Times*. Também utilizei "Four Corners", transmitido pela Australian Broadcasting Corporation em 12 de novembro de 2001; "Four in 9/11 Plot Are Called Tied to Qaeda in '00", de Douglas Jehl, publicado no *New York Times* em 9 de agosto de 2005; "Atta's Odyssey", publicado em 8 de outubro de 2001 na *Time*; "The Plot Comes Into Focus", de John Cloud, publicado em 1º de outubro de 2001 também na *Time*; "The Hijackers We Let Escape", de Michael Isikoff e Daniel Klaidman, publicado em 10 de junho de 2002 na *Newsweek*; "They Had a Plan", publicado em 12 de agosto de 2002 na *Time*; "The Night Before Terror", reportagem de equipe publicada em 5 de outubro de 2001 no *Portland Press Herald*; "Atta's Will Found", postado em www.abcnews.com em 14 de outubro de 2001; *The 9/11 Commission Report: Final Report of the National Commission on Terrorist Attacks Upon the United States*, publicado pela W. W. Norton; e *The 9/11 Report: The National Commission on Terrorist Attacks Upon the United States*, publicado pela St. Martin's Press em 2004. Informações técnicas sobre os aviões sequestrados vieram do National Institute of Standards and Technology, setembro de 2005, e do trabalho de reportagem com extensão de livro de Bob Woodward, Rowan Scarborough, Norman Friedman, George Friedman e Gerald Posner.

Além de minhas entrevistas originais e de outras fontes de pesquisa, para informações sobre Ahmed Shah Massoud — incluindo seu assassinato —, recorri a *The Lion's Grave: Dispatches from Afghanistan*, de

458   **12 HERÓIS**

Jon Lee Anderson; "Slowly Stalking the Lion", de Craig Pyes e William Rempel, publicado no *Los Angeles Times* em 14 de junho de 2002; "The Lion in Winter", de Sebastian Junger, publicado na *National Geographic Adventure*, março/abril de 2001; "Good at War, Poor at Peace", de Luke Harding, publicado no *Guardian*, 12 de setembro de 2001; "Afghanistan Reporter Looks Back on Two Decades of Change", de D. L. Parsell, *National Geographic News*, publicado em 19 de novembro de 2001; e "Massoud's Last Words", uma exclusiva do site da *Newsweek*, postada depois do assassinato de Massoud. Para detalhes sobre o aparecimento de Massoud depois de seu assassinato, recorri a "The Assassins", de Jon Lee Anderson, publicado na *New Yorker*, 10 de junho de 2002. Também tive como referência "A Gruesome Record", de Michael Griffin, publicado no *Guardian*, 16 de novembro de 2001; "The Afghan Who Won the Cold War", de Robert D. Kaplan, publicado no *Wall Street Journal*, 5 de maio de 1992; e www.Afgha.com para uma biografia de Massoud, postada em 31 de agosto de 2006.

Além das entrevistas originais e de outras fontes, para informações sobre a rendição em Konduz e alguns detalhes sobre a rendição em Qala-i-Janghi entre o general Dostum e o mulá Faisal, recorri às seguintes reportagens escritas: "Paper Surrender Blowing in the Wind", de Luke Harding, publicada em 23 de novembro de 2001 no *Guardian*; "Doomed Arab Units Prepare for Final Battle Against the Odds", de Khaled Dawoud, Julian Borger e Nicholas Watt, publicada em 20 de novembro de 2001 no *Guardian*; e às seguintes reportagens de Ian Cobain, publicadas pela Times Newspapers Ltd.: "Foreign Fighters Resist Alliance", 15 de novembro de 2001; "Refugees Tell of Frenzied Killing in Besieged City", 19 de novembro de 2001; e "America Will Take No Prisoners", 20 de novembro de 2001. Também úteis para esses tópicos foram: "Alliance Says Non-Afghan Taliban Unwilling to Negotiate in Kunduz", de Sharon LaFraniere, publicado em 20 de novembro de 2001 no *Washington Post*; "The Rout of the Taliban, Part Two", de Peter Beaumont, Kamal Ahmed, Ed Vulliamy, Jason Burke, Chris Stephen, Tim Judah e Paul Harris, publicado em 18

AGRADECIMENTOS E FONTES

de novembro de 2001 no *Guardian*; e "Kunduz: Northern Stronghold Ready to Capitulate", de Luke Harding, Nicolas Watt e Brian Whitaker, publicado em 22 de novembro de 2001 no *Guardian*.

Para uma maior compreensão da história das Forças Especiais e do combate em guerras no passado e no presente, fui ajudado por décadas de trabalhos cuidadosos publicados em dezenas de livros e artigos sobre as Forças Especiais e o Afeganistão. Para pesquisar a evolução das unidades militares convencionais para equipes das Forças Especiais "culturalmente sensíveis", consultei *The Devil's Brigade*, de Robert H. Adleman e do coronel George Walton; e *From OSS to Green Berets: The Birth of Special Forces*, do coronel Aaron Bank (reformado). De especial interesse foram o provocativo e lúcido *The New Face of War: How War Will Be Fought in the 21st Century*, de Bruce Berkowitz, e *The Transformation of War*, de Martin van Creveld. São trabalhos incrivelmente convincentes. Também encontrei informações úteis em *A Tribute to Special Operations*, conforme descrito em "The Green Berets", de John D. Gresham; "WWII Special Operations Forces", de Dwight J. Zimmerman; e "USASOC History: From Jedburghs to Devils and Snakes", de Barbara Hall, publicado em 2003 pela Faircount LLC.

Para uma visão da relação dos Estados Unidos com o Afeganistão pós-Guerra Fria, *The Lessons of Afghanistan: War Fighting, Intelligence and Force Transformation*, livro de Anthony Cordesman, também foi revelador, assim como a tradução de Samuel B. Griffith de *On Guerrilla Warfare*, de Mao Tsé-tung.

Também recorri a *U. S. Army Special Forces, 1961-1971*, do coronel Francis J. Kelly; *The Oxford Companion to American Military History*, editado por John Whiteclay Chambers II; *OSS: The Secret History of America's First Central Intelligence Agency*, de Richard Harris Smith; *U. S. Special Forces: A Guide to America's Special Operations Units, The World's Most Elite Fighting Force*, de Samuel A. Southworth e Stephen Tanner; *Our Vietnam: The War 1954-1975*, de A. J. Langguth; e *Green Berets at War: U. S. Army Special Forces in Southeast Asia, 1956-1975*, de Shelby L. Stanton. Para um olhar fascinante sobre as características do soldado das

460 **12 HERÓIS**

Forças Especiais, veja "The Making of a Perfect Soldier", de Linda Carroll, transmitido pela MSNBC em 7 de março de 2002; "Walking Point", de Linda Robinson, publicado em 18 de outubro de 2004 no *U.S. News & World Report*; e "A Bulletproof Mind", de Peter Maass, publicado em 10 de novembro de 2002 na *New York Times Magazine*.

Para informações sobre o custo financeiro da campanha no Afeganistão e o número de pessoas envolvidas, recorri a *Jawbreaker*, de Gary Berntsen, e *Bush at War*, de Bob Woodward. Para informações e percepções sobre o general Atta, política e história afegãs e experiências de batalhas no Afeganistão em particular, apoiei-me em longas entrevistas, frequentemente ultrapassando vários períodos de tempo, com os seguintes homens da equipe de Dean Nosorog: Stu Mansfield, Darrin Clous, Brad Highland, Jerry Brooker, James Gold, Mark House, Brian Lyle, Donny Boyle (controlador de combate da Força Aérea) e Brett Walden. Alguns desses homens também me forneceram diários, mapas, fotos e relatórios, esses últimos realizados em campo, enquanto a batalha acontecia. Todo esse material ofereceu uma noção palpável da batalha vista do lombo de um cavalo. Também recorri a "Afghan Militias 'Should Disband'", de Jannat Jalil, transmitido pela BBC em 19 de julho de 2003.

Diversas pessoas forneceram visões francas semelhantes sobre as experiências da equipe de Mitch Nelson, bem como sobre os pensamentos e ações dos soldados afegãos que lutavam com ela. Elas incluem o general Dostum, Cal Spencer, Sam Diller, Scott Black, Ben Milo, Pat Essex e Sonny Tatum (controlador de combate da Força Aérea). Extraí informações biográficas sobre o primeiro-sargento William Bennett de "Three Soldiers, Many Mourners", de Scott Pelley, transmitido pela CBS News em *60 Minutes II*, 28 de julho de 2004. Além das entrevistas originais com membros da equipe, as informações sobre o controlador de combate da Força Aérea Malcolm Victors foram extraídas de "Mazar I Sharif", de Wil S. Hylton, publicado na *Esquire*, agosto de 2002, bem como de "The Liberation of Mazar-e Sharif: 5th SF Group Conducts UW in Afghanistan", do pessoal do 3º Batalhão, Quinto Grupo de Forças Especiais, publicado

AGRADECIMENTOS E FONTES

na revista *Special Warfare*, junho de 2002, e "The Story of ODA 595", de Barbara Hall, divulgado pelo Comando de Forças Especiais dos Estados Unidos. Veja também *Frontline: Campaign Against Terror*, da PSB, transmitido em 2 de agosto de 2002, em que membros da equipe descreveram algumas de suas aventuras a cavalo.

Para informações sobre os feitos incríveis no voo realizado pelos pilotos e outros tripulantes do 160º SOAR, quero agradecer aos seguintes membros da comunidade Nightstalker por compartilharem suas experiências comigo no quartel-general de Fort Campbell: Greg Gibson, John Garfield, Tom Dingman, Jerry Edwards, Steve Porter, Carson Millhouse e Will Ferguson. O piloto Greg Gibson fez um grande esforço para conseguir um "voo" no Afeganistão num helicóptero Chinook. O piloto Jerry Edwards me forneceu um diário de acontecimentos e pensamentos pessoais feito durante a guerra. Essas entrevistas foram inestimáveis por recriarem o voo das equipes das Forças Especiais para o Afeganistão. Realmente, a história dos Nightstalkers no Afeganistão é incrível.

As seguintes obras foram valiosas por descreverem a história e as ações da CIA: *Secret Armies: The Full Story of the SAS, Delta Force and Spetsnaz*, de James Adams; *Secret Warriors: Inside the Covert Military Operations of the Reagan Era*, de Steve Emerson; *The Book of Honor: The Secret Lives and Deaths of CIA Operatives*, de Ted Gup; e *The CIA at War: Inside the Secret Campaign Against Terror*, de Ronald Kessler.

Para uma compreensão de personalidade, pensamentos, palavras e ações do oficial paramilitar da CIA Mike Spann, tive a ajuda de artigos de revistas sobre Spann e sua esposa, Shannon, e dos pais e da família de Spann, bem como de inúmeros relatos noticiosos sobre a presença generalizada da CIA no Afeganistão. Em particular, Shannon falou em artigos e pronunciamentos públicos sobre seus pensamentos e sentimentos sobre Mike quando ele foi enviado em missão, e o pai de Spann, John Spann, falou na imprensa escrita e na TV sobre o drama da morte de seu filho. Dois livros de ex-oficiais da CIA contemporâneos de Spann no Afeganistão foram úteis para esclarecer os detalhes físicos dos movimentos dos oficiais

462   **12 HERÓIS**

da agência, incluindo Spann, bem como os oficiais dos soldados afegãos. Os livros ajudaram a elucidar o estado de espírito do general Atta Mohammed Noor. Esses livros são: *First In*, de Gary Schroen, e *Jawbreaker*, de Gary Berntsen. Foi desses livros que extraí as histórias sobre o encontro de Schroen com Cofer Black, diretor do Centro de Contraterrorismo; a decapitação de um soldado talibã por um membro da Aliança do Norte depois de um ataque a cavalo; e o encontro entre Schroen e o líder da Aliança do Norte Fahim Khan, bem como outros detalhes sobre ações de oficiais da CIA, incluindo conversas entre os oficiais da CIA presentes no ataque a cavalo. O documentário da CNN *House of War: Uprising at Mazar-i-Sharif* também forneceu imagens e diálogos inestimáveis sobre o interrogatório de John Walker Lindh por Mike Spann e Dave Olson, assim como "He's Got to Decide If He Wants to Live or Die Here", uma exclusiva do site da *Newsweek*, de Colin Soloway, em 6 de dezembro de 2001, que inclui uma transcrição do interrogatório. Informações sobre as ações de Dave Olson e Mike Spann e os acontecimentos dos quais eles participaram também foram fornecidas em minhas entrevistas com soldados das Forças Especiais que viajaram e trabalharam de perto com ambos.

Os seguintes livros, artigos e websites foram úteis para recriar a trajetória de Mike Spann a partir de sua cidade, Winfield, no Alabama, até suas horas finais em Qala-i-Janghi. De especial importância foi "Love in a Time of War", de Edward Klein, publicado em 18 de agosto de 2002 na revista *Parade*, em que Shannon Spann faz um relato detalhado de sua vida com Mike.

Outras reportagens do *New York Times* também foram úteis: "One for His Country, and One Against It", de Blaine Harden com Kevin Sack, publicada em 11 de dezembro de 2001; "Agent Praised as Patriot in Graveside Ceremony", de Diana Jean Schemo, publicada em 11 de dezembro de 2001; e "CIA Names Agent Killed in Fortress", de James Risen, publicada em 29 de novembro de 2001. Um artigo intitulado "Community Recalls a Native Son with Clear Goals", de Kevin Sack, publicado em 29 de novembro de 2001, continha detalhes sobre a infância

AGRADECIMENTOS E FONTES

de Spann. Também extraí informações de transcrições na CNN.com: "CIA Officer Michael Spann Buried at Arlington National Cemitery", transmitido em 10 de dezembro de 2001; "Discussion with Widow of First American to Die in Afghan Combat", transmitido em 14 de setembro de 2002; "Family of Michael Spann Speak to Reporters Following Lindh Not Guilty Plea", transmitido em 13 de fevereiro de 2002; e *CNN Presents: House of War: The Uprising at Mazar-e Sharif*, transmitido em 3 de agosto de 2002. Os seguintes artigos de Richard Serrano, publicados no *Los Angeles Times*, também foram úteis: "Detainees Describe CIA Agent's Slaying", publicado em 8 de dezembro de 2004, e "Driven by a Son's Sacrifice", publicado em 7 de abril de 2005.

Os seguintes artigos úteis sobre Spann e sua família foram escritos por Jeffrey McMurray e publicados pela Associated Press: "Father on Crusade to Prove Afghanistan Ambush Killed CIA Officer", publicado em 12 de março de 2005, e "CIA Agent's Dad Probes Deadly Afghan Riot", publicado em 13 de março de 2005. Vários websites também oferecem fotos e informações sobre Mike Spann, sua família estendida e sua carreira no Corpo de Fuzileiros Navais dos Estados Unidos e na CIA, incluindo seu ensaio de inscrição na CIA, de 1999. Os websites são www.honormikespann.com e o site do Cemitério Nacional de Arlington, que apresenta "Johnny Michael Spann, An American Hero". Para informações sobre a correspondência entre Shannon Spann e Mike Spann quando ele estava no Afeganistão, recorri à reportagem "Shannon Spann", publicada no website www.embracehisgrace.com. Para informações sobre o anúncio da morte de Spann e elogios fúnebres sobre sua morte e seu enterro, veja também diversos boletins de imprensa e declarações divulgados pela Agência Central de Inteligência; "CIA's Spann Buried at Arlington", de Mary Orndorff, publicado em 11 de dezembro de 2001 no *Birmingham News*; e "CIA Reports Officer Killed in Prison Uprising", de Vernon Loeb e Josh White, publicado em 29 de novembro de 2001 no *Washington Post*. "The CIA's Secret Army", de Douglas Waller, publicado em 3 de fevereiro de 2003 na *Time*, foi especialmente elucidador, assim como "A Street

464   **12 HERÓIS**

Fight", de Evan Thomas, publicado em 29 de abril de 2002 na *Newsweek*. O website www.winfieldcity.org forneceu detalhes sobre a cidade de Spann.

Da mesma forma, fui ajudado na reconstituição de pensamentos, palavras e ações de John Walker Lindh por consultas a volumosas páginas de documentos judiciais do julgamento de Lindh que descrevem seus movimentos e por numerosos relatos em jornais e revistas sobre Lindh e sua família, bem como por *My Heart Became Attached*, corajosamente pesquisado por Mark Kukis. O pai de Lindh, Frank Lindh, escreveu e falou publicamente sobre o drama de sua família, oferecendo informações sobre a viagem de seu filho da Califórnia para o Afeganistão. Veja especialmente o discurso do pai de Lindh no Commonwealth Club of California em 19 de janeiro de 2006, intitulado "The Human Rights Implication of 'The American Taliban' Case", bem como "The Real Story of John Walker Lindh", de Frank Lindh, em AlterNet, postado em 24 de janeiro de 2006; e "Father of a U. S. Taliban Fighter Speaks Out", postado em 20 de janeiro de 2006. Veja também "Taking the Stand, The Crimeless Crime: The Prosecution of John Walker Lindh", de Frank R. Lindh, www.dcbar. org, maio de 2005; "He's a Really Good Boy", de Karen Breslau e Colin Soloway, uma exclusiva do site da *Newsweek*, publicada em 7 de dezembro de 2001; e "John Lindh Not a Traitor, Father Argues", de Kevin Fagan, publicada pelo *San Francisco Chronicle* em 20 de janeiro de 2006.

Para informações sobre as percepções de colegas de sala de Lindh sobre ele no Iêmen, recorri a "Bright Boy from the California Suburbs Who Turned Taliban Warrior", de Julian Borger, publicado pelo *Guardian* em 5 de outubro de 2002.

Para informações (detalhes físicos, diálogos e percepções psicológicas), os seguintes artigos de revistas foram especialmente úteis: "Lost in the Jihad", observação atenta de Jane Mayer publicada na *New Yorker*, 10 de março de 2003; "The Making of John Walker Lindh", publicada na *Time*, 10 de março de 2003; "The Long Strange Trip to the Taliban", de Evan Thomas, publicado na *Newsweek*, 17 de dezembro de 2001; "Periscope", de Colin Soloway, publicado na *Newsweek*, 31 de dezembro de 2001; "Tale

AGRADECIMENTOS E FONTES

of an American Talib", exclusiva do site da *Newsweek*, de Colin Soloway, postada em 1º de dezembro de 2001; "In Defense of John Walker Lindh", exclusiva do site da *Newsweek* postada em 16 de março de 2002, de Karen Breslau; e "Innocent", de Tom Junod, publicada na *Esquire*, julho de 2006. O Centro para Pesquisas Cooperativas também publicou informações úteis, quase enciclopédicas, sobre Lindh. Veja "Are You Going to Talk to Us?", publicado em 17 de dezembro de 2001 pela *Newsweek*, para uma transcrição do interrogatório de Lindh por Spann; e "U.S. Taliban Fighter Describes Fortress Horror", de Michael Ellison, publicado pelo *Guardian*, 3 de dezembro de 2001. Veja em www.CNN.com "Transcript of John Walker Interview", postado em 4 de julho de 2002, para informações sobre o estado de espírito de Lindh e seu tratamento médico depois de sua captura; e "Walker's Brush with Bin Laden", de Daniel Klaidman e Michael Isikoff, publicado em 31 de dezembro de 2001 na *Newsweek*. Em particular, Colin Soloway tem sido uma lente jornalística onipresente na história de Lindh.

Para meu relato sobre as ações de Lindh na Escola Turca, em Mazar-i--Sharif, apoiei-me também em minhas entrevistas com soldados incumbidos de vigiá-lo. Em particular, James Brosnahan, advogado de Lindh, falou comigo sobre questões legais relativas ao julgamento e me forneceu, entre diversos documentos, a transcrição do encontro de Lindh com o médico das Forças Especiais William Bennett e um repórter freelance, Robert Pelton, depois da captura de Lindh. Para meu relato sobre a descoberta de Lindh no Afeganistão por Colin Soloway, recorri ao artigo de Soloway na *Newsweek* de 7 de dezembro de 2001, que descreve seu estranho encontro com Lindh depois da batalha de Qala-i-Janghi, bem como a um relato por escrito do acontecimento fornecido pelo fotógrafo Damien Degueldre, que acompanhava Soloway durante a descoberta de Lindh.

Para informações sobre a fortaleza de Qala-i-Janghi e a batalha ali, apoiei-me em minhas entrevistas com a maioria dos soldados envolvidos, particularmente Mark Mitchell, Kurt Sonntag, Dave Betz, Roger Palmer, Steve Billings, Martin Homer, Pete Bach, Jason Kubanek, Ernest Bates e

466   **12 HERÓIS**

Malcolm Victors, controlador de combate da Força Aérea; Burt Docks, controlador de combate da Força Aérea; Don Winslow, Paul Syverson, Craig McFarland e Kevin Leahy; e inúmeros soldados da Décima Divisão de Montanha do Exército dos Estados Unidos.

Roger Palmer e Steve Billings me recontaram o relato de Dave Olson sobre a morte de Spann, incluindo a louca corrida de Olson em busca de segurança. Najeeb Quarishy forneceu amavelmente informações inestimáveis sobre a batalha em Qala-i-Janghi, bem como um relato completo sobre a chegada dos americanos à cidade e um retrato da vida no Afeganistão sob o regime talibã. Obrigado, Najeeb.

Outros detalhes me foram fornecidos por extensas monografias escritas pelos soldados envolvidos na batalha, que oferecem um relato quase hora a hora. Também consultei relatórios escritos pós-ação por Mitchell e Sonntag. Outros documentos e fotos da batalha de Qala-i-Janghi foram colhidos em inúmeras reuniões do Exército americano em que os homens apresentaram seus relatos, pós-ação. Para a declaração do major Mark Mitchell na cerimônia da Cruz do Serviço Distinto, em 14 de novembro de 2003, tive como referência o registro em vídeo e transcrito do evento, bem como as lembranças do próprio Mitchell.

Para ver pessoalmente o local da batalha, passei vários dias com o ex--soldado da Aliança do Norte Ali Sarwar caminhando por Qala-i-Janghi, pisando em cápsulas de balas, minas terrestres e fragmentos de ossos que restaram da batalha. (Num canto do forte, encontramos uma caveira humana que voltou à superfície em meio à lama.) Enquanto andávamos, Ali narrou suas ações e as de seus homens — um relato corajoso e angustiante. Ali parou no parapeito sul do forte e explicou a luta ocorrida várias centenas de metros abaixo dele. Sou grato por sua visão rara e próxima da batalha.

Da mesma forma, quero expressar minha admiração e gratidão ao repórter da *Time* Alex Perry e ao cinegrafista Dodge Billingsley, da Combat Films, por sua assistência inestimável. Esses dois homens se infiltraram no forte durante o combate, registrando parte da luta por escrito e em filme.

AGRADECIMENTOS E FONTES

Sou grato a Dodge por me enviar uma dúzia de horas de sua filmagem, e a Alex por responder cuidadosamente e com bom humor minhas inúmeras perguntas por telefone e e-mail sobre sua experiência no forte e os acontecimentos em torno de americanos, britânicos, afegãos e outros repórteres durante a batalha. O visionário artigo de Perry para a *Time* "Inside the Battle at Qala-i-Janghi", publicado em 1º de dezembro de 2001, bem como suas outras reportagens sobre acontecimentos anteriores e posteriores à guerra no Afeganistão, resultam numa leitura fascinante, humana e precisa sobre esse momento histórico. Veja especialmente o "perguntas e respostas" de Perry intitulado "Update: American Rescued from Taliban-held Fort", publicado pela *Time* em 27 de novembro de 2001. Meu profundo agradecimento aos dois repórteres.

Para informações e detalhes sobre o encontro do repórter alemão Arnim Stauth com o oficial da CIA Dave Olson, consultei "Those Would Have Killed Us", publicado em agosto de 2002; e "Thirteen Months After the 9/11 Attacks: Terrorism, Patriotism and Media Coverage", em *Transnational Broadcasting Studies*, edição 9. Também me apoiei no documentário *House of War: The Uprising at Mazar-i-Sharif*, bem como nas recordações do repórter Alex Perry e do cinegrafista Dodge Billingsley.

Para informações sobre a rendição do mulá Faisal em Qala-i-Janghi, bem como sobre as ações de Dostum e seu estado de espírito depois de voltar para o forte, após a rebelião, recorri à reportagem de Damien McElroy "I'm Sick of Death, Says Dostum the Warlord", publicada em 29 de novembro de 2001 no *Telegraph* (Londres); às recordações pessoais do tenente-coronel Max Bowers, que acompanhou Dostum durante a rendição; às reportagens do repórter do *Guardian* Luke Harding; às análises da gênese da rebelião feitas por Kurt Sonntag e Mark Mitchell; ao trabalho do repórter e cinegrafista Dodge Billingsley; e às recordações de inúmeros membros das Forças Especiais que tiveram conhecimento do que aconteceu depois da rebelião. A notícia sobre a recompensa paga pelo mulá Faisal a Dostum provém de "Lost in the Jihad", de Jane Mayer, publicado na *New Yorker* em 10 de março de 2003. As informações

468 **12 HERÓIS**

sobre diversas características e preocupações dos soldados talibãs e da al-Qaeda são extraídas de suas declarações feitas, depois que eles foram capturados, a funcionários do governo americano e que constam de "Detainee Statements. Combatent Status Review Tribunals conducted at Guantanamo Bay Naval Base" (www.defenselink.mil). Outras informações sobre os talibãs foram extraídas de "Mazar-e Taliban, R.I.P.", de Daniel Lak, publicado pela *Outlook India* em 16 de dezembro de 2001; "The Massacre in Mazar-i-Sharif", *Human Rights Watch*, 8 de novembro de 1998 (v. 10, n. 7); "Taliban Kabul Diary", de Jason Burke, publicado pela *London Review of Books* (v. 23, n. 6), 22 de março de 2001; "Country Reports on Human Right Practices for 1994", submetido pelo Departamento de Estado, em 1995, à Comissão de Relações Internacionais da Câmara de Representantes dos Estados Unidos e à Comissão de Relações Exteriores do Senado dos Estados Unidos; "Country Reports on Human Rights Practices for 1995-96", submetido em 1996 à Comissão de Relações Internacionais da Câmara dos Representantes dos Estados Unidos e à Comissão de Relações Internacionais do Senado dos Estados Unidos; *Taliban: Militant Islam, Oil & Fundamentalism in Central Asia*, de Ahmed Rashid; e *Reaping the Whirlwind: The Taliban Movement in Afghanistan*, de Michael Griffin.

Quando visitei Qala-i-Janghi e Mazar-i-Sharif, recebi importante assistência logística e hospitalidade do coronel Brian Harris, do tenente Daryl Hodges, do segundo-sargento Jeffrey Ewing, do sargento Christopher Carpenter, do sargento Kasey Philips, do especialista Damien Miller e do especialista Oliver Jackson. O major Eric Bloom foi um secretário de Imprensa amável e prestativo na Base Aérea de Bagram, no Afeganistão; e quando eu estava ali, o subtenente Stan Parker me ajudou a fazer um passeio instrutivo num helicóptero Chinook. Obrigado também ao brigadeiro James Champion, que, como vice-comandante-geral (de Operações) da Força-Tarefa Conjunta Combinada 76, encontrou-se comigo quando eu estava em Bagram. Obrigado também ao fotógrafo Jonas Dovydenas por sua hospitalidade em Cabul. Muito numerosos para agradecer individualmente são todos os outros soldados das Forças

AGRADECIMENTOS E FONTES 469

Especiais e do Exército comum em Bragam e Camp Tillman, perto de Mazar-i-Sharif. Eles me ajudaram em minhas viagens a lugares-chave para a pesquisa. Um agradecimento especial a Jesse Ooten por emprestar sua cabana em Bagram a este escritor viajante.

Sou grato ao tenente-coronel Pablo Hernandez por sua orientação quando entrevistei funcionários do governo afegão e ex-*mujahedeen* na sede da Presidência em Cabul. Chuck Ricks, de Indiana, também foi um aliado inestimável em Cabul. Quando nos conhecemos, Chuck trabalhava no Escritório de Relações Parlamentares e Assuntos Públicos do Ministério da Defesa do Afeganistão, e imediatamente me ajudou a conseguir entrevistas cruciais com o general Abdul Rashid Dostum e o general Atta Mohammed Noor, bem como com ex-membros da Aliança do Norte, que na época trabalhavam para o governo. Foi uma honra me encontrar com esses homens, muitos dos quais lutaram contra os soviéticos.

Quero agradecer aos seguintes generais e soldados afegãos por sua generosidade de se encontrar comigo em Cabul e Mazar-i-Sharif, onde alguns deles forneceram importantes informações e detalhes sobre a batalha em geral: general Atta Mohammad Noor, general Abdul Rashid Dostum, vice-ministro da Defesa A. Yusuf Nuristani, Muhamad Tamimi Huma, Matin Sharifi, general Taj Mohammed, general Atta Yama, vice--ministro da Defesa Mohammad Humayun Fawzi, general Baz Mohammad Jowhari, vice-ministro da Defesa de Política e Estratégia general de divisão Muhebbulah, general de divisão Taj Mohammad, general Azimi e subcomandante Ali Sarwar, do exército do general Dostum. Algumas informações sobre os acontecimentos do último dia de Ahmed Shah Massoud provêm de minha entrevista com o "coronel Paima", que esteve com o líder tadjique no dia em que este foi assassinado.

Outras informações sobre o general Dostum vieram de: "Mujaheddin Write Their Name in Blood", de Jon Swain, publicado pelo *Sunday Times* (Londres), 11 de novembro de 2001; "Makeover for a Warlord", de Anthony Davis, publicado na *Time*, 3 de junho de 2002; "Profile: General Rashid Dostum, The Treacherous General", de Patrick Cockburn, publicado em 1º de dezembro de 2001 pelo *Independent* (Reino Unido).

470   **12 HERÓIS**

Outras entrevistas importantes, bem como assistência em tradução e apoio logístico, vieram amavelmente de, entre outros: Mohibullah Quarishy, Najeeb Quarishy, Nadir Shilab, "Rocky" Bahari, Yama Bassam, Nadir Ali e, por fim, Abdul Matin, que me acompanhou em visitas cruciais a Dostum e Atta, em Cabul e Mazar-i-Sharif. Peço desculpas a muitos outros cujos nomes inadvertidamente omiti.

Para informações sobre a fauna selvagem afegã e orientação em áreas selvagens, consultei o *Crosslines Essential Field Guides Afghanistan*, segunda edição, 2004, Media Action International. Informações sobre vilas afegãs e devastação por soldados talibãs vieram de relatórios preparados pelo Alto-Comissariado das Nações Unidas para Refugiados. Para informações fascinantes sobre o país, veja *Afghanistan*, de Louis Dupree, um livro esquecido, mas que deve ser lido por qualquer pessoa que queira entender a complexidade da vida afegã.

Quero agradecer a vários pilotos da Força Aérea americana que compartilharam comigo suas experiências em combates no Afeganistão, particularmente o ataque noturno do avião de guerra Spectre à fortaleza de Qala-i-Janghi.

Também sou grato aos bravos soldados da Décima Divisão de Montanha por compartilharem suas lembranças do resgate que fizeram de soldados das Forças Especiais feridos no bombardeio equivocado: general de divisão Franklin "Buster" Hagenback, coronel Robert Caslen Jr., tenente-coronel Bryan Hilferty, subtenente Dennis Carey, subtenente comandante Frank Grippe, segundo-sargento Thomas Abbott, taifeiro de primeira classe Eric Andreason, taifeiro de primeira classe Thomas Beers, sargento Douglas Covell, sargento Jerry Higley, especialista David Hine, taifeiro de primeira classe Michael Hoke, especialista Roland Miskimin e taifeiro de primeira classe Thomas Short.

Para alguns detalhes sobre esses soldados e o bombardeio equivocado de JDAM, recorri a "U. S. Soldiers Recount Smart Bomb Blunder", de Vernon Loeb, publicado em 2 de fevereiro de 2002 no *Washington Post*; "Troops of 10th Recount Mayhem at Mazar-e Sharif", de Paul Hornak, publicado

AGRADECIMENTOS E FONTES

pelo *Watertown Daily Times*, em 4 de abril de 2002. Lembranças dos soldados das Forças Especiais que testemunharam os soldados da Décima Divisão de Montanha em ação também forneceram detalhes importantes.

Quero agradecer também à editora e escritora Heather Shaw, autora do romance literário maravilhosamente analisado *Smallfish Cover*, por sua pesquisa inestimável e sua assistência editorial na organização do material no início do processo, e por sua ajuda para desenhar versões iniciais de alguns dos mapas do livro. Obrigado, Heather. Obrigado também ao bom vizinho John William por sua ajuda na criação do mapa, e a Terrie Taylor por seu interesse. No fim, perdemos uma amiga querida e colega escritora, Lori Hall Steele, 1º de setembro de 1964-19 de novembro de 2008. Obrigado à sua família e seu jovem filho, Jack: *preces e lembranças.*

Gostaria de expressar meus agradecimentos e meu apreço pela equipe editorial da Scribner, o melhor lugar que um escritor poderia esperar para trabalhar. Gostaria de agradecer a Susan Moldow, Roz Lippel, Brian Belfiglio, Katie Monaghan, Jessica Manners, Katie Rizzo e Elisa Rivlin por fazerem as coisas funcionarem e por fazerem da escrita e da publicação de *12 heróis* uma experiência tão gratificante.

Também quero reconhecer o trabalho dedicado da pesquisadora do *Washington Post* Julie Tate. Seu profissionalismo, seu esmero e seu olho para fatos são simplesmente incríveis. Obrigado, Julie.

Por fim, Colin Harrison é o tipo de editor com o qual um escritor sonha em trabalhar. Não há hipérbole suficiente para expressar o prazer dessa relação de trabalho. Como também é um romancista, Colin entende "a coisa". Da mesma forma, meu agente Sloan Harris é o homem que se quer por perto. Ele foi um defensor deste livro desde o início, um lutador incansável e um leitor perspicaz dos rascunhos. Obrigado, Sloan. Também sou extremamente grato a Ron Bernstein, da ICM, e a Jann Wenner, Will Dana e Brad Wieners, da *Men's Journal*, pelo apoio importante.

Vic e Amy Reynolds e a equipe da maravilhosa Horizon Books, em Traverse City, apoiam há muito tempo escritores e seus livros, assim como

The Northern Express e *Traverse City Record-Eagle*. Todas essas três entidades têm resistido a pedidos de censura. Obrigado por serem as melhores no que fazem.

Por seu apoio bem-vindo, obrigado: aos dedicados funcionários, professores e pais da Pathfinder School, em Traverse City, Michigan; a Bart Lewis, Janet Leahy e Anne Cooper; ao escritor, ator e veterano de guerra do Iraque Ben Busch; ao historiador dr. Tracy Busch; a Sid van Slyke, o melhor banqueiro que um escritor poderia encontrar; e a Tod Williams e Kip Williams, por compartilharem seu entusiasmo com esta história e por lerem uma versão anterior e fazerem comentários pertinentes. Obrigado a Betsy Beers por seu permanente interesse e apoio, a Kima Cramer por seu incentivo, e ao dr. Steve Andriese por seu interesse nesta história. A Rob e Jen Hughes, obrigado pela varanda, pela cerveja e pela amizade. Meu apreço a Barb e Jan Doran, Bob e Randi Sloan, Joe Mielke e Jodee Taylor, Tim Nielsen e Emily Mitchell, Tim e Terry Bazzett, Jan Richardson e o sempre amável Peter Phinny, além de Ken e Joan Richmond e William Hosner. Tiro o chapéu para: a equipe do Cuppa Joe, por manter o copo cheio; a boate de quinta-feira no Stella's: Dave Lint, Chris Smith, Ken Gum e Grant Parsons; Jerry e Teresa Gertiser, por sua generosidade; o romancista e especialista em contraterrorismo Chuck Pfarrer; os humanitaristas e treinadores de boxe Bill e Robin Bustance; e os amigos Mike e Stephanie Long, e Nancy Flowers e Bob Butz. A Ronda e Dave Barth e às famílias Stanton, Earnest, Edwards e Gertiser, obrigado. A meus pais, muito amor e apreço. A Grant e Paulette Parsons, admiração e gratidão. À minha família, Anne, John, Kate e Will, que viveram este livro comigo: *Prometo estar em casa. Amo todos vocês.*

Este livro exigiu longas ausências e viagens a lugares distantes e às vezes perigosos. No início do projeto, encontrar soldados das Forças Especiais para entrevistar foi algo mais fácil de falar do que de fazer. Armado de um kit de imprensa caseiro que eu enviara antes para meu quarto no Country Inn and Suites, perto de Fort Campbell, passei pelo posto de segurança proferindo palavras de apresentação. Achei que marcar entrevistas seria algo rápido.

AGRADECIMENTOS E FONTES

Isso aconteceu depois de os homens voltarem do Afeganistão. Na época, eles estavam treinando para seguirem para o Iraque (embora a maior parte dos americanos ainda não soubesse disso). Encontrar alguém para entrevistar seria difícil.

Além disso, não havia um secretário de Imprensa no Quinto Grupo para lidar com meus pedidos de entrevistas. Acontece que os soldados das Forças Especiais não estavam habituados a colaborar com escritores. Eles eram, de fato, os "Profissionais Silenciosos". A ideia de que eu poderia entrevistar algum deles, ainda que estivessem disponíveis, parecia divertir muitas das pessoas que encontrei em Fort Campbell.

Porém, depois de várias viagens, conheci soldados que conheciam soldados que haviam lutado com Dostum e Atta em Qala-i-Janghi. E depois de quase um ano, eu havia feito mais do que algumas entrevistas. Eu soube que havia avançado quando um oficial da equipe me perguntou se *eu* sabia onde um soldado do Quinto Grupo se encontrava. E acontece que eu sabia. Eu disse que o cara estava no Arizona, num exercício de treinamento.

Mas essa familiaridade não foi obtida facilmente. Certo dia, no início, entrei numa sala de equipe repleta de equipamentos enlameados, armas, rádios e mapas, e perguntei se um soldado chamado Mark House estava ali. Seu nome me fora indicado como alguém que talvez se dispusesse a me receber.

Um dos soldados na sala deu um passo à frente e perguntou o que eu queria. Olhou para mim com suspeita.

— Estou trabalhando num livro — eu disse.

Olhar vazio.

Então eu fiz uma jogada desesperada: disse que queria saber como era acordar antes do amanhecer numa rua cercada de árvores, no meio dos Estados Unidos, e partir para a guerra... Brinquedos de crianças estão espalhados diante das casas dos vizinhos da rua...

Um homem sai de casa, caminha até seu carro e se vira para dar uma última olhada. Pode ser que não veja aquele lugar novamente.

Esse era o rosto que eu queria ver, eu disse ao soldado. O rosto desse homem, em seus momentos de privacidade.

Ele ergueu a mão.

— Eu sou Mark House — disse.

Ele sorriu.

— Você o encontrou.

BIBLIOGRAFIA

LIVROS

Adams, James, *Secret Armies: The Full Story of the SAS, Delta Force and Spetsnaz*. Nova York: Pan Books Limited, 1988.

Adleman, Robert H. e coronel George Walton. *The Devil's Brigade*. Filadélfia: Chilton Press, 1966.

Alexander, coronel John B., Exército dos Estados Unidos (ref.). *Winning the War: Advanced Weapons, Strategies, and Concepts for the Post-9/11 World*. Nova York: Thomas Dunne Books, 2003.

Ali, Tariq. *The Clash of Fundamentalisms: Crusades, Jihads and Modernity*. Nova York: Verso, 2002.

Anderson, Jon Lee. *The Lion's Grave: Dispatches from Afghanistan*. Nova York: Grove Press, 2002.

Archer, Chalmers Jr. *Green Berets in the Vanguard*. Annapolis, Maryland: U. S. Naval Institute Press, 2001.

Bank, coronel Aaron (ref.). *From OSS to Green Berets: The Birth of Special Forces*. Califórnia: Pocket Books, 1986.

Barker, Jonathan. *The No-Nonsense Guide to Terrorism*. Oxford e Londres: New Internationalist Publications em associação com a Verso, 2003.

Beckwith, coronel Charlie A. (ref.) e Donald Knox. *Delta Force: The Army's Elite Counterterrorist Unit*. Nova York: Avon, 1983.

Berkowitz, Bruce. *The New Face of War: How War Will Be Fought in the 21st Century*. Nova York: Free Press, 2003.

Berntsen, Gary e Ralph Pezzullo. *Jawbreaker: The Attack on Bin Laden and Al- -Qaeda: A Personal Account by the CIA's Key Field Commander*. Nova York: Crown Publishers, 2005.

476

12 HERÓIS

Bowman, John S. *Columbia Chronologies of Asian History and Culture*. Nova York: Columbia University Press, 2000.

Brisard, Jean-Charles e Guillaume Dasquié. *Forbidden Truth: U.S.-Taliban Secret Oil Diplomacy and the Failed Hunt for Bin Laden*. Nova York: Thunder's Mouth Press/Nation Books, 2002.

Briscoe, Charles H., Richard L. Kiper, James A. Schroder e Kalev I. Sepp. *Weapon of Choice: U.S. Army Special Operations Forces in Afghanistan*. Fort Leavenworth: Combat Studies Institute Press, 2005.

Burke, Jason. *Al-Qaeda: Casting a Shadow of Terror*. Nova York: I. B. Tauris, 2004.

Buruma, Ian e Avishai Margalit. *Occidentalism: The West in the Eyes of Its Enemies*. Nova York: Penguin, 2004.

Chambers II, John Whiteclay (editor). *The Oxford Compassion to American Military History*. Reino Unido: Oxford University Press, 1999.

Coll, Steve. *Ghost Wars: The Secret History of the CIA, Afghanistan, and Bin Laden, from the Soviet Invasion to September 10, 2001*. Nova York: Penguin, 2004.

Cordesman, Anthony H. *The Lessons of Afghanistan: War Fighting, Intelligence, and Force Transformation*. Washington, D.C.: Center for Strategic and International Studies, 2002.

Crile, George. *Charlie Wilson's War: The Extraordinary Story of the Largest Covert Operation in History*. Nova York: Atlantic Monthly Press, 2003.

Dupree, Louis. *Afghanistan*. Princeton, Nova Jersey: Princeton University Press, 1980.

Emerson, Steve. *Secret Warriors: Inside the Covert Military Operations of the Reagan Era*. Nova York: Putnam Adult, 1988.

Ewans, Martin. *Afghanistan: A New History*. Reino Unido: Curzon Press, 2002.

Friedman, George. *America's Secret War: Inside the Hidden Worldwide Struggle Between America and Its Enemies*. Nova York: Doubleday, 2004.

Friedman, Norman. *Terrorism, Afghanistan, and America's New Way of War*. Annapolis, Maryland: U.S. Naval Institute Press, 2003.

Fuller, J. F. C. *The Generalship of Alexander the Great*. Piscataway, Nova Jersey: Rutgers University Press, 1960.

Giardet, Edward e Jonathan Walter. *Afghanistan*. Genebra: Crosslines Publications, 2004.

Grau, Lester W. (org.). *The Bear Went Over the Mountain: Soviet Combat Tactics in Afghanistan*. Londres e Portland, Oregon: Frank Cass Publishers, 2001.

Griffin, Michael. *Reaping the Whirlwind: The Taliban Movement in Afghanistan*. Sterling, Virgínia: Pluto Press, 2001.

Gunaratna, Rohan. *Inside Al Qaeda: Global Network of Terror*. Nova York: Columbia University Press, 2002.

BIBLIOGRAFIA

Gup, Ted. *The Book of Honor: The Secret Lives and Deaths of CIA Operatives*. Nova York: Random House, 2000.

Holmes, Tony. *American Eagles*. Reino Unido: Classic Publications, 2001.

Hopkirk, Peter. *The Great Game: The Struggle for Empire in Central Asia*. Nova York: Kodansha International, 1994.

Jalali, Ali Ahmad e Lester W. Grau. *Afghan Guerrilla Warfare*. St. Paul, Minnesota: MBI Publishing Company, 2001.

Johnson, Chalmers. *The Sorrows of Empire: Militarism, Secrecy, and the End of the Republic*. Nova York: Henry Holt and Co., 2004.

Kaplan, Robert D. *The Coming Anarchy: Shattering the Dreams of the Post Cold War*. Nova York: Vintage Books, 2001.

———. *Soldiers of God: With Islamic Warriors in Afghanistan and Pakistan*. Nova York: Vintage Books, 2001.

Kelly, coronel Francis J. *U.S. Army Special Forces, 1961-1971*. Washington, D. C.: CMH Publications, Departamento do Exército, 1989.

Kepel, Gilles. *Bad Moon Rising: A Chronicle of the Middle East Today*. Londres: Saqi Books, 2003.

Kessler, Ronald. *Inside the CIA: Revealing the Secrets of the World's Most Powerful Spy Agency*. Nova York: Pocket Books, 1992.

———. *The CIA at War: Inside the Secret Campaign Against Terror*. Nova York: St. Martin's Press, 2003.

Kirkbride, Wayne A. *The Capture of Che Guevara, Special Forces: The First Fifty Years*. Tampa: Faircourt LLC para Special Forces Association, 2002.

Kukis, Mark. *My Heart Became Attached: The Strange Odyssey of John Walker Lindh*. Dulles, Virgínia: Brassey's, Inc., 2003.

Landau, Alan M., Frieda W. Landau, Terry Griswold, D. M. Giangreco e Hans Halberstadt. *U.S. Special Forces: Airborne Rangers, Delta & U.S. Navy Seals*. Osecola, Wisconsin: MBI Publishing Company, 1992.

Langguth, A. J. *Our Vietnam: The War 1954-1975*. Nova York: Simon & Schuster, 2000.

Lawrence, Bruce. *Messages to the World: The Statements of Osama Bin Laden*. Nova York: Verso, 2005.

Leeming, David. *From Olympus to Camelot: The World of European Mythology*. Reino Unido: Oxford University Press, 2003.

Mayer, Jane. *The Dark Side: The Inside Story of How the War on Terror Turned into a War on American Ideals*. Nova York: Doubleday, 2008.

Meyer, Karl E. *The Dust of Empire: The Race for Mastery in the Asian Heartland*. Nova York: Century Foundation, 2003.

Meyer, Karl. E. e Shareen Blair Brysac. *Tournament of Shadows: The Great Game and the Race for Empire in Central Asia*. Washington: Counterpoint, 1999.

478   **12 HERÓIS**

Miller, John e Michael Stone, com Chris Mitchell. *The Cell: Inside the 9/11 Plot, and Why the FBI and CIA Failed to Stop It*. Nova York: Hyperion, 2002.

Moore, Robin. *The Hunt for Bin Laden: On the Ground with the Special Forces in Afghanistan*. Nova York: Random House, 2003.

National Commission on Terrorist Attacks. *The 9/11 Commission Report*. Nova York: W. W. Norton & Company, 2004.

Neillands, Robin. *In the Combat Zone*. Nova York: New York University Press, 1998.

The 9/11 Report: The National Commission on Terrorist Attacks Upon the United States. Nova York: St. Martin's Press, 2004.

Peters, Ralph. *Fighting for the Future: Will America Triumph?* Pensilvânia: Stackpole Books, 1999.

Posner, Gerald L. *Why America Slept: The Failure to Prevent 9/11*. Nova York: Ballantine Books, 2003.

Rashid, Ahmed. *Taliban: Militant Islam, Oil & Fundamentalism in Central Asia*. New Haven, Connecticut: Yale University Press, 2001.

Ruthven, Malise. *Islam: A Very Short Introduction*. Reino Unido: Oxford University Press, 1997.

Scarborough, Rowan. *Rumsfeld's War: The Untold Story of America's Anti-Terrorist Commander*. Washington: Regnery Publishing, Inc., 2004.

Schroen, Gary C. *First In: An Insider's Account of How the CIA Spearheaded the War on Terror in Afghanistan*. Nova York: Presidio Press, 2005.

Smith, Richard Harris. *OSS: The Secret History of America's First Central Intelligence Agency*. Berkeley: University of California Press, 1972.

Southworth, Samuel A. e Stephen Tanner. *U.S. Special Forces: A Guide to America's Special Operations Units, The World's Most Elite Fighting Force*. Cambridge, Massachusetts: Da Capo Press, 2002.

Stanton, Shelby L. *Green Berets at War: U.S. Army Special Forces in Southeast Asia, 1956-1975*. Nova York: Ballantine Books, 1999.

Sulima e Hala. *Behind the Burqa: Our Life in Afghanistan and How We Escaped to Freedom* — narrativa feita a Batya Swift Yasgur (extrato publicado no *Guardian*). Nova York: Wiley, 2002.

Tanner, Stephen. *Afghanistan: A Military History from Alexander the Great to the Fall of the Taliban*. Nova York: Da Capo Press, 2002.

Tenet, George. *At the Center of the Storm: My Years at the CIA*. Nova York: HarperCollins, 2007.

Townshend, Charles. *Terrorism: A Very Short Introduction*. Reino Unido: Oxford University Press, 2002.

Tsé-tung, Mao. *On Guerrilla Warfare*. Tradução de Samuel B. Griffith. Urbana e Chicago: University of Illinois Press, 2000.

BIBLIOGRAFIA

Tzu, Sun. *The Illustrated Art of War*. Tradução de Samuel B. Griffith. Reino Unido: Oxford University Press, 1969.

Van Creveld, Martin. *The Transformation of War: The Most Radical Reinterpretation of Armed Conflict Since Clausewitz*. Nova York: Free Press, 1991.

Weaver, Mary Anne. *Pakistan: In the Shadow of Jihad and Afghanistan*. Nova York: Farrar, Straus and Giroux, 2003.

Weinberger, Caspar W. e Wynton C. Hall. *Home of the Brave, Honoring the Unsung Heroes in the War on Terror*. Nova York: Tom Doherty Associates, LLC, 2006.

Whitfield, Susan. *Life Along the Silk Road*. Berkeley: University of California Press, 1999.

Wise, James E. Jr. e Scott Baron. *The Navy Cross: Extraordinary Heroism in Iraq, Afghanistan, and Other Conflicts*. Maryland: Naval Institute Press, 2007.

Woodward, Bob. *Bush at War*. Nova York: Simon & Schuster, 2002.

Yousef, Mohammad e Mark Adkin. *Afghanistan: The Bear Trap*. Pensilvânia: Casemate, 2001.

DOCUMENTOS DO GOVERNO

"Brief Synopsis of 10th Mountain Division's Major Operations in Afghanistan, 2001-2002." Publicado pelo Exército dos Estados Unidos, Décima Divisão de Montanha.

CIA World Fact Book, "Yemen", 1998.

"Colonel John F. Mulholland, Jr." Biografia publicada pelo Quinto Grupo de Forças Especiais (Aerotransportado), Exército dos Estados Unidos, julho de 2001.

"Country Reports on Human Rights Practices for 1994", submetido à Comissão de Relações Internacionais da Câmara dos Representantes dos Estados Unidos e à Comissão de Relações Exteriores do Senado dos Estados Unidos pelo Departamento de Estado, 1995.

"Country Reports on Human Rights Practices for 1995-1996."

Documento do Departamento de Defesa sobre John Walker Lindh: DOI: (U) 20011201.

Declarações de Detentos. Tribunais de Revisão de *Status* de Combatentes conduzidos na Base Naval da Baía de Guantánamo (www.defenselink.mil).

Hall, Barbara POC (autoridade de liberação final, coronel Manuel A. Diemer). *The Story of ODA 595*. Sem data.

Harlow, Bill. "Public Acknowledgment of CIA Officer Killed in Line of Duty." www.cia.gov, 3 de dezembro de 2001.

"Honoring Johnny Michael Spann, First American Killed in Combat in War Against Terrorism in Afghanistan, and Pledging Continued Support for Members of

480   12 HERÓIS

Armed Forces." Registro do Congresso, 11 de dezembro de 2001 (Câmara), páginas H9149-H9152.

Carta do advogado de defesa de John Walker Lindh, James Brosnahan, a Ashcroft, Rumsfeld, Tenet e Powell.

Spann, Michael. Ensaio de Inscrição na CIA, 1999.

Spann, Michael. Declaração à CIA, 28 de novembro de 2001.

Tenet, George J. Declaração sobre a Morte de um Oficial da CIA no Afeganistão, 28 de novembro de 2001.

Transcrição do Procurador-Geral, Entrevista Coletiva de John Walker Lindh, DOJ Conference Center, 15 de janeiro de 2002.

United States of America v. *John Philip Walker Lindh, a/k/a/ "Suleyman al-Faris", a/k/a "Abdul Hamid"*. Depoimento em Apoio a uma Queixa-crime e uma Ordem de Prisão, na Corte Distrital dos Estados Unidos para o Distrito Leste da Virgínia, Divisão Alexandria, 15 de janeiro de 2002.

Website da Corte Distrital dos Estados Unidos, texto extraído por Jim Scanlon.

MÍDIA ELETRÔNICA

House of War: Uprising at Mazar-i-Sharif. CNN, 3 de agosto de 2002.

Pelley, Scott. "Three Soldiers, Many Mourners." *60 Minutes II*, 28 de julho de 2004.

"Profile: General Rashid Dostum." BBC News, 25 de setembro de 2001.

Timeline of Terrorists, Through 9/11/2001. Four Corners, Australian Broadcasting Corporation.

Vince, Alessio. "CNN: Reporter's Notebook: A Scene of Human Carnage and Rubble." CNN, 26 de novembro de 2001.

JORNAIS

Ashan, Syed Badrul. "The Afghanistan Story." *Independent*, 21 de junho de 2002.

Beaumont, Peter, Kamal Ahmed, Ed Vulliamy, Jason Burke, Chris Stephen, Tim Judah e Paul Harris. "The Route of the Taliban: Part Two." *Observer*, 18 de novembro de 2001.

Benson, Ross. "Fall of Kabul: Chilling Truth about the Butchers Who Routed the Taliban." *Daily Mail*, 14 de novembro de 2001.

Bernton, Hall. "Americans Were Spotted in Terror Training Camps." *Seattle Times*, 5 de dezembro de 2001.

Borger, Julian. "Bright Boy from the California Suburbs Who Turned Taliban Warrior." *Guardian*, 5 de outubro de 2002.

Borger, Julian e Nicholas Watt. "Doomed Arabs Prepare for Final Battle." *Guardian Weekly*, 22 de novembro de 2001.

BIBLIOGRAFIA   481

Burke, Jason. "The Making of the World's Most Wanted Man: Part 1." *Observer*, 29 de outubro de 2001.

Cobain, Ian. "Foreign Fighters Resist Alliance; War on Terror." Times Newspapers Limited, 15 de novembro de 2001.

_____. "Refugees Tell of Frenzied Killing in Besieged City: Battle for Konduz; War on Terror." Times Newspapers Limited, 19 de novembro de 2001.

Cobain, Ian e Damian Whitworth." U.S. Scorns Deal to Free al-Qaeda's Trapped Mercenaries." Times Newspapers Limited, 20 de novembro de 2001.

Cockburn, Patrick. "Rashid Dostum: The Treacherous General." *Independent* (Reino Unido), 1º de dezembro de 2001.

Connerty-Marin, David e Josie Huang. "The Night Before Terror." *Portland Press Herald/Maine Sunday Telegram*, 5 de outubro de 2001.

Crary, David. "Many in U.S. Fought for Foreign Armies." Associated Press, 24 de dezembro de 2001.

_____. "Broad Effort Launched After '98 Attacks." *Washington Post*, 19 de dezembro de 2001.

Cullison, Alan e Robert S. Greenberger. "Airstrikes Are Criticized by Northern Alliance, as U.S. Looks for Broader Post-Taliban Plans." *Wall Street Journal*, 15 de outubro de 2001.

Dawoud, Khaled, Julian Borger e Nicholas Watt. "Doomed Arab Units Prepare for Final Battle Against the Odds." *Guardian*, 20 de novembro de 2001.

Ellison, Michael. "U.S. Taliban Fighter Describes Fortress Terror." *Guardian*, 3 de dezembro de 2001.

Estes, Tracy. "Winfield War Hero Honored by CBS News on Memorial Day." *Marion County Journal Record*, maio de 2002.

"Father of a U.S. Taliban Fighter Speaks Out." Associated Press, 20 de janeiro de 2006.

Filkins, Dexter. "U.S. Warns of Bounties Posing Threat to Westerners." *New York Times*, 6 de abril de 2002.

Gellman, Barton. "A Strategy's Cautions Evolution Before Sept. 11; the Bush Anti-Terror Effort Was Mostly Ambition." *Washington Post*, 20 de janeiro de 2002.

Griffin, Michael. "A Gruesome Record: The Northern Alliance May Be Trying to Rebrand Themselves, but the People of Kabul Are Unlikely to Forget Their Past Atrocities." *Guardian*, 16 de novembro de 2001.

Harden, Blaine com Kevin Sack, Douglas Frantz e Carlotta Gall. Evelyn Nieves também colaborou. "A Nation Challenged: The Meeting: One for His Country, and One Against It." *New York Times*, 11 de dezembro de 2001.

Harding, Luke. "Good at War, Poor at Peace." *Guardian*, 12 de setembro de 2001.

_____. "Paper Surrender Blowing in the Wind." *Guardian*, 23 de novembro de 2001.

482   **12 HERÓIS**

Harding, Luke, Nicholas Watt e Brian Whitaker. "Kunduz: Northern Stronghold Ready to Capitulate." *Guardian*, 22 de novembro de 2001.

Hornak, Paul. "Troops of 10th Recount Mayhem at Mazar-e-Sharif." *Watertown Daily Times*, 4 de abril de 2002.

Jehl, Douglas. "Four in 9/11 Plot Are Called Tied to Qaeda in '00." *New York Times*, 9 de agosto de 2005.

Kaplan, Robert. "The Afghan Who Won the Cold War." *Wall Street Journal*, 5 de maio de 1992.

Kurtz, Howard. "Interview Sheds Light on Bin Laden." *Washington Post*, 7 de fevereiro de 2002.

LaFraniere, Sharon. "Bombing of Enclave Intensifies; Several Thousand Hold Out in Taliban's Northern Stronghold." *Washington Post*, 19 de novembro de 2001.

Lindh, John Walker. "Excerpts from Statement by John Walker Lindh in Court." *New York Times*, 5 de outubro de 2002.

Litvinenko, Alexendar. "Watch Your Alliances." *Washington Post*, 31 de agosto de 2002.

Loeb, Vermon. "V.S. Soldiers Recount Smart Bomb Blunder." *Washington Post*, 2 de fevereiro de 2002.

Loeb, Vernon e Josh White. "CIA Reports Officer Killed in Prison Uprising." *Washington Post*, 29 de novembro de 2001.

McDermott, Terry. "Sunday Report; A Perfect Soldier." *Los Angeles Times*, 27 de janeiro de 2002.

_____. "Sunday Report; The Plot; How Terrorists Hatched a Simple Plan to Use Planes as Bombs." *Los Angeles Times*, 1º de setembro de 2002.

McDermott, Terry e Dirk Laabs. "The World; Column One; Prelude to 9/11: A Hijacker's Love, Lies." *Los Angeles Times*, 27 de janeiro de 2003.

McDermott, Terry, Josh Meyer e Patrick J. McDonnell. "Sunday Report: The Plots and Designs of Al Qaeda's Engineer." *Los Angeles Times*, 22 de dezembro de 2002.

McMurray, Jeffrey. "CIA Agent's Dad Probes Deadly Afghan Riot." Associated Press, 13 de março de 2005.

_____. "Father on Crusade to Prove Afghanistan Ambush Killed CIA Officer." Associated Press, 12 de março de 2005.

Oliver, Mark e Derek Brown. "Mullah Faizal." *Guardian*, 3 de dezembro de 2001.

Oppel, Richard A., Abdul Waheed Wafa e Sangar Rahimi. "20 Dead as Taliban Attackers Storm Kabul Offices." *New York Times*, 11 de fevereiro de 2009.

Orndorff, Mary. "CIA's Spann Buried at Arlington." *Birmingham News*, 11 de dezembro de 2001.

Parsell, D. L. "Afghanistan Reporter Looks Back on Two Decades of Change." *National Geographic News*, 19 de novembro de 2001.

BIBLIOGRAFIA

Risen, James. "A Nation Challenged: The Casualty; C.I.A. Names Agent Killed in Fortress." *New York Times*, 29 de novembro de 2001.

Rohde, David e C. J. Chivers. "A Nation Challenged: Qaeda's Grocery Lists and Manuals of Killing." *New York Times*, 17 de março de 2002.

Russell, Rosalind. "Afghan Warlord Dostum Says He Needs Arms to Advance." *Reuters*, 31 de outubro de 2001.

Sack, Kevin. "A Nation Challenged: A Town Remembers; Community Recalls a Native Son with Clear Goals." *New York Times*, 29 de novembro de 2001.

Schemo, Diana Jean. "A Nation Challenged: The Burial; Agent Praised as Patriot in Graveside Ceremony." *New York Times*, 11 de dezembro de 2001.

Serrano, Richard A. "Detainees Describe CIA Agent's Slaying." *Los Angeles Times*, 8 de dezembro de 2004.

_____. "Driven by a Son's Sacrifice." *Los Angeles Times*, 7 de abril de 2005.

Swain, Jon. "The Northern Alliance's Cruel History: Mujaheddin Write Their Name in Blood." *Sunday Times* (Londres), 11 de novembro de 2001.

Torchia, Christopher. "Afghan Commander Gets Indoor Pool." Associated Press, 8 de setembro de 2002.

Weinstein, Joshua. "Link to Portland Grows." *Portland Press Herald/Maine Sunday Telegram*, 14 de setembro de 2001.

Wilford, John Noble. "How Catapults Married Science, Politics, and War." *New York Times*, 24 de fevereiro de 2004.

REVISTAS

Anderson, Jon Lee. "Letter from Kabul: The Assassins." *New Yorker*, 10 de junho de 2002.

Anderson, Martin Edwin. "How Col. John Boyd Beat the Generals." *Insight*, agosto de 2002.

Barry, John e Michael Hirsh. "Commandos: The Real Tip of the Spear." *Newsweek*, 8 de outubro de 2003.

Burke, Jason. "Taliban Kabul Diary." *London Review of Books*, 22 de março de 2001.

Cloud, John. "Atta's Odyssey." *Time*, 8 de outubro de 2001.

_____. "The Plot Comes Into Focus." *Time*, 1º de outubro de 2001.

Corpo do Terceiro Batalhão, Quinto Grupo de Forças Especiais. "The Liberation of Mazar e Sharif: 5th SF Group Conducts UW in Afghanistan." *Special Warfare*, junho de 2002.

Davis, Anthony. "Makeover for a Warlord." *Time*, 3 de junho de 2002.

Dorr, Robert F. "Air Force Special Operations Command." *A Tribute to Special Operations*, janeiro de 2003.

484   **12 HERÓIS**

Dunlap, coronel Charles J. Jr., Força Aérea dos Estados Unidos. "Special Operations Forces after Kosovo." *Joint Force Quarterly*, primavera/verão de 2001.

Gannon, Kathy. "Letter from Afghanistan: Road Rage." *New Yorker*, 22 de março de 2004.

Gray, Colin S. "Why Strategy is Difficult." *Joint Force Quarterly*, verão de 1999.

Gresham, John D. "Rangers, Nightstalkers and Green Berets: The U.S. Army Special Operations Command." *A Tribute to Special Operations*, janeiro de 2003.

———. "Snake Eaters Ball: Operation Enduring Freedom." *A Tribute to Special Operations*, janeiro de 2003.

Grizwold, Eliza. "Where the Taliban Roam." *Harper's Magazine*, setembro de 2003.

Gutman, Roy e John Barry. "Periscope: Digging Up the Truth." *Newsweek*, 30 de setembro de 2002.

Hall, Barbara. "USASOC History: From Jedburghs to Devils and Snakes." *A Tribute to Special Operations*, janeiro de 2003.

———. "The Liberation of Mazar-e-Sharif: 5th SF Group Conducts UW in Afghanistan." *Special Warfare*, junho de 2002.

Hammonds, Keith H. "The Strategy of the Fighter Pilot." *Fast Company*, junho de 2002.

Hylton, Wil S. "Mazar I Sharif." *Esquire*, agosto de 2002.

Isikoff, Michael e Daniel Klaidman. "The Hijackers We Let Escape." *Newsweek*, 10 de junho de 2002.

Junger, Sebastian. "The Lion in Winter." *National Geographic Adventure*, março/abril de 2001.

Junod, Tom. "Innocent: Can America and Islam Coexist?" *Esquire*, julho de 2006.

Kaplan, David. "Made in the U.S.A.", *U.S. News & World Report*, 10 de junho de 2002.

Klaidman, Daniel e Michael Isikoff. "Walker's Brush with Bin Laden." *Newsweek*, 31 de dezembro de 2001.

Klein, Edward. "Love in a Time of War." *Parade*, 18 de agosto de 2002.

Maass, Peter. "A Bulletproof Mind." *New York Times Magazine*, 10 de novembro de 2002.

Mayer, Jane. "Lost in the Jihad." *New Yorker*, 10 de março de 2003.

McCaffrey, general Barry R., EUA (ref.). "Lessons of Desert Storm." *Joint Force Quarterly*, inverno de 2000-2001.

Mishra, Pankaj. "The Afghan Tragedy." *New York Review of Books*, 17 de janeiro de 2002.

———. "The Real Afghanistan." *New York Review of Books*, 10 de março de 2005.

Pelton, Robert. "The Legend of Heavy D & the Boys (or How the Green Berets Learned to Stop Worrying and Love the Warlord)." *National Geographic Adventure*, março de 2002.

BIBLIOGRAFIA

Perry, Alex. "Friday Night in Tashkent." *Time*, 29 de outubro de 2001.

———. "Reporters' Notebook: Alex Perry in Uzbekistan. Halloween at the End of the Earth." *Time Asia*, 2 de novembro de 2001.

———. "Eyewitness: The Taliban Undone." *Time*, 14 de novembro de 2001.

———. "Sexual Liberation." *Time*, 17 de novembro de 2001.

———. "Lying to Refugees." *Time*, 23 de novembro de 2001.

———. "Mass Slaughter of the Taliban's Foreign Jihadists." *Time*, 26 de novembro de 2001.

Pyes, Craig e William C. Rempel. "Slowly Stalking an Afghan Lion." *Los Angeles Times*, 14 de junho de 2002.

Ratnesar, Romesh. "The Afghan Way of War." *Time*, 19 de novembro de 2001.

Robinson, Linda. "Walking Point." *U.S. News & World Report*, 18 de outubro de 2004.

Roche, Timothy, Brian Bennett, Anne Berryman, Hilary Hylton, Siobhan Morrissey e Amany Radwan. "The Making of John Walker Lindh." *Time*, 7 de outubro de 2002.

Soloway, Colin. "Periscope: Reporters' Notebooks: Our Eyewitnesses to History." *Newsweek*, 31 de dezembro de 2001.

Stein, Harry. "How the Father Figures." *City Journal*, 28 de janeiro de 2002.

Thomas, Evan. "A Street Flight." *Newsweek*, 29 de abril de 2002.

———. "The Story of September 11." *Newsweek*, 31 de dezembro de 2001.

Walter, Douglas. "Inside the CIA's Covert Forces." *Time*, 10 de dezembro de 2001.

———. "The CIA's Secret Army." *Time*, 3 de fevereiro de 2003.

Zimmerman, Dwight J. "WWII Special Operations Forces." *A Tribute to Special Operations*, janeiro de 2003.

SITES

"American Taliban Not Linked to CIA Agent's Death." www.afgha.com, 2 de abril de 2002.

Atta, Mohammad. "Suicide Note." www.abcnews.com, 28 de setembro de 2001.

Barela, Timothy P., sargento técnico. "Let Your Constellation Be Your Guide." www.af.mil/news/airman/0696/cons.htm.

"Bin Laden Granted Afghan Nationality." www.paknews.org, 9 de novembro de 2001.

"Biography; Ahmad Shah Massoud." www.afgha.com, 31 de agosto de 2006.

"BMP-3 Russian infantry fighting vehicle." www.wikipedia.com, 24 de novembro de 2006.

12 HERÓIS

Breslau, Karen e Colin Soloway. "'He's a Really Good Boy.' The Parents of the American Talib Describe Their Son." Exclusiva do site da *Newsweek*, 7 de dezembro de 2001.

Brown, Janelle. "The Taliban's Bravest Opponents." www.salon.com, 2 de outubro de 2001.

Carroll, Linda. "The Making of a Perfect Soldier." www.MSNBC.com, 7 de março de 2003.

"CIA Officer Michael Spann Buried at Arlington National Cemetery." www.CNN.com/Transcripts, transmitido em 10 de dezembro de 2001.

Dana, Peter H. Global Positioning System Overview, Departamento de Geografia, Universidade do Texas, Austin, 1994, www.colorado.edu/geography/gcraft/notes/gps/gps_f.html.

"Discussion with Widow of First American to Die in Afghan Combat." www.CNN.com/Transcripts, transmitido em 14 de setembro de 2002.

Fagan, Kevin. "John Lindh Not a Traitor, Father Argues. He Says He Didn't Fight U.S., but Was Rescued." www.SFGate.com, 20 de janeiro de 2006.

"Family of Michael Spann Speak to Reporters Following Lindh Not Guilty Plea." www.CNN.com/Transcripts, transmitido em 13 de fevereiro de 2002.

Farzana. "Massoud." www.afgha.com, 31 de agosto de 2006.

"Father of Slain CIA Agent Blames Lindh." www.CBSnews.com, 23 de julho de 2002.

"Frontline: Campaign Against Terror." www.pbs.org/wgbh/pages/frontline/shows/campaign/interviews/595.html, sem data.

House of War: The Uprising at Maza-e Sharif. www.CNN.com/Transcripts, transmitido em 3 de agosto de 2002.

"Interview with Joseph Biden; Stories of Relatives of Heroes of United Flight 93." www.CNN.com/Transcripts, transmitido em 7 de dezembro de 2001.

"Interview with Shannon Spann." wwwCNN.com/Transcripts, transmitido em 16 de julho de 2002.

King, Larry. Entrevista com Mark Miller e Colin Soloway, transcrita de www.CNN.com, 7 de dezembro de 2001.

Koval, Gretel C. "Walker: The Road Ahead", exclusiva do site da *Newsweek*, 12 de dezembro de 2001.

Lak, Daniel, "Mazar-e-Taliban, R.I.P." www.afgha.com, 16 de dezembro de 2001.

Lindh, Frank R. "The Real Story of John Walker Lindh." www.alternet, 24 de janeiro de 2006.

_____. "Taking the Stand: The Crimeless Crime: The Prosecution of John Walker Lindh." www.dcbar.com, maio de 2005.

BIBLIOGRAFIA 487

Madison, David. "American Taliban." www.indyweek.com, 30 de janeiro de 2002.

Marlowe, Ann. "'Warlords' and 'Leaders'." *National Review* Online, 19 de fevereiro de 2002.

"Massoud's Last Words." Exclusiva do site da *Newsweek*, 20 de setembro de 2001.

McElroy, Damien. "I'm Sick of Death, Says Dostum the Warlord." www.telegraph. co.uk, 29 de novembro de 2001.

Perry, Alex. Reportagens por satélite. "Update: American Rescued from Taliban-held Fort." Edição on-line da *Time*, 25 de novembro de 2001.

_____. "Inside the Battle at Qala-i-Janghi." Edição on-line da *Time*, 1º de dezembro de 2001.

"Profile: John Walker Lindh." (Coleção de reportagens da mídia, instantâneo de página, 12 de novembro de 2008), www.historycommons.org.

Qadri, Dr. Hafiz Haggani. "Muslims Are Not Ignoramuses." www.binoria.org.

Sills, Sam. "The Abraham Lincoln Brigade of the Spanish Civil War." www.english. upenn.edu.

Soloway, Colin. "He's Got to Decide if He Wants to Live or Die Here." Exclusiva do site da *Newsweek*, 6 de dezembro de 2001.

"Spann Described as a Hero." www.CNN.com, postado em 28 de novembro de 2001.

"Spann's Father Wants Stiff Sentence for Lindh", www.CNN.com, 22 de julho de 2002.

Spann, Johnny. "False and Misleading Statements by Mr. Frank Lindh Omit Many Known Facts." www.honormikespann.com, fevereiro de 2006.

_____. "Johnny Spann's Letter on Recent Trip to Afghanistan." www.honormikes-pann.org, atualizado em janeiro de 2003.

Spann, Shannon. "Embrace His Grace." www.embracehisgrace.com/Inspirational. htm.

"Spirit Fest Helps Spann Widow Deal with Loss of Event Honoree", www.arling-toncemetery.com/jmspann.htm, informe jornalístico, 23 de junho de 2002.

"Translation of Hijacker's Note." www.ABCNews.com, 28 de setembro de 2001.

www.af.mil; www.af.mil/news/airman/0690/space2.htm (Força Aérea dos EUA)

www.afghan-network.net

www.bannu.itgo.com

www.colorado.edu/geography/gcraft/notes/gps/gps_f.html

www.defenselink.mil

www.globalsecurity.org

www.jlcint.com (Yemen Language Center)

www.nasm.si.edu/galleries/gps (Smithsonian Institute, National Air and Space Museum), 1998

www.pbs.org/newshour/terrorism/international/fatwa_1996.html
www.winfieldcity.org
www.wpafb.af.mil (USAF Museum)

OUTRAS FONTES

"Afghanistan: The Massacre in Mazar-i-Sharif." Human Rights Watch, novembro de 1998.

"Are You Going to Talk to Us?" Videoteipe do interrogatório de John Walker Lindh por Mike Spann, transcrição publicada pela *Newsweek*, 17 de dezembro de 2001.

Billingsley, Dodge. Vídeo não editado da tomada do forte, 26 de novembro-1º de dezembro de 2001.

Federação de Cientistas Americanos.

Logística da Explosão do World Trade Center, National Institute of Standards and Technology, setembro de 2005.

"Parent's Grief for American Taleban." Transcrição de programa da BBC em www. bbc.co.uk (15 de novembro de 2002).

Transcrição de "Distinguished Service Cross Award Ceremony for Mark Mitchell". Base MacDill da Força Aérea, Tampa, Flórida, 14 de novembro de 2003.

World Book Multimedia Encyclopedia, 2002.

Este livro foi composto na tipografia Adobe
Garamond Pro, em corpo 11,5/16, e impresso em
papel off-white no Sistema Cameron da Divisão
Gráfica da Distribuidora Record.